너희는 숨겨진
비밀을 찾아라

너희는 숨겨진 비밀을 찾아라

장 추 목사

추천의 글

　귀한 글이 나오기까지 한길로만 오신 목사님의 간증이요 고백이라 생각합니다. 오직 주님만 바라보시면서 목회 사역 30주년을 맞아하신 장추 목사님께 진심으로 축하드립니다.

　그동안 양들을 위해 진리의 말씀을 준비하시며 전하신 설교 원고를 정리하셔서 귀한 설교집을 발간하게 되어 저 뿐 아니라 이 글을 읽는 독자들에게 전달하게 하신 하나님께 감사를 드립니다.

　모쪼록 이 글을 대하는 독자들에게 그리스도의 사랑이 전달되기를 기도하며 저자이신 장추 목사님의 앞으로 남은 삶 속에 역사하시는 하나님의 은혜를 기대합니다.

주후 2011년 6월

신옥주 목사 영적군사훈련원 원장

추천의 글

21세기 한국에서 가장 유망한 사업이 웰빙사업이라고 합니다. 사람들은 저마다 건강에 관심이 높아지고 있습니다. 너무나 먹을 것이 많아서 탈입니다. 먹을 것이 없어서 빈곤으로 어려움을 겪었던 시절이 얼마 전 같은데 이제는 너무 많이 먹어서 문제가 되고 있습니다. 너무나 풍족함으로 인해 각종 성인병이 소아에게서도 나타나고 있습니다.

그런데 육신을 위해서 먹는 음식만이 아니라 영적인 양식도 마찬가지입니다. 지금 한국은 설교 홍수시대입니다. 방송과 인터넷 등으로 증거 되는 설교가 너무나 다양하고 많아서 성도들이 어느 때든지 설교를 골라서 들을 수 있는 시대에 살고 있습니다.

홍수에 정작 마실 물이 없다고 합니다. 한국 교회 성도들은 설교 홍수시대를 맞이하여서 설교의 존귀함이 상실되고 있습니다. 너무나 많은 설교가 방송과 책으로 쏟아져 나오고 있습니다. 점점 희소가치가 사라져 가면서 그 속에 담겨진 하나님의 말씀까지 가볍게 여겨질까 염려되는 이 때에 장추 목사님께서 설교집을 발행하였습니다.

여기에 남다른 의미가 있습니다. 이 설교집은 또 하나의 설교집이 아니기 때문입니다. 학문적 의식으로만 가려하는 이 때에 은혜가 가득 담긴 메시지가 그리워지고 있습니다. 이 설교집은 은혜 있는 메시지를 갈급해하는 한국 강단에 목마름을 적셔줄 단비가 될 것으로 여겨집니다. 특히, 장추 목사님은 은혜를 사모하는 목회자요, 은혜가 있는 목회자입니다. 이 설교집에는 장추 목사의 은혜로운 목회자의 신앙이 배여 있습니다. 은혜 안에서 살아가기를 기대하는 현대인들에게 크게 유익할 것으로 믿으며 이 책을 추천합니다.

주후 2011년 6월

오인호 목사 창대교회담임, 대한예수교장로회경기남노회 직전노회장

머리말

성역 40년, 혜본교회 창립 30주년을 기념하는 마음에서 새롭게 깨달은 말씀을 설교한 것을 묶어서 설교집을 내게 되었습니다.

하나님께 감사드리며 혜본교회에 감사를 드립니다.

지금까지 지내온 것은 전적으로 하나님의 은혜입니다.

목회를 마무리할 즈음에 하나님은 하나님의 뜻을 모르고 목회를 해왔는데 아들 예수님 안에 신성이신 그리스도를 늦게나마 깨닫게 하시고, 발견하게 하시고, 마지막 종말과 징조와 감추어진 비밀을 알게 하시어 설교하게 하신 것을 엮어서 설교집을 내게 되었습니다.

하나님의 말씀을 배우고 가르치려하나, 배우고 말씀을 전할수록 나이가 들수록 부족함을 많이 느끼지만 말씀에 숨겨진 비밀을 새롭게 하나님의 은혜에 감사하여 설교집을 내는 것입니다.

이 설교집을 보시는 모든 분들에게 제가 깨달은 것 이상 은혜가 체험되길 바랍니다.

이 설교집을 읽는 분들에게도 깨닫지도 못하고, 발견하지도 못한 성경을 발견하고, 감추어진 하나님의 비밀과 숨겨진것들을 알게 될 것을 확신하는 바입니다.

끝으로, 옆에서 협력해주고 사랑해준 아내 양순영 사모에게도 감사드리며 혜본교회 성도님들과 조종구 장로님에게 감사를 드립니다.

주후 2011년 6월

장　추　목사

차 례

1
생각을 바꾸자

주 안에서 항상 기뻐하라 내가 다시 말하노니 기뻐하라 너희 관용을
모든 사람에게 알게 하라 주께서 가까우시니라 아무 것도 염려하지
말고 오직 모든 일에 기도와 간구로, 너희 구할 것을 감사함으로 하나
님께 아뢰라 그리하면 모든 지각에 뛰어난 하나님의 평강이 그리스도
예수 안에서 너희 마음과 생각을 지키시리라(빌4:4-7)

성도 여러분 생각을 바꾼다는 것은 매우 중요하고 아름다운 것입니
다. 내가 어떤 생각을 갖고 사느냐에 따라서 나의 미래가 달라질 것
입니다. 생각을 조금만 바꾸어도 인생이 크게 달라질 것입니다.

따라서 '생각이 바뀌면 행동이 바뀌고 행동이 바뀌면 습관이 바뀌
고 습관이 바뀌면 인격이 바뀌고 인격이 바뀌면 내 운명까지 바뀌게
된다.'

그러나 나쁜 생각으로 바뀌면 그 인생은 실패와 절망이요 망할 것
입니다.

첫째, 내 생각 속에 지금 무엇이 담겨져 있는가를 찾아
야 합니다.

내 생각은 최고의 큰 보물 창고인 것을 확신해야 합니다.
많은 사람들은 땅에서 황금을 캐는 것보다 자신의 생각 속에 감추

어진 생각을 찾는다고 합니다.

성도 여러분 성공하는 사람과 실패하는 사람과의 차이가 무엇인지 알고 계십니까? 공부를 많이 한 사람이 성공합니까? 부자가 성공합니까?

세계에서 제일 부자로 알려진 빌게이츠는 대학중퇴자입니다. 어려운 환경에서 긍정적인 생각을 갖고 성실하게 꿈을 갖고 살아서 거부가 된 것입니다.

현재만 바라보지 말고 내일과 미래를 바라보고 현재의 생각과 성실함과 적극적인 생각으로 주어진 일에 열심 하시길 주의 이름으로 축원합니다.

(따라서)' 무엇을 할까 근심 걱정은 좋은 생각이 못 된다'

상대를 변화시키려 하지 말고 내 자신의 생각이 바뀌면 나도 너도 변하게 되는 것입니다. 환경도 중요하나 환경보다 내 생각이 더욱 중요함을 확신하시기 바랍니다.

잠23;7 '대저 그 마음의 생각이 어떠하면 그 위인도 그리한즉'

그가 가진 생각이 그 자신을 바꾼다는 것을 말씀합니다. 즉 생각을 바꾸면 그 인생도 바꾸어짐을 확신하시길 주님의 이름으로 축원합니다.

둘째, 성도는 건전한 생각을 가져야 합니다.

2011년도에는 할 수 없다는 생각은 버리고 할 수 있다는 생각을 가지고 믿음에 담대함을 소유하시길 주님의 이름으로 축원합니다.

찬송을 불러도 기쁨의 찬송을 부르시고 은혜로운 찬송을 불러야 합니다.

믿음의 생각을 갖되 '주님께서 하실 수 있거든 내 자식을 고쳐주세요' 가 아닌 '확실하게 주님을 믿고 왔습니다. 고쳐주세요' 라는 확실한 믿음으로 전진하시길 바랍니다. 성도는 무슨 일에든지 절망하고 끝장난 것이 아닙니다. 담대한 믿음의 생각, 확실한 믿음의 생각, 믿음의 분량대로 생각하시길 주님의 이름으로 축원합니다.

내 인생이 끝장이다 절망이다라고 생각하면 그대로 되는 것입니다.

그러나 성도는 (따라서) '내가 능력 주시는 자 안에서 모든 것을 할 수 있다' 하면 된다는 생각으로 생각을 바꾸시길 바랍니다.

사람은 할 수 없지만 주 하나님은 모든 것을 다 하실 수 있음을 믿고 생각하시길 바랍니다.

빌4;6-7에 아무것도 염려하지 말고 오직 모든 일에 기도와 간구로 너희 구할 것을 감사함으로 하나님께 아뢰라고 말씀합니다.

염려, 근심, 걱정이 내 생각 속에 가득 차 있으면 다른 것을 볼 수도 없습니다. 다른 것을 생각 할 수도 없습니다. 결국 아무 것도 할 수가 없고 무서운 병에 사로잡혀 결국은 죽게 되는 것입니다.

우리는 연약한 사람입니다. 질그릇 같은 존재입니다. 부딪히면 금이 가고 깨지고 맙니다. 가난문제, 죄와 실수의 문제, 실패한 문제, 배우지 못한 문제 그 어떤 것이라도 생각을 바꾸시고 아무것도 염려하지 말고 기도하시길 바랍니다.

요8;32 '진리를 알지니 진리가 너희를 자유케 하리라'

주님은 성도들을 사망에서 건져 주시고 죄의 굴에서 자유케 하심을 믿으시기 바랍니다. 성도 여러분 주님은 성도들을 가난과 저주와 실패와 파멸에서 자유케 하여 주시고 구속하여 주시고 모든 것을 담당하셨음을 믿으시기 바랍니다.

사55;7 '악인은 그 길을 불의한 자는 그 생각을 버리고 여호와께로 돌아오라'

롬8;6 '육신의 생각은 사망이요 영의 생각은 생명과 평안이니라.'

롬8;5 '육신을 좇는 자는 육신의 일을 영을 좇는 자는 영의 일을 생

각하나니'

그러므로 예수 그리스도를 믿지만 생각이 잘못되어 있으면 그는 믿음으로 살 수가 없습니다. 긍정적인 생각, 건전한 생각, 영의 생각은 생명과 평안이요 성공과 승리 감사와 영광이 되어짐을 확신하시기 바랍니다.

셋째, 할 수 있다는 생각을 가져야 합니다.

막9;23에 어떤 아버지가 간질병에 걸린 아들을 데리고 왔습니다. 그러나 제자들이 고치지 못했습니다. 그를 주님 앞에 데려왔으나 그의 아버지는 할 수 있으시면 내 아들을 고쳐주세요 라고 간청했습니다. 주님은 그 아버지의 '할 수 있으시면' 이 말이 귀에 거슬리셨습니다. 주님은 믿는 자 에게는 능치 못 할 일이 없다고 말씀하셨습니다.

성도 여러분 할 수 있다는 생각의 믿음을 가져야합니다.

벳세다 광야에서 굶주린 백성들을 먹여야 했습니다. 200데나리온이 있었습니다. 제자들은 '돈도 없거니와 그 많은 양식을 지금 어디서 가져온단 말입니까' 제자들은 불가능하게 생각했습니다. 그 때 안드레가 어린아이가 준비한 보리떡 다섯 개와 물고기 두 마리를 주님께 드렸습니다. 주님은 하늘을 보시고 축사하셨습니다. 주님은 제자들에게 나누어 주어라고 하셨을 때, 장정만 5천명이 먹고 열 두 바구니가 남았다고 성경은 증거하고 있습니다.

빌4;8 '종말로 형제들아 무엇이든지 참되며 무엇이든지 경건하며...'

경건하고 참된 것이 무엇입니까?

(따라서) '선하고 아름다운 것을 생각하라 마음에 채우라'

성도 여러분 무엇을 할 수 있기 전에 성도들의 생각에 아름다운 것과 선한 것, 사랑하는 마음과 생각을 채우시길 바랍니다.

갈6;7 '사람이 무엇으로 심든지 그대로 거두리라'

사람이 육체를 위해 심으면 육체로부터 썩어진 것을 거두게 됩니다. 생명을 위해 심는 자는 생명으로부터 영생을 얻는다고 말씀합니다. 콩 심은데 콩 나고 팥 심은데 팥 나는 것입니다. 어떤 것을 심느냐에 따라 내일과 미래가 결정되는 것입니다. 믿음의 생각으로 확신을 가져야 합니다.

결론) 어떤 생각을 갖고 믿고 기도하시며 감사하시겠습니까?

진실로 생각과 마음을 지키시길 바랍니다. 부패하고 썩은 물에 생각과 마음을 던지지 말아야합니다. 하나님의 말씀은 성도들의 생각과 마음을 치료하고 지킬 것 입니다. 하나님의 평강이 예수 그리스도 안에서 성도들의 생각과 마음을 치료하고 지킬 것 입니다.

(따라서) '염려하지 말고 오직 기도와 간구로 구할 것을 하나님께 감사함으로 아뢰자. 그리하면 이루리라'

성도들의 생각이 하나님의 생각, 영의 생각, 아름답고 선한 생각으로 가득 채워 놀라운 성공의 축복을 누리시길 바랍니다.

2

하나님이 함께하는 사람

여호와의 종 모세가 죽은 후에 여호와께서 모세의 시종 눈의 아들 여호수아에게 일러 가라사대 내 종 모세가 죽었으니 이제 너는 이 모든 백성으로 더불어 일어나 이 요단을 건너 내가 그들 곧 이스라엘 자손에게 주는 땅으로 가라 내가 모세에게 말한 바와 같이 무릇 너희 발바닥으로 밟는 곳을 내가 다 너희에게 주었노니 곧 광야와 이 레바논에서부터 큰 하수 유브라데에 이르는 헷 족속의 온 땅과 또 해 지는 편 대해까지 너희 지경이 되리라 너의 평생에 너를 능히 당할 자 없으리니 내가 모세와 함께 있던것 같이 너와 함께 있을 것임이라 내가 너를 떠나지 아니하며 버리지 아니하리니 마음을 강하게 하라 담대히 하라 너는 이 백성으로 내가 그 조상에게 맹세하여 주리라 한 땅을 얻게 하리라 오직 너는 마음을 강하게 하고 극히 담대히 하여 나의 종 모세가 네게 명한 율법을 다 지켜 행하고 좌로나 우로나 치우치지 말라 그리하면 어디로 가든지 형통하리니 이 율법책을 네 입에서 떠나지 말게 하며 주야로 그것을 묵상하여 그 가운데 기록한대로 다 지켜 행하라 그리하면 네 길이 평탄하게 될 것이라 네가 형통하리라 (수1:1-8)

하나님이 함께 하는 사람은 실패하지 않습니다. 버림받지 않습니다. 하나님이 함께 하는 사람은 영혼이 잘 됨 같이 범사가 잘 됩니다. 육신이 강건하게 됩니다. 하나님이 함께 하는 사람은 능력 있게 살아갑니다. 영향력 있게, 크게 쓰임을 받습니다.

어떤 사람이 하나님과 함께 하는 사람입니까?

첫째, 꿈과 비전이 있는 사람입니다.

하나님은 성도들에게 분명하고 확실한 꿈을 주셨음을 믿으시기 바랍니다.

여호수아는 하나님께서 꿈을 주셨을 때 그것을 마음에 잘 받아드렸던 사람입니다.

수 1;1-4에 모세가 죽었으니 이스라엘 백성들을 데리고 요단을 건너 내가 주리라고 한 땅으로 건너가라 내가 너희가 발바닥으로 밟는 땅을 다 내가 주리라고 약속하셨습니다. 하나님께서 여호수아에게 앞으로 갈 길을 알려주시고 가라고 말씀하셨습니다.

(따라서) '하나님은 꿈을 주시고 그 꿈이 이루어지도록 함께 하십니다'

행2;17-18 '하나님이 가라사대 말세에 내가 내 영으로 모든 육체에게 부어 주리니 너희의 자녀들은 예언할 것이요 너희의 젊은이들은 환상을 보고 너희의 늙은이들은 꿈을 꾸리라 그때에 내가 내 영으로 내 남종과 여종들에게 부어 주리니 저희가 예언할 것이요 '

하나님은 육체에 성령을 부어주신다고 말씀하십니다. 하나님은 꿈을 주시고 하나님의 뜻을 나타내어 주심을 확신하시기 바랍니다.

빌2 '3 ' 너희 안에서 행하시는 이는 하나님이시니 자기의 기쁘신 뜻을 위하여 너희로 소원을 두고 행하게 하시나니 '

하나님은 성도들에게 주신 꿈과 비전을 이루도록 역사하시고 함께 하십니다.

주 하나님을 믿고 믿음으로 주 하나님을 향해 전진 또 전진으로 나가면 하나님은 그 크신 은혜와 능력으로 함께 하사 이루게 하십니다.

둘째, 담대한 믿음의 사람입니다.

하나님은 믿음이 없는 사람과 함께 하시지 않습니다. 그들을 들어 쓰시도록 축복도 하지 않으십니다,

히10;38 '오직 나의 의인은 믿음으로 살리라 또한 뒤로 물러가면 내 마음이 저를 기뻐하지 아니하리라 하셨느니라.'

믿음이 없는 사람은 하나님의 뜻에 순종할 수가 없습니다. 베드로도 어두운 밤중에 풍랑이 있는 바다 위에서 물 위로 걸어오라는 주님의 말씀을 믿고 앞을 향해 물 위로 걸어갔습니다.

그러나 주위의 바람과 파도를 보고서 두려워 물 속에 빠지고 맙니다.

주님은 베드로에게 왜 의심했느냐 왜 두려워했느냐 하시며 믿음이 없는 자라고 말씀하십니다.

성도 여러분 믿음이 없이 이 세상을 걸어가면 성도는 세상에 빠지고 절망하게 됩니다. 실패하게 됩니다. 갈 길이 막히게 됨을 아시기 바랍니다.

하나님께서 왜 다윗을 사랑하고 기뻐하셨습니까?

그가 의롭고 진실하고 거룩해서가 아닙니다. 그는 실패자입니다. 그러나 하나님께서는 그를 사랑하셨습니다. 그는 강하고 담대하게 믿음으로 살았기 때문입니다. 양을 칠 때 사자 앞에서 도망가지 않고 대적하고 죽인 사람입니다. 블레셋 골리앗 장군을 죽인 것도 자신의 힘이나 능력을 믿고 나간 것이 아닙니다. 오직 하나님의 능력을 믿고 물매 돌을 갖고 나가 죽인 것입니다.

다윗은 골리앗과 싸울 대상이 전혀 못됩니다. 그러나 싸워 이겼습니다.

삼삼17:8-11을 보십시오.

소년 다윗은 야훼 전능하신 하나님을 믿고 하나님의 백성을 무시한

골리앗을 죽인 사람입니다. 이스라엘 백성들은 일제히 일어나 블레셋 군대와 싸워 승리한 것을 믿으시기 바랍니다.

하나님은 강하고 담대한 믿음의 사람과 함께 하십니다.

성도들의 믿음이 담대하시기 바랍니다. 무엇에든지 확실한 믿음을 가지고 주 하나님을 위해서 하나님께서 피로 값 주고 사신 교회를 위해서 믿음으로 순종하고 헌신하고 쓰임 받으시길 바랍니다. 세상을 향해서 강하고 담대한 믿음의 담력으로 좌우로 치우치지 말고 전전하시어 승리하시길 주님의 이름으로 축원합니다.

셋째, 하나님의 말씀을 믿고 순종하고 사랑하는 사람입니다.

하나님의 말씀은 능력이요 진리요 성도들에게 힘과 지혜인 것입니다. 하나님은 성도들에게 말씀으로 역사하십니다. 말씀을 믿고 순종하는 사람과 함께 하시고 들어 역사하시며 축복하십니다.

수1;7-9 '오직 너는 마음을 강하게 하고 극히 담대히 하여 나의 종 모세가 네게 명한 율법을 다 지켜 행하고 좌로나 우로나 치우치지 말라 그리하면 어디로 가든지 형통하리니 이 율법 책을 네 입에서 떠나지 말게 하며 주야로 그것을 묵상하여 그 가운데 기록한 대로 다 지켜 행하라 그리하면 네 길이 평탄하게 될 것이라 네가 형통하리라'

두려워하지 말고 놀라지 말고 강하고 담대하여야 합니다.

(따라서) '하나님의 약속하신 말씀을 지키므로 하나님과 가까워지자'

전능하신 하나님과 대화하시려면 하나님의 말씀을 묵상하고 지키시길 바랍니다. 그리하면 하나님께서는 우리와 대화하십니다. 진리의 성령으로 깨닫게 하여 주십니다.

성경을 읽고 묵상할 때 하나님의 진리의 성령은 우리에게 말씀하시고 깨닫게 하시며 확신을 갖게 하십니다. 담대함과 지혜를 주십니다.

하나님의 말씀을 읽지 않고 듣지 않고 하나님의 음성을 들을 수가 없습니다. 이런 사람은 생명이 없습니다. 능력이 없습니다. 담대할 수가 없습니다.

하나님의 말씀을 받아들여야 진리의 성령님이 내 안에서 세미한 음성으로 역사하십니다. 깨닫게 하십니다. 확실한 증거를 주십니다.

성도는 하나님의 말씀을 잘 받아먹어야 영혼이 살고 힘을 얻고 능력 있게 담대하게 믿음으로 살아갈 수가 있는 것입니다.

하나님의 말씀을 읽고 들을 때 믿고 기도할 때 하나님의 세미한 음성을 통해서 하나님 아버지의 뜻을 깨달아 지킬 수가 있는 것입니다.

시19;7-11에 하나님의 말씀은 완전하며 영혼을 소성케 합니다. 확실하여 우둔한 사람에게 지혜가 있게 합니다. 정직하여 마음을 기쁘게 합니다. 야훼의 계명은 순결하여 눈을 밝게 합니다.

성도 여러분 하나님께서 함께 하여 주시길 원하십니까?

하나님의 말씀을 잘 들어야 합니다. 잘 읽어야 합니다. 말씀을 새김질하고 묵상하시길 바랍니다. 성령께서 밝히 알려 주실 것입니다.

지혜롭고 총명하게 믿음으로 강하게 담대하게 전능하신 하나님의 뜻을 깨달아 크게 역사하시길 원합니다.

넷째, 하나님께 감사하는 사람입니다.

빌4;6 '아무것도 염려하지 말고 오직 모든 일에 기도와 간구로 너희 구할 것을 감사함으로 하나님께 아뢰라'

성도 여러분 왜 하나님께 감사하지 못하는 것입니까?

왜 하나님을 믿고 기도하지 못합니까? 왜 하나님을 믿지 못하는 것입니까?

왜 절기 때에 하나님께 감사드리지 못합니까?

　그 이유는 무엇인가를 믿지 못하고 염려하기 때문입니다. 염려하면 기도하지 않고 감사하지 않고 하나님을 믿지 않습니다. 하나님께서는 염려하고 있는 성도와 함께 하지 않으십니다. 하나님을 믿지 못하고 있는 불신앙의 사람을 함께하지 않으십니다. 하나님을 믿고 감사기도하는 성도가 되시길 원합니다. 하나님께서는 믿고 기도하는 성도와 함께 하십니다.

　(따라서) '아무것도 염려하지 말고 감사드리며 기도하자'

　결론)성도 여러분 하나님은 우리와 함께 하시길 원하십니다.

　성도들이 어느 곳에 있든지 하나님께서는 형통하고 평탄하길 원하십니다.

　하나님 아버지께서 함께 하는 개인이나 가정, 교회, 국가는 형통합니다. 만사 일에 승리합니다. 하나님께서 들어 쓰십니다. 하나님은 부귀영화와 능력과 권세가 충만하신 분이십니다. 하나님은 지구촌을 손에 쥐고 계신 전능하신 분이십니다. 주 하나님을 더욱 의지하고 믿고 신뢰하시고 순종하십시오.

　하나님의 말씀을 사모하고 진리의 성령으로 세미한 음성을 들으시길 바랍니다. 하나님은 꿈이 있는 사람, 강하고 담대한 믿음의 사람, 하나님의 말씀을 순종하고 사랑하는 사람과 함께 하십니다. 들어 쓰십니다. 그 사람을 들어 승리하게 하시고 형통하게 하시며 평탄케 축복하시고 영광을 거두시는 하나님이십니다. 진심으로 하나님께 감사하는 삶으로 성공적인 성도로 살고 영광 돌리시길 바랍니다.

3
성경의 말씀의 뜻을 알자

바울이 자기의 규례대로 저희에게로 들어가서 세 안식일에 성경을 가
지고 강론하며 뜻을 풀어 그리스도가 해를 받고 죽은 자 가운데서 다
시 살아야 할것을 증명하고 이르되 내가 너희에게 전하는 이 예수가
곧 그리스도라 하니 (행17;2-3)

성경은 살아계신 하나님의 말씀입니다. 하나님의 말씀에는 뜻이 있
음을 확신하시기 바랍니다. 성경 전체는 예수 그리스도의 일을 말씀
으로 보아야 합니다. 성경을 정확하고 구체적으로 말하면 문자적 기
록은 예수님의 일이요 문자 속에 담겨져 있는 말씀의 뜻은 그리스도
의 일로 보아야 합니다.

본문은 사도 바울이 저희들에게 들어가서 세 안식일에 성경을 강론
한 말씀입니다. 즉 예수는 그리스도라고 바울은 강조하였습니다. 성
경 말씀에 항상 감추어진 뜻이 있음을 발견하고 해석해야 합니다.

골2;3 '그 안에는 지혜와 지식의 모든 보화가 감추어져 있느니라'

'그 안에' 는 '예수 그리스도 안에' '문자적인 기록 안에' 로 표현할
수 있습니다. 같은 의미를 가지고 있지만 다른 단어로 표현된 말씀인
것입니다. 그러므로 성도 여러분 문자적인 기록 속에 지혜와 지식과
모든 보화가 감추어져 있음을 확신하시고 발견하시길 바랍니다.

예수 그리스도 안에 모든 지혜와 지식의 모든 보화가 감추어져 있
는데 이 보화를 한 마디로 표현한다면 그리스도의 인격과 사역이라

고 말할 수 있습니다. 성경 말씀에 최고의 지혜와 최고의 지식을 가지고 감추어진 보화를 발견하시어 하나님의 능력을 체험하시고 증거하시기 바랍니다.

출34;27 '여호와께서 모세에게 이르시되 너는 이 말들을 기록하라 내가 이 말들의 뜻대로 너와 이스라엘과 언약을 세웠음이니라 하시니라'

하나님은 모세를 통해서 성경을 기록하게 하실 때 주신 말씀들에는 말들의 뜻이 있으며 이 말들의 뜻대로 너와 이스라엘과 언약을 세우신다고 말씀하셨습니다.

출34;27은 모세와 이스라엘에게만 언약을 세우신 것 같지만 하나님께서 주신 말씀 속에는 뜻이 있어 이를 두고 언약하신 것입니다.

이 언약은 하나님께서 홍수로 사람들을 멸하신 후에 노아와 방주에서 나온 자들과 세우신 언약인 것입니다. (창6;18) 이 언약은 주님이 다시 강림하시는 그 날까지 모든 그리스도인들과 약속하신 것입니다.

구체적으로 언약이 어디에 숨어 있는 말씀입니까? 그 해답은 창9;11-15에 있습니다, 하나님께서 영세까지 세우신 언약이 무엇입니까? 무지개입니다. 무지개를 구름 속에 두어 세상과의 언약이라 말씀하십니다. 즉 무지개가 구름 속에서 나오면 하나님의 언약을 기억하라는 것입니다. 홍수로 사람과 짐승과 모든 것을 멸하지 않겠다는 언약입니다. 문자적으로 보면 성도 여러분 무지개를 보셨습니까? 안 보셨습니까? 그런데 지구촌 각 지역에는 홍수로 많은 사람이 많은 피해를 매년 보고 있습니다. 무지개를 저도 많이 보았습니다. 매년마다 홍수는 그치지 않고 있습니다. 매년마다 이로 인해 많은 사람이 죽었습니다. 하나님은 약속을 지키시는 하나님이십니다. 거짓말을 못하시는 하나님이십니다. 그 말씀 그 언약은 맞지 않는 것처럼 보입니다.

히6;18 '이는 하나님이 거짓말을 하실 수 없는 이 두 가지 변하지

못할 사실을 인하여 앞에 있는 소망을 얻으려고 피하여가는 우리로 큰 안위를 받게 하려 하심이라'

하나님의 말씀을 문자적으로만 보면 믿어지지 않습니다. 믿을 수가 없습니다. 하나님의 말씀에는 뜻이 있습니다.

창9;11-15의 뜻은 출34;27에 모세와 이스라엘에게 주신 언약을 말씀하십니다. 구약성경보다 신약성경은 점진적으로 눈에 보이도록 기록되었습니다.

롬1;19-20에 하나님은 그의 영원하신 능력과 신성이 만드신 만물에 분명히 보여 알게 된다고 핑계할 수 없다고 말씀하십니다.

성도 여러분 보이지 아니하는 것들, 영원한 신성과 능력이 만물에 있음으로 이 땅에 사는 사람은 그 누구도 하나님을 모른다고 부인할 수 없습니다.

구약에는 언약이란 말씀이, 신약에는 신성과 능력이 만물 안에 분명히 보고 알도록 주셨다고 말씀하십니다. 그러므로 하나님의 말씀에는 말씀에 뜻이 있습니다. 즉 하나님의 말씀은 특별계시 속에 있는 비밀을 알게 될 때에 만물 속에 있는 하나님의 능력과 신성을 우리의 눈으로, 이성으로 알 수 있는 것입니다. 만물 속에 숨겨져 있는 하나님의 능력과 신성을 어떻게 분별할 수 있습니까? 성경을 문자적으로만 보면 안 됩니다. 문자로 보고 알 수 있다면 하나님의 비밀, 복음의 비밀, 그리스도의 비밀을 비밀이란 단어로 사용하지 않았을 것입니다. 보고 알 수 있는 것이 하나님의 뜻이라면 비밀이란 말을 사용하지 않았을 것입니다.

사6;9 '여호와께서 가라사대 가서 이 백성에게 이르기를 너희가 듣기는 들어도 깨닫지 못할 것이요 보기는 보아도 알지 못하리라'

들어도 보아도 알지 못한다는 말씀입니다, 그래서 비밀이란 말입니다. 구약의 말씀을 신약에 와서 명확하게 알 수 있도록 말씀하셨습니다.

막4;12 '이는 저희로 보기는 보아도 알지 못하며 듣기는 들어도 깨닫지 못하게 하여 죄 사함을 알지 못하게 하려 함이니라'

하나님께서 말씀을 주시면서 그 속에 축자영감, 하나님의 비밀을 문자적으로 기록하였습니다. 즉 보고 듣고 알지 못하게 하신 뜻이 돌이켜 죄 사함을 얻지 못하게 하기 위함입니다.

그러나 하나님의 깊은 섭리와 계획이 있습니다. 어떤 사람은 보아도 알 수 없어 멸망을 받게 되지만 어떤 사람은 이미 만세 전부터 정해진 사람으로 보고 듣고 알 수가 있습니다.

성경은 누구나 볼 수 있도록 보편적으로 주셨으나 누구나 보아도 알 수 없고 깨달을 수 없도록 주신 것이 특별계시인 것입니다.

그러므로 성경은 예정되어 있는 자녀에게는 열려 있는 문서이고 택정되지 못한 사람에게는 닫힌 문서입니다.

특별히 주의 종들에게는 특별계시를, 하나님의 뜻을, 하나님의 비밀을 알게 하십니다. 하나님은 영원 전부터 시작하여 영원 후까지 하나님의 뜻을 알 수 있도록 기록된 문자 속에 비밀을 담겨 두셨지만 이 비밀을 자녀들에게 특별히 주의 종들에게는 비밀이 아니라 만물 속에 분명히 알게 하셨습니다.

그 증거가 창18;17에 있습니다. '여호와께서 가라사대 나의 하려는 것을 아브라함에게 숨기겠느냐'

암3;7 '주 여호와께서는 자기의 비밀을 그 종 선지자들에게 보이지 아니하시고는 결코 행하심이 없으시리라'

비밀이 무엇을 뜻하는지 원문을 찾아보겠습니다.

비밀(소드, 야사드설립;기초를 세우다) 친밀함, 의논, 친교, 회의

하나님의 비밀은 하나님의 회의에 참여, 하나님과 의논, 기초를 세우는 것은 하나님의 뜻을 가르치심을 의미합니다. 비밀에 대한 회의와 기초는 렘23;18-22에 여호와 하나님의 회의에 참여하여 그 뜻을

알았던 것입니다. 즉 하나님의 비밀을 알아들었다는 것입니다.

하나님의 말씀을 깨달았으면, 알았으면 하나님의 비밀을 전하여서 악한 길과 악한 행위에서 돌이키게 하라는 것입니다.

성도 여러분 주의 종들이 해야 할 것은 하나님의 말씀을 깨달아 하나님의 백성들에게 알게 하여 악한 길에서 돌이키게 하는 것입니다.

그러므로 하나님의 뜻을 알려고 이 곳 저 곳에 다니거나 기도하여 응답받는다는 것이 신비한 것이 아닙니다. 응답이 아닙니다.

(따라서) '신비적으로 하나님의 비밀을 보거나 들으려고 하는 것은 사람의 생각이다'

하나님의 생각은 사람의 생각과 전혀 다른 것을 아시기 바랍니다.

진리의 성령으로 진리 가운데로 인도함을 받는 성도들이 되시기를 주님의 이름으로 축원합니다.

특별계시인 성경을 많이 읽고 쓰는 것도 중요하지만 그 말씀 속에 있는 뜻을 알 수 있도록 진리의 성령을 더욱 가까이 하시기 바랍니다.

결론)문자적으로 기록된 성경말씀 속에 하나님의 뜻, 예수 그리스도를 발견하시고 항상 내 생각과 하나님의 생각이 다르다는 것을 기억하시기 바랍니다. 문자적인 말씀 속에 진리의 성령으로 하나님의 뜻을 바로 깨달아 말씀을 지키시고 그 말씀을 증거 하시는 성도들이 되시기 바랍니다.

4
방언에 대한 사람의 생각과 하나님의 생각

> 어떤이에게는 능력 행함을, 어떤이에게는 예언함을, 어떤이에게는 영
> 들 분별함을, 다른이에게는 각종 방언 말함을, 어떤이에게는 방언들
> 통역함을 주시나니 이 모든 일은 같은 한 성령이 행하사 그 뜻대로 각
> 사람에게 나눠 주시느니라 (고전12;10-11)

　　지구촌에는 나라마다 말이 많이 있으나 각각 다르게 말을 합니다. 말이 많은 시대 속에서 방언에 대한 사람의 방언과 하나님의 방언을 분별해야 합니다.

　　방언은 각 나라의 말입니다. 또는 은사적 방언이 있습니다. 은사적 방언은 기도할 때 받게 됩니다. 안수 받을 때 받게 됩니다. 방언 은사를 받는 것은 하나님이 계신 증거입니다. 방언으로 하나님에 대한 확증을 할 수 있습니다. 방언 받은 사람과 받지 못한 사람과는 신앙생활, 기도생활이 다릅니다. 방언은 믿는 사람에게 표적, 증거인 것입니다. 방언기도하면 통역까지 해야 방언하는 사람과 듣는 사람이 유익하고 확실한 증거가 되는 것입니다.

　　방언은 개인적으로 주신 표적이며 은사입니다.

　　방언하는 사람은 방언기도의 은사로 생각합니다. 방언 통역하는 사람도 통역은사로만 생각합니다. 이렇게 믿고 있는 방언과 통역을 좀 더 깊게 방언에 대한 성경적인 해석을 하려고 합니다.

성경해석의 원리를 말할 때 정통보수주의적인 영적 지도자들은 1)문자적인 해석법 2)역사적인 해석법 3)정경적인 해석법의 원리로 해석합니다.

전성경은 방언으로 기록되어 있습니다. 구약은 히브리방언으로 신앙은 헬라 방언으로 기록되어 있습니다. 하나님의 말씀을 사람의 생각대로 해석해서는 안 됩니다. 사람의 목적을 위해서 사사로이 해석 사용해서도 안됩니다.

성경은 반드시 특별계시인 성경말씀을 통해서 하나님께서 나타내시고자 하시는 뜻을 정확하게 드러내야 하는 것입니다. (출34;27)

전성경은 문자로 방언으로 기록되어 있습니다.

고전14;2 방언은 반드시 통역해야 합니다. 통역하지 않으면 영혼과는 관계없는 말이 되어 버리는 것입니다. 그래서 문자로 기록된 성경, 방언을 풀어 나타내야 하는 것입니다. 하나님의 뜻, 그리스도의 비밀을 밝혀야 방언통역이라고 할 수 있습니다. 하나님의 뜻을 풀어내는 것을 통역, 예언이라고 합니다. (고전4;1) 즉 신령한 것은 신령한 것으로 분별하는 원리로 해석하여 문자적 기록 속에 숨겨 있는 뜻을 풀어야 하나님의 방언이 되는 것입니다.

1)문자적 해석법

성경을 해석할 때 가정 우선해야 할 방법은 문자적 해석법입니다.

기록한 성경을 문자 그대로 보는 방법인 것입니다. 이 문자적인 해석을 무시할 때 자칫 잘못하면 영적인 것이라고 하면서 영해만 하게 되는 것입니다.

또는 알레고레식 해석이라고 잘못된 결과를 가져오게 되는 것입니다.

문자적인 기록을 무시하면 예수를 부인하는 결과를 가져오게 됩니다.

문자를 무시하는 사람은 예수 그리스도를 인정하지 않고 있음을 아셔야 합니다. 더 나아가서 육체로 오신 주님을 부정하는 것입니다. 예수 그리스도를 말하면서 인성을 부인한다면 매우 잘못된 해석입니다.

또한 말씀으로 창조하신 말씀이신 창조주 하나님을 부인하게 되는 것입니다. 이런 해석을 하는 사람들을 분리주의자 이단으로 말하게 되는 것입니다.

그러므로 성경해석은 먼저 문자적인 기록을 인정해야 합니다.

성경은 문자적 해석 본문 중심으로 하는 문법적인 해석을 해야 합니다.

2)역사적인 해석방법

성경을 해석하고 설교 할 때에 성경 기록의 역사성을 무시하면 안 됩니다. 하나님의 말씀을 놓치게 되는 것입니다.

특별계시로 주신 하나님의 말씀을 하나의 교훈 집으로 전략시키는 것입니다. 하나님의 말씀이 하나님의 자녀들에게 교훈이 될 수 있으나 사람의 교훈으로 하나님의 말씀을 가르치게 되면 여호와 하나님을 바로 섬기지 못하게 되는 것입니다.

신4;14 '그때에 여호와께서 내게 명하사 너희에게 규례와 법도를 교훈하게 하셨나니 이는 너희로 건너가서 얻을 땅에서 행하게 하려 하심이니라'

딤후3;16 '모든 성경은 하나님의 감동으로 된 것으로 교훈과 책망과 바르게 함과 의로 교육하기에 유익하니'

성경을 교훈으로 보기 이전에 역사의 주인공이신 예수 그리스도에 대한 예언이 역사적인 사실임을 증거 한 것으로 보아야 합니다.

천지창조와 인간의 범죄와 타락, 예수님의 탄생과 십자가의 죽으심 부활하심과 승천에 대한 다시 오실 주님의 재림 실현될 역사적 실현을 그대로 받아 듣고 믿는 것이 역사적 해석방법입니다. 역사를 부인하면 잘못 된 해석인 것입니다.

3)정경적 해석법

정경적 해석법이란 조직 신학자 루이스벌코트가 사용한 신학적 해석법과 같은 해석법인 것입니다.

즉 성경의 신적 기원과 그 통일성, 그리고 계시의 점진성을 뜻합니다. 예수 그리스도의 사역에 대하여 해석을 하되 자의로 해석하는 것이 아니라 성경의 모든 말씀 사건에서 예수 그리스도를 통일시키는 원리를 말씀하는 것입니다. 창세기부터 계시록까지 어느 한 권만 드러내는 것이 아닙니다.

성경전체를 통일시켜 하나님의 영원성을 들어내는 해석법입니다. 창1;1부터 계시록22장까지를 예수 그리스도에 대한 일로서 반드시 성경대로 신령한 일, 신령한 것을 분별하여 증거 하는 것입니다.

고전2;13 '신령한 일은 신령한 것으로 분별하느니라.'

즉 계시의 점진적 해석법이라고 하는 것입니다.

성경해석을 문자적, 역사적, 정경적 해석법에서 더 온전히 해석하기 위해서는 전진적, 관통법으로 해석해야 합니다.

구약을 단지 이스라엘의 역사로만 국한시켜 해석한다고 한다면 사람의 생각이지 하나님의 생각이 아니라는 것입니다. 역사적인 해석법은 반드시 살아계신 하나님, 특히 예수 그리스도가 역사의 주인공이시며 구원자로 주님에 대한 역사적인 사실이 증명되어야 역사적인 해석법인 것입니다.

또한 예수그리스도가 다시 재림하신다는 사실이 증명되어야 합니다.

그러므로 성경해석을 모든 방법, 여러 가지 해석방법으로 해석을 하되 본문 중심으로 해답을 말할 때 앞 절과 뒷 절, 앞장과 뒷장을 보고 넓게는 본문중심으로 한 권을 다 보고 전 성경을 다 보고 성경을 관통하여 말 할 수 있어야합니다.

　이런 방법으로 성경을 풀어 말씀과 그 말씀의 뜻을 풀어야 확신을 갖게 되는 것입니다. 성경해석에는 사람의 생각이 끼어들면 안 됩니다.

　성경을 항상 해석함에 있어 문자적 해석에 항상 그 말씀의 뜻이 풀어져야 합니다. 하나님의 말씀에 항상 주의할 것은 사람의 생각과 하나님의 생각이 다른 것을 발견하고 주의 깊게 하나님의 말씀의 뜻이 방언이 바르게 풀어져야 합니다.

　하나님의 말씀에 사람의 생각으로 치우치면 안 됩니다. 하나님의 말씀을 하나님의 말씀으로 믿고 읽고 풀어 그 말씀이 우리의 심령에 채워지시기 바랍니다.

5

나를 부르시는 주님의 음성

여호와 하나님이 뱀에게 이르시되 네가 이렇게 하였으니 네가 모든 육축과 들의 모든 짐승보다 더욱 저주를 받아 배로 다니고 종신토록 흙을 먹을지니라 내가 너로 여자와 원수가 되게하고 너의 후손도 여자의 후손과 원수가 되게 하리니 여자의 후손은 네 머리를 상하게 할 것이요 너는 그의 발꿈치를 상하게 할 것이니라 하시고 또 여자에게 이르시되 내가 네게 잉태하는 고통을 크게 더하리니 네가 수고하고 자식을 낳을 것이며 너는 남편을 사모하고 남편은 너를 다스릴 것이니라 하시고 아담에게 이르시되 네가 네 아내의 말을 듣고 내가 너더러 먹지 말라한 나무 실과를 먹었은즉 땅은 너로 인하여 저주를 받고 너는 종신토록 수고하여야 그 소산을 먹으리라 땅이 네게 가시덤불과 엉겅퀴를 낼 것이라 너의 먹을 것은 밭의 채소인즉 네가 얼굴에 땀이 흘러야 식물을 먹고 필경은 흙으로 돌아 가리니 그 속에서 네가 취함을 입었음이라 너는 흙이니 흙으로 돌아갈 것이니라 하시니라 아담이 그 아내를 하와라 이름하였으니 그는 모든 산 자의 어미가 됨이더라 여호와 하나님이 아담과 그 아내를 위하여 가죽옷을 지어 입히시니라 여호와 하나님이 가라사대 보라 이 사람이 선악을 아는 일에 우리 중 하나 같이 되었으니 그가 그 손을 들어 생명나무 실과도 따먹고 영생할까 하노라 하시고 여호와 하나님이 에덴동산에서 그 사람을 내어 보내어 그의 근본된 토지를 갈게 하시니라 이같이 하나님이 그 사람을 쫓아 내시고 에덴동산 동편에 그룹들과 두루 도는 화염검을 두어 생명나무의 길을 지키게 하시니라 (창3;14-24)

인간은 하나님의 음성을 들어야 합니다. 성도는 주님의 부르심에 응답해야 합니다. 인간은 하나님의 은혜와 사랑을 입어야 행복하고 형통하게 됩니다. 그러나 사람들은 하나님의 은혜와 사랑을 거부합니다. 불순종합니다. 믿지를 않습니다. 하나님은 성도들을 부르시고 계십니다. 성도들을 찾고 계십니다.

하나님은 에덴동산에서 하나님의 말씀보다 사단의 말을 듣고 선악과를 따 먹고 숨어있는 아담을 부르십니다. "아담아 네가 어디 있느냐?"

이 하나님의 음성, 주님의 음성을 듣고 응답하시는 성도가 되시기 바랍니다.

첫째, 죄인을 찾으시는 주 하나님의 음성입니다.

아담과 하와는 선악과를 따 먹고 동산에 거니시는 하나님의 음성을 듣고 하나님의 낯을 피하여 동산나무 사이에 숨었습니다. 사단의 소리에 나무를 본즉 먹음직하고 보암직하고 지혜롭게 할 만큼 탐스런 열매를 보고 따 먹은 것입니다. 하와는 선악과를 따 먹고 남편인 아담에게도 주어서 먹게 했습니다. 저들은 선악과를 따 먹고 난 후에 사단의 말과는 달리 하나님과 같이 되는 것이 아니었습니다. 하나님이 전날보다 더 두렵게 보여 진 것입니다. 사단은 본래 거짓말쟁이요 살인자입니다.

요8;44 '너희는 너희 아비 마귀에게서 났으니 너희 아비의 욕심을 너희도 행하고자 하느니라. 저는 처음부터 살인한 자요 진리가 그 속에 없음으로 진리에 서지 못하고 거짓을 말할 때마다 제 것으로 말하나니 이는 저가 거짓말쟁이요 거짓의 아비가 되었음이니라'

사단은 지금도 믿음이 없는 사람들을 찾아서 막 흔들어 봅니다. 예수 그리스도를 시인하고 있는지 확신하고 있는지 흔들어 봅니다. 사단이 과학이나 물질로나 명예나 권세로 사람들에게 속삭이면 믿음이 없는 사람은 쉽게 넘어가 범죄하고 실수하고 부끄러움을 당하게 됩니다.

아담과 하와가 숨었으나 숨는다고 지은 죄가 해결되는 것은 아닙니다.

하나님은 지금도 믿음이 없는 사람, 그리스도가 없는 사람, 실망하고 좌절한 사람들을 찾아 부르시고 계십니다. 부르심에 아멘으로 응답하시기 바랍니다. 하나님은 죄 지은 사람, 실패한 사람에게 찾아오셔서 부르십니다. 기회를 주시고자 부르십니다. 주님은 베드로를 찾아 제자로 삼으셨습니다. 삭개오를 찾아 여리고로 가신 것입니다. 주 하나님은 나를 찾으시려고 오신 것입니다.

둘째, 하나님은 죄에서 숨어 있는 곳에서 나오라고 부르십니다.

창3;11 '가라사대 누가 너의 벗었음을 네게 고하였느냐 내가 너더러 먹지 말라 명한 그 나무 실과를 네가 먹었느냐'

하나님은 아담이 어디 숨은 것을 몰라서 부르신 것이 아닙니다. 하나님은 아담에게 회개할 기회를 주신 것입니다.

요3;20 '악을 행하는 자마다 빛을 미워하여 빛에 오지 아니하나니'

죄를 지은 사람들은 도피의 수단으로 숨길 원하나 하나님은 찾고 계십니다. 하나님은 아담을 찾아 회개하길 원하셨습니다. 진실로 고백하길 원하셨습니다. 그러나 아담은 여자에게 책임을 전가하고 하나님께도 책임을 전가했습니다. 즉 여자를 주시지 않았다면 죄를 짓지 않았을 것이라는 것입니다.

일반적인 해석, 문자적인 해석에서 사람이 죄를 지으면 고백하지 않고 타인에게 전가합니다. 환경을 탓합니다. 그러나 하나님은 진실한 고백, 회개를 원하십니다. 하나님은 아담을 제쳐놓고 하와에게 '네가 어찌하여 이렇게 하였느냐' 고 말씀하십니다. 역시 하와도 진실한 회개의 고백을 하지 않고 '뱀이 나를 꾀이므로 내가 먹었나이다.' 라고 뱀에게 전가합니다.

(따라서) '죄인은 모두가 죄를 회피한다, 타인에게 전가한다.'

삼하12;13에 다윗 왕은 나단 선지자에게 책망을 들을 때에 '내가 여호와께 범죄하였나이다.' 라고 진실한 고백, 회개가 있었습니다.

선지자 요나는 니느웨로 가서 멸망을 선포해야 하지만 다시스로 도망을 갑니다. 하나님은 큰 태풍으로 배가 깨어질 위경에 놓이도록 요나의 길을 막으셨습니다. 이 때에 이 재앙이 누구로 인한 것인지 제비를 뽑게 했을 때 요나가 걸렸습니다. 요나는 '나를 들어 바다에 던지라 그리하면 바다가 너희를 위하여 잔잔하리라 이 폭풍은 나로 인한 것 인줄 내가 아느니라.' 고 고백합니다. 요나는 회개하므로 큰 고기가 삼켜 니느웨로 보낸 것입니다.

하나님은 지금도 회개하는 사람을 찾아서 인생의 문제를 해결해 주십니다.

요1서1;9 '만일 우리가 우리 죄를 자백하면 저는 미쁘시고 의로우사 우리 죄를 사하시며 모든 불의에서 우리를 깨끗이 하실 것이요'

주 하나님 앞에 우리의 잘못되고 불신앙의 죄악을 회개할 때 모든 문제가 풀리고 해결을 받게 되고 응답받게 됩니다.

셋째, 하나님은 구원하여 주시고자 하시는 부르심의 음성입니다.

죄의 심판은 확실하게 있습니다. 16절에 여자에게는 해산의 고통이 따르게 됩니다. 남편에게 종속되는 결과를 얻게 된 것입니다. 남자는 종신토록 수고하며 얼굴에 땀을 흘려야 소산을 먹게 되었고 필경은 흙으로 돌아가게 되는 것입니다.

뱀은 종신토록 배로 다니고 흙을 먹게 되고 저주를 받게 되는 것입니다.

인간의 범죄로 땅도 저주를 받아 가시덤불과 엉겅퀴를 내게 된 것입니다. 이렇게 타락한 인간들에게 사망선고가 내려진 것입니다. 이런 죄인들에게 하나님의 구속의 음성이 들려온 것입니다.

범죄 한 인간들에게 예수 그리스도의 구원의 주를 보내 주시겠다고 약속하셨습니다. 여자의 후손 예수 그리스도를 보내시어 죄에서 구원하여 주심을 믿으시기 바랍니다.

여자의 후손 예수 그리스도께서 사단의 머리를 상하게 하시고 사단을 예수 그리스도를 못 박게 하는 신체의 일부를 상하게 함을 보여주신 것입니다.

하나님은 무화과나무 잎으로 옷을 만들어 입었으나 가죽 옷을 지어 주었습니다. 하나님께서 아담에게 입혀 주신 가죽 옷은 어린 양 예수 그리스도의 희생을 의미합니다. 장차 예수 그리스도의 십자가상의 죽으심을 의미합니다.

롬3;14 '오직 주 예수 그리스도로 옷 입고 정욕을 위하여 육신의 일을 도모하지 말라'

갈3;27 '누구든지 그리스도와 합하여 세례를 받는 자는 그리스도로 옷 입었느니라'

사단의 유혹을 받지 않도록 믿음에 크게 서시고 사단의 유혹으로 죄에 빠지고 시험에 들어 어둠에 숨어있지 않기를 바랍니다. 죄에 빠지지 않고 사단의 유혹에 빠지지 않기 위해선 하나님의 말씀을 하나님의 말씀으로 믿어야 합니다. 하나님의 말씀을 소홀히 여길 때 사단의 유혹에 빠지게 됩니다. 하나님의 말씀에 순복해야 합니다. 사랑의 하나님은 연약한 인생을 찾아오십니다. 죄인을 부르십니다. 나를 불러 회개하게 하시고 구원하여 주십니다.

결론)하나님은 죄인들을 찾으러 이 땅에 오셨습니다. '아담아 네가 어디 있느냐' 찾고 계십니다. 하나님은 지금 저와 여러분들을 용서하시려고, 구원하시려고 부르시고 계십니다. 하나님의 구원하심이 아니면 사망의 그늘에서 나올 수가 없습니다.

(따라서) '구원 받은 성도는 사단의 말에는 대적하고 하나님의 말씀에는 믿고 순종하여 어둠에서 광명을 찾자'

하나님 아버지의 깊은 사랑과 은혜에 감격하시어 기쁨과 감사로 여호와 하나님을 찬양하시고 영광 돌리시기 바랍니다. 하나님 아버지의 부르심에 아멘하시어 합당한 삶의 열매를 맺어 믿음에 크게 승리하시고 좌우로 요동함이 없는 성도가 되시기 바랍니다.

6

알아듣는 자가 없고
그 영으로 말하는 비밀(1)

사랑을 따라 구하라 신령한 것을 사모하되 특별히 예언을 하려고 하라 방언을 말하는 자는 사람에게 하지 아니하고 하나님께 하나니 이는 알아 듣는 자가 없고 그 영으로 비밀을 말함이니라 그러나 예언하는 자는 사람에게 말하여 덕을 세우며 권면하며 안위하는 것이요 방언을 말하는 자는 자기의 덕을 세우고 예언하는 자는 교회의 덕을 세우나니 나는 너희가 다 방언 말하기를 원하나 특별히 예언하기를 원하노라 방언을 말하는 자가 만일 교회의 덕을 세우기 위하여 통역하지 아니하면 예언하는 자만 못하니라 그런즉 형제들아 내가 너희에게 나아가서 방언을 말하고 계시나 지식이나 예언이나 가르치는 것이나 말하지 아니하면 너희에게 무엇이 유익하리요 혹 저나 거문고와 같이 생명 없는 것이 소리를 낼 때에 그 음의 분별을 내지 아니하면 저 부는 것인지 거문고 타는 것인지 어찌 알게 되리요 만일 나팔이 분명치 못한 소리를 내면 누가 전쟁을 예비하리요 이와 같이 너희도 혀로서 알아 듣기 쉬운 말을 하지 아니하면 그 말하는 것을 어찌 알리요 이는 허공에다 말하는 것이라 세상에 소리의 종류가 이같이 많되 뜻 없는 소리는 없나니   그러므로 내가 그 소리의 뜻을 알지 못하면 내가 말하는 자에게 야만이 되고 말하는 자도 내게 야만이 되리니 그러면 너희도 신령한 것을 사모하는 자인즉 교회의 덕 세우기를 위하여 풍성하기를 구하라 그러므로 방언을 말하는 자는 통역하기를 기도할찌니 내가 만일 방언으로 기도하면 나의 영이 기도하거니와 나의 마음은 열매를 맺히지 못하리라 (고전14;1-14)

한 때는 방언을 하는 사람과 방언을 하지 못하는 사람이 한 교회에서 갈라지기도 했습니다. 방언을 하는 사람과 못하는 사람은 차이가 있습니다.

구별되기도 한 것이 방언이었습니다. 방언은 통역해야 합니다. 통역하지 못하면 예언하는 자보다 못하다는 말입니다.

오늘도 기록된 말씀 속에서 뜻을 찾아 방언에 대한 이해가 되시기 바랍니다.

방언 기도하는 사람은 자신에게도 내가 무슨 기도를 하는지 모르고 방언 기도합니다. 방언은 신비롭고 감추어진 비밀을 담은 말로서 방언은 신비로운 비밀인 것입니다.

(따라서) '방언은 신비롭고 감추어진 비밀을 정확하게 드러내야 한다.'

방언은 하늘나라 말로서 감추어진 신비로운 비밀을 드러내야 하는 것입니다. 방언은 그 영으로 사람에게 하지 아니하고.. 그러나 그 방언은 실제로는 사람에게 하고 있습니다. 사람에게 하고 있으면서 하나님께 말하는 것이라는 것입니다. '그 영으로' 원문을 찾아보면

요6;433 '살리는 것은 영이니 육은 무익하니라. 내가 너희에게 이른 말이 영이요 생명이라'

성경은 하나님의 감동으로 기록된 것입니다. 감동-성령으로 하나님의 비밀을 말씀하신 것입니다. 하나님께서 말씀하시는 방언의 뜻은 크게 두 가지로 구별할 수가 있습니다.

1.개인적인 은사로 주신 방언을 두고 하신 말씀도 되고

2.성경의 문자적인 기록을 가지고 말씀하신 것입니다.

성경은 하나님의 감동으로 된 말씀으로 하나님은 영이시므로 하나님의 말씀은 영의 말씀인 것입니다. 그래서 문자만 보고 듣고 믿고 전하는 것은 영으로 비밀을 말하는 것으로서 이를 두고 방언이라고

하는 것입니다.

고전14;4 '방언을 말하는 자는 자기의 덕을 세우고 예언하는 자는 교회의 덕을 세우느니라.'

성도 여러분 기록된 방언으로 사람은 어디서 왔다가 어디로 가는 것인지 주님께서 왜 오셨는지 왜 십자가에 죽으셨는지 왜 다시 오시는지를 알 수가 있습니다.

고전10;23 '모든 것이 가하나 모든 것이 유익한 것이 아니요 모든 것이 가하나 모든 것이 덕을 세우는 것이 아니니'

'덕' 의 뜻은 건축물, 상징적으로 확정 개발, 향상 즉 예수 그리스도를 믿는 믿음의생활, 즉 영혼 성전건축을 의미합니다. 예수 그리스도를 믿는 사람은 자신의 영혼 성전 건축이 되어야 합니다.

즉 자기 덕을 세운다는 것은 교회에게 덕을 세우는 하나님의 일을 하는 것이 아니라 자기 자신을 위해 영혼 성전 건축을 해야 된다는 것입니다.

그래서 성경을 문자로 보고 자기 생각으로 해석하고 전하면 안 되는 것입니다. 그래서 사도 바울은 고전10;23에서 가하나 유익한 것이 아니라고 기록한 것입니다.

성도 여러분 방언을 말하는 것이 왜 유익이 없는지에 대하여 확실하고 명확하게 알기 위해선 계시-지식-예언에 대하여 이해를 해야 합니다.

1)계시(아포칼립시스-덮개를 벗기다, 드러내다, 폭로하다, 열어놓다,알리다)

계시에 대한 원문을 보면 방언에 대한 이해가 정확해 집니다. 즉 방언을 말하면서 드러내지 않고 폭로하지 않으면 듣는 사람에게 유익이 없습니다. 또한 계시가 바로 지식이라는 의미를 담고 있으므로 지식을 드러내는 것이 지식인 것입니다. 즉 방언의 문맥은 덮여 있는 것, 덮여 있는 방언을 드러나 진실을 폭로하는 것을 두고 계시라고 하는 것입니다.

그래서 방언만 말을 하게 되면 덮혀 있는 말이요 진실을 말하지 않는 말로 그 말 방언을 듣는 상대에게 유익을 줄 수 없다는 것입니다. 그 다음엔 주님께서 직접 주신 말씀에서 계시가 무엇을 의미하는지 알아보고자 합니다.

엡3;3 '곧 계시로 내게 비밀을 알게 하신 것은 내가 이미 대강 기록함과 같으니'

갈1;12 '이는 내가 사람에게서 받은 것도 아니요 배운 것도 아니요 오직 예수 그리스도의 계시로 말미암은 것이라'

계시는 곧 숨겨진 비밀인 것입니다. 특별계시인 성경 속에 계시가 숨겨져 있는 것입니다. 계시에 대하여 넓고 깊게 정경적으로 정확하게 보시고 깨닫는 은혜가 있으시기 바랍니다.

2)지식(그노시스-알다, 기각하다, 깨닫다, 인식하다)

지식-학문-지식은 행위를 아는 것을 뜻합니다. 그러므로 지식은 좋은 의미와 안 좋은 의미로 보아야 합니다.

성경을 볼 때 문맥상 앞과 뒤에 있는 구절, 앞장과 뒷장을 보면 좋은 의미인지 나쁜 의미인지를 알 수가 있습니다.

지식은 예수 그리스도께서 우리를 사랑하신 것, 죄에 대하여 십자가에 지신 것, 부활, 승천하시고 다시금 재림 하시는 것을 아는 것입니다. 한 마디로 하나님의 뜻을 아는 것이 지식입니다. 지식의 중요성은 호4;1,6 롬10;2에 잘 나와 있습니다. 호세아서에 내 백성이 지식이 없어 망한다고 말씀합니다.

네가 지식을 버렸으므로 나도 너를 버린다고 말씀합니다. 곧 지식은 하나님을 아는 것입니다. 지식을 버린 것이 하나님을 버린 것입니다.

또한 지식을 버린 자는 제사장이요 또한 그가 하나님의 율법을 잊었다고 책망합니다. 로마서에는 오늘날 많은 사람들이 하나님께 열심이 있으나 하나님을 아는 지식을 좇지 않는다는 것입니다. 하나님의 뜻을 모른다는 것입니다.

빌3;8에 바울은 예수 그리스도를 아는 지식이 가장 고상함을 고백한 것입니다. 그러므로 하나님을 바르게 아는 지식으로 구원을 얻게 되는 것입니다.

잠11;9 '사특한 자는 그 입으로 그 이웃을 망하게 하나 의인은 그 지식으로 구언을 얻느니라.'

딤후3;7 '항상 배우나 마침내 진리의 지식에 이를 수 없느니라'

하나님을 아는 지식의 눈이 열려지길 원합니다. 하나님을 아는 지식이 충만해 지시길 원합니다.

(따라서) '하나님을 아는 지식은 바로 방언 속에 있다'

그래서 방언을 모르면 성경을 모르고 성경을 모르면 하나님을 알 수가 없습니다. 방언은 반드시 통역해야 하는 것입니다.

문자적인 것만 보고 듣고 전하면 알아들을 수가 없습니다.

알아들을 수 없는 말을 하게 되므로 사람의 지식으로 가르치므로 하나님을 헛되이 섬기게 되는 것입니다. 그러므로 문자 방언을 통역하지 않고 전하고 들으면 듣는 사람도 전하는 사람도 유익하지 않습니다.

방언을 통역하여 알아들을 수 있는 성도가 복인 것입니다.

마12;36 '내가 너희에게 이르노니 사람이 무슨 무익한 말을 하든지 심판 날에 이에 대하여 심문을 받으리니'

즉 알아들을 수 없는 방언만 말하게 되면 통역하지 않고 하나님의 뜻을 풀어 증거 하지 아니하면 심판 날에 심문을 받는다는 말씀을 기억하시기 바랍니다. 일생 수많은 말을 했다 할지라도 교회에 덕, 진리에 대한 확정, 덮어 있는 것을 드러내지 아니하면 유익이 아닙니다.

3)예언(프로테투오-예언자, 선지자, 영감을 말하는 자, 선포자)

즉 영감으로 말하다, 예언의 직무를 실행하다, 사건들을 미리 말하다.

고전14;5-6 예언은 사건을 미리 말하는 것입니다. 예수의 일로서 구약을 율법에서부터 예수 그리스도를 미리 말씀하신 것입니다. 말씀 속에 말의 뜻, 비밀, 그리스도를 숨겨두신 것을 의미합니다. 그러므로 비밀을 드러내어 예언으로 말하지 않고 문자적인 기록만 보고 말을 하는 방언으로만 한다면 전하는 사람이나 듣는 사람에게 유익이 없다는 말씀입니다.

고전14;7-9 역시 이 말씀의 의미도 하늘나라 말, 방언을 하는 것, 한 마디로 방언은 통역하여 상대가 알아들어야 준비를 한다는 것입니다.

알아듣지 못한 말은 허공에 하는 말이요 생명이 없는 소리인 것입니다. 방언은 혀로 알아듣는 말을 하는 것이 아니요 이는 분명치 못한 나팔을 부는 것입니다. 실상은 이런 방언을 목사가 하고 성도들이 한다면 무서운 말, 두려운 말입니다. 이런 방언을 계속 한다면 전쟁을 준비할 수가 없습니다. 예수그리스도의 재림을 준비할 수가 없습니다.

성도들은 일생동안 영적인 전쟁을 하면서 천국을 향해가는 십자가 군병들인 것을 확신하시기 바랍니다. 방언은 예수 그리스도의 일이요 하늘나라 말로 기록된 말씀이나 그 뜻을 풀어 통역하지 않으면 알아듣지 못하고 깨닫지도 못하는 방언이 되는 것입니다.

방언이 무엇입니까? 1)예수의 일 2)하늘나라 말 3)기록된 하나님의 말씀입니다. 이 방언을 통역하고 풀어 예수의 일을 그리스도의 일로 풀어주어야 영적 전쟁을 준비하는 말씀인 것입니다.

마11;17 '가로되 우리가 너희를 향하여 피리를 불어도 너희가 춤추지 않고 우리가 애곡하여도 너희가 가슴을 치지 아니 하였도다 함과 같도다.'

피리를 불어도 춤추지 않고 움직여 즐거워하지 않는다는 말씀입니다. 즉 방언을 들어도 영혼이 기뻐하지 않고 춤추지 않습니다. 영혼에 유익을 주지 못한다는 말씀입니다.

7
피리 소리에 춤을 추자 (2)

혹 저나 거문고와 같이 생명 없는 것이 소리를 낼 때에 그 음의 분별
을 내지 아니하면 저 부는 것인지 거문고 타는 것인지 어찌 알게 되리
요 만일 나팔이 분명치 못한 소리를 내면 누가 전쟁을 예비하리요
(고전14;7-8)

사5;12 '그들이 연회에는 수금과 비파와 소고와 저와 포도주를 갖
추었어도 여호와의 행하심을 관심치 아니하며 그의 손으로 하신 일
을 생각지 아니하도다.'

하나님의 행하심, 즉 예수 그리스도의 인격과 사역을 아는 것에는
관심을 두지 아니하면 그 어떤 것을 갖춘 예배의 형식이라고 할지라
도 하나님이 보시기에는 세상 연회잔치로 보신다는 것입니다.

진정한 하나님의 은혜와 축복이 무엇입니까? 하나님의 행하신 일
에 관심으로 깨닫고 아는 것이 은혜와 크신 축복인 것입니다.

주 하나님께는 관심이 없고 육신의 눈으로 보이는 것에만 관심이
있다면 그리스도의 재림을 맞이할 수가 없습니다. 영적 전쟁에 실패
하게 됩니다.

7절에 거문고-수금-하프. 다윗이 수금을 손으로 탄즉 사울에게서
하나님이 부리신 악신이 그에게서 떠났다고 했습니다. 생명이 없는
것(헬, 압쉬코스-숨-호흡-영혼-마음-육체와 구별되는 본질, 무 생

명, 기계적인 영혼이 없는 생명이라는 것입니다)

요11;25 '예수께서 가라사대 나는 부활이요 생명이니 나를 믿는 자는 죽어도 살겠고' 예수 그리스도가 없는 소리는 생명이 없는 소리인 것입니다. 기계적인 이 소리에 영혼은 변화되지 않습니다.

8절에 전쟁 (헬, 플레모스-소동하다, 싸움, 전투, 분쟁, 다툼)

나팔이 분명한 소리 방언을 발하면 영적 전쟁을 준비하지 않는 것입니다.

(따라서) '성도는 일평생 영적 전쟁을 하는 십자가 군병이다'

9절에 허공에다 하는 말(아엘-자연적으로 둘러싼 공기, 대기권)

계9;2 '저가 무저갱을 여니 그 구멍에서 큰 풀무의 연기 같은 연기가 올라오매 해와 공기가 그 구멍의 연기로 인하여 어두워지며' 즉 공기가 무저갱의 연기로 어두워진다, 공기가 어두워진다고 볼 수 있습니다.

마8;20에 주님은 여우도 굴이 있고 공중의 새도 거처가 있으되 인자는 머리 둘 곳도 없다고 말씀하십니다. 즉 공중에는 호흡하는 새가 있다는 것입니다. 하늘에 새를 두고 하신 말씀만 아니라는 것입니다.

고전9;26 '내가 달음질하기를 향방 없는 것같이 아니하고 싸우기를 허공을 치는 것같이 아니하여'

허공에다 말한다는 것은 달음질을 하되 향방 없는 것같이 하는 것과 같다는 말입니다. 그러므로 방언만 말을 계속 하는 것은 허공에다 하는 소리인 것입니다. 열심히 일을 하되 확실치 않게 일을 한다는 것입니다. 허공에다 크게 외친들 열매가 없다는 것입니다.

변화되지 않는 성도들의 영혼과 성장하지 못한 것은 허공에 하는 소리인 것입니다. 그러므로 잘 들어야 하며 믿어져야 합니다.

성도 여러분 하나님의 말씀은 능력이요 생명인 것입니다. 신앙생활에 믿지 아니하므로 여러 가지 시험으로 넘어지게 됩니다. 진실로 생명이 없는 소리가 되지 않도록 말씀을 하나님의 말씀으로 받아야 합니다.

말씀이 물과 성령이 되어 거듭나서 그리스도의 사람이 되어야 하는 것입니다. 왜 크고 작은 교회의 목사님들과 교회 제직들이 교회에서는 성직자답게, 성도답게 생활을 하면서 외국에 나가면 그렇지 못한 것입니까? 한마디로 하나님을 하나님으로 믿지 않고 하나님의 말씀을 하나님의 말씀으로 능력으로 증거 하지 않기 때문입니다.

그래서 성경을 방언으로만 생각하면 알아들을 수가 없었기에 여러 가지 믿음이 없는 현상이 나 자신에게 나타나는 것입니다. 우리는 하나님의 말씀 속에 특별계시인 말씀의 뜻에 비밀을 깨달아야 합니다. 깨닫지 못하면 오만 불손하게 되고 죄를 짓고 실수하고 부끄러움을 당하며 살아가는 것입니다.

전쟁을 예비할 수 있는 말씀을 증거 할 수 있도록 하나님의 말씀을 풀어 증거 하도록 기도해야 합니다. 성도들이 알아듣고 변하고 성장하고 예수그리스도를 맞이할 준비를 할 수 있는 말씀이 증거 되어야 합니다. 세상의 모든 소리는 다 뜻이 있습니다. 이 말씀의 뜻은 세상 것만이 아닙니다. 하나님이 말씀하시는 세상은 되돌려 받는 세상, 사람의 영혼을 뜻합니다.

요3;16에 세상(코스모스-가지고 온다, 도로 받는다, 되돌려 받는 세상) 즉 하나님의 자들이란 뜻입니다. 반대로 다음의 말씀에서 세상을 보십니다.

약4;4 '간음하는 여자들이여 세상과 벗된 것이 하나님의 원수임을 알지 못하느뇨. 그런즉 누구든지 세상과 벗이 되고자 하는 자는 스스로 하나님과 원수 되게 하는 것이니라.'

성경은 항상 크게 좋은 의미와 나쁜 의미로 말씀하고 있습니다. 세상이라는 단어에도 하나님께서 사랑하는 세상이 있고 원수가 되는 세상이 있습니다. 한 단어에도 의미는 여러 가지가 있다는 것을 분별해야 합니다.

고전1410에 세상에는 많은 소리가 있다고 했습니다. 그 소리에는 뜻이 있습니다. 그 뜻을 알지 못하면 말하는 자에게 야만이 되고 말하는 자도 내 것이어야 됩니다. 그러므로 방언은 내게만 주신 은사로 말하면 성경에 무지한 사람입니다.

야만(발바로스; 외국인, 말투가 무례하고 거친 사람) 즉 다른 사람이 이해할 수 없는 방언이나 이상한 언어로 말하는 사람인 것입니다. 그래서 방언을 말하는 사람은 외국인이요 야만이라는 것입니다.

일생동안 방언으로 말하고 설교하면 방언을 하는 사람도 하나님께 야만이 되고 심지어는 하나님도 방언을 하는 자에게 야만이 되는 것입니다. 또 말투가 거칠고 무례하다는 의미는 방언을 발하는 자와 듣는 자는 하나님께도 방언을 듣는 사람에게도 무례하고 거친 사람입니다.

성도 여러분 방언만 말하는 사람이 되지 않아야 합니다, 예수만 믿으면 구원 받는다, 축복 받는다 이런 식의 방언은 삼가야 합니다.

(따라서) '예수는 방언이요 뜻은 그리스도이다'

8

영으로 기도하고 마음에는 열매가 없는 방언

그러므로 방언을 말하는 자는 통역하기를 기도할찌니 내가 만일 방언으로 기도하면 나의 영이 기도하거니와 나의 마음은 열매를 맺히지 못하리라 (고전14;13-14)

'나의 영이 기도하거니와', 기도(프로슈코마이;소원하다, 기도하다, 바라다, 하나님께 기도하다, 간청하다, 예배하다)

기도에 대한 온전하지 못한 지식을 믿게 된 동기를 발견해야 하는 것입니다.

문자 그대로 보면 무조건 기도하는 것, 달라고 하는 기도로만 생각하는 것이 잘못된 것입니다.

기도에는 간청만 있는 것이 아닙니다. 기도에는 예배도 있다는 것입니다.

하나님의 말씀에는 말에 뜻이 포함되어 있습니다. 하나님의 행하심에 관심이 있어야 하는 것입니다. 기도나 예배가 바로 방언과 관련이 있습니다.

나(에고)는 일인칭 대명사로 나에게 라는 의미가 있습니다. 영(프뉴마)은 바람이 불다, 숨쉬다라는 의미입니다. 나의 영이란 여러 가지 의미가 포함되어 있으나 성령-그리스도의 영-하나님을 의미합니다.

나의 영이란 욥6;4 '전능자의 살이 내 몸에 박히며 나의 영이 그 독

을 마셨나니 하나님의 두려움이 나를 엄습하여 치는구나.'

시31;5 '내가 나의 영을 주의 손에 부탁하나이다. 진리의 하나님 여호와여 나를 구속하셨나이다.'

방언으로만 기도하면 자신의 마음에 열매가 없습니다. 그러므로 방언에 대한 잘못된 지식에서 성경적인 지식으로 돌아와야 합니다. 일평생 수많은 방언기도에 내 마음에 열매가 없다면 그 방언은 하지 말아야 합니다.

한 때는 방언의 은사를 받은 사람들은 자신만이 하나님의 사랑을 받은 것처럼 생각하고 방언 받지 못한 사람을 무시한 적도 있었습니다.

마3;10 '이미 도끼가 나무뿌리에 놓였으며 좋은 열매 맺지 아니하는 나무마다 찍어 불에 던지우리라.'

진리를 바로 분별하지 못하므로 방언을 하였고 열매를 맺지 못하였다면 결국은 불에 던지움을 받을 것입니다. 주신 은사에도 열매를 맺어야 합니다. 즉 많은 방언을 하였는데 열매가 없다면 버려야 할 것입니다.

개인적으로 주신 은사, 표적으로 주신 방언을 너무 고집할 것은 아닙니다.

(따라서) '방언은사만 주장하지 말고 방언의뜻을 바로 알아 방언하자'

고후13;5 ' 너희가 믿음에 있는가 너희 자신을 시험하고 너희 자신을 확증하라 예수 그리스도께서 너희 안에 계신 줄을 너희가 스스로 알지 못하느냐 그렇지 않으면 너희가 버리운 자니라.'

딤전1;7 '율법의 선생이 되려 하나 자기의 말하는 것이나 자기의 확증하는 것도 깨닫지 못하는도다.'

설교하거나 방언기도 하는데 그것을 자신이 깨닫지 못한다면 자신에게나 타인에게 유익이 없다는 것입니다.

내가 하는 설교나 방언에 자신이나 타인이 확증을 줄 수가 있어야 합니다.

고전14;16,23에 미쳤다는 오해와 책망을 받게 되기도 합니다.

무식한(헬, 이디오테스; 무식쟁이, 무례한, 왕에게 반대하는 신하, 장군에게 반대하는 일반병사)를 의미합니다.

방언으로 기도하고 축복한다면 무식한 사람, 믿지 않는 사람, 알아 듣지 못한 사람들이 그 방언에 아멘 할 수가 없습니다. 감사할 수가 없습니다.

무식한 사람들이 방언하는 사람을 미쳤다고 말을 할 것입니다.

미쳤다(마이노마이; 미친 듯이 날뛰다, 자신을 잃어버리다, 헛소리 하는 사람, 미치광이, 미친 듯이 날뛰는 사람)

교회 들어 와서 헛소리 하는 사람을 미친 사람이라고 할 것이라는 것입니다.

기도하는 사람, 설교하는 사람이 이런 말을 듣는다면 오히려 반대로 무식한 자, 미친 사람이 되는 것입니다.

잠26;18' 횃불을 던지며 살을 쏘아서 사람을 죽이는 미친 사람이 있나니 '

전1;17 '내가 다시 지혜를 알고자 하며 미친 것과 미련한 것을 알고자 하여 마음을 썼으나 이것도 바람을 잡으려는 것인 줄을 깨달았도다.'

이 말씀을 이해하려면 바람의 뜻을 찾아야 합니다. 바람을 이해할 때 미친 것, 미련한 것을 알 수 있습니다.

욥6;26에 소망이 없는 자의 말을 바람에 비유하였습니다. 시78;39에 육체뿐인 사람을 비유했습니다. 잠25;14에 선물한다고 거짓 자랑하는 자를 비 없는 구름과 바람에 비유합니다. 사41;29에 부어 만든 우상을 바람에 비유했습니다. 렘5;13에 말씀이 없는 선지자를 바람에 비유했습니다.

바람의 뜻을 찾지 아니하면 밖에서 부는 바람을 두고 하신 말씀으로 생각합니다. 한마디로 말씀이 없는 자가 바람이라는 것입니다.

육체뿐인 사람을 잡으려는 일이 미련하고 미친바람이라는 입니다.

전7;25 '내가 돌이켜 전심으로 지혜와 명철을 살피고 궁구하여 악한 것이 어리석은 것이요 어리석은 것이 미친 것인 줄을 알고자 하였더니'

이 말씀의 뜻은 잠26;18에 횃불을 던지며 살을 쏘아서 사람을 죽이는 미친 사람은 지도자들을 책망한 것이며 악한 것이 어리석은 것이요 어리석은 것이 미친 것인 줄을 깨달았다고 하신 말씀입니다.

전9;3 '모든 사람의 결국이 일반인 그것은 해 아래서 모든 일중에 악한 것이니 곧 인생의 마음에 악이 가득하여 평생에 미친 마음을 품다가 후에는 죽은 자에게로 돌아가는 것이라'

(따라서) '성경의 모든 기록은 세상 밖에 있는 사람이 아니라 교회 안에 있는 사람을 두고 하신 말씀이다'

교회 안에는 세 종족의 사람이 살고 있습니다.

1)믿지 않는 사람들이 들어와서 표적과 기사를 보고 교회 생활을 한다.

2)믿음이 어린 성도들이 있다.

3)그리스도의 장성한 분량에 이른 성도가 있다.

이런 사람들이 모인 곳이 보이는 건물 교회에 있는 것입니다.

보이는 유형교회가 필요한 것은 이스라엘 백성들이 애굽 생활, 광야생활을 거쳐 요단강을 건너 가나안에 들어간 것처럼 모든 과정이 필요한 것입니다.

이런 과정에서 성도들의 신앙이 성장해 가는 것입니다.

　성도 여러분 크고 작은 일에 확실한 믿음이 그리스도 안에서 성장되길 바랍니다. 말씀으로 새로워지길 바랍니다.

　말씀을 풀어 드릴 때 아멘으로 받아 장성한 성도가 되시기 바랍니다.

　방언은 하늘의 말이요 하나님의 말씀이요 그 말씀이 풀어질 때 능력이 되는 것입니다. 능력의 말씀을 받게 될 때 내 영혼이 성장하고 힘을 얻어 전쟁 준비를 다 할 것이요 신부로서 신랑을 맞이할 준비된 성도가 될 수 있습니다.

9

일만 마디의 방언보다 나은
깨닫는 다섯 마디

이와 같이 너희도 혀로서 알아 듣기 쉬운 말을 하지 아니하면 그 말하
는 것을 어찌 알리요 이는 허공에다 말하는 것이라 (고전14;9)

내가 하는 말을 타인이 깨달아야 합니다. 알아듣고 이해를 해야 합니다.

가르치기 위하여(헬, 카테케오; 귀에 들리다, 문답식으로 가르치다, 정보를 주다, 교육하다, 말로 알리다)

방언은 쉽게 개인적인 은사인 표적과는 다른 의미가 있습니다.

방언으로 주신 은사를 다른 사람을 어떻게 가르칠 수 있습니까? 알릴 수가 있습니까?

방언의 크게 두 가지는

1)은사로 주신 방언

2)성경자체의 말씀인 하늘나라 하나님의 말씀의 방언

수많은 방언을 했다고 할지라도 깨닫는 다섯 마디 로 가르침이 더 나은 것입니다.

일만 마디(헬, 뮈리오스; 무수히 많은, 헤아릴 수 없는)

18;24, 35 '회개할 때에 일만 달란트 빚진 자 하나를 데려오매'

이 말씀은 주인이신 하나님께 일만 달란트의 빚을 졌는데 용서해준 것입니다. 그런데 그가 100데나리온 빚진 자를 용서하지 않고 옥에 가두었습니다. 그를 악한 종이라고 하였습니다. 이 책망 받은 종은 일만마디 방언을 가르친 종과 같습니다.

고전4;15 '그리스도 안에서 일만 스승이 있으되 아비는 많지 아니하니 그리스도 예수 안에서 복음으로서 내가 너희를 낳았음이니라'

즉 방언으로 많은 말을 하는 일만 스승이 있으되 아비는 많지 않습니다. 깨달은 자는 다섯 마디 하는 아비인 것입니다. 아비는 많이 안다는 것입니다. 즉 깨달은 지도자가 적다는 것입니다. 설교 잘 하는 사람, 지식으로 가르치는 사람, 모두가 일만 스승들인 것입니다.

눅14;31 '어느 임금이 다른 임금과 싸우러 갈 때에 먼저 앉아 일만으로서 저 이만을 가지고 오는 자를 대적할 수 있을까 헤아리지 아니하겠느냐'

이 말씀의 의미는 이만을 가지고 오는 대적자 원수를 헤아릴 수 없는 많은 말인 방언으로 가르치는 일만 스승들이 싸워 이길 수 있겠느냐는 뜻 입니다. 즉 분명하지 못한 나팔소리이므로 이 전쟁을 이길 수가 없다는 말씀입니다.

고전14;8에 분명하지 않은 나팔 소리에 전쟁을 준비할 수 없다는 말씀입니다.

일만 스승에 대하여 딤전 6;10에 일만 악의 뿌리인 돈과도 관련되어 있습니다.

부자는 천국 들어가기가 어렵다고 성경은 말씀합니다. 돈 많은 사람이 천국 간다 못 간다는 말씀의 뜻이 아닙니다. 하늘나라 말, 하나님의 말씀을 문자로만 본다면 도무지 그 뜻을 알 수가 없습니다. 말씀 속에 뜻이 있어 풀어야 바로 깨달을 수가 있습니다. 그래서 지도자는 선생으로 가르치지 말고 아비로서 책망하고 가르쳐야 합니다.

자식은 때리고 꾸중하며 가르치나 남의 자식은 가르칠 때 그냥 시간이 다 되면 끝을 맺는 것입니다.

성경은 사람의 생각과 하나님의 생각이 다르다고 말씀합니다.

지금까지 문자 중심으로 보고 설교하고 전했던 것입니다. 사람 생각으로 해석하고 문자적인 많은 말을 해 왔던 것입니다.

출34;27 '여호와께서 모세에게 이르시되 너는 이 말들을 기록하라 내가 이 말들의 뜻대로 너와 이스라엘과 언약을 세움이니라 하시니라'

하나님은 모세로 처음으로 하나님의 말씀을 기록하라고 하셨습니다. 하나님의 말씀의 뜻이 언약입니다. 언약을 모세와 이스라엘에게 주신 것입니다.

뜻과 언약(무엇 무엇에 따라 명령으로 , 입-말-부분-측면-깃-가장자리-끝-입구-안에 맨 끝)

이는 한 마디로 하나님의 마음, 하나님의 뜻을 의미합니다. 하나님의 마음과 뜻을 전해야 합니다.

(따라서) '나는 하나님의 뜻과 마음을 성경에서 찾아 들어야 한다.'

진리가 우리의 심령에 있지 않으면 부끄러운 열매를 맺게 됩니다.

창15;10,17 렘34;18-19

언약의 말씀, 언약(베리트; 동맹, 연합, 협정, 맹세)

이 언약은 고기 조각들 사이로 지나감으로 맺어지는 언약, 연합, 동맹, 협정, 맹세라는 의미가 있습니다.

창17;10-13에 이 말씀의 언약은 하나님과 이스라엘 백성과 오늘날 그리스도인들 사이의 언약, 할례를 뜻합니다.

할례(히,물라; 짧게 자르다, 파괴하다, 잘라 내다, 오늘날 포경수술) 이 할례를 어디에 할 것인가 신약에서는

롬2;29 '오직 이면적 유대인이 유대인이며 할례는 마음에 할지니

신령에 있고 의문에 있지 아니한 것이라 그 칭찬이 사람에게서가 아
니요 다만 하나님 에게서니라'

즉 구약의 할례는 하나님의 언약입니다. 신약에서는 언약을 맺는
방법을 반드시 마음에 합니다. 마음에 언약을 맺으려면 점진적으로
정확하게 맺어야 합니다.

히4;12에 하나님의 언약, 하나님의 말씀은 계속 살아 역사하시는데
우리의 혼과 영과 관절과 골수를 찔러 쪼개기까지 하며 마음의 뜻과
생각을 감찰한다고 말씀합니다.

그런데 문자적으로도 그 말씀이 우리의 영과 혼과 관절을 쪼개고
찔러 영혼의 변화, 육신의 변화, 생활의 변화가 얼마나 일어납니까?

영혼에 큰 변화가 일어납니까? 성장되었다고 믿습니까? 그렇지 못
한 원인이 곧 특별계시인 성경을 율법적으로만 또 방언의 문자로만
보고 들었기 때문입니다. 그 말씀의 뜻이 내 심령에, 내 마음에 들어
오지 못한 것입니다.

한마디로 율법과 방언이었기에 성령님께서 역사하시도록 능력의
말씀이 되지 못한 것입니다. 그러므로 육신의 눈으로 보이는 부분만
보고 전하게 되면 보이지 아니하는 영혼과는 전혀 상관이 없는 말씀
이 되는 것입니다.

영의 말씀을 육의 눈으로 보이는 것만 증거 했기 때문에 영혼과 상
관이 없는 말씀이 된 것입니다.

그러면 그동안 전한 말씀이 전부 잘못 된 것이라 생각할 것입니다.
그렇지는 않습니다, 부분적으로 말씀을 전했기에 일시적인 말씀이
된 것입니다. 영혼을 계속 성장시킬 말씀이 되지 못한 것 입니다.

다른 말로는 기복주의 말, 미신적인 말, 추상적인 말, 자기중심적인
말, 이는 더욱 문자적인 방언과도 먼 전혀 다른 세상과 육신의 말인
것입니다.

마25;26에 하나님의 선한 것을 뿌리지 않고 악한 것을 뿌린 결과로 무익한 말을 전한 것이기에 악하고 게으른 종이 된 것입니다.

무익한 말에 책임이 있습니다. 심판이 있습니다.

롬4;6-9 '일한 것이 없이 하나님께로 의로 여기심을 받는 사람의 행복에 대하여 다윗의 말한 바 그 불법을 사하심을 받고 그 죄를 가리우심을 받는 자는 복이 있고 주께서 그 죄를 인정치 아니하실 사람은 복이 있도다. 함과 같도다. 그런즉 이 행복이 할례자에게뇨 혹 무할례자에게도뇨 대저 우리가 말하기를 아브라함에게는 그 믿음을 의로 여기셨다 하노라'

마7;23 '그 때에 내가 저희에게 밝히 말하되 내가 너희를 도무지 알지 못하니 불법을 행하는 자들아 내게서 떠나가라' 고 주님은 말씀하셨습니다.

이들은 예수의 이름으로 귀신을 쫓아낸 사람입니다, 예수의 이름으로 병을 고친 사람들입니다. 예수의 이름으로 능력을 행한 사람들을 주님은 내가 저를 모른다고, 불법자라고 말씀하십니다.

결론)고전14;20-21, 26에 깨닫는 다섯 마디 말이 일만 마디 말보다 낫다고 하신 말씀입니다. 보일 때, 예배드릴 때 방언이 아니고 문자적인 말이 아니어야 합니다.

문자적인 말은 자신이나 교회에게 덕이 되지 않습니다.

그래서 방언을 하는 자는 통역을 해야 하는 것입니다. 그 통역이 자신과 교회에 덕이 되어 유익이 되어져야 합니다. 유익된 말씀은 영혼에 변화와 성장을 가져와 육신의 변화를 일으킵니다. 영혼의 변화에 육신이 변화되므로 순교적 신앙인이 될 수 있는 것입니다.

10

두 사람에 대한 통역

만일 누가 방언으로 말하거든 두 사람이나 다불과 세 사람이 차서를 따라 하고 한 사람이 통역할 것이요 만일 통역하는 자가 없거든 교회에서는 잠잠하고 자기와 및 하나님께 말할 것이요 (고전14;27-28)

'만일 누가 방언을 말하거든 두 사람이나...'

방언만 말을 하게 되면 알아듣는 사람이 없습니다. 그래서 통역을 해야 합니다. 방언은 하늘나라 말로서 통역하는 자가 없으면 교회에서 잠잠하라고 하셨습니다. 방언을 통역하여 뜻을 드러내어 교회에 덕을 주라는 것입니다. 설교할 때 강단에서 두 사람, 세 사람이 하라는 것입니까? 그것이 아닙니다. 그러면 개인 방언을 통역해서 말하는 것입니까? 그것도 아닙니다.

첫째, 두 사람에 대하여 찾아 통역해 봅시다.

1)창2;24-25에 두 사람은 아담과 하와입니다. '아담과 하와' 이들이 한 몸, 부부인 것입니다. 이 말씀의 뜻은 교회와 그리스도와의 관계입니다. 아담과 하와는 방언이요 하나님의 뜻, 교회와 그리스도인 것입니다.

엡5;31-32는 남녀의 결혼 이야기입니다. 문자적으로만 보면 남편과 아내의 말로 볼 수가 있지만 하나님의 뜻은 교회와 그리스도의 관계를 뜻하신 말씀입니다, 성경은 짝이 있는 것입니다. 그래서 성경을 비밀이라고 하신 것입니다. 왜 감추어 두었을까요?

하나님의 뜻으로 성경을 통역하고 풀지 아니하면 사람의 생각으로 남편과 아내의 이야기일 뿐입니다. 사람의 이야기는 하나님의 뜻과 상관이 없습니다. 사람의 계명은 교훈으로만 전하게 됩니다. 이런 말씀에는 교회의 덕이 없습니다. 성도에게 유익이 없습니다. 자기에게도 덕이 되지 않습니다.

설교자가 사람의 생각으로 문자적으로만 전하면 방언이 되나 유익이 없습니다. 성도들의 영혼과는 상관이 없는 방언일 뿐입니다. 성장도 변화도 일어나지 않습니다. 그리스도와 교회의 뜻이 무엇입니까? 교회는 그리스도께 순복해야 합니다. 그리스도는 교회를 사랑하되 자신의 생명을 주어야 하는 것입니다. 누가 통역해야 합니까? 물과 성령으로 거듭난 사람, 그리스도와 하나 된 사람이 통역해야 합니다.

2)갈4;22에 계집종과 자유 하는 여자입니다. 두 아들입니다.

계집종에게서 난 아들이 이스마엘입니다. 자유 하는 여자에게서 난 아들은 이삭입니다. 문자를 통역해야 합니다. 계집종은 누구이며 그의 아들은 누구인지 통역해야 합니다. 자유 하는 여자도 역시 통역해야 합니다.

지구촌에 있는 많은 사람들이 두 부류의 사람입니다. 둘로 나눠야 합니다.

결과는 엄청난 차이가 있습니다. 한 남자의 두 아내, 두 아들이지만 둘로 나눈 것입니다.

아브라함의 두 아내, 두 아들로만 통역하면 오늘의 성도와는 전혀

상관이 없습니다. 유익이 없습니다. 이 두 사람은

요19;18 '저희가 거기서 십자가에 못 박을새 다른 두 사람도 그와 함께 좌우편에 못 박으니 예수는 가운데 있더라.'

예수님이 십자가에 못 박힐 때 양편에 두 강도의 이야기가 문자적인 것입니다. 이 사건도 통역해야 합니다. 통역하지 않으면 하나님의 뜻을 전혀 알지 못합니다.

딤후3;9 '그러나 저희가 더 나가지 못한 것은 저 두 사람의 된 것과 같이 저희 어리석음이 드러날 것임이니라'

이 말씀은 말세에 고통 하는 때의 말씀으로 비유하신 말씀입니다. 얀네와 얌브레가 모세를 대적한 사건의 말씀입니다.

얀네와 얌브레는 어리석음을 인하여 마음이 부패했으며 결국은 믿음에 관하여 버림을 당한 것으로 통역해야 하는 것입니다.

얀네는 애굽의 술객의 한 사람입니다. 얌브레는 애굽의 마술사입니다.

문자적으로 보면 모세를 대적한 사람입니다. 이 사건도 통역을 하여 교회의 덕과 유익을 얻어야 합니다.

창40:5 '옥에 갇힌 애굽 왕의 술 맡은 자와 떡 굽는 자 두 사람이 하루 밤에 꿈을 꾸니 각지 몽조가 다르더라.'

요셉이 이들의 꿈을 해석해 줍니다. 한 사람은 살고 한 사람은 죽었습니다. 그러나 이 말씀의 뜻이 숨겨져 있습니다. 술 맡은 관원장, 떡 굽는 관원장의 뜻의 통역이 무엇입니까?

민12:5 '구름기둥 가운데서 강림하사 장막 문에 서시고 아론과 미리암을 부르시는지라 두 사람이 나가매' 이 사건은 모세가 이방여인을 취했을 때 미리암과 아론 두 사람이 모세를 대적한 때입니다. 이 말씀도 통역하지 않으면 교회의 덕이 되지 않습니다. 내게 유익이 없습니다. 사건으로만 방언하면 교회의 건축, 내 영혼의 건축이 되지 않습니다. 미리암은 오늘 누구이며 아론은 누구입니까? 모세가 이방 여인을 취한 것은 율법을 어긴 말씀만이 아닙니다.

마24;40-41 '그 때에 두 사람이 밭에 있으매 하나는 데려감을 당하고 하나는 버려둠을 당할 것이요 두 여자가 매를 갈고 있으매 하나는 데려감을 당하고 하나는 버려둠을 당할 것이니라.'

밭에 있는 두 사람과 매를 갈고 있는 두 사람을 문자로 말을 하면 방언이요 이 사건을 해석하는 것은 통역하는 것입니다.

그래서 고전12;30에 '다 방언을 말하겠느냐 다 통역하는 자이겠느냐' 고 말씀하십니다. 지금까지는 부분적으로 통역하여 덕을 세우고 유익을 주었으나 이제는 모든 문자 속에 감추어진 하나님의 뜻이 있음을 통역해야 합니다.

눅9;30 '문득 두 사람이 예수와 함께 말하니 이는 모세와 엘리야라'

이들을 구약의 인물로, 선지자로만 증거 할 것이 아닙니다. 이들을 역사적인 인물, 사건으로만 방언하면 유익이 없습니다.

모세는 부활체의 모형이요 엘리야는 변화체의 모형인 것입니다. 즉 죽지 않고 부활함을 보여주는 것이 엘리야의 변화체입니다.

(따라서) '방언을 통역하지 않으면 무슨 뜻인지 알 수가 없다'

통역하는 자가 없으면 잠잠 하라는 것입니다.

둘째, 다불과입니다.

고전14;2에 두 사람이나 다불과입니다. 무슨 뜻의 방언입니까?
다불(플레이스토스; 많고 크게, 양이 많음, 수가 많음)
다불과는 성경 전체에서 이곳뿐입니다. 깊고 넓게 알려면

1)단수로 양이 많은 것

시51;1 '하나님이여 주의 인자를 좇아 나를 긍휼히 여기시며 주의 많은 자비를 좇아 내 죄과를 도말하소서.'

다불은 주님의 크신 자비에 대하여 주신 하늘나라 방언입니다. 다불은 그대로 있으면 하나님께서 숨겨 두신 뜻을 알 수가 없습니다.

하나님의 뜻, 언약을 알 수가 없습니다. 사람의 생각으로는 주님의 자비를 알 수가 없습니다. 부모의 마음을 알고 있는 자식은 부모에게 저절로 감사가 나올 것입니다. 하나님은 우리에게 많은 자비를 베풀어주셨습니다. 기도를 많이 한다고 하나님의 비밀, 뜻을 알 수가 없습니다. 기도를 부인하는 것은 아닙니다.

(따라서) '진리 속에서 찾아 우리의 눈으로 볼 수 있는 것이 성경이다'

주님의 자비만 통역하면 다 알 수 없습니다.

2)주님의 하신 많은 일들

시104;24 '여호와여 주의 하신 일들이 어찌 그리 많은지요. 주께서 지혜로 저희를 다 지으셨으니 주의 부요가 땅에 가득하나이다.'

역시 주님의 하신 일을 알려면 통역해야 하는 것입니다. 성경은 아주 많은 주의 일들을 기록하고 있습니다. 그 많은 일들을 요21;25에서 찾아봅시다.

'예수의 행하신 일이 이외에도 많으니 만일 낱낱이 기록된다면 이 세상에 기록된 책을 두기에 부족할 줄 아노라'

주의 행하신 일들을 많은 것을 찾아 통역해야 하는 것입니다.

사5;12 '그들이 연회에는 수금과 비파와 소고와 포도주를 갖추어도 여호와의 행하심을 관심치 아니하며 그 손으로 하신 일을 생각지 아니하는도다'

이 말씀은 고전14;7에 그들의 연회 잔치는 오늘의 예배입니다. 예배에 각종 악기를 다 갖추었어도 하나님의 행하신 일, 주의 많은 행하신 일에 관심을 두지 않는 것에 그런 예배에 책망하신 말씀인 것입니다.

세상 잔치에 주의 행하심에 대한 말이 없다고 책망하는 것이 아니라 예배에서 하나님의 행하신 일, 그 역사가 방언-통변이 없다는 말입니다.

이사야5장 전체를 읽어보시기 바랍니다.

예배당이 크고 모든 악기가 많고 많은 사람이 모였다할지라도 하나님의 행하신 역사를 증거하므로 교회가 덕을 세우는 것입니다. 성도에게 유익이 있어야 합니다. 성경을 하나님의 뜻과 생각, 행하신 일에 관심이 없고 은혜와 축복에만 관심이 있다면 세상일인 것입니다.

(따라서) '주님의 행하신 큰 일, 다불은 성도에게 부요가 된다'

골2;2 '이는 저희로 마음에 위안을 받고 사랑 안에서 연합하여 원만한 이해의 모든 부요에 이르러 하나님의 비밀인 그리스도를 깨닫게 하게 함이라'

전 성경을 방언으로 예수 그리스도를 깨닫는 큰 은혜가 충만하시기 바랍니다. 그리스도가 내게 충만하면 부요, 믿음의 부자, 성령 충만하게 됩니다.

항상 방언에 통역을 통해서 깨닫는 은혜가 있기를 바랍니다. 앞으로 더욱 방언을 통해 통역-뜻을 풀어 함께 크신 은혜가 있기를 바랍니다.

11
방언 통역에 대한 성경적인 정의

만일 통역하는 자가 없거든 교회에서는 잠잠하고 자기와 및 하나님께 말할 것이요 / 그런즉 내 형제들아 예언하기를 사모하며 방언 말하기를 금하지 말라 (고전14;28, 39)

첫째, 통역하는 자가 없으면 교회에서는 잠잠해야 한다.

방언을 하는 데 있어서 통역하는 사람이 없으면 교회에서는 잠잠하고 개인적으로 하나님께 기도할 때 기도하라는 것입니다.

방언, 문자적으로 기록된 하늘나라 말을 할 때는 반드시 통역해야 합니다.

그래서 성경을 문자적으로만 보고 믿고 전한다면 교회에서는 잠잠해야 합니다. 하늘나라 말을 개인적인 은사로만 주신 것으로 생각해서는 안 됩니다.

또 방언기도가 최고라고 하는 것도 삼가야 합니다. 방언기도로 대중 기도를 해서도 안 됩니다. 방언기도는 남이 듣지 않도록 기도하는 것도 바람직하지 못한 것입니다.

(따라서) '방언기도는 타인이 있을 때는 하지 말고 혼자 있을 때 하나님께 하자. 방언 하늘나라 말인 문자적인 성경말씀은 말씀의 뜻을

풀지 못하면 하지 말아야 한다.' 방언과 통역에 대한 하나님의 생각과 사람의 생각이 다른 것을 아시기 바랍니다.

둘째, 방언으로 말하는 말을 금하지 말라.

고전14;6 '그런즉 형제들아 내가 너희에게 나아가서 방언을 말하고 계시나 지식이나 예언이나 가르치는 것이나 말하지 아니하면 너희에게 무엇이 유익하리요'

방언은 반드시 통역하여 교회에 덕을 세우고 자신에게 유익을 가져와야 합니다. 교회의 덕이란 뜻이 건축되고 진리에 대한 확정이 교회에 덕인 것입니다. 방언을 금하지 말라는 것은 문자적인 말씀만 보고 방언을 통역하지 말고 문자적인 말씀을 하늘나라 말을 그 말씀에 뜻을 풀어 전달하는 것을 두고 방언을 금하지 말라고 하신 것입니다.

방언을 금하지 말라는 말씀은 통역하는 것에 금하지 말라는 말씀입니다.

방언과 예언은 항상 함께 있어야 하고 통역하여 전하여 주므로 성도들의 신앙이 날마다 건축되어가고 진리에 확신을 갖게 되는 것입니다.

고전14;26 '모든 것을 덕을 세우기 위하여 하라'

성경해석에 있어서는 구절 앞뒤 앞장과 뒷장을 읽고 그 해답을 찾아야 합니다.

사42;20 '네가 많은 것을 볼지라도 유의치 아니하며 귀는 밝을지라도 듣지 아니하는도다.'

고전14장에 대한 방언을 성경적으로 정의를 내리려 합니다.

1)개인적인 은사로 주신 방언에 대한 정의

개인적인 방언의 은사는 믿음이 없을 때, 살아계신 하나님을 믿지 못할 때 표적으로 주신 것입니다. 그러나 그 방언을 하는 사람도 알지 못하고 하는 것입니다. 이 방언기도는 자신에게 열매를 맺지 못합니다.

방언기도를 일생 하였는데 마음에 열매가 없다면 유익이 없다면…. 깊이 생각하고 방언을 해야 합니다.

방언 통역 역시 특별한 경우를 제외하고는 아무 때나 사사로이 통역해서는 안 됩니다. 일 만 마디 방언을 가르치는 것보다 깨닫는 다섯 마디로 가르치는 것이 낫습니다. 살아계신 하나님의 말씀에 깊이 깨닫고 통역하여 뜻을 풀어야 합니다. 개인적인 방언을 대중 앞에서는 하지 말아야 합니다. 내 기도가 타인에게 유익이 되고 덕이 건축되는 기도가 방언이 되어야 합니다.

2)방언에 대한 성경적인 견해, 정의

하나님이 말씀하시는 방언을 문자적인 기록인 성경이 하늘나라 방언입니다. 방언은 자기의 덕을 세우나 교회의 덕은 세우지 못한다고 말씀합니다. 하나님의 말씀은 항상 같은 단어일지라도 좋은 의미와 나쁜 의미가 있는 것입니다. 불도 성령의 불이 있는가 하면 심판의 불도 있는 것입니다.

방언은 통역자가 있어야 합니다. 방언의 뜻을 풀어야 합니다. 상대가 듣고 심령에 건축이 되어야 참다운 방언입니다.

문자적인 말씀에 첫째)예수님의 일로 사람으로 오신 것, 십자가에 죽으심과 부활, 승천, 재림 하신다는 것을 증거 합니다.

둘째)사람은 누구이며 어디서 왔으며 왜 살아가야 하는지 사는 목적과 이 세상을 떠나면 지옥과 천국이 있음을 분명히 증거 합니다.

성경의 모든 말씀에는 심판과 저주가 있습니다. 모든 말씀에는 깨달아 유익이 되고 덕이 건축되어집니다.

3)방언통역에 대한 성경적인 정의

방언 통역은 문자로 된 말씀을 예수님의 일로 전하되 듣고 깨달아 그 심령이 건축되어져야 합니다. 그 말씀이 영적인 말로서 영혼에 관계되는 말씀이 되어야 합니다.

내가 하는 말이 내게 유익이 되고 덕이 된다 할지라도 타인이 듣고 깨달아 그 사람에게 유익이 되고 덕이 되어야 참다운 방언인 것입니다.

자신만 유익 된 말은 자기방언만 되는 것입니다. 사람의 말이 되는 것입니다. 하나님의 말씀 하늘나라 방언으로 성도들이 항상 전쟁을 준비할 수 있도록 증거 해야 합니다. 그렇지 않으면 야만인이 되는 것입니다.

믿지 않는 자들에게 미친 사람으로 인정되는 것입니다.

방언은 통역을 하되 특별계시인 성경을 통하여 진리의 성령으로 깨닫게 해야 합니다. 통역에는 예수 그리스도 안에 있는 사람, 물과 성령으로 거듭난 사람이 통역을 해야 하는 것입니다. 다불과는 주님의 자비와 역사가 많다는 뜻입니다.

방언에는 통역하여 상대자로 전쟁준비를 하고 신부로서 단장하는 방언의 통역이 되어지기 바랍니다.

12
고전12장에 기록된 각종 방언과 통역함에 정의

어떤이에게는 능력 행함을, 어떤이에게는 예언함을, 어떤이에게는 영들 분별함을, 다른이에게는 각종 방언 말함을, 어떤이에게는 방언들 통역함을 주시나니 / 하나님이 교회 중에 몇을 세우셨으니 첫째는 사도요 둘째는 선지자요 세째는 교사요 그 다음은 능력이요 그 다음은 병 고치는 은사와 서로 돕는 것과 다스리는 것과 각종 방언을 하는 것이라 (고전12;10, 28)

'각종' (헬,게노스;기노마이에서; 생겨나다, 일어나다, 시작하다, 발생하다에서 유래된 즉 혈족, 태어남, 시골사람, 다양성, 세대, 친척, 나라, 민족, 가족을 지칭한 말이다)

각종 방언이란 각 나라말로 방언을 은사로 받았다고 생각해 온 것입니다. 그러나 그 대답은 성경적인 대답이 아닙니다.

성경을 문자로만 보고 듣고 전하면 유익이 전혀 없다는 것입니다.

방언은 꼭 통역해야 합니다. 그 뜻을 풀어 보고 전해야 하는 것입니다.

엡3;10 '이는 이제 교회로 말미암아 하늘에서 정사와 권세들에게 하나님의 각종 지혜를 알게 하려 하심이니'

각종 방언 각종 지혜를 알게 하려 하심입니다.

알게 하는 방법은 신령한 일은 신령한 것으로 분별하여 알게 해야 하는 것입니다.

마13;47 '또 천국은 마치 바다에 치고 각종 물고기를 모든 그물과 같으니'

각종 나무(계7;1), 각종 푸른 풀(계8;7), 각종 수목(계9;4), 각종 더러운 영(계18;2), 각종 향목-상아기명(계18;12), 각종 아름다운 보배(잠24;4), 각종 식물(시107;18), 각종 보물(욥28;10), 한 문장만 보지 말고 각종 방언 하늘의 말을 통역해야 하는 것입니다. 각종에 대한 모든 단어들 문자 그대로만 본다면 방언을 말하는 것입니다. 문자의 방언을 풀어 말하는 것이 방언통역인 것입니다. 하나님이 주신 은사인 각종 방언 통역함과 방언을 하는 것입니다. 왜 방언을 통역해야합니까? 교회의 덕을 세우기 위함입니다.

문자의 기록을 사람의 생각으로 보고 전한다면 자신과 교회에 덕이 되지 못합니다.

고전12;30 '다 병 고치는 은사를 가진 자겠느냐 다 방언을 말하는 자겠느냐 다 통역하는 자겠느냐'

하나님은 방언을 아시고 통역하라고 하신 것입니다.

모든 방언은 예수의 일로 보고 말의 뜻을 통해서 그리스도를 드러내야 바른 통역이 되는 것입니다.

방언을 예수의 일로 전하지 않으면 바른 설교가 될 수 없습니다. 방언은 예수의 일로 보고 전해야 유익이 되는 것입니다. 자신과 교회에게도 덕이 되는 것입니다.

행28;23 '저희가 일자를 정하고 그의 우거하는 집에 많이 오니 바울이 아침부터 저녁까지 강론하여 하나님의 나라를 증거하고 모세의 율법과 선지자의 말을 가지고 예수에 대하여 권하더라.'

즉 방언 문자적인 기록으로 예수의 일로 보고 전해야 통역이 되는 것입니다.

눅24;27 '모세와 선지자의 글로 시작하여 모든 성경에 쓴바 자기에 관한 것을 자세히 설명하시니라' 주님도 구약의 말씀을 자기의 일로 거하셨음을 믿으시기 바랍니다.

요1;45 '빌립이 나다나엘을 찾아 이르되 모세가 율법에 기록하였고 여러 선지자가 기록한 그 이를 우리가 만났으니 요셉의 아들 나사렛 예수시니라'

문자적인 방언만 하면 유익이 없습니다.

그러므로 문자적인 방언에는 바울처럼, 빌립처럼 예수의 일을 전해야 합니다. 예수는 그리스도이다라고 전할 때 바로 방언을 통역하는 것입니다.

그래서 고전14;26에 ....통역함도 있나니 모든 것을 덕을 세우기 위함이라고 말씀합니다. 이제 방언을 표적으로 주신 은사로만 말을 해서는 안 됩니다. 방언에는 예수의 일을 증거하고 그 뜻을 풀어 예수는 그리스도라고 증거 해야 합니다.

사55;8-9에 여호와의 말씀에 내 생각은 너희 생각과 다르며 내 길은 너희 길과 달라서 하늘이 땅보다 높음같이 내 길은 너희 길보다 높다 라고 말씀합니다. 바울은 고전14;39에 방언을 금하지 말라고 합니다. 이제는 방언은 표적으로만 주신 방언을 말할 것이 아닙니다. 따라서 방언은 예수의 일이요 그 뜻, 그리스도인 것을 확증하는 것입니다.

행17;3에 뜻을 풀어 그리스도가 해를 받고 죽은 자 가운데서 다시 살아나야 할 것을 증명하고 이르되 내가 너희에게 전하는 이 예수가 곧 그리스도라고 증거 합니다.

하나님께서 말씀하신 방언 통역함은

문자적인 기록된 말씀을 가지고 뜻을 풀어 예수가 그리스도라고 증언하는 자체를 방언통역이라 합니다.

그래서 고전12;30에 다 병 고치는 자이겠느냐, 다 방언하는 자이겠느냐, 다 통역하는 자이겠느냐고 하셨습니다. 그렇다면 사람의 병을 고쳐 주는 것도 통역을 한다면 사람의 병만 고쳐 주는 것이 병을 고치는 은사만이 아닌 것입니다. 그래서 바울은 더욱 은사를 사모하라 내가 제일 좋은 길을 보이리라고 말했습니다.

성도 여러분 이제 방언이 무엇입니까? 하늘나라 말, 하나님의 말씀입니다. 문자적인 글을 그대로 전하면 방언, 이 방언은 유익이 없습니다.

기록된 문자는 누구의 일일까요? 예수의 일입니다. 예수의 일을 풀어 통역하는 것이 그리스도인 것을 확신하시기 바랍니다.

결론)각종 방언의 정의가 무엇입니까?

방언은 예수의 일이요 예수의 일을 풀어 전하는 것이 그리스도인 것입니다.

예수의 일만 전하는 것이 방언이라면 유익이 없습니다. 예수의 일을 풀어 그리스도를 증거 하면 유익이 되는 것입니다.

13
고전13장 사람의 방언에 대한 정의

내가 사람의 방언과 천사의 말을 할찌라도 사랑이 없으면 소리나는 구리와 울리는 꽹과리가 되고 내가 예언하는 능이 있어 모든 비밀과 모든 지식을 알고 또 산을 옮길만한 모든 믿음이 있을찌라도 사랑이 없으면 내가 아무 것도 아니요 (고전13;1-2)

구약은 예수의 일이요 신약은 그리스도예수의 일입니다.

방언은 뜻을 풀어야 덕이 되고 유익이 있습니다. 고전13장은 사랑장입니다.

12장은 은사장, 14장은 방언장입니다.

그런데 12장과 14장 사이에 사랑장이 왜 있습니까?

이 세상에 되어진 모든 것은 우연히 된 것은 하나도 없습니다. 필연입니다. 성령님도 외적인 성령의 역사와 내적인 성령의 역사가 있습니다.

방언은 곧 말, 언약을 뜻합니다. 사람의 방언 곧 사람의 말을 지칭합니다.

그러므로 사람의 말에 대한 해답을 찾으면 사람의 방언이 무엇을 뜻하는지 알아보겠습니다.

사람의 말, 사람의 방언에 대한 뜻을 성경에서 찾아보겠습니다.

전7;21 '무릇 사람의 말을 들으려고 마음을 두지 말라 염려컨대 종

이 너를 저주하는 것을 들으라.'

사람의 방언은 '네 종이 너를 저주하는 것을 들으라. 즉 사람의 말이 잘못되면 저주하는 말이 된다는 것입니다.

렘23;36 '다시는 여호와의 엄중한 말씀이라 말하지 말라 각 사람의 말이 자기에게 중벌이 되리니 이는 너희가 사시는 하나님 만군의 여호와 우리 하나님의 말씀을 망령되어 사용함이니라 하고'

즉 사람의 말은 여호와 하나님의 말씀을 망령되이 쓰는 것을 의미합니다.

요1서4;8에 그리스도와 하나님이 없으면 사람의 말, 사람의 방언이 되는 것입니다. 사람의 방언은 하나님의 말씀을 망령되이 일컫는 말을 두고 말하는 것입니다. 특별계시인 하나님의 말씀인 성경을 하나님의 뜻으로 전하지 않고 다른 말을 만들어서 하는 말들이 사람의 말이요 사람의 방언인 것입니다.

사도 바울은 살전2;13 '이러므로 우리가 하나님께 쉬지 않고 감사함은 너희가 우리에게 들은바 하나님의 말씀을 받을 때 사람의 말로 아니하고 하나님의 말씀으로 받음이니 진실로 그러하다 이 말씀이 또한 너희 믿는 자 속에서 역사하느니라.' 고 했습니다.

사람의 말 방언은 바로 말씀의 뜻인 그리스도도, 하나님도 없이 하는 말이 사람의 방언입니다. 그래서 그리스도와 하나님이 없는 말, 소리를 소리 나는 구리와 꽹과리가 된다고 말씀합니다. 고전13장에 말하는 사람의 방언은 개인적인 표적으로 주신 방언은 사람의 방언만 드러내기 위해서 주신 방언이 아닙니다. 천사의 말에 대해서 알아보면 더욱 정확하게 알 수가 있습니다.

'천사' (헬, 앙겔로스; 소식을 가져 오다에서 유래된 말, 인도하다, 운반하다, 지나가다, 권유하다, 생기게 하다, 지키다) 즉 보냄을 받은 자, 하나님의 사자 목사를 뜻하는 말로서 천사의 말이라 뜻한 것입니다.

그리스도와 하나님이 없는 말씀에 사랑이 없으면 사람의 방언과 천사의 말 밖에는 안 되는 것입니다. 그리스도와 하나님이 없는 말은 사랑이 없는 말을 뜻합니다. 더 나아가 그리스도와 하나님이 없는 사랑이 없는 말을 하나님의 말씀을 망령되이 쓰는 것을 뜻합니다. 천사의 말이나 사람의 방언은 결코 성도들의 영혼에 건축이 되지 못합니다.

일생 사람의 방언만 말을 하고 듣게 되면 그 영혼에 양식이 없습니다. 이런 말을 듣고 전하면 둘 다 함께 망하게 됩니다.

진실로 사람의 방언, 천사의 방언을 분별해야 합니다. 방언에 하나님의 뜻을 찾아 풀어야 전하는 사람도, 듣는 사람도 함께 영혼이 건축되어 가고 죽은 영혼이 살아나고 병든 사람도 고침을 받게 됩니다. 예수 그리스도의 말씀이 내 안에 들어와야 합니다. 사람의 방언만 하는 장소와 그 사람들의 결과를 보겠습니다.

사29;13 '주께서 가라사대 이 백성이 입술로는 나를 가까이 하며 입술로는 나를 존경하나 그 마음은 내게서 멀리 떠났나니 그들이 나를 경외함은 사람의 계명으로 가르침을 받았을 뿐이라'

사람의 계명으로 가르침을 받게 되면 그 마음이 여호와 하나님을 떠난다는 것입니다. 그래서 우리 목사님 우리 목사님 하면서 목사님을 우상시 하게 되는 것입니다. 목사는 하나의 그릇으로 중매자가 되는 것입니다.

그러면 소리 나는 구리와 울리는 꽹과리가 무엇일까요?

'소리 나는' (헬,에케오; 혼잡한 소음, 울림, 소문, 큰 소음을 내다, 울려 퍼지다, 수심을 재다)

'구리' (헬,칼코스; 그릇, 금속자체, 화폐, 돈, 놋쇠, 동전)

소리 나는 구리는 돈과 관련된 뜻으로 사람의 방언, 천사의 말은 바로 돈과 연결된 말인 것입니다.

그러므로 사람의 방언, 천사의 말은 돈과 관련된 말이 되는 것입니다.

'울리는' (헬, 알랄라조; 큰소리로 고함치다, 통곡하다, 땡하고 울리다)

'꽹과리' (헬, 큄발론; 우묵하게 들어간 것, 서로 부딪히면 소리 나는 심벌,)

꽹과리는 제금을 의미합니다.

'제금' (헬, 첼라찰; 딸랑 울리다, 덜컥 소리내다, 부딪히다)

그 의미는 덜컥 소리, 날개 소리, 귀뚜라미, 메뚜기 -징소리와 같은 것이 제금입니다.

사람의 방언과 천사의 소리는 곧 울리는 꽹과리와 제금 소리와 같은 것입니다. 그러므로 꽹과리 제금은 메뚜기와 같은 소리가 되는 것입니다. 메뚜기는 방백, 지도자 이들은 하는 말이 돈과 관련된 말을 한다는 것입니다. 이런 말은 하나님의 깊고 넓고 높은 길이와 같은 말씀에는 전해지지 않습니다.

그래서 문자적인 말에서 말의 뜻을 전혀 알 수가 없습니다.

성경 어느 말씀이든지 사랑 그리스도와 하나님의 뜻이 풀어져 있습니다.

한마디로 사람의 방언 천사의 방언은 결국 하나님의 말씀을 망령되이 일컫는 말이 되는 것입니다. 하나님의 말씀을 망령되이 전하는 것입니다.

고전13;8 '사랑은 언제까지든지 떨어지지 아니하나 예언도 폐하고 방언도 그치고 지식도 폐하리라'

즉 예언, 방언, 지식이 그친다, 폐한다는 말씀입니다.

'그치다' (헬,파우오; 멈추다, 정지하다, 떠나다, 단념 하다, 끝까지 오다)

‘그치다’는 원문에 죄에서 해방하다라는 뜻이 있습니다. 이 뜻은 계속 사람의 방언만 한다면 하나님의 약속인 죄에서 자유 함이 되는 속죄가 끊긴다는 것입니다. 방언의 말은 속죄함을 얻지 못합니다.

그래서 사랑 예수가 그리스도라고 전하지 않으면 예수 그리스도의 사랑인 언약에 대한 뜻을 모르게 되는 것입니다. 그러므로 방언이 폐하게 되는 것입니다.

문자적은 방언은 다시 오실 예수 그리스도가 강림하시면 반드시 그치는 것입니다, 실상 예수 그리스도가 강림하시면 그때는 성령이 필요가 없게 되는 것입니다. 실제이신 예수 그리스도가 오시면 예언도, 방언도, 지식도 다 폐하는 것입니다.

결론)사람의 방언에 대한 정의는 울리는 꽹과리인 것입니다. 꽹과리는 제금, 제금소리는 원문에 메뚜기소리인 것입니다.

메뚜기가 원문에는 방백을 의미합니다. 오늘날 지도자 또는 목사를 의미합니다. 많은 사람들이 목사가 신인 것처럼 주님인 것처럼 명령하고 교만하고 양들을 생각하는 것이 아니라 교회와 자신의 배를 생각하고 채우기에 온갖 사람의 말을 하는 것입니다. 성경을 읽어 놓고 사람의 방언만 말하는 것입니다. 그 방언에는 하나님의 언약이 없습니다. 속죄하는 은혜와 은총이 없습니다, 그러므로 방언에는 사랑 예수가 그리스도인 것을 전해 주어야 영혼이 살고 변화되고 건축되어지는 것입니다.

14
사도행전에 기록된 방언

저희가 다 성령의 충만함을 받고 성령이 말하게 하심을 따라 다른 방언으로 말하기를 시작하니라 그 때에 경건한 유대인이 천하 각국으로부터 와서 예루살렘에 우거하더니 이 소리가 나매 큰 무리가 모여 각각 자기의 방언으로 제자들의 말하는 것을 듣고 소동하여 다 놀라 기이히 여겨 이르되 보라 이 말하는 사람이 다 갈릴리 사람이 아니냐 우리가 우리 각 사람의 난 곳 방언으로 듣게 되는 것이 어찜이뇨 우리는 바대인과 메대인과 엘림인과 또 메소보다미아, 유대와 가바도기아, 본도와 아시아, 브루기아와 밤빌리아, 애굽과 및 구레네에 가까운 리비야 여러 지방에 사는 사람들과 로마로부터 온 나그네 곧 유대인과 유대교에 들어 온 사람들과 그레데인과 아라비아인들이라 우리가 다 우리의 각 방언으로 하나님의 큰 일을 말함을 듣는도다 하고 다 놀라며 의혹하여 서로 가로되 이 어찐 일이냐 하며 또 어떤이들은 조롱하여 가로되 저희가 새 술이 취하였다 하더라 (행2;4-13)

사도행전에 등장한 첫 번째 방언은 오순절 사건에서 찾게 됩니다. 또한 방언의 근거를 이 오순절 사건에 두었습니다.

오순절 방언을 바로 알려면 하나님의 뜻을 알려면 성령을 바로 알아야 합니다. 문자로 보면 개인에게 표적으로 주신 방언의 지식으로 볼 수가 있습니다. 그러나 성령이 오신 뜻을 알려면 방언보다 성령을 먼저 알아야 합니다.

첫째, 오순절에 역사하셨던 성령–진리의 성령

진리의 성령이란 단순한 말씀 같지만 엄청난 의미가 들어 있습니다. 주님은 십자가 지시고 보혜사 성령, 곧 진리의 성령을 보내신 것입니다.

요15;26 '내가 아버지께로부터 너희에게 보낼 보혜사 곧 아버지께로부터 나오시는 진리의 성령이 오실 때에 그가 나를 증언하실 것이요'

요16;13 '진리의 성령이 오시면 그가 너희를 모든 진리 가운데로 인도하시리니 그가 스스로 말하지 않고 오직 들은 것을 말하며 장래 일을 너희에게 알리시리라'

진리의 성령은 진리인 말씀이 없이는 역사하지 않으십니다. 진리의 성령은 진리를 통하여 역사하십니다. 예수님의 십자가에 못 박은 사람들은 하나님을 믿는 사람들입니다. 그러나 저들은 진리를 믿지 않은 사람들입니다.

구약성경을 문자적으로 기록된 것만을 보고서 그 속에 복음의 뜻을 보지 못하고 그 말을 듣고 보고 전했다면 그들의 믿음이 허상인 것입니다.

율법에 예언하신 대로 예수 그리스도는 오셨지만 그들은 진리를 보지 못하여 진리의 성령을 알지 못했던 것입니다. 오늘날도 마찬가지입니다.

어떤 사건을 만나면 그들의 믿음이 허상인지 진실인지 드러나게 됩니다. 왜 예수 그리스도를 십자가에 못 박아 죽인 것 입니까? 그것은 그들의 믿음이 허상이기에 진리를 믿지 못했기 때문입니다.

진리의 성령은 성도들과 함께 영원토록 함께 계십니다. 진리의 성령은 우리와 영원토록 함께 하십니다.

둘째, 오순절에 성령님이 오신 목적이 무엇입니까?

1)예수 그리스도를 증거 하시기 위해서 오셨습니다.

요15;26 '아버지께로부터 나오시는 진리의 성령이 오실 때에 그가 나를 증언하실 것이요'

요16;8 '그가 와서 죄에 대하여 의에 대하여 심판에 대하여 세상을 책망하시리라'

성령님이 오신 목적은 예수 그리스도를 증거하고 죄에 대하여 의에 대하여 심판에 대하여 세상을 책망하시기 위해서입니다.

성령의 사역은 사람의 생각과 하나님의 생각이 어떠함을 분별합니다.

ⅰ)죄가 무엇인지 깨닫게 하시려고
ⅱ)의가 무엇인지 깨닫게 하시려고
ⅲ)장차 심판하시려고
ⅳ)심판받을 대상은 누구인지 알게 하시려고
ⅴ)예수는 바로 그리스도라고 하심을 깨닫게 하시려고

성도 여러분 분명한 것은 지금까지 사람의 방언 사람의 생각과 하나님의 생각하심과 확실하게 다른 것을 아시기 바랍니다.

성령의 사역은 진리를 통하여 역사하십니다. 구약에서는 진리의 성령님이 일시적으로 오셨다가 가셨지만 신약에도 6일 동안은 성령님이 오셨다가 가셨으나 7일째 지금은 오시면 영원히 함께 하십니다.

2)성령님은 오늘 성도들을 모든 진리 가운데로 인도하시려고 오신 것입니다. 요16;13에 그가 자의로 말하지 않고 성령의 음성을 듣

고 말했습니다. 성령의 음성에 대해 생각해 보겠습니다.

성령님이 수시로 아무 때나 언제든지 기도하면 들려주십니다. 그가 참으로 성령의 음성인지 깊이 고민해야 할 것입니다. 개개인의 일에 대하여 개인적인 일일뿐 진리는 아닌 것입니다. 진리의 성령님이신데 개인의 생활의 아무 때나 가르쳐 주시는 성령으로 곡해해서는 안 됩니다.

진리의 성령을 잘 알지 못할 때에는 모든 것이 성령의 역사로 믿게 됩니다. 귀신은 귀신 같이 속이고 알려 주기도 하는 것이 귀신이요 사단입니다.

성도 여러분 진리의 성령에 대한 믿음의 확신을 갖고 분별하여 속지 않아야 합니다. 요16;13 '...자의로 말하지 않고 듣는 것을 말하며 장래 일을알려 주시기 위하여'

자의로 말을 하지 않는다는 말은 많은 뜻을 포함하고 있습니다. 많은 성도들이 자의로 말씀하시는 성령님을 곡해하고 믿어 사사로이 자기에게 말해 주고 있는 것을 성령님으로 속고 있는 것을 발견할 수 있습니다.

사28;11 '그러므로 생소한 입술과 다른 방언으로 이 백성에게 말씀 하시리라' 구약 율법에 기록된 대로 생소한 입술과 다른 방언, 이스라엘 백성들은 당시 율법 속에 복음이 증거 되었지만 알지 못하였습니다.

눅24;27 '모세와 선지자의 글로 시작하여 모든 성경에 쓴 바 자기에 관한 것을 자세히 설명하시니라' 즉 예수 그리스도를 구약의 선지자가 증거 했으나 이스라엘 백성들은 모세나 선지자의 말에 예수 그리스도를 발견하지 못한 것입니다.

눅24;30-32을 보면 생소한 입술, 다른 방언으로 주님은 율법을 가지시고 다른 방언, 그 말씀 다른 방언 성경을 풀어 주실 때 다른 입술, 방언통역을 풀어 주실 때 우리의 심령은 뜨거운 것입니다.

그래서 방언은 반드시 통역해야 정확한 주님의 뜻을 알게 됩니다. 다른 방언 뜻을 풀어 주시는 말씀이 우리의 심령을 뜨겁게 합니다. 내 영혼이 살아나는 것입니다. 치료가 되어지고 귀신이 떠나가게 됩니다.

다른 방언 다른 입술이 뜻을 풀어 증거 하신 말씀입니다. 주님이 온전한 율법이 되신 것입니다. 온전한 율법을 다른 방언으로 풀어 다른 입술로 증거하실 때 듣는 사람의 심령이 뜨거워집니다.

그러나 문제는 생소한 입술과 다른 방언으로 전해도 듣지도 깨닫지도 못할 것을 주님은 이미 예언하셨습니다.

고전14;21 '율법에 기록된 바 주께서 가라사대 내가 다른 방언하는 자와 다른 입술로 이 백성에게 말할지라도 저희가 오히려 듣지 아니하리라 하였으니'

주님께서 직접 오셔서 모세의 율법과 선지자의 말을 가지고 자신에 대하여 성경을 풀어 주셨건만 다른 방언, 다른 입술도 듣지 않았습니다.

방언은 믿음이 없을 때 주신 표적인데 이 표적만 주장하면 진리를 듣지 못하게 됩니다. 진리에 귀를 기울이지 못합니다.

개인적인 방언, 표적은 수십 년을 하여도 자신에게 유익이 없고 열매가 없습니다. 문자적인 기록인 방언만 보고 듣고 전하면 유익이 되지 못합니다.

고전14;20에 지혜에는 아이가 되어서는 안 됩니다. 지혜에는 그리스도의 장성한 분량에 이르러야 깨닫게 됩니다. 지혜가 없으면 어리석은 자가 되는 것입니다.

진리의 성령이 내 맘에 들어오면 자살하지 않습니다. 죽을 자가 살게 됩니다. 죽을 자가 산 소망을 갖게 되는 것입니다.

그런데 많은 사람들이 예수그리스도를 믿는다고 합니다. 집사 직분을 받기도 합니다. 그런데 그들이 자살을 합니다. 그 장례식에는 그가 예수를 믿기에 천국 간다고 합니다. 자살한 사람은 천국과 전혀 상관이 없습니다. 지옥에 갑니다. 이런 일은 지도자의 잘 못이요 자살하는 사람은 진리를 알지 못하는 사람입니다. 성경 한 절만 바로 통역 들어 깨닫게 되면 자살하지 않습니다.

결론)모든 방언에는 뜻을 풀어 통역해야만 깨닫게 됩니다.

뜻을 풀어 통역하고 다시 예언해야 덕을 건축할 수 있습니다. 열매를 맺는 말씀은 진리의 성령이 말씀으로 깨닫게 해야 합니다.

15

행전에 방언 통역의 정의와 예언

오순절날이 이미 이르매 저희가 다 같이 한곳에 모였더니 홀연히 하늘로부터 급하고 강한 바람 같은 소리가 있어 저희 앉은 온 집에 가득하며 불의 혀 같이 갈라지는 것이 저희에게 보여 각 사람 위에 임하여 있더니 저희가 다 성령의 충만함을 받고 성령이 말하게 하심을 따라 다른 방언으로 말하기를 시작하니라 (행2;1-4)

행2;4 '다른 방언으로 말하기를 시작하니라.'

약1;25 '자유케 하는 온전한 율법을 들여다보고 있는 자는 듣고 잊어버리는 자가 아니요 실행하는 자니 이 사람이 그 행하는 일에 복을 받으리로다.'

첫째, 행2;11 '우리의 각 방언으로 하나님의 큰일을 말함을 듣는 도다.'

하나님의 큰 일이 무엇입니까? 예수 그리스도가 인성으로 이 땅에 오시어 십자가에 죽으시고 부활, 승천하신 사건을 설명했는데 베드로의 설교에 각 나라 사람들이 자기들의 나라 말로 듣게 된 것입니다. 하나님의 큰일에 대한 말을 각자의 나라 자기들의 방언으로 알아들었다는 것입니다.

행2장은 기사와 표적을 전하고자 기록한 것이 아닙니다. 예수의 일을 전하고 기록한 것입니다. 즉 예수 그리스도는 사람이시면서 완전하신 하나님이심과 영혼 구원에 기록 목적이 있습니다. 표적을 구하는 사람들에게 오직 선지자 요나의 표적 밖에 없다고 말씀합니다.

큰일이 무엇인지 더 자세히 살펴보겠습니다.

시106;21 '애굽에서 큰일을 행하신 그 구원자 하나님을 저희가 잊었나니'

욥36;22 '하나님은 그 권능으로 큰일을 행하시나니 누가 그같이 교혼을 베풀겠느냐'

1)큰일은 하나님께서 사람으로 오신 목적 즉 구원의 여정 예수그리스도의 구속사역을 뜻하신 말씀입니다.

행10;46 '이는 방언을 말하며 하나님 높임을 들음일러라.'

'방언을 발하며' (헬, 랄레요; 말하다, 전파하다, 이야기하다, 발표하다)

즉 마음과 생각을 드러내기 위해서 말을 사용한 것을 의미합니다.

2)'높임' (헬, 메칼뤼오; 위대한, 풍부한, 당당한)

훌륭하게 만들다, 선언하다, 증거 하다, 크게 웅장하다. 확대하다, 위대함을 선포하다, 영광을 찬양 받다는 의미입니다.

3)'들음일러라' (헬, 아쿠오; 듣는다, 청취하다. 들려오다, 귀를 기울이다)

즉 하나님을 높이는 것은 위대함을 선포하다는 의미입니다. 전에는 예수 그리스도가 십자가에 죽으심을 머리로만 믿다가 진리의 성령으로 깨닫고 나의 죄로 인하여 죽으심을 깨닫게 되었다는 것입니다.

베드로는 깨닫고 이렇게 설교합니다.

행10;44-45 '베드로가 이 말을 할 때에 성령이 말씀 듣는 모든 사람에게 내려오시니 베드로와 함께 온 할례 받은 신자들이 이방인들에게도 성령을 부어주심을 인하여 놀라니'

즉 성령이 말씀 듣는 사람들에게 임하여 이방인들에게도 방언을 말하여 하나님을 높임을 들었다는 것입니다. 이 말씀은 성령의 역사로 율법을 알지 못하는 이방인에게 성령이 임하므로 율법을 통하여 예수 그리스도를 깨닫게 되었다는 것입니다.

둘째, 행19;6에 나타난 방언의 정의는 무엇입니까?

행19;6 '바울이 그들에게 안수하매 성령이 그들에게 임하시므로 방언도 하고' 여기서 안수를 이해해야 합니다. 안수는 목사가 성도들의 머리에 안수하는 것만 생각합니다. 안수도 뜻을 풀어야 이해가 됩니다.

'안' (에피티데미; 위-곁-앞-넘어서, 테미; 놓아두다, 고정하다, 충고하다, 이해하다, 부과하다, 더하다, 눕히다, 입다, 고정 시키다, 위에 놓다, 덮히다, 공격하다)

'수' (케이르; 깊은 구렁, 공간, 계절-겨울에서 유래되어 손-힘-도구)

하나님의 능력, 창조, 유지하심과 보호하심, 벌하심, 예정하심, 상징이라는 손의 의미가 있는 것입니다.

안수는 하나님의 힘을 더하다, 하나님의 능력을 부과하다는 의미가 있습니다. 잘 들어야 합니다. 하나님의 능력, 하나님의 힘이 목사의 힘으로 목사의 손으로 예수의 이름으로 기도하면 영적 능력이 나타나고 성령님이 역사하십니다. 이렇게 믿어 왔고 해석해 왔고 그렇게 행동한 것입니다. 목사의 손이 능력의 손이 된 것입니다. 하나님이 특별계시를 왜 주셨을까요?

약4;8 '하나님을 가까이 하라 그리하면 너희를 가까이 하시리라 죄인들아 손을 깨끗이 하라 두 마음을 품은 자들아 마음을 성결케 하라'

'죄인들아 손을 깨끗케 하라'는 누구를 지칭한 말씀일까요? 손을 깨끗이 하는 방법이 무엇입니까? 죄인들은 함부로 손을 사용하여 하나님의 이름을 망령되이 일컫는 자를 말합니다.

그러므로 안수가 문자로는 예수의 일이요 뜻으로는 그리스도의 일로 전할 때 안수는 하나님의 능력을 부과하다 하나님의 능력을 더하다라는 뜻입니다. 행19;6에 율법을 듣고 믿어 왔지만 예수 그리스도는 율법대로 예수님은 인자로 오셨고 예수님은 그리스도 메시야였다는 것을 전할 때 진리의 성령께서 역사하시어 바울의 설교를 듣는 그들도 율법이 율법만 아니라 율법에

기록하신 대로 오신 예수 그리스도의 일로 전하고 또 예언 말의 뜻 그리스도인 것을 전한 것입니다.

그러므로 바울의 안수는 예수 그리스도를 전할 때 하나님의 능력이 부과되고 능력이 더한 것입니다. 쉽게 표현하면 바울의 안수는 예수 그리스도를 전할 때 듣는 사람들에게 하나님의 능력이 더한 것 입니다.

그러면 지금 제가 진리의 성령을 예수를 그리스도라고 전하면 무엇입니까? 안수하는 것입니다. 전할 때 여러 성도들에게 하나님의 능력이 더해지고 하나님의 능력이 부과되는 것입니다.

셋째, 방언이 온전해지려면 다시 예언해야 합니다.

전 성경에서 방언에 대한 말씀을 관통한 상태에서 성경 결론인 계

시록에 가면 다시 예언하란 말씀이 나옵니다.

계10;11 '저가 내게 말하기를 네가 많은 백성과 나라와 방언과 임금에게 다시 예언하여야 하리라 하더라.'

전 세계에 복음이 전파되었는데 백성과 나라와 임금에게 예언하라고 말씀합니다. 이것이 무슨 뜻입니까? 구체적으로 많은 백성, 나라와 방언, 임금을 예언하라 하신 방언도 뜻을 풀어야 해석이 되는 것입니다.

즉 전 세계에 복음이 전파되지 않은 때 성경이 기록하였다 할지라도 다시 예언하란 말씀에는 분명한 하나님의 뜻이 있습니다.

계5;9 '새 노래를 노래하여 가로되 책을 가지시고 그 인봉을 떼기에 합당 하시도다. 일찍 죽임을 당하가 각 족속과 방언과 백성과 나라 가운데서 사람들을 피로 사서 하나님께 드리고'

즉 각 나라에서 사람들을 피로 사서 하나님께 드릴 것을 예언한 것입니다.

흰 옷을 입고 보좌 앞과 어린 양 앞에 서 있다고 말씀합니다.

계7;9 '각 나라와 족속과 백성과 방언에서 아무라도 능히 셀 수 없는 큰 무리가'

계14;6 '땅에 거하는 자들 곧 여러 나라와 족속과 방언과 백성에게 전할 영원한 복음을 가졌더라.'

이 말씀도 뜻을 풀어야 뜻을 찾을 수가 있습니다.

계17;15 '또 천사가 내게 말하되 네가 본 바 음녀의 앉은 물은 백성과 무리와 열국과 방언들이니라.'

음녀가 앉은 물에 백성과 열국과 방언들이라 기록하고 있습니다. 이 방언도 뜻을 풀어야 합니다. 방언은 통역하여 뜻이 풀어질 때 교회의 덕, 개인의 유익이 건축되어 지는 것입니다.

성도여러분, 항상 문자적인 기록 방언에는 통역, 뜻을 풀어야 합니다.

예수님 당시 제자들은 주님의 말씀을 다 이해하지 못했습니다.

그러나 오순절 진리의 성령을 받은 후에 깨닫고 알게 된 것입니다. 그리고 그들이 예언을 한 것입니다.

즉 율법 속에 감추어진 복음 예수 그리스도를 정확하게 전하므로 말씀이 흥왕하게 된 것입니다. 진리의 성령이 임한 사람은 진리를 깨닫게 됩니다.

(따라서) '방언에 대한 사람의 생각과 하나님의 생각은 전혀 다르다'

그러므로 뜻을 풀어 전체를 정리하여 성경적인 정의를 내려야 합니다.

방언의 은사는 수년을 했어도 자신에게 유익이 없고 열매가 없습니다. 방언의 은사는 믿음이 적을 때 하나님이 표적으로 주신 은사인 것입니다.

특별계시인 성경을 문자로만 보지 말고 문자 기록된 말씀 방언을 통역 뜻을 풀어 드러내야 덕이 건축되어지는 것입니다.

결론)방언은 예수의 일입니다. 예수의 일을 풀어 그리스도의 일로 전할 때 예언이 되는 것이요 뜻을 풀어 듣는 자들에게 덕과 유익이 건축되어지는 것입니다. 만일 통역하지 못할 경우 교회에서는 잠잠하며 말을 전하지 말아야 합니다. 예배 시에는 반드시 방언 예수의 일이 있고 방언 통역을 그리스도 일로 예언되어야 하나님의 뜻이 전달되는 것입니다.

(따라서) '방언과 통역에는 언제든지 사랑이 있어야 한다.'

하나님 아버지의 온전하심과 같이 성도 모두가 온전해 지고 장성하여 그리스도의 사랑이 충만하시기 바랍니다.

16
거듭나야 한다.

예수께서 대답하여 가라사대 진실로 진실로 네게 이르노니 사람이 거
듭나지 아니하면 하나님 나라를 볼수 없느니라 니고데모가 가로되 사
람이 늙으면 어떻게 날 수 있삽나이까 두번째 모태에 들어갔다가 날
수 있삽나이까 (요3;3-4)

사람이 어떻게 거듭날 수 있습니까? 거듭나지 않으면 하나님 나라를 볼 수도 없고 갈 수도 없습니다. 예수를 믿으면 구원 받으십니까? 진실로 거듭나셨습니까? 거듭난 것과 구원은 동격입니다. 거듭나면 구원받은 것이고 구원받았으면 거듭난 것입니다.

4절 중반에 사람이 늙으면 어떻게 거듭날 수 있습니까? 부모님 모태에 들어 갔다가 날 수 있습니까? 많은 사람, 많은 지도자들이 거듭나지 않았습니다.

니고데모는 이스라엘의 선생입니다. 지도자입니다. 그러나 거듭남을 몰랐던 사람입니다. 니고데모는 주님 말씀을 육적으로 듣고 깨닫지를 못했습니다.

여기서 '어떻게'를 찾아보아야 합니다.

눅8;16-18 '숨은 것이 장차 드러나지 아니할 것이 없고'

장차란 하나님이 정한 때-마지막 때를 의미합니다. 하루를 말하면 아침, 점심도 지나서입니다. 한국은 가을이지만 이스라엘로 말하면

여름, 가을-추수 때입니다. 추수 때는 타작하여 추수하는데 타작하고 보면 알곡과 쭉정이로 갈라집니다. 숨은 것이 장차 드러나지 않는 것이 없다고 말씀하십니다. 추수 때 드러날 것을 말씀하십니다. 숨은 것이 드러나면 사단의 깊은 것이 드러나게 됩니다. 내게 숨겨진 죄악이 드러납니다. 숨은 것은 말씀 속에 뜻이 있습니다. 그리스도가 드러나는데 드러나면 사단도 죄도 드러납니다.

내 속에 그리스도가 들어오면 내 속에 사단, 귀신이 드러나고 죄악이 드러나게 됩니다. 빛이 들어가면 어둠은 떠나갑니다. 하나님의 말씀의 뜻이 드러나면 숨겨진 것들이 드러나게 됩니다. 내 안에 남의 것, 남의 남편, 남의 아내, 각종 죄악이 드러나는 것입니다. 그리스도의 말씀의 빛이 내 안에 들어오면 내 속에 남의 것이 다 드러나게 됩니다. 그래서 보이는 은사가 다 은사가 아닙니다, 하나님의 은사는 곡식과 포도주와 기름, 예수그리스도가 은사인 것입니다, 하나님은 성도들로 하나님의 은사 능력을 그리스도로 만든 것입니다. 많은 은사 중에 어떤 은사를 받기 원하십니까? 가르치는 은사, 섬기는 은사, 봉사의 은사... 그러나 지혜와 지식의 은사로 하나님의 말씀을 풀어 온전해 지면 은사를 받게 되는 것입니다. 은사의 주체는 성령님이십니다. 진리의 성령이 내게 오시면 은사자가 됩니다.

부흥회 때에나 또는 강단에서 성령 받아라 성령 받으라는 말은 결코 맞지 않는 말씀입니다. 오순절에 진리의 성령님이 오신 것은 문자적 방언을 통역하여 풀어 뜻을 알려주시기 위해서 오신 것입니다.

그러나 진리의 성령이 오셨으나 6일 동안은 깨닫지 못한 것입니다.

문자적인 기록 방언은 꼭 그 뜻을 풀어 그리스도가 드러나야 합니다.

눅8;18 '...없는 자는 그 있는 줄로 아는 것까지도 빼앗기리라'

(따라서) '내가 알고 있고 받았다고 하는 것을 빼앗기게 된다.'

내게 있는 것을 다 빼앗겨야 새롭게 예언 뜻을 풀어 주실 때 새 부대에 담을 수 있습니다. 뜻을 모르면 믿는다고 하나 허상을 믿는 것이요 실상을 믿는 것이 아닙니다. 성경을 백독해도 소용이 없습니다. 알지 못합니다. 뜻을 풀지도, 알 수도 없고 그리스도가 보이지 않습니다.

뜻을 풀어 그리스도가 내 속에 들어 올 때 거듭나게 됩니다.

방언에는 유익이 없습니다. 방언에는 뜻을 풀어 다시 예언하고 선포해야 합니다. 내 자신이 문자적인 성경을 백독한다 할지라도 설교를 수십 년 했어도 유익이 없습니다, 내 심령이 건축되고 거듭나지 않습니다. 내가 거듭나지 못했다면 타인도 거듭나게 할 수 없습니다.

(따라서) '말씀 속에 뜻이 있다. 뜻은 그리스도 이야기다'

그리스도의 말씀을 받게 되면 그리스도의 영을 받게 됩니다. 진리의 성령을 받게 됩니다. 성령 받으라 해서 성령 받는 것이 아닙니다. 그리스도의 말씀을 받을 때 그리스도의 영을 받게 됩니다. 즉 그리스도의 영으로 거듭나게 됨을 믿으시기 바랍니다, 진리의 성령 말씀을 풀어 받을 때 그 심령이 거듭나게 됩니다. 그래서 방언은 유익이 없고 무익한 것입니다.

롬10;17 '믿음은 들음에서 나며 들음은 그리스도의 말씀으로 말미암느니라.'

지금까지는 믿음에는 추상적인 것에 들어왔기에 확실한 믿음 그리스도가 내 안에 없었기에 거듭나지 못한 것입니다.

롬1;17에서 들음은 원문에 너희가 어떻게 듣는가 즉 들을 귀가 있어야합니다. 듣고 깨달아야 합니다. 설교를 어떻게 듣고 계십니까? 목사의 설교를 들으러 오셨으면 돌아가셔야 합니다.

(따라서) '하나님의 말씀의 뜻을 풀어 그리스도의 말씀을 들어야 산다.'

즉 사람을 통해서 말씀을 듣지만 하나님의 말씀으로 들어야 깨닫게 됩니다. 하나님의 말씀을 듣기 위해 교회에 오셔야 합니다. 하나님의 말씀 듣기를 사모해야 합니다. 하나님의 말씀을 하나님의 말씀으로 듣지 않으면 성도들에게 유익이 없습니다. 하나님의 말씀을 하나님의 말씀으로 들어야 내 영혼에 말씀이 건축되어 집니다.

막4;21-25에 보면 23절 '들을 귀 있는 자들은 들으라.'

24절 '너희가 헤아림으로 너희가 헤아림을 받을 것이요 더 받으리라' 말에 심판입니다.

25절에 있는 자는 그리스도가 있는 사람은 계속 하나님의 뜻을 받아 깨닫게 될 것이요 없는 자는 그 있는 것까지 빼앗긴다고 했습니다. 내 속에 있는 빛이 다 날아가 버립니다.

성경은 영의 말씀, 하나님의 말씀입니다. 하늘나라 말입니다. 깨달아야 알 수 있습니다. 24절에 무엇을 듣는가 스스로 삼가 하라 방언의 말을 듣는가 목사의 설교로만 듣는가 그렇지 않으면 하나님의 말씀으로 듣는가 삼가 조심해야 합니다.

성도 여러분 그래서 하나님의 말씀을 듣는 태도 자세가 분명해야 합니다. 말씀 들을 때 경청하고 사모해야 합니다.

(따라서) '들을 때 깨달아 알아야 한다. 확신되어져야 한다.'

하나님의 말씀을 들을 때 깨달아져야 아는 것입니다. 믿는 것입니다. 건축되어지는 것입니다.

'스스로 삼가라'

신12;30 '너는 스스로 삼가 네 앞에서 멸망한 그들의 자취를 밟아 올무에 걸리지 말라'

성경을 많이 읽는다고 아는 것이 아닙니다. 하나님의 말씀에는 항상 삼가 조심스럽게 들어야 합니다. 이 말씀의 뜻은 삼가라; 이스라엘 백성들을 가나안 땅에 들어가게 하실 때 거기서 스스로 삼가지 않으면 올무에 빠진다는 것입니다. 삼가야 할 대상이 일곱 족속이 가나안에 있습니다. 하나님께서 7족속 안에 이스라엘을 들어가게 하시고 그들을 멸하셨습니다. 7족속은 7귀신을 말합니다. 여러 가지 귀신을 의미합니다. 그들이 올무에 빠질 수 있습니다.

우리가 예수 그리스도를 믿어 구원 받았다고 하나 세상, 사단, 귀신이 있는 곳에 살고 있습니다. 우리는 수많은 것들의 올무에 빠져서 살았던 것입니다.

하나님의 말씀인 진리 하나님의 뜻을 듣지도 알지도 못하고 살아온 것입니다. 이제 세상 속에 이는 7족속 사단, 귀신을 쫓아내야 합니다. 그러나 겁날 것이 없습니다. 두려워할 것도 없습니다. 빛 되신 그리스도의 말씀이 들어가면 됩니다.

성도여러분 사랑은 허물을 덮는다고 합니다. 잘못한 것 모든 사람이 허물없는 사람이 없습니다. 허물이 무엇입니까? 방언만 듣고 좋아하는 사람, 성도들이 허물이요 방언만 전하는 지도자도 허물인 것입니다.

뜻을 모르고 전하고 받는 사람 모두가 허물, 잘못인 것입니다.

그래서 선생이 심판이 큰 것입니다.

방언은 뜻을 풀어 전하면 그리스도의 말씀이 되는 것입니다. 방언을 말할 때 뜻을 풀지 못하므로 돈을 말하고 축복을 말하는 것입니다.

그러나 뜻을 풀어 드러내면 숨은 것 허물이 그냥 드러나는 것입니다. 회개하라 하지 않아도 회개하고 통회하고 가슴을 찢는 것입니다.

뜻을 풀어내면 잘 못된 것이 그냥 고쳐지는 것입니다.

(따라서) '말씀을 풀어 뜻을 드러내면 내 속에 사단, 죄악들이 드러나야 사는 것이다.'

예수님이 제자들의 발을 씻겨 주셨다고 우리가 서로 발을 씻겨준다

해도 구원과는 전혀 상관이 없습니다.

삼가라는 말씀은 하나님의 뜻을 모르고 방언하고 잘못 해석하는 것에 삼가야 합니다. 그리하지 않으면 큰 올무에 빠진다는 것입니다.

성도 여러분 하나님의 말씀을 목사의 설교로만 듣고 방언으로만 듣는다면 가나안에 7족속을 다 멸할 수가 없습니다. 오히려 그들에게 잡히게 되고 그들에게 빠지게 됩니다.

눅8;18 '누구든지 있는 자는 받겠고 '

내 속에 그리스도가 있는 사람은 하나님의 뜻을 알 수가 있습니다. 내 속에 그리스도의 영이 있는 사람은 주님의 음성을 들을 수가 있습니다.

하나님의 말씀을 하나님의 말씀의 뜻을 풀어 들으시기 바랍니다.

17

반열반차1) 직분자의 행위

제 칠년에 여호야다가 보내어 가리 사람의 백부장들과 호위병의 백부
장들을 불러 데리고 여호와의 전으로 들어가서 저희와 언약을 세우고
저희로 여호와의 전에서 맹세케 한 후에 왕자를 보이고 명하여 가로
되 너희의 행할 것이 이러하니 안식일에 입번한 너희 중 삼분 일은 왕
궁을 주의하여 지키고 삼분 일은 수르문에 있고 삼분 일은 호위대 뒤
에 있는 문에 있어서 이와 같이 왕궁을 주의하여 지켜 방어하고 안식
일에 출번하는 너희 중 두 대는 여호와의 전을 주의하여 지켜 왕을 호
위하되 너희는 각각 손에 병기를 잡고 왕을 호위하며 무릇 너희 반열
을 침범하는 자는 죽이고 왕의 출입할 때에 시위할찌니라
(왕하 11;4-8)

모든 성도들은 육의 사람보다 영의 사람이 되어야 합니다. 육의 일
보다 하나님의 일을 잘 해야 합니다. 하나님은 세상 끝 날에 세상만
심판하시는 것이 아닙니다. 의인 중 악인을 골라 심판하십니다. 성도
한 사람 한 사람이 하나님의 사람, 영의 사람, 그리스도의 사람이 되
어 추수 꾼이 되시기 바랍니다.

성도들의 믿음은 시험 때 알 수 있습니다. 환란 때에 믿음을 알 수
있습니다. 믿음의 사람은 쓰임 받는 사람입니다. 이제 방언만 듣고
믿음의 생활에 진리의 영으로 온전히 그리스도의 사람이 되시기 바
랍니다.

우리 교회는 목사, 장로, 권사, 안수집사, 서리집사, 교사, 성가대원 등이 있습니다.

하나님이 주신 직분을 사명인 줄 알고 잘 감당하시어 칭찬 받고 상 받으시기 바랍니다.

본문에서 일곱째 해는 7년을 의미합니다. 7일을 의미하며 안식일을 뜻합니다. 6일은 6년, 6천년 곧 일 할 때, 파종할 때입니다. 사람의 방법, 일할 때 입니다. 지금은 6년, 6천년이 지나고 7일, 7천년 안식할 때입니다. 추수 때입니다. 6일, 6년, 6천년동안 일한 것은 7일째는 추수하고 안식 때 입니다.

왕하11;4의 방언을 잘 알 수가 없습니다. 뜻은 어마어마한 비밀 뜻입니다.

하나님은 여호야다를 통해 하나님의 뜻을 증거 하시고 계십니다. 가리사람의 백부장들과 호위병의 전으로 들어가서 그들과 언약을 맺습니다.

호위병은 성전에서 봉사하고 섬기는 사람들을 의미합니다. 교회의 직분자들도 교회의 호위병입니다.

장로의 반열, 권사의 반열, 안수집사의 반열, 목사의 반열, 각 직분의 반열입니다. 교회의 모든 직분에 호위병인 것입니다. 이 호위병은 하나님의 집인 성전의 호위병입니다.

7년째 여호와의 성전에 들어가서 언약을 맺고 성전에서 맹세케 합니다. 언약은 그리스도의 이야기입니다.

하나님은 하나님의 성전에서 백부장들과 호위병의 백부장들을 불러 언약을 하고 맹세케 합니다.

5절에 호위병들은 안식일에 들어온 사람들의 행할 일을 명령합니다. 안식일은 오늘의 주일날입니다.

3분의 1은 왕궁을 지켰습니다. 왕궁은 보이는 오늘의 교회입니다.

6절에 '수르 문에 있고' 수르는 성벽입니다.

성벽은 미가서7;11 '네 성벽을 건축하는 날 곧 그 날에는 지경이 넓혀질 것이라' 또 성벽은 출14;22-23에 '물이 좌우 벽이 되니'

성도들에게는 물이 좌우의 벽이 됩니다. 말씀의 좌우의 벽이 됩니다. 그럴 때 건축이 됩니다. 말씀으로 건축이 되어져야 지경이 넓어집니다.

성도들에게 심령이 건축되어 있으면 그 때 하나님의 은혜와 축복, 형통함이 임하는 것입니다. 건축되기 전에는 헛된 수고, 많은 고난을 받게 됩니다.

요1서5;8 ' 성령과 물과 피라 또한 이 셋은 합하여 하나이니라.'

예수님 이야기입니다. 예수님 이야기는 그리스도의 이야기입니다.

수로는 성벽인데 더 깊게 표현하면 좌우에 벽 말씀 진리가 없습니다. 말씀에 좌우가 없습니다. 즉 가르치는 교사, 제자, 일꾼이 없다는 것입니다.

5절 '주의하여 지키고' 왕궁을 주의하여 지켜야 합니다. 말씀을 지켜야 합니다. 자신을 주의 말씀 진리의 성령으로 지켜야 합니다.

7절에 '호위병' 은 성전을 주의하여 지키고 왕을 호위하라는 것입니다. 왕은 예수, 오늘의 지도자, 목사입니다.

성도는 교회도 지키고 왕, 지도자도 주의하여 지켜야 합니다. 진실로 성도의 사명은 자신을 말씀으로 지켜야 합니다. 그 말씀은 누가 통역해야 합니까?

뜻을 풀어주십니까? 그래서 성도는 교회를 든든히 주의하여 지키고 왕, 예수 그리스도, 지도자를 주의하여 지켜야 말씀을 듣고 건축하여 지경이 넓어지는 것입니다. 형통하게 되어지는 것입니다.

8절에 '너희는 각각 손에 무기를 잡으라.'

나의 무기는 진리의 성령이 깨닫게 하는 말씀이어야 합니다.

‘왕을 호위하여’ 왕을 잘 호위하기 위해서는 왕궁을 잘 지켜야 합니다.

타락한 천사가 왜 저주를 받고 멸망에 이르렀습니까? 자신의 위치 직위를 떠났기 때문입니다. 자기의 위치를 벗어난 것입니다. 각자의 직분에는 주의 있게 잘 감당해야 합니다. 잘 지켜야 합니다. 벗어나면 안 됩니다. 각자의 직분에는 사명 할 일이 있습니다, 할 일을 바르게 벗어나지 않고 해야 합니다. 직분을 가지고 왕궁, 교회와 왕 되신 예수 그리스도, 지도자를 잘 지켜야 합니다, 왜 이렇게 해야 합니까? 8절 하반 절에 너희 대열을 침범하는 자를 모두 죽이라고 했습니다. 대열을 침범하는 자를 죽이라는 것입니다.

침범하면 어떻게 되는가?

스바냐2;8-11에서 8절 ‘내 백성을 훼방하고 스스로 커서 그 경계를 침범 하였느니라’ 비방과 조롱했다는 것은 내 백성을 비방하고 교만한 것입니다. 9절에 하나님은 그들의 것을 자기 백성들에게 기업으로 주셨습니다.

10절에 이렇게 빼앗긴 것은 하나님의 백성들을 비방하고 교만하여 하나님께서 빼앗아 주신 것입니다. 11절에 오직 여호와 하나님만 바로 섬겨야 합니다. 하나님의 백성, 하나님의 사람, 하나님의 일꾼, 하나님의 종들을 비방하고 교만하면 하나님께서 저들을 멸망케 하십니다. 하나님은 자기 백성들을 사랑하고 지켜주십니다. 교회는 하나님께서 지켜 주시고 하나님은 성도들을 기억하고 계십니다.

그 예수 그리스도의 나라에 가면 세상에 있던 직분은 필요가 없습니다. 그러나 하나님은 피로 값 주시고 사신 교회는 지키고 성장하도록 일꾼을 세우십니다. 대열을 침범하는 자는 예를 들어 안수집사가 될 수 없는 사람이 안수집사를 하려고 하면 그것이 그 대열을 침범하게 되는 것입니다. 성도 중에는 장로로 안 세워준다고 교회를 떠나는 사람도 있습니다.

진리성장하면 진리로 건축이 잘 되어 있으면 하나님께서 더 크게 세워주실 것입니다. 앞으로 감추어진 말씀들을 받아들이기 위해서 내 마음을 다지고 터를 닦아야 합니다. 교회가 든든히 서 가려면 말씀이 있어야 합니다.

교회를 지키고 지도자를 잘 지켜야 교회가 든든히 서 가는 것입니다. 하나님은 왕과 백성들을 비방하고 조롱하고 교만한 자를 꺾어버리십니다.

하늘나라에 천사들이 흰 옷 입은 것은 장차 성도들인 것입니다.

하늘나라 가면 직분도 없습니다. 성경도 없습니다. 이 땅에서만 그러한 것들이 필요한 것입니다. 이 세상에서 하나님이 보이지 않으니까 말씀이 하나님으로 믿고 따르는 것입니다.

성도 여러분 7일은 안식일 주일날입니다. 신약은 그리스도 안에 안식에 들어온 것입니다. 교회 호위병의 반열이 제대로 되어 있어야 교회도, 지도자도 성도들도 그리스도 안에서 지경이 넓어지고 사명을 감당하게 됩니다.

대상6;31-32에 '언약궤가 평안한 곳을 얻었을 때'

언약궤가 무엇입니까? 오늘의 강대상입니다. 이 안에 만나와 아론의 싹 난 지팡이와 돌비가 있습니다. 이것이 어떻게 평안을 얻는 것입니까? 문자적인 방언으로는 맞지가 않습니다. 모르는 것입니다.

다윗이 누구의 표상입니까? 예수의 표상입니다. 직분을 맡긴 자들은

계4;10-11에 '24장로들이 보좌에 앉으신 이 앞에 엎드려' 성도 여러분 성도는 주님 앞에 설 때에 신부입니다.

직분은 원문에 반열-반차로 동일하게 말씀합니다. 반열 반차는 천국, 천년왕국에 들어갈 자인 것입니다. 멜기세덱 반차란 하나님 앞에

설 자를 의미하는 것입니다. 레위 반차 중 제사장은 아론입니다.

대상9;22-23에 반열하면 직분을 뜻합니다. 진리로 거듭난 사람에게 직분을 주어야 복이 되고 화를 받지 않습니다. 모든 성도는 진리로 알곡 되어 그리스도 안에서 귀중한 직분을 받아 직분대로 쓰임 받으시기 바랍니다.

쭉정이는 곡간에, 그리스도 안에 들어갈 수가 없습니다.

대상23;1-6에 직분자들이 나누임을 볼 수가 있습니다.

대상27;1~ 반열이 나옵니다. 즉 직분자 반열, 각 반열에 반장.

대상28;13~ 제사장 레위인 반열과

대하35;4에 너희 반열따라 스스로 준비하라고 말씀하십니다.

성도 여러분 하나님의 교회 직분자들은 맡겨 주신 직분 반열, 그리스도를 향한 열심을 가지고 스스로 준비하여 충성하시기 바랍니다.

하나님은 성도들 직분자들을 기억하십니다. 살피시고 지키십니다.

주 하나님의 일에 하나님의 교회에 그리스도의 뜻을 따라 헌신하시고 봉사하시기 바랍니다.

18

반열반차2) 골방과 삼층의 비밀

그가 나를 데리고 성소에 이르러 그 문벽을 척량하니 이편 두께도 육척이요 저편 두께도 육척이라 두께가 이와 같으며 그 문통의 광이 십척이요 문통 이편 벽의 광이 오척이요 저편 벽의 광이 오척이며 그가 성소를 척량하니 그 장이 사십척이요 그 광이 이십척이며 그가 안으로 들어가서 내전 문통의 벽을 척량하니 두께가 이척이요 문통이 육척이요 문통의 벽의 광이 각기 칠척이며 그가 내전을 척량하니 장이 이십척이요 광이 이십척이라 그가 내게 이르되 이는 지성소니라 하고 전의 벽을 척량하니 두께가 육척이며 전 삼면에 골방이 있는데 광이 각기 사척이며 골방은 삼층인데 골방 위에 골방이 있어 모두 삼십이라 그 삼면 골방이 전 벽 밖으로 그 벽에 의지하였고 전 벽 속은 범하지 아니하였으며 이 두루 있는 골방이 그 층이 높아갈수록 넓으므로 전에 둘린 이 골방이 높아갈수록 전에 가까와졌으나 전의 넓이는 아래 위가 같으며 골방은 아랫층에서 중층으로 윗층에 올라가게 되었더라 내가 보니 전 삼면의 지대 곧 모든 골방 밑 지대의 고가 한 장대 곧 큰 자로 육척인데 전을 의지한 그 골방 바깥 벽 두께는 오척이요 그 외에 빈 터가 남았으며 전 골방 삼면에 광이 이십척 되는 뜰이 둘려 있으며 그 골방 문은 다 빈 터로 향하였는데 한 문은 북으로 향하였고 한 문은 남으로 향하였으며 그 둘려 있는 빈터의 광은 오척이더라 (겔41;1-11)

6절에 골방은 삼층인데 골방 위에 골방이 있다고 하셨습니다.

상층-중층-하층이 있다는 말씀입니다. 이 말씀도 통역하여 풀어서 깨달아야 합니다.

(따라서) '반열이란 방들의 층 이야기가 된다.'

구약의 솔로몬 성전은 오늘의 그리스도의 이야기인 것입니다.

성소는 예수님 이야기요 지성소는 그리스도의 이야기인 것입니다.

성소는 지성소에 붙어 있어야 합니다. 제직은 지성소를 잘 호위해야 합니다.

많은 사람들이 예수를 믿고 교회에 열심하고 있으나 그리스도에 붙어 있지 않으면 심판 날에 의인 중에 악인을 골라낼 것입니다. 의인은 많지 않습니다. 6절에 골방은 몇 층입니까? 삼층입니다. 기도는 어디에서 하라고 했습니까? 골방에서 하라고 했습니다. 골방이 무엇입니까? 기도원에 가면 기도 방이 많이 있고 교회에도 기도 방이 많이 있습니다. 그런 골방이 아닙니다. 골방은 그리스도 안에 들어가서 기도하라는 것입니다. 그 동안은 그리스도 밖에서 육안으로 보이는 골방에 들어가서 세상적인 것, 육신적인 것, 가족적인 것을 많이 기도했습니다. 이런 기도는 누가 듣습니까?

귀신이 듣고 뒤에서 환상을 보여 주는 등 여러 가지로 보여주고 들려준 것입니다. 그리스도 안에 들어가면 그런 기도는 가치가 없습니다. 그리스도 안에서 진정한 기도를 찾으시기 바랍니다.

1)예수님은 30세에 일을 하셨습니다. 33세에 십자가에 죽으셨습니다, 많은 사람들이 예수 예수 하면서 예수를 파는 사람들이 많이 기억합니다. 예수 예수 하는 사람들은 아래층, 중층에 들어 있는 사람들입니다.

2) '벽' 은 진리 안에 들어온 사람입니다. 죄를 짓지 않습니다. 사단

도 만지지 못합니다. 6절에 '전 벽 속은 범하지 아니하였으며' 그래서 성도들이 진리 안에 들어가면 사단도, 귀신도, 죄악도 들어오지 못하는 곳입니다.

층별을 나눈다면, 신앙을 분류한다면 상층은 천년왕국에 갈 사람입니다.

중층은 예수를 믿고 예수예수 하는 사람, 거듭난 사람, 아직도 방언 안믿는 사람, 천국에 갈 사람들입니다. 하층은 지옥에 갈 사람들입니다.

노아 방주도 창6;16에 상-중-하 삼층으로 하라고 말씀합니다.

행20;9에 삼층에서 말씀을 듣다가 졸음을 견디지 못하여 떨어졌습니다. 성도 여러분 말씀을 듣다가 말씀에 감당할 수가 없어서 삼층에 현재 있다 할지라도 떨어질 수가 있습니다. 늘 자신을 돌아보아야 합니다.

뜻을 풀어 말씀을 전해 주어도 떨어지는 사람이 있습니다.   말씀을 방언으로만 듣게 되면 진리가 그 속에 들어가지 않고 떨어지게 됩니다. 지금은 내 자신을 위해서 양식을 모을 때입니다.

확실히 반열 반차를 알아야 합니다. 하나님의 직분 교회 직분은 명예나 권세 직분이 아닙니다. 자격이 없는 데 안수집사, 장로, 권사가 되려고 하지 말고 하나님의 말씀이 아구까지 채워지면 하나님께서 세워주심을 믿으시기 바랍니다.

분명한 것은 반열을 침범하는 사람을 죽이라고 말씀하셨습니다. 순종하지 않는 사람입니다. 육의 사람, 시기 질투하는 사람, 교만한 사람은 안 되는 것입니다. 일곱째 날은 언약의 날이요 맹세하는 날인 것입니다. 언약은 그리스도입니다. 창9;12-17에 하나님은 물로 심판하시면서 무지개를 언약으로 약속하셨습니다.

계4;1-5 '이 후에 될 일들을 보좌에서 무지개로 증거하고'

무지개는 장차 될 일에 대한 비밀인 것입니다.

계1;1-3에 천사의 머리위에 무지개는 사역자이며 그리스도인 것입니다.

겔1;26-28에 '보좌의 형상이 있는데 ....사람의 모양 같더라.' 예수 그리스도 하나님의 아들인 것입니다. 무지개는 여호와의 영광의 형상의 모양이라고 말씀합니다. 그리스도를 의미합니다.

(따라서) '언약의 말씀에는 하나님의 뜻이 있다.'

세상 끝날, 심판의 날 종말에는 의인과 악인을 골라내는 것입니다. 심판 날에 성전 안에서 악인과 의인을 골라내는 것은 진리 밖에 없습니다.

전 성경은 6일째 일한 것을 7일 째 추수하고 7일과 8일에 심판과 영생이 이 이루어집니다.

창9;16-17 '영원한 언약을 기억하라'

성도의 이름이 어디에 기록됩니까? 생명책에 기록되어집니다. 17절에 7일째 세운 언약은 말씀 속에 뜻이 있음을 기억하시기 바랍니다. 뜻이 드러나야 합니다. 하나님의 언약은 하나님의 뜻으로 성도들의 영혼이 건축될 수 있습니다.

ㄱ)하층

노아방주는 3층으로 되어 있습니다, 노아 식구는 8명이었습니다. 정한 짐승과 부정한 짐승이 있었습니다. 부정한 짐승은 하층에 있습니다. 하층에 있는 사람은 반열이 아닙니다. 하층에 있는 사람들은 물과 성령으로 거듭나지 못한 사람입니다. 망언만 듣고 전하는 사람입니다.

하층에 들어갈 사람들은 세상에서 일만 악의 뿌리인 돈만 거두고

복 받기만 원하는 사람들입니다. 그들은 모두가 불기둥인 사람들인 것입니다.

불기둥의 뜻을 풀어 봅시다.

두 기둥이 있는 데 실상 우리도 거기를 거쳐 왔던 사람들입니다. 노아 방주 안에 하층에 있는 것입니다. 성도 여러분 물과 성령으로 거듭나지 못한 사람은 하층의 반열에 있습니다.

ㄴ)중층

물과 성령으로 거듭나지 않았지만 예수그리스도를 믿는 사람으로서 만세 전에 택정함을 받은 사람입니다. 육의 사람이지만 하나님께 예정된 사람, 죽음에 이르는 환란, 질병, 회개하고 구원받은 사람입니다.

e)삼층

노아식구 8명입니다. 8째 음에 들어간 사람을 예표 한 것입니다. 그래서 구원받은 사람이 8명입니다. 중층에 있는 사람들은 천국에 갈 수 있는 사람입니다. 삼층에는 천년왕국에 들어갈 사람들입니다. 중층에 있는 사람들 중에 삼층에 올 자도 있습니다.

소돔과 고모라가 멸망 받았을 때 몇 명이 구원받았습니까?

삼층에 들어갈 사람은 죄악과 시험과 환란에서 구원받았습니다. 계시록에 3분의 1씩 3분의 1씩 죽이는 역사가 나옵니다, 앞으로 될 일들인 것입니다. 하층부터 중층 다 죽이고 삼층까지 시험 환란에서 거두게 됩니다.

그래서 반열에 침범하는 자를 죽이라고 말씀합니다.

성도들은 항상 제 자리 자신의 위치를 지켜야 합니다. 항상 지켜야 합니다.

행20;7-12 삼층에 있는 유두고는 행운 자, 복된 자의 뜻입니다.

아가6;9 하나뿐인 자라, 복된 자라.

사65;22-23 여호와의 복된 자손, 예수그리스도를 의미합니다.

삼층에서 떨어진 자

ㄱ)아이일 경우 떨어집니다.

ㄴ)삼층을 들어내면 이런 자, 무슨 일에 아니요, 못 합니다 그리고 문을 탁 닫고 나가는 자입니다.

유두고는 창문에 걸터앉아 졸다가 떨어진 것입니다. 죽은 것입니다.

창문은 구멍, 입을 구멍이라 합니다. 입에서 쓴 맛, 단맛을 냅니다.

구멍은 마6;19-20에 보면 땅 차원에서 하늘 차원에 대한 말씀입니다. 창에도 도적이 구멍을 뚫고 들어옵니다. 구멍 뚫린 전대는 곡식이 빠져 나갑니다.

창문; 삿5;24-31에 24절에 엉긴 젖은 버터 곧 진리를 의미합니다.

26절에 시스라 죽이는 방법은 방망이로 머리를 쳐서 죽였습니다. 30절에 노략 물은 성도들의 물질이야기입니다.

채색 옷은 무지개 곧 그리스도의 약속, 언약입니다. 3, 1절에 여호와의 원수는 다 망합니다. 주를 사랑하는 자는 해가 힘 있게 돋음 같이 잘 됩니다.

예를 들어 복지관은 기독교인들이 운영하는 곳입니다. 불교 천주교에서도 운영합니다. 불교인들이 운영하는 복지관에 들어가는 사람은 믿음이 없는 사람입니다. 영육이 망하게 됩니다.

렘9;17-21 창문; 사망이 우릴 창문을 통하여 넘어 들어온다.

성도 여러분 말씀 속에는 항상 뜻이 있음을 기억해야 합니다. 물은 말씀입니다. 그러나 진리의 말씀은 그리스도에 대한 말씀이요 물 하면 예수님의 말씀인 것을 기억하시기 바랍니다.

그동안 물로 많이 씻었지만 깨끗하지 않았습니다. 회개한 것을 또 회개한 것입니다. 설교를 많이 들었지만 잊어버렸습니다. 이제는 뜻을 풀어 드린 것이 잊혀지지 않을 것입니다.

사망은 창문을 통해 들어옵니다. 시스라 어미는 아들 시스라를 창문에서 기다렸으나 그는 죽은 것입니다. 시스라는 신약으로 말하면 도적이었습니다.

요셉은 무지개 옷, 채색은 일곱 빛깔, 그리스도 이야기입니다.

시스라 어미가 창문에서 기다린 것은 사망을 창문에서 기다린 것입니다.

결론)삼층의 말씀을 나누었습니다.

하층은 지옥 갈 사람들의 이야기이며 중층은 천국 갈 사람들의 이야기입니다. 삼층은 천년왕국에 갈 사람들의 이야기입니다.

중요한 것은 항상 하나님의 방언에는 하나님의 뜻이 숨겨져 있습니다. 그 뜻을 풀어 그리스도가 증거 되어야 합니다. 세상 것에는 항상 가짜, 도적, 사망이 도사리고 있습니다. 믿음의 사람들은 정신을 차리고 하나님의 말씀으로 채워야 합니다. 그리스도의 말씀이 아구까지 채워지면 하나님이 들어 쓰십니다. 추수 꾼의 사명을 감당하시기 바랍니다.

19

반열반차3) 마지막 정한 때

나 다니엘이 이 이상을 보고 그 뜻을 알고자 할 때에 사람 모양 같은 것이 내 앞에 섰고 내가 들은즉 을래강 두 언덕 사이에서 사람의 목소리가 있어 외쳐 이르되 가브리엘아 이 이상을 이 사람에게 깨닫게 하라 하더니 그가 나의 선 곳으로 나아왔는데 그 나아올 때에 내가 두려워서 얼굴을 땅에 대고 엎드리매 그가 내게 이르되 인자야 깨달아 알라 이 이상은 정한 때 끝에 관한 것이니라 그가 내게 말할 때에 내가 얼굴을 땅에 대고 엎드리어 깊이 잠들매 그가 나를 어루 만져서 일으켜 세우며 가로되 진노하시는 때가 마친 후에 될 일을 내가 네게 알게 하리니 이 이상은 정한 때 끝에 관한 일임이니라 네가 본바 두 뿔 가진 수양은 곧 메대와 바사 왕들이요 털이 많은 수염소는 곧 헬라 왕이요 두 눈 사이에 있는 큰 뿔은 곧 그 첫째 왕이요 이 뿔이 꺾이고 그 대신에 네 뿔이 났은즉 그 나라 가운데서 네 나라가 일어나되 그 권세만 못하리라 이 네 나라 마지막 때에 패역자들이 가득할 즈음에 한 왕이 일어나리니 그 얼굴은 엄장하며 궤휼에 능하며 그 권세가 강할 것이나 자기의 힘으로 말미암은 것이 아니며 그가 장차 비상하게 파괴를 행하고 자의로 행하여 형통하며 강한 자들과 거룩한 백성을 멸하리라 그가 꾀를 베풀어 제 손으로 궤휼을 이루고 마음에 스스로 큰체하며 또 평화한 때에 많은 무리를 멸하며 또 스스로 서서 만왕의 왕을 대적할 것이나 그가 사람의 손을 말미암지 않고 깨어지리라 이미 말한바 주야에 대한 이상이 확실하니 너는 그 이상을 간수하라 이는 여러 날 후의 일임이니라 이에 나 다니엘이 혼절하여 수일을 앓다가 일어나서 왕의 일을 보았느니라 내가 그 이상을 인하여 놀랐고 그 뜻을 깨닫는 사람도 없었느니라 (단8;15-27)

반열 반차는 직분자의 차서입니다. 그러나 분명한 것은 직분을 받을 수 없는 사람이 침범하면 죽이라고 했습니다. 받으면 망하는 것입니다. 그러므로 주신 직분에 감사하고 직분을 탐내지 않는 성도가 되시기 바랍니다.

본문에는 다니엘에게 하나님께서 가브리엘로 깨닫게 하십니다, 마지막 때에 되어질 일을 계시로 알려 주십니다.

가브리엘의 뜻은 하나님의 능력입니다. 신약에서 십자가의 도는 성도들에게 하나님의 능력이 되는 것입니다.

그리스도는 하나님의 능력입니다. 다니엘에게 깨닫게 해준 천사는 가브리엘천사입니다. 가브리엘은 군대장관입니다.

다니엘은 당시에 재판관, 오늘날의 목사입니다.

다니엘서는 말세에 대한 예언이요 신약의 계시록인 것입니다.

뜻을 풀어 그리스도라 전해 준 사람을 두고 가브리엘이라 말 할 수 있습니다. 다니엘은 삼층에 갔는데 하나님은 그를 불러 7년 동안 환란 때를 예언케 했습니다. 다니엘서를 깨달아야 말세를 알게 되고 하나님의 비밀 뜻을 알게 되는 것입니다.

하나님은 다니엘에게 말세에 될 일들을 말씀하시고 책에 기록하라 봉하라고 하셨습니다. 그러나 지금은 그 다니엘서가 풀어 열릴 때입니다. 그 때는 지식이 빨리 왕래할 때가 아니었습니다. 다니엘도 하나님의 말씀을 받았으나 뜻을 몰랐던 것입니다.

성경을 기록한 많은 사람들이 하나님의 뜻을 몰랐으나 천사들로 알게 하신 것입니다. 다니엘도 천사를 통해 알게 됩니다. 밧모 섬에 있던 요한도 천사들을 통해 알게 됩니다. 바울은 천사로 알게 한 기록이 없습니다. 바울은 문체상을 보고 깨달은 것입니다.

17-18에 17절에 정한 때는 끝에 관한 예언입니다. 18절 마지막 때에 될 일을 말씀하셨으나 깨닫지 못하자 깊이 잠들게 했습니다.

엡3;18-19에 지식에 넘치는 그리스도의 사랑을 깨달으려면 하나님의 뜻이 깊이 깨닫게 될 때에 하나님의 깊고 넓고 높은 진리를 깨닫게 될 때 졸음에서 깨워주십니다. 사단의 깊은 곳까지 알게 됩니다. 사단의 방해를 받지 말아야 합니다. 조는 것은 사단, 귀신의 방해를 크게 받고 있는 것입니다.

사단을 통해 생활과 사업과 건강, 조는 것까지 모두가 방해받는 것입니다.

행20;9에 유두고가 창에 걸터앉았다가 3층에서 떨어져 죽었습니다. 졸다; 영적으로 깨어있지 않은 사람입니다. 영적 감각이 없는 사람입니다.

잠언에 많은 사람이 살았으나 죽은 자라고 말합니다. 고전11장에 고린도 교회의 많은 사람들이 잠자는 자도 많고 병든 자도 많다고 하였습니다. 영적 감각이 없는 사람들입니다.

삼층과 골방은 구약에 골방은 그리스도 안을 의미하며 골방에서 기도하는 것은 그리스도 안에 들어와서 기도하라는 의미입니다.

겔41;5-7에 골방은 삼층인데 골방 위에 골방이 있다고 했습니다. 이는 예수님이야기입니다. 예수 예수 하고 예수의 이름으로 기도하면 그리스도가 없는 것입니다. 골방 위의 골방은 절대 범할 수가 없습니다. 골방까지는 예수요 골방 위의 골방은 그리스도인 것입니다.

겔42;1-6에 삼층은 기둥이 없습니다. 기둥은 지도자입니다. 삼층은 지도자가 없습니다. 예수가 아니라 그리스도가 계시므로 지도자가 없는 것입니다. 말씀의 뜻이 풀어지면 지도자가 필요 없습니다.

사41;7에 우상을 만드는 사람, 렘5;16에 파종하는 사람, 씨 뿌리는 사람, 추수하는 사람을 바벨론에서 끊어 버리라고 말씀합니다. 지금은 육적으로 씨를 뿌리고 거두는 때가 아닙니다. 지금은 영적으로 영혼을 거두어 영적인 곳간에 집어넣어야 합니다.

느3;8에 '할해야' 는 그 이름의 뜻이 여호와를 두려워하다 입니다. 두려워하는 사람은 하나님 앞에 갈 수가 없습니다. '하나냐' 는 여호와의 자비하심, 금장 색 '말기야' 는 나의 왕은 여호와시니라 입니다. 느3;1에 함메아는 감옥 문 넓은 의미는 재판관 문입니다. 요5;2에 양문은 예수 그리스도입니다. 교회가 예수 그리스도를 바로 전하면 양문인 것입니다.

성도 여러분 루에 걸터앉아 있으면 졸음만 오는 것입니다. 도망갈 생각만 합니다. 루에 앉아 있는 성도가 있으면 안으로 들어오셔야 합니다. 그리스도 안으로 들어와야 깨닫게 됩니다. 루에 있으면 지금도 영적으로 죽은 사람입니다, 영적인 감각이 없는 사람입니다. 하나님의 뜻을 풀어 던져 주어도 무슨 말씀인지 알지 못해 먹지를 못합니다. 그리스도의 말씀을 풀어먹을 때에 하나님의 능력이 되는 것입니다.

행20;10-12에 청년이 루에서 떨어집니다. 이 청년은 원문에서 아이의 뜻이 있습니다.

왕상17;21-24에 세 번도 삼층과 같은 의미입니다.

삼층 루에서 떨어진 유두고는 택한 자, 복된 자입니다. 택한 자는 어떤 시험에서도 올라가지만 택하지 않은 자는 시험에서 떨어지고 맙니다.

반열은 다른 의미로 층을 의미합니다. 종말 마지막 때는 갈라지는 때입니다.

앞으로 종말의 때 환란의 때의 말씀을 많이 증거 할 것입니다.

멜기세덱의 반차가 아니면 현재 예수그리스도를 믿으나 떨어질 자가 많이 있습니다. 중층 루에는 두 부류가 있는데 하나는 떨어질 자이고 하나는 올라갈 자입니다.

반열이란 다른 의미로 청소하는 것입니다. 땅에서는 목사와 장로와 권사, 집사가 필요하지만 하늘나라에 가면 남녀도 부부도 직분도 필요가 없습니다.

그리스도의 말씀의 뜻을 눈으로 보고 귀로 듣고 마음으로 깨달아 돌아서지 않으면 떨어지는 자가 될 수 있습니다.

결론)마지막 정한 때를 두려워하지 마시기 바랍니다. 밖의 환란과 핍박보다 내 영혼이 반열에만 굳게 있으면 환란이나 핍박이나 재난으로 그리스도와 더욱 가까워지는 것입니다.

현재 주신 직분과 그리스도의 말씀에 항상 감사히 여기고 진실한 깨달음에 몸과 마음과 영으로 그리스도와 가까이 하시기 바랍니다.

교회를 더욱 가까이 하시고 주신 직분과 사명에 추수하는 일에 열심을 내시기 바랍니다.

20
반열반차4) 1,2,3층의 반열

이스라엘 자손이 애굽 땅에서 나온지 사백 팔십년이요 솔로몬이 이스라엘 왕이 된지 사년 시브월 곧 이월에 솔로몬이 여호와를 위하여 전 건축하기를 시작하였더라 솔로몬왕이 여호와를 위하여 건축한 전은 장이 육십 규빗이요 광이 이십 규빗이요 고가 삼십 규빗이며 전의 성소 앞 낭실의 장은 전의 광과 같이 이십 규빗이요 그 광은 전 앞에서부터 십 규빗이며 전을 위하여 붙박이 교창을 내고 또 전의 벽 곧 성소와 지성소의 벽에 연접하여 돌아가며 다락들을 건축하되 다락마다 돌아가며 골방들을 만들었으니 하층 다락의 광은 다섯 규빗이요 중층 다락의 광은 여섯 규빗이요 제 삼층 다락의 광은 일곱 규빗이라 전의 벽 바깥으로 돌아가며 턱을 내어 골방 들보들로 전의 벽에 박히지 않게 하였으며 이 전은 건축할 때에 돌을 뜨는 곳에서 치석하고 가져다가 건축하였으므로 건축하는 동안에 전 속에서는 방망이나 도끼나 모든 철 연장 소리가 들리지 아니하였으며 중층 골방의 문은 전 오른편에 있는데 나사모양 사닥다리로 말미암아 하층에서 중층에 오르고 중층에서 제 삼층에 오르게 하였더라 전의 건축이 마치니라 그 전은 백향목 서까래와 널판으로 덮었고 또 온 전으로 돌아가며 고가 다섯 규빗 되는 다락방을 건축하되 백향목 들보로 전에 연접하게 하였더라
(왕상6;1-10)

창1장에는 하나님께서 6일 동안 우주 만물을 창조하셨고 7일째 되는 날에 안식하셨습니다. 창조와 안식은 세상 시작과 끝을 말씀하신

것입니다. 7일째 안식하시면서 인간들에게 계명을 주신 것입니다.

즉 너희는 6일 동안 일하고 7일째 되는 날에는 안식하라고 말씀합니다.

구약 성경에는 7일째는 안식하셨는데 토요일이 안식일이었으나 안식일에 주님은 무덤에 계셨습니다. 구약의 안식일은 신약의 주일입니다.

마24장, 막13장, 눅21장에 너희의 피하는 것이 마지막 때에 합니다.

우리가 피하는 곳은 안식일은 아닙니다. 7일째인 것 입니다. 6일 동안은 일을 하고 7일째는 쉬라고 주일날 주일을 지키라 지금은 틀린 말 입니다.

왜냐면 주일날은 주님의 날, 하나님의 날을 구별해야 한다. 맞는 말이나 뜻으로는 신앙생활 6년 이상 했으면 안식일 그리스도 안에 들어가 있어야 합니다. 안식일의 주인은 예수님입니다. 더 나아가서는 그리스도입니다. 모든 성도는 그리스도 안에 들어가야 합니다.

다시 안식일을 마치면 그리스도인 것입니다. 안식일에만 있게 되면 예수 예수만 한다는 것입니다. 문자적인 기록은 창세기~계시록까지는 예수님 이야기인 것입니다. 사람으로 오신 예수님, 이는 가시적인 사람은 누구입니까? 예수님입니다. 이 땅을 누가 창조했습니까? 말 속에 뜻이 숨겨져 있습니다. 뜻은 그리스도 이야기인 것입니다.

예수님은 하나님의 아들로 이 땅에 완전한 사람으로 오셨으나 마리아의 몸을 빌려 태어났습니다. 잉태가 다릅니다. 밖에 있는 모든 사람들은 처녀의 몸에서 태어난 것을 믿지 않습니다. 즉 성령으로 잉태된 것을 믿지 않습니다. 창세기~말라기까지 하나님의 아들이 오실 것을 예언하고 있습니다.

그러나 겉으로는 구약에는 예수 이야기는 한 말씀도 문자적인 것도 없습니다. 문자 속에 뜻을 숨겨 놓은 것입니다. 오실 것을 예언하셨습니다. 하나님의 아들 예수님을 알 수 있는 것은 예수님 속에 신성 그리스도 하나님이십니다. 하나님은 영이신 고로 보이지 않습니다. 예수님은 보이는 하나님으로 이 땅에 오신 것입니다.

여러분 속에 영혼이 보이십니까? 혼과 영은 다른 것입니다. 그리스도 예수를 믿는 사람은 영혼이 살아 있으나 믿지 않는 사람은 죽으면 혼이 떠난다고 말합니다. 거듭나지 않은 사람들입니다.

그래서 하나님은 사람도 하나님의 형상으로 사람을 만드시고 그 몸 속에 영을 불어 넣은 것입니다.

성경은 사람이 어디서 왔다가 어디로 가는지를 말씀하고 있습니다. 세상에서 그 누구도 내가 이 세상을 창조했다고 , 이 세상은 끝이 있고 멸망한다고 말한 자가 없습니다.

불신자들은 보이는 자신을 믿기에 보이지 않는 하나님을 믿지 않습니다.

사람도 육체가 중요하나 더 중요한 것은 영혼 생명인 것입니다. 보이지 않는 영혼을 귀중히 여겨야 합니다.

하나님은 1189장의 성경 속에 하나님의 뜻을 비유로 사건으로 말씀하셨습니다. 사람도 글을 쓸 때에 뜻을 두고 쓰고 그 뜻을 깨닫게 글을 쓰는 것입니다.

그러므로 성도 여러분 진실로 하나님의 뜻을 알기 원하십니까?

문자적인 말씀 속에 숨겨진 뜻을 알 때 하나님의 뜻을 알 수 있는 것입니다.

철학과 과학, 우주 천문학을 알려면 하나님의 숨겨두신 하나님의 뜻을 알아야 합니다. 보이는 것에 좌우 확정하고 판단하면 안 됩니다.

성경에 문자적인 것에 잘 알고 있는 바리세인과 서기관, 제사장, 장로들. 그러나 그들이 다시 오신 육체를 입고 오신 예수님을 죽인 사람들입니다.

그리스도에 대한 신앙, 믿음, 말씀이 없는 사람은 주님 오실 때 맞이할 수가 없습니다.

성도 여러분 왜 지금이 7년째를 마지막 때를 강조하고 있습니까?

세상 끝이 반열이 중요하니까 말 속에 숨겨둔 뜻이 귀중하기 때문입니다.

이미 말세의 뜻이 드러난 것입니다. 드러낸 기간이 7년째 드러난 것입니다. 진실로 그리스도에 대하여 확실하고 자신 있게 말을 할 수가 있습니까?

구약에도 절기를 주셨습니다. 유월절-무교절-초실절-나팔절...이 절기 속에 그리스도를 숨겨두신 것입니다.

구약에 희년이 나옵니다. 50년째가 희년입니다. 희년은 죄가 완전히 속죄되는 해입니다. 모든 것에 자유를 얻게 됩니다. 그런데 왜 희년이 없습니까?

말씀 속에 그리스도가 드러나지 않아서입니다.

지금은 6년이 지난 때입니다. 출애굽에 6일이 지난 것입니다.

왕하11장에 7년째 하나님의 성전에 들어가서 백부장들과 호위병의 백부장들과 백성들은 하나님께 맹세를 한 것입니다.

창6장에 노아에게 물의 심판을 하신 후에 방주에서 가족과 짐승이 나오게 하셨습니다. 노아에게 하나님은 물로 심판하지 않을 것을 무지개로 언약을 세우셨습니다. 언약을 구름 속에 숨겨 두신 것입니다. 이것이 예수님이야기입니다.

구름 속에 무지개는 그리스도인 것입니다.

주일날 왜 예배드리러 교회에 오십니까? 하나님과의 언약-맹세하는 날입니다. 이 날에 영과 육이 복을 받습니다. 하나님께서 말씀하시면 성도들은 맹세하는 것입니다. 그렇게 살겠노라고 맹세하는 것입니다.

오직 주 하나님만 섬기겠다고 언약하고 맹세하는 날이 주일날입니다.

지금까지는 안식, 끝 날을 말했어도 실제 언약이 안 된 것입니다.

진리의 성령이 오시면 성도들을 진리 가운데 그리스도 안으로 인도하십니다. 성령 받으라, 성령 받으라, 불 받으라 많이 들어 왔으나 그러나 받지 못했습니다. 그러나 그리스도의 말씀을 듣게 되면 진리의 성령이 마음에 들어오게 됩니다. 지금 성도들은 진리의 성령을 받고 있는 것입니다.

진리의 성령이 오시면 의와 죄와 심판에 대하여 깨닫게 됩니다. 그래서 말씀 속에 뜻을 드러내는 것이 진리의 성령의 역사인 것입니다.

진리의 성령의 말씀을 듣고 있을 때 성령의 음성을 듣는 것입니다.

믿어져야 합니다. 진리의 성령의 말씀으로 받아들일 때 물과 성령으로 내 심령이 거듭나게 되는 것입니다. 2층,3층으로 올라 갈 수가 있는 것입니다.

(따라서) '그리스도를 풀어주는 날이 하나님과 나와의 언약하는 날이 된다.'

왕하11;4에 백부장들과 호위병 백부장들에게 언약을 맺고 맹세하게 했습니다. 그리고 왕자를 보여준다고 한 것입니다.

하나님을 아버지로 믿습니까? 또한 하나님의 아들로 믿습니까?

하나님이 왕이시면 성도는 왕자 됨을 믿으시기 바랍니다.

반열은 직분자들의 구분이요 방들의 층수요 청소이야기입니다.

왕상6;8에 층수가 나옵니다. 이는 솔로몬 시절에 예루살렘 성전 건축이야기입니다. 예루살렘 성전 건축은 나중에 오실 그리스도이야기입니다.

예루살렘 성전 건축도 삼층, 이층, 하층 각 방들은 반열이야기입니다.

하층은 하층반열인데 원문에 방들의 층은 반열이라는 것입니다. 중층은 중층 반열, 삼층은 삼층 반열이라는 것입니다.

같은 층이나 중층과 하층은 천국과 지옥을 의미합니다. 계시록에는 거듭나지 않으면 천국에 갈 수 없다고 말씀합니다.

주님이 오시면 내 속에 그리스도를 아십니다.

이스라엘 백성들이 애굽에서 가나안에 들어가게 하신 하나님은 그들이 광야에서 다 죽고 가나안은 그들의 후손들이 들어갔습니다. 광야 40년 생활에 그들은 광야에서 죽은 것입니다. 이들이 하층의 사람입니다.

성도 여러분 애굽 같은 교회, 광야 같은 교회가 있습니다. 이들은 가나안 교회에 들어가지 못합니다. 천국은 쉽게 가는 곳이 아닙니다.

반열에 대한 말씀은 천국 이야기가 아닙니다.

이 땅에 사는 성도, 직분자들의 믿음생활에 대한 말씀인 것입니다. 성경은 속이지 말라, 거짓말하지 말라고 말씀합니다. 목사, 장로 권사, 집사의 직분을 가지고 세상 중심, 육신의 욕망대로 속이고 거짓말라고 정욕대로 살면 결국 망하는 것입니다.

그러므로 교회 안에서 목사, 장로, 권사, 집사의 관계에 질서가 있어야 합니다. 집사가 권사에게 ,권사가 장로에게 침범하면 죽게 되는 것입니다.

레위반열, 제사장 반열이 있습니다. 아무 강단에서 설교하면 안 됩니다. 하나님이 정하신 사람이 설교해야 합니다.

성도 여러분 반열 반차가 왜 있는 것입니까? 층수를 보면 알 수가 있습니다. 왕상은 문자적으로 보면 성전 건축인 것입니다.

또한 이스라엘과 팔레스타인하고 몇 날을 싸워야 하는 것입니까?

전쟁만이 아닙니다. 문자적으로 예루살렘을 차지하려고 싸움이 계속되지 않습니다. 바로 교회를 빼앗기 위한 전쟁인 것입니다.

즉 예루살렘까지 가지 않아도 여기서 예배를 드리면 된다는 것입니다.

하나님 앞에는 믿음으로 갈 수 있는데 왜 꼭 예루살렘에만 가느냐는 것입니다. 이런 것은 육의 사람의 이야기요 분자적인 방언만 되는 것입니다.

성경은 성경으로 해석해야 합니다. 고전2;13에 신령한 것은 신령한 것으로 풀어야 한다고 말씀합니다. 사람은 신령할 수가 없습니다. 내 안에 계신 그리스도만이 신령한 것입니다.

성경은 문자적으로 육안으로는 책인 것입니다. 그러나 성경은 하나님의 말씀입니다. 창1;6-7에 궁창에 물이 있는데 물을 나누어 궁창 위의 물과 궁창 아래 물로 나뉘게 하신 것입니다. 궁창 아래의 물은 하층의 물인 것입니다.

성도는 궁창위의 물을 먹고 살아야 합니다. 성도는 하나님의 자녀입니다.

요1서5;6-12에 물은 예수님 이야기입니다. 하나님은 예수 그리스도를 믿는 사람에게 영생을 주십니다. 예수 그리스도가 있는 사람은 생명, 하나님의 아들입니다. 성경을 문자적으로만 보고 예수를 믿고 신앙생활하면 궁창 아래 물입니다. 왕상 6장은 성전이야기입니다. 오늘날의 성전은 교회 이야기와 예수 그리스도의 이야기입니다.

성도들도 죽으면 흙으로 돌아갑니다. 그러나 우리의 생명, 영은 하늘나라, 하나님의 집인 천국에 가는 것입니다. 예수 그리스도를 믿는 사람들은 그리스도의 영으로 거듭나야 합니다.

숨겨두신 말씀을 드러내 주어야 궁창 위의 물이 내 영혼과 관계가 있습니다.

21

반열5) 궁창 아래의 물과 윗물

하나님이 가라사대 물 가운데 궁창이 있어 물과 물로 나뉘게 하리라
하시고 하나님이 궁창을 만드사 궁창 아래의 물과 궁창 위의 물로 나
뉘게 하시매 그대로 되니라 하나님이 궁창을 하늘이라 칭하시니라 저
녁이 되며 아침이 되니 이는 둘째 날이니라 (창1;6-8)

궁창은 하늘입니다. 궁창 아래의 물과 윗물이 있습니다.

이 말씀의 뜻도 교회이야기입니다. 구원이야기요 직분이야기요 반
열이야기입니다.

성경은 교회 안에서 보아야 하고 교회 밖에서 보면 안 됩니다. 성경
을 불신자에게 주려고 하나님께서 말씀하신 것이 아닙니다. 그들은
보아도 알지 못합니다. 믿지 않습니다.

먼저 아래가 무엇인지 알아보겠습니다.

사51;4-6을 보겠습니다. 성경은 아무나 보아서 아는 것이 아닙니
다. 설교를 아무나 하는 것도 아닙니다. 뜻을 풀어 주시 않으면 전하
는 사람도 듣는 사람도 유익이 없습니다. 함께 망하는 것입니다. 그
러므로 설교를 설교자의 말로 들으면 안 되는 것입니다.

뜻을 풀어 주어야 합니다. 하나님의 뜻을 드러내야 내 영혼에 유익
이 있는 것입니다.

창1;4에 빛 하면 예수님 이야기, 참 빛 하면 그리스도 이야기입니다.

그러므로 창세기~계시록까지 예수님과 그리스도 이야기입니다.

사51;5 '섬들이 나를 앙망한다.' 는 사람의 이야기입니다. 눈-앙망은 하늘이야기입니다. 방언은 방언 일뿐 유익이 없습니다. 아무리 많은 방언을 해도 내게도 타인에게도 유익이 없습니다. 그래서 방언은 반드시 통역해야 합니다. 말의 뜻을 드러내는 것이 통역입니다. 앙망은 소망과 바라봄, 이는 영혼이야기입니다. 섬, 사람은 하늘을 앙망합니다.

사51;6 '땅을 살피라' 이는 하층이야기입니다.

6절 '너희는 하늘로 눈을 들며 그 아래 땅을 살피라' 즉 땅과 하늘은 들으라. 물과 성령으로 거듭나지 않은 사람은 땅인 것입니다. 하늘은 거듭난 사람입니다, 깊게 넓게 말하면 강단이 하늘이요 땅이 성도인 것입니다.

6절에 '하늘이 연기같이 사라지고' 이는 사람이야기입니다. 하늘 차원도 사람이야기입니다.

교회에 나오면 구원 받는다, 성부성자성령으로 세례주노라 하면 죄가 씻어집니까? 이렇게 우리는 믿고 행하고 왔습니다.

실상은 땅을 밟고 있으면서 하늘에 시민권으로 살아 온 것입니다. 이렇게 믿어온 것입니다. 우리 입에는 무슨 일을 만나든지 주여 주여 합니다. 그런데 하늘이 연기같이 사라진다고 말씀합니다.

아래는 암2;9 '그 아래의 뿌리를 진멸 하였느니라' 일만 악을 뿌린 사람, 성도와 지도자 그 뿌리를 진멸하신단 말씀입니다. 일 만 악의 뿌리는 돈입니다. 성경을 가지고 돈 이야기를 하는 사람, 하나님의 말씀으로 돈을 버는 사람은 하층 아래 사람입니다.

무슨 일을 한다면, 성전 건축을 한다면, 광고가 되면 자발적으로 헌금해야 합니다. 감사함으로 헌금을 드려야 합니다. 그렇게 하는 것이 그 뿌리가 진멸당하는 것입니다.

신28;23 '네 머리 위의 하늘은 놋이 되고 네 아래의 땅은 철이 될 것이며' 이 말씀도 사람이야기입니다. 즉 놋과 철을 풀어야 합니다.

렘6;28 '그들은 다 심히 반역한 자며 비방하며 돌아다니는 자며 그들은 놋과 철이며 다 사악한 자라'

하늘에 놋은 사람입니다. 땅에 철 같은 사람 이들이 하나님 앞에 패역한 자들입니다. 땅에 있는 사람, 하늘에 있는 사람, 강단과 성도들 모두가 패역한 사악자들 입니다. 이들이 어떻게 하고 있는 자들입니까?

사악한 자들을 찾아보겠습니다.

삼하23;6 '그러나 사악한 자는 다 내버려진 가시나무 같으니 이는 손으로 잡을 수 없음이로다'

성경을 한 부분만 보면 안 됩니다. 여러 부분 짝을 찾아 구슬을 꿰야 합니다. 사악한 자들은 철과 놋인 것입니다. 이는 누구의 이야기입니까?

짐승을 짐승으로 보면 안 됩니다. 뜻을 풀지 못하면 짐승은 짐승인 것입니다.

가시나무가 무엇입니까? 삿9;14-15에 보면 왕의 이야기입니다. 가시나무가 왕이 된다는 것입니다. 이것은 가시나무이야기가 아닙니다. 사람들의 이야기입니다.

가시나무는 여룹바알의 아들 아비멜렉인 것입니다. 이는 사악한 왕입니다.

사악한 자가 왕이 됩니다. 그 사악한 자는 불을 내는 사람입니다.

불은 어디로 인도하느냐 하면 지옥으로 인도하는 것입니다. 그래서 혀는 곧 불이요 불의 종의 입에서 불이 나온다는 것은 가시나무 왕이 된 것입니다.

가시나무는 많은 사람을 복종하게 합니다, 권세가 있는 것처럼 때로는 무섭게 말을 합니다. 실상 돈을 잘 거두는 사람 가시나무 불의 종인 것입니다.

약3;6에 불은 입에서 나옵니다. 성도들의 영혼을 태워 죽이고 지옥에 가게 합니다. 사람의 입에서 나오는 불은 온몸을 더럽게 하고 삶의 수레바퀴를 불살라 버립니다.

사람의 입에서 나오는 불을 받으면 더럽게 살게 됩니다. 그의 생애가 잘 되지 않습니다. 지옥 같은 생활을 하는 것입니다.

중요한 것은 마지막 때 사악한 왕입니다.

신28;23 머리에 놋이 되면 안 됩니다. 여자의 머리는 남자, 이는 교회이야기입니다. 성도이야기입니다. 여자의 머리는 교회, 교회의 머리는 그리스도입니다, 하늘에 놋 사악한 자가 되어선 안 됩니다. 불을 토하는 자가 놋이요 사악한 자입니다. 땅에서 철 같은 지도자, 불을 내는 지도자를 만나면 다같이 멸망하게 될 것입니다. 하층 반열인 것입니다.

성령과 불은 하늘나라 백성은 성령을 받고 지옥 갈 사람은 사단의 불을 받게 됩니다.

성도 여러분 거듭나지 않으면, 예수 그리스도로 거듭나지 않으면, 말씀으로 거듭나지 않으면 큰일 나는 것입니다.

뜻을 풀어 듣게 되면 그리스도가 내 안에 들어오면 거듭나며 진리의 성령, 성령의 불을 받게 되는 것입니다.

불 받으라, 거듭나라 하지 않아도 말씀 듣다가 거듭나고 진리의 성령을 받게 되는 것입니다. 교회는 사치하고 교만하고 시기 질투하는 곳이 아닙니다. 먹고 놀고 가는 곳이 아닙니다. 지옥 갈 영혼을 건져내고 성경에서 약속한 삼만 오천 가지의 축복을 받게 하는 곳입니다. 지옥 갈 사람을 천국가게 하는 곳이 교회입니다.

부모는 죽어도 자식 잘 되길 원합니다. 하나님은 성도들이 믿음과 말씀으로 살아 땅에서 잘 되고 하나님께 가서 상 받길 원하십니다.

삼만 오천 가지의 복은 거듭나지 않고 진리의 성령을 받지 않은 사람은 받을 수가 없습니다. 기도해서 응답되어서 받았다고 하는 것 다시 잘 살펴보시기 바랍니다. 하층에 있으면 가시처럼 변해버립니다.

신28;24에 비 대신에 티끌과 모래를 네 땅에 내리신다고 말씀합니다.

신33;1-2에 교훈은 비인 것입니다. 교훈은 숨겨진 말씀에 뜻인 것입니다.

신28;24에 하층에는 교훈 대신에 티끌과 모래로 땅에 내려 멸하게 합니다.

강단에서 티끌과 모래만 주는 것은 하층에서 하는 일입니다. 사악한 자가 목사가 되면 그 곳에 따른 많은 사람은 하층의 반열이 되는 것입니다. 하층을 모르고 가면 영과 육이 함께 멸망케 됩니다.

그러므로 성도가 하늘나라 삼층 멜기세덱의 반열에 속하지 못하게 됩니다. 복음을 전하러 가서 그들이 받지 않고 거역하면 발에 먼지를 털어버리라고 했습니다. 아브라함의 후손이 바닷가의 모래같이 많은 것입니다.

티끌같이 모래알 같이 많은 사람들이 다 구원받지 못했음을 아시기 바랍니다. 많고 많은 사람들이 주여 주여 하지만 구원 받지 못합니다. 하나님 아버지의 뜻을 행한 사람이 구원받습니다.

수많은 강단에서 하나님의 뜻을 전하기보다 사람의 말을 전한다는 것입니다. 거룩한 척, 축복을 빌어줍니다. 많은 사람들이 아멘 하지만 진정한 영혼에게 유익하고 건축되고 덕이 되지 못하는 것입니다.

시49;12에 하나님을 모르는 사람을 짐승이라고 했습니다. 교회는 짐승을 사람 만드는 곳입니다.

짐승을 사람으로, 하나님의 일꾼으로, 파수꾼으로, 추수 꾼으로 반열에 세워야 합니다.

대상6;31에 아래 무리는 하층입니다. 찬송 노래는 수금에 맞추어서 노래하는 사람입니다. 노래와 찬송은 노래와 찬송이야기가 아닙니다. 예언인 것입니다. 신약은 성경을 신령한 노래와 찬미라고 말합니다.

노래, 찬송만 하고 아멘 한다고 자신의 영혼과 어떤 관계가 일어나고 있습니까? 내 영혼이 거듭나고 건축되어지고 덕과 유익이 되는 것은 말씀 속에 그리스도의 뜻을 깨달아야 하는 것입니다.

말씀 속에 뜻을 드러내는 것이 신령한 노래인 것입니다. 아래 사람을 세워 왜 찬송하게 합니까?

시49;1-4에 다윗은 수금을 잘 타는 사람입니다. 하나님의 힘입니다.

궁창 아래의 물과 윗물은 하늘과 땅 이야기, 직분이야기입니다.

진실로 문자 속에 뜻을 발견하여야 합니다.

그리스도의 말씀이 내 영혼에 접할 때 그리스도가 내 안에서 역사하시는 것입니다. 새롭게 되며 , 뜨거워지며, 순종하게 되는 것입니다. 하나님의 뜻을 따라서 살기도 하고 죽기도 할 수 있는 것입니다.

22

반열6) 아래 하층에 머물지 말라

그 아들은 시므아요 그 아들은 학기야요 그 아들은 아사야더라 언약 궤가 평안한 곳을 얻은 후에 다윗이 이 아래의 무리를 세워 여호와의 집에서 찬송하는 일을 맡게 하매 솔로몬이 예루살렘에서 여호와의 전을 세울 때까지 저희가 회막 앞에서 찬송하는 일을 행하되 그 반열대로 직무를 행하였더라 직무를 행하는 자와 그 아들들이 이러하니 그 핫의 자손 중에 헤만은 찬송하는 자라 저는 요엘의 아들이요 요엘은 사무엘의 아들이요 (대상6;30-33)

하나님은 교회 안에 여러 가지 직분을 주셨습니다. 직분은 반열입니다.

찬송을 하는 직분을 맡긴 자들은 아래와 같다와 말씀합니다.

전 성도들은 내가 어디에 있는지를 확증해야 합니다. 예수를 수십 년 믿고 봉사하고 헌금하고 지옥 하층에 가 있으면 절대 안 됩니다.

32 '그들이 회막 앞에서 찬송하는 일을 하되 그 계열대로 직무를 행하였더라.'

33 '그핫'의 뜻은 집회하다, 지도자입니다. '헤만'은 충실하다는 의미입니다. 헤만은 요엘의 아들이며 요엘은 여호와는 하나님이시다 라는 의미입니다.

행19;10 '아시아에 사는 유대인이나 헬라인이나 다 주의 말씀을 듣

더라.’

성도는 주 하나님 여호와의 말씀을 사모하여 자신에게 양식이 되고 건축되어지고 유익이 되어야 합니다. 찬송하고 주께 버림 받으면 안 됩니다.

다시 말씀드리면 입으로 찬송만 하는 사람이 되면 안 됩니다.

예배는 전체가 하나님께 드려지는 것입니다. 기도하는 사람, 찬양하는 사람, 설교하는 사람, 헌금 드리는 사람, 이 모든 것이 하나가 되어 하나님께 영광이 되어야 하나님께서 받으시는 것입니다.

(따라서) ‘내 몸과 마음을 하나님께 받으시는 제물이 되자’

찬송을 맡은 사람은 아래와 같았다는 것을 잘 기억하십시오. 하층 반열이 압니다. 하층 반열에 목회자도, 장로도, 권사도, 집사도, 성가대도 있습니다.

사람의 방법대로 따라가면 하층반열에 있게 되는 것입니다. 지금은 이해가 안 될 것입니다.

(따라서) ‘뜻을 풀어 주시는 말씀을 먹고 따라 오는 사람은 삼층이다.’

누구의 목장에 양이 되느냐에 그의 반열이 결정되는 것입니다.

33절에 헤만은 충실하다는 뜻입니다. 헤만은 찬송하는 사람, 찬송에 충실하다입니다. 아래=하층-지하도 하층, 밑도 하층입니다. 모두가 동격입니다.

욥28;5 ‘그 밑은 불처럼 변하였도다.’ 지하는 불로 뒤집는 곳입니다. 지하에서는 무엇을 합니까?

겔31;10-18에 지하에 갈 자는 악한 자, 교만한 자, 그늘 안에 거하는 자, 구덩이로 지하로 내려간 자입니다.

18절에 바로와 그 군대입니다. 바로의 뜻은 큰집, 태양, 즉 하나님이란 뜻입니다.

그러나 바로는 하나님 앞에 교만한 사람, 악한 사람입니다.

그를 따르는 사람도 교만하고 악한사람입니다.

12절에 많은 나라들이 그들을 찍어 버리므로 그늘 아래로 떠났다 했습니다. 바로와 같은 목사를 따르면 버림을 받게 됩니다. 아래 지하 지층에 내려가게 됩니다. 바로의 반열은 아래로 내려가는 반열입니다.

15절 스올은 지옥, 음부이며 나무는 사람입니다. 음부는 부자의 반열도 하층으로 내려갈 수 있습니다. 그러므로 지금 믿음의 생활을 예수 그리스도 중심으로 하지 않으면 하층으로 가게 됩니다. 그러므로 이제 교회를 잘 선택해야합니다. 지도자를 잘 만나야 합니다.

부모 된 여러분 바로 같은 지도자는 부모가 아닙니다. 바로의 팔이 된 자 기둥 같은 자도 함께 칼로 죽임을 당하게 됩니다. 이들도 다 같이 지하에 가는 것입니다.

겔31;18에 할레 받지 못한 자, 신약에는 세례 받지 못한 자, 즉 세례를 받은 사람은 하나님의 말씀을 사모해야 합니다. 말씀의 권위 앞에 굴복해야 합니다. 하나님의 말씀 앞에 굴복하지 않는 자는 가짜요 육의 사람이요 하층의 사람입니다. 칼은 말씀이나 여기서는 칼에 죽임을 당하게 된다는 말입니다. 이 칼은 잘못된 말씀을 말합니다. 잘못 된 설교가 칼로 죽이는 것입니다.

겔32;18 애굽의 무리, 계11;8 소돔과 고모라

애굽의 뜻은 망대, 요새, 교회로는 강단입니다. 애굽 같은 교회, 광야 같은 교회, 애굽과 광야는 교회이야기입니다.

겔32;18 유명한 자, 마27;16-17에 바라바는 유명한 자, 강도 살인 자입니다. 하나님의 말씀을 바로 전하지 못한 지도자, 칼을 가지고 살리는 자가 아니라 죽이는 자입니다. 또한 유명한 목사도 강도가 될 수도 있습니다. 그리스도를 드러내지 않는 지도자도 강도입니다.

갈2;1-8에 유력한 자는 유명한 자입니다. 사라로이 하면 안 됩니다. 사사로이 하나님의 말씀을 풀면 강도가 됩니다.

유명한 사람은 많은 사람이 따르고 있습니다. 유명한 부흥강사들이 그렇습니다. 유명한 사람을 보고 따르면 큰일 입니다. 유명한 사람이 있는 곳에는 많은 사람들이 모이게 되어 있습니다. 조심하셔야 합니다.

겔32;24-25을 보십시오. 창10;22에 엘람은 셈의 맏아들입니다. 셈의 둘째 아들은 성공한 사람입니다. 25절에 '그 무덤 사방에 있음이여'는 무덤에도 귀신이 있음을 신약에서 말씀합니다. 무덤은 지하, 지층입니다. 무덤은 하층이야기입니다.

주님은 옥에 있는 영들에게 전파, 옥은 하층에 있는 사람들입니다. 하층에 있는 사람들을 끌어 올리는 것이 복음 말씀인 것입니다.

반열은 죽어서 이루어지는 것이 아닙니다. 천국에는 반열이 없습니다. 그리스도의 영이 있으면 목사도 성도도 주님 앞에 신부, 하나님의 자녀일 뿐입니다. 그래서 성도는 누구의 반열에 있느냐 하는 것이 정말로 귀중한 것입니다. 우리가 물과 성령으로 거듭나지 않았을 때는 하층에 가게 됩니다. 하층에서 중층으로, 중층에서 삼층으로 가고 있는 것입니다.

천국에는 반열이 없고 하층도 없습니다. 지금도 방언만 하는 사람, 불 받으라 성령 받으라고 하는 사람, 그것을 그대로 믿고 있는 사람은 아직도 하층에 있는 사람입니다.

삼층 위에 골방이 있다고 했습니다. 천국과 천년 왕국 순교자들이 가는 곳입니다. 삼층으로 올라가면 갈수록 좁아진다고 했습니다. 그곳이 좁은 문인 것입니다. 이는 세상길이 아닙니다.

분명한 것은 예수 예수, 천국 천국 하지만 다 천국 갈 것이 아니라 하나님의 뜻대로 하는 사람이 천국 가는 것입니다.

그러므로 천국과 지옥은 이 땅에서 결정이 난 것입니다.

마음으로 믿어 입으로 시인하면 그리스도를 드러내면 구원을 받게 됩니다. 문자적인 방언, 하나님의 말씀에 세상 것을 섞어서 주면 안 됩니다.

진실로 그리스도의 영이 없으면 버리운 자라고 말씀합니다.

성도 여러분 믿음생활에 확신을 가져야 합니다. 6일 동안처럼 세상적, 육체적으로 좌우하면 삼층에서 떨어질 수 있는 것입니다.

천국 가는 신앙에서 천년 왕국에 이르는 믿음의 생활로 주께서 주신 사명, 십자가를 바로 지고 추수꾼의 사명을 다하시기 바랍니다.

23
반열7) 형제에게 노하는 자

옛 사람에게 말한바 살인치 말라 누구든지 살인하면 심판을 받게 되리라 하였다는 것을 너희가 들었으나 나는 너희에게 이르노니 형제에게 노하는 자마다 심판을 받게 되고 형제를 대하여 라가라 하는 자는 공회에 잡히게 되고 미련한 놈이라 하는 자는 지옥 불에 들어가게 되리라 그러므로 예물을 제단에 드리다가 거기서 네 형제에게 원망 들을만한 일이 있는줄 생각나거든 예물을 제단 앞에 두고 먼저 가서 형제와 화목하고 그 후에 와서 예물을 드리라 너를 송사하는 자와 함께 길에 있을 때에 급히 사화하라 그 송사하는 자가 너를 재판관에게 내어주고 재판관이 관예에게 내어주어 옥에 가둘까 염려하라 진실로 네게 이르노니 네가 호리라도 남김이 없이 다 갚기 전에는 결단코 거기서 나오지 못하리라 (마5;21-26)

5;22 '나는 너희에게 이르노니 형제에게 노하는 자마다 심판을 받게 되고 형제를 대하여 라가라 하는 자는 공회에 잡히게 되고 미련한 놈이라 하는 자는 지옥 불에 들어가게 되리라'

세상에서 우리가 살고 있는 현실에서는 이런 일이 있습니까?

그러므로 이 말씀도 문제적으로만 보고 형제에게 노하지 말라, 욕하지 말라 이런 방언은 율법이요 진리가 아닙니다. 이 문자적인 방언도 풀어야 합니다.

형제; 마12;46-50 주님을 찾아 온 어머니와 동생들이 있습니다.

제자가 예수님 앞에 '어머니와 동생들이 예수님께 말하려고 찾아 왔나이다.' 했을 때 예수님은 '누가 내 형제요 자매요 어머니냐 하늘에 계신 내 아버지의 뜻대로 하는 자가 내 형제요 자매요 모친이니라.'고 말씀하십니다.내 아버지의 뜻이 무엇입니까? 예수는 그리스도라고 뜻을 풀어 전하는 자입니다. 형제 이야기는 예수님이야기입니다. 목사의 형제는 성도들인 것입니다. 성도의 형제는 목사입니다. 즉 그리스도가 없는 사람은 형제도 자매도 부모가 아니라는 것입니다. 형제를 분리하는 것이 아닙니다.

주 안에서는 남자도 여자도 없고 그리스도 안에서는 하나인 것입니다.

하늘나라 천국에 가면 좋은 집, 나쁜 집이 없습니다. 개털모자, 개집이 없습니다.

노하는 자; 잠20:2 '왕의 진노는 사자의 부르짖음 같으리니 그를 노하게 하는 것은 자기의 생명을 해하는 것이라'

여기 왕은 그리스도이야기입니다. 예수님은 섬기러 이 땅에 오셨습니다.

왕으로 오신 것이 아닙니다. 그러나 재림하시면 왕으로 오십니다.

왕을 노하게 한다는 것은 그리스도를 노하게 한다는 것입니다, 하층과 중층은 그리스도를 노하게 합니다.

마18;34 '주인이 노하여 그 빚을 갚도록 그를 옥졸에게 넘기니라'

주인은 하나님입니다. 즉 노하게 한다는 것은 하나님을 노하게 하는 것입니다. 마5;22에 형제에게 노한다는 그리스도이야기입니다. 그리스도를 노하게 하면 결국 하나님을 노하게 하는 것입니다. 하나님을 노하게 하면 심판을 받게 됩니다. 성경을 문자적으로 풀면 안 됩니다. 하나님의 생각과 사람의 생각은 너무나 다릅니다. 왜 형제에게 노하는 것입니까? 영적으로 살인하기 때문입니다. 진리의 성령이 오시면 죄와 의와 심판에 대하여 말씀하십니다.

주님이 재림하시면 형제에게 노하는 사람, 그리스도에게 노하게 한 사람은 심판을 받게 됩니다.

형제를, 그리스도를 드러내지 않는 사람, 자기 말만 하는 사람은 심판을 받게 됩니다.

라가; 히브리 사람의 욕입니다. ‘머리가 텅 빈’ 이라는 의미입니다. 라가라 하는 사람은 공회에 잡혀갔습니다. 공회는 교회인 것입니다. 그리스도가 없는 사람은 머리에 그리스도가 없는 사람입니다. 다 공회, 교회에 잡히게 됩니다. 잡힌다 ; 왕상22;19-24

21절에 ‘꾀겠나이다.’ 는 넓은 문으로 가게 하는 것, 넓게 꾀이는 것입니다. 신약의 ‘넓은 문’ 은 지옥으로 가는 문입니다. 멸망으로 가는 문입니다. 하나님은 라가라 하는 사람, 머리가 텅 빈 사람, 그리스도가 없는 사람을 괴어 넓은 길로 가게 한다고 말씀합니다. 넓은 길, 멸망, 지옥의 길로 가게 됩니다. 결국 망하고 죽게 되는 것입니다.

22절에 거짓 영이 사람에게 들어가 꾀이면 누구든지 넓은 길로 가게 되는 것입니다. 세상 복 된 말에 복을 받는 것이 아닙니다. 꾀임을 받는 것은 그 말, 영육이 망하게 됩니다.

23에 왕에 대하여 화를 말씀하셨습니다.

왕상22;6에 사백 거짓 선지자들의 말에는 전쟁에 승리한다고 올라가라고 했습니다. 그러나 미가 선지자는 올라가면 죽는다고 올라가지 말라고 합니다. 한 영이 사백 선지자에게 들어가 거짓 예언을 하는 것입니다. 지금 거짓 영이 많은 지도자 속에 들어가 역사합니다. 많은 사람을 멸망 길로 가도록 인도하고 있습니다.

25절에 미가 선지자가 너는 골방에 들어가면 그 날에 보리라고 말합니다.

골방은 그리스도 예수 안에 들어가야 하나님의 뜻을 발견하게 됩니다.

라가라 하는 사람은 공회에 붙여야 살기도 하고 죽기도 하는 것입니다. 그리스도를, 형제를 라가라 했던 것을 우리는 고백합니다. 라가라-머리가 텅 빈 것, 그리스도가 없는 사람이 말을 하면, 따르면 하층, 지옥, 멸망을 면할 수가 없습니다.

마5;22에 형제에게 미련한 놈이라 하는 자는 지옥 불에 들어가게 된다고 말합니다.

미련하다; 둔하다, 어리석다, 즉 성경을 문자적으로 보는 것이 둔한 것, 어리석은 것입니다.

성경을 문자대로 합리적으로 믿어 온 것이 머리가 텅 빈 것입니다.

그리스도가 없는데도 머리가 텅 비어 있으므로 합리적으로 믿어버린 것입니다. 그렇다 하니까 그런 줄로 믿어 온 것입니다.

지옥 불은 하층입니다.

마5;29에 눈이 범죄 하면 빼어버리라고 말씀합니다. 지체가 없어지는 것이 지옥 불에 떨어지는 것보다 나은 것입니다.

눈으로 보고 죄를 안 짓습니까? 그러면 죄를 지으면 눈을 뺄 것입니까?

그러나 거짓 영, 선지자는 범죄 하면 눈을 빼라는 것입니다.

이 말씀도 뜻을 풀자면 지도자의 말을 듣고 따라가면 지옥 불에 갈 수 있다는 것입니다. 그러므로 하나님의 뜻을 들어주면 범죄 할 수가 없습니다.

눈을 뺄 수가 없습니다. 그리스도의 말씀이, 진리의 영이 내 속에 들어오면 모든 죄악이 드러납니다. 거짓 영도 드러나게 됩니다.

범죄 할 수가 없습니다.

마10;24-28

25절에 집주인이 바알세불; 그 집사람은 다 바알세불인 것입니다.

강단에 지도자가 눈이 어두우면 그 안에 성도들도 다 눈이 어둡게 됩니다.

바알세불은 귀신의 왕입니다.

26절에 진리의 성령이 내게 들어오면 모든 것, 숨은 것이 드러나는 것입니다. 귀신의 왕을 두려워하지 말아야 합니다. 진리의 성령이 내 안에 들어오면 귀신의 역사가 드러나는 것입니다. 내 속에 있는 것들이 다 드러나는 것입니다. 성경에 천 부장, 백부장은 오늘 교회 천명을 데리고 있는 목사님은 천 부장입니다. 그러나 천 부장, 백부장이 있어도 그들을 다스린 것은 그리스도입니다. 바알세불 그 집에 있으면 안 됩니다. 거기서 나와야 합니다. 그리스도 안에는 바알세불이 없습니다.

27-28에 하나님의 말씀은 크게 드러나야 합니다. 육체를 죽이는 사람을 두려워 할 것이 아니라 몸과 영을 능히 지옥에 멸하시는 자를 두려워해야 합니다.

마23;5에 먼저 지도자가 자신이 잘못 된 것이 드러나야 합니다. 진리의 성령이 풀어주어야 합니다. 망신을 당하고 부끄러움을 당하였어도 드러나야 합니다. 새로워져야 그리스도가 들어갈 수 있습니다.

바리새인과 서기관은 성경박사들입니다. 그러나 예수 그리스도를 믿지 않은 사람들입니다. 그들은 많은 사람들을 다 지옥가게 한사람들입니다. 지도자를 잘 만나야 합니다. 성도 여러분 말씀을 깨닫고 변화 되어야 합니다.

거짓 영으로 속고 속은 것을 드러내야 합니다. 나도 살고 타인도 살 필요가 있는 것입니다.

15절에 외식하는 서기관들이 나옵니다. 외식한다는 것은 위선한다, 자신을 감춘다는 것입니다. 실상 지옥 갈 사람을 밖에서 보내는 것이 아니라 교회 안에서 보내고 있습니다. 반열-층 이야기는 밖에 이야기가 아닙니다.

애굽 같은 생활이 무엇입니까? 고통과 얽매임과 자유가 없는 생활입니다.

그러나 광야를 거쳐야 합니다. 애굽 같은 신앙 생활, 광야 같은 신앙생활을 거쳐야 삼층의 생활을 할 수가 있는 것입니다.

실상 외식하는 사람, 자신을 숨기는 사람은 하층의 사람들입니다.

노아는 술에 취하여 하체를 벗은 것입니다. 그것을 보고 함이 형제들에게 알린 것입니다. 이게 그렇게 큰 죄입니까? 함은 저주를 받은 것입니다.

영해하면 노아는 성령에 취했습니다. 하체는 부끄러운 악이 드러난 것입니다. 그런데 왜 자식을 저주한 것입니까? 노아는 하체를 드러내놓고 회개했습니다. 즉 회개하고 드러냈으니까 덮어주어야 합니다. 노아는 완전한 사람입니다. 즉 죄를 누설한 함을 저주한 것입니다. 그리스도가 없기 때문에 덮어주지 않은 것 입니다. 다른 형제들이 뒷걸음으로 와서 덮어주었습니다. 공회, 교회는 지옥 갈 자, 천국 갈 자를 보게 됩니다. 알게 됩니다.

결론)뜻을 풀어 그리스도를 증거하고 드러내야 내 안에 있는 것이 드러나게 됩니다. 드러났으면 빨리 돌이켜야 합니다. 지도자의 말의 뜻을 알아들어야 합니다.

24

반열8) 거짓 선지자들

그러나 민간에 또한 거짓 선지자들이 일어났었나니 이와 같이 너희 중에도 거짓 선생들이 있으리라 저희는 멸망케 할 이단을 가만히 끌어들여 자기들을 사신 주를 부인하고 임박한 멸망을 스스로 취하는 자들이라 여럿이 저희 호색하는 것을 좇으리니 이로 인하여 진리의 도가 훼방을 받을 것이요 저희가 탐심을 인하여 지은 말을 가지고 너희로 이를 삼으니 저희 심판은 옛적부터 지체하지 아니하며 저희 멸망은 자지 아니하느니라 하나님이 범죄한 천사들을 용서치 아니하시고 지옥에 던져 어두운 구덩이에 두어 심판때까지 지키게 하셨으며 옛 세상을 용서치 아니하시고 오직 의를 전파하는 노아와 그 일곱 식구를 보존하시고 경건치 아니한 자들의 세상에 홍수를 내리셨으며 소돔과 고모라 성을 멸망하기로 정하여 재가 되게 하사 후세에 경건치 아니할 자들에게 본을 삼으셨으며 무법한 자의 음란한 행실을 인하여 고통하는 의로운 롯을 건지셨으니 (이 의인이 저희 중에 거하여 날마다 저 불법한 행실을 보고 들음으로 그 의로운 심령을 상하니라) (벧후2;1-8)

벧후2;1 '그러나 민간에 또한 거짓 선지자들이 일어났었나니 이와 같이 너희 중에도 거짓 선생들이 있으리라..'

거짓 선지자들이 너희 중에 있다고 말씀합니다. 우리 중에도 있다는 것입니다. 성도들은 신천지나 통일교, 안식일교, 몰몬교 등에 빠지지 않도록 주의해야 합니다. 가라하셔도 안 됩니다. 왜냐 하면 그들은 이단이며 지하 지층 지옥의 사람들입니다.

2절에 진리의 도는 그리스도를 드러내지 않고 가면 지옥으로 끌고 가는 것입니다. 3절에 탐심의 말은 돈을 걷기 위한 언행입니다. 탐심은 우상숭배며 심판을 받게 됩니다. 4절에 어두운 구덩이는 원문에 지하라 지옥은 지하 지층입니다. 하층은 밑바닥이라고도 합니다. 지옥은 죽어가는 곳이 아닙니다. 이 땅에서 하층에 떨어지는 것이 지옥입니다. 중층에서 잘 못하면 하층으로 떨어지게 됩니다.

겔41;7에 두루 있는 골방은 문제가 될 수 있는 아래층입니다. 중층으로 올라갈수록 넓어집니다.

두루 있는 하층도 중층도 아닌 두루 있는;

욥41;14 '누가 그 얼굴의 문을 열 수 있을까 그 두루 있는 이가 두렵구나.' 두루 있는 이는 두렵다는 것입니다.

욥41;12 '내가 악어의 지체와 큰 힘과 훌륭한 구조에 대하여 잠잠히 아니하리라' 악어는 바로를 의미합니다. 악어가 있는 곳은 하층입니다. 악어는 바로이야기입니다. 바로와 같은 지도자를 따르면 하층의 사람이 되는 것입니다. 하층의 반열입니다. 하층은 맨 밑바닥 이야기입니다.

민5;17에 성막바닥의 티끌은 욥4;19에 티끌로 터를 삼고 즉 티끌은 하층입니다.

시18;42 '내가 그들을 바람 앞에 티끌 같이 부서뜨리고 거리의 진흙 같이 쏟아 버렸나이다.' 진흙은 사람입니다.

시90;3 '주께서 사람을 티끌로 돌아가게 하시고' 티끌을 인생에 비유했습니다. 물과 성령으로 거듭나지 않으면 그 사람은 티끌인 것입니다. 지층의 사람, 지옥의 사람입니다.

또 사17;13-14에 바람 앞에 흩어짐 같겠고.. 폭풍 앞에 떠도는 티끌 같도다. 14절에 없어졌다는 것은 날아갔다, 부활도 보지 못하고 가버린 사람, 죽어버린 사람을 의미합니다.

예수 그리스도는 삼일 만에 부활하셨습니다. 많은 사람들이 예수 예수를 찾으나 찾지 못하고 죽게 됩니다.

열방을 티끌에 비유하였습니다. 열방교회, 열방 기도원 등 복의 이름이 아닙니다. 티끌 같은 인생은 버림을 받게 됩니다. 지층에 있는 사람들입니다.

행13;50-51에 바울 일행이 전도하러 갔을 때 많은 사람들은 핍박을 받게 됩니다. 51절에 두 사람이 저희를 향하여 발에 티끌을 떨어버리고 이고니온으로 갔습니다. 당시 보이는 유대인과 유력자들은 모두가 EL끌입니다. 지층의 사람들입니다. 티끌과 먼지는 동일합니다. 모두 지층의 사람들을 두고 말씀하신 것입니다.

왕상6;1-8을 보면 이스라엘이 애굽에서 나온 지 480년이요 솔로몬이 이스라엘의 왕이 된지 4년이요 솔로몬이 여호와의 전을 건축하기 시작했습니다. 솔로몬의 이름의 뜻은 평화입니다. 솔로몬은 그리스도의 표상입니다.

4년, 4천년, 구약4천년 솔로몬은 성전을 건축해야 하는 것입니다. 건축 재료는 다윗 왕이 다 준비를 했습니다. 다윗은 예수의 표상입니다, 성도는 그리스도로 심령이 건축되어야 합니다.

다윗은 많은 재로는 모았으나 자신ㄴ은 건축하지 못한 사람입니다. 솔로몬이 왕이 된지 4년에 건축한 것은 그리스도의 표상이 되기 때문입니다.

60규빗은 6일 예수 그리스도가 왕으로 오신다는 의미입니다. 6은 예수님은 사람으로 오셨습니다.

단3;1에 느부갓네살 왕이 금으로 신상을 만들었으니 고는 60규빗이요 광은 6규빗이요 .. 바벨론 지방의 두라 평지에 세웠습니다. 느부갓네살 왕은 숫자로 풀면 666, 느부갓네살 같은 사람이 짐승들을 찍게 되는 것입니다.

왕상6;20에 20규빗이 3번 나옵니다.

왕상9;10에 솔로몬이 두 집, 여호와의 전과 왕궁을 20년에 걸쳐 건축을 마칩니다. 구약 사천년, 신약 이천년, 이제는 그리스도 안으로, 교회 안으로 들어오는 것도 다 끝이 되었다고 봅니다. 6일이 지나 7일째는 쉬라고 말씀하셨습니다.

장-광-고-길이-높이가 하나님은 6일 만에 모든 일을 마치신 것입니다. 그러므로 7일째 하층에 있는 사람들은 끝이 난 것입니다.

하나님은 사람으로 예수 그리스도를 오시게 하시고 십자가 지시고 부활 승천케 하셨습니다.

성도여러분 믿음의 생활을 좌우로 치우치고 요동하고 내 맘대로 좌우하면 안 됩니다. 성경에 고가 30이요 , 30수는 3수 삼위일체 하나님인 것입니다. 그래서 예수님은 은 30냥에 팔리신 것입니다. 성경의 숫자는 큰 뜻이 있습니다. 6일째 사람과 짐승을 만드셨습니다. 왕상6;3에서 '낭실' 은 저주를 뜻합니다. 성경이 좀 복잡한 것 같아도 이해하고 성경의 뜻을 알아야 합니다.

슥5;1-2 '내가 다시 눈을 든즉 날아가는 두루마리가 보이더라, 그가 내게 묻되 네가 무엇을 보느냐 하기로 내가 대답하되 날아가는 두루마리를 보나이다, 그 장이 이십 규빗이요 광이 십 규빗이니이다,'

왕상6;3 '전의 성소 앞 낭실의 장은 전의 광과 같이 이십 규빗이요 그 광은 전 앞에서부터 십 규빗이며'

낭실은 현관을 말합니다.

겔8;16에 가증한 일이 벌어진 것입니다. 현관과 제단 사이에서 약 25인이 여호와의 전을 등지고 낯을 동으로 향하여 동방태양을 향해 경배했습니다.

동방태양은 바로를 두고 말한 것입니다. 낭실은 신약의 마당입니다.

마당;계11;1-2에서 마당은 측량하지 말라고 했는데 마당은 하층입니다.

그런데 마당; 이들이 거룩한 성을 42달 동안 짓밟으리라고 했습니다. 저들은 성전 안에는 들어오지 못하고 마당 밖에서 있는 사람들입니다. 그래서 방언만 하면 유익이 없는 것입니다.

방언만 하고 전하고 듣는 사람들은 마당 밖에 던져 버림을 당합니다.

환란 3년 반 42달 안에 던져서 큰 환란을 통해서 죽게 되는 것입니다. 그들은 하층의 사람들입니다. 지옥 갈 사람들인 것입니다.

결국 방언만 하는 사람, 그 방언만 전하는 사람, 듣는 사람들은 거짓 선지자에게 속은 사람들인 것입니다.

렘6;28 '그들은 다 심히 패역한 자며 다니며 비방하는 자며 그들은 놋과 철이며 다 사악한 자라' 사악한 자는 가시나무입니다. 이들은 놋 기둥 다섯 규빗입니다. 그 5규빗;대상11;22-23 '..장대한 사람의 손에 든 창이 5규빗이었더라'

애굽 같은 사람, 교회는 하층입니다. 하층의 규빗이 5규빗입니다.

사악한 자는 놋과 철 같은 사람이 강단에서 설교하면 거기가 애굽 강단이 되는 것입니다. 애굽 강단은 하층입니다. 하층 반열인 것입니다.

대상5;23 '...손에 든 창이 베틀 채 같으나 그가 막대기를 가지고 내려가서 애굽 사람의 손에서 창을 빼앗아 그 창으로 죽였더라,'

애굽 같은 지도자는 그 손에서 창을 빼앗아 그 창으로 죽임을 받게 되는 것입니다. 창을 쓰던 사람은 창으로 죽게 되는 것입니다. 애굽 사람 같은 지도자는 그동안 창으로 많은 사람들을 죽였기에 자기가 그 창으로 죽게 되는 것입니다. 하나님은 심은 대로 거두게 하십니다.

그래서 지도자와 선생에 대한 심판이 큰 것입니다.

칼을 잘 쓰는 사람은 칼로 자신이 죽게 되는 것입니다. 방언만 하면 줄을 잘 못서면 망하는 것입니다. 하층으로 내려가는 것입니다.

대하3;10-11 좌편-우편 각각 다섯 규빗입니다. 애굽 사람의 키가 다섯 규빗입니다. 이해가 되십니까?

마25;2-3에 미련한 다섯 처녀와 슬기로운 다섯 처녀가 있습니다.

미련한 처녀는 등은 있지만 기름이 없었습니다. 슬기로운 처녀는 등과 기름이 다 준비되어 있었습니다. 신랑을 맞이할 다섯 처녀와 맞이하지 못하는 다섯 처녀인 것입니다. 등은 예수님 이야기입니다. 기름은 그리스도 이야기입니다. 그러므로 방언만 말하는 사람은 좌편 5규빗인 것입니다.

대하3;10에 지성소 안에 두 그룹의 형상이 있는데 나눠지는 것입니다. 갈라지는 것입니다. 성소는 성전 뜰과 지성소, 강단이 있습니다. 목사도 갈라지고 성도도 갈라지는 것입니다.

결론)지금 거짓선지자들의 반열이 무엇입니까? 방언만 하는 사람이 거짓선지자들입니다. 방언만 듣고 믿고 따르는 사람은 거짓 선지자의 반열입니다. 방언만 하는 지도자 그는 창, 칼, 놋, 철의 힘이 있는 것 같고 무엇인가 해낼 지도자들 같지만 그러나 결국은 자기 것만 사용한 거짓 선지자인 것입니다. 그들의 칼을 쓰고 창을 썼기에 결국은 그들은 행한 대로 받게 되는 것입니다. 지도자를 잘 만나야 합니다. 교회를 잘 만나야 합니다.

지도자든 성도든 하층에 있다면 빼내야 하는 것입니다, 거짓 선지자의 반열에서 이끌어 내야 구원받습니다. 사명을 감당하시기 바랍니다.

25

추수 때 양식을 모으자

게으른 자여 개미에게로 가서 그 하는 것을 보고 지혜를 얻으라 개미
는 두령도 없고 간역자도 없고 주권자도 없으되 을 것을 여름 동안에
예비하며 추수 때에 양식을 모으느니라 게으른 자여 네가 어느 때까
지 눕겠느냐 네가 어느 때에 잠이 깨어 일어나겠느냐 좀더 자자, 좀더
졸자, 손을 모으고 좀더 눕자 하면 네 빈궁이 강도 같이 오며 네 곤핍
이 군사 같이 이르리라 (잠 6;6-11)

6일 동안은 사람의 방언으로 파종을 하게 됩니다. 전 성경을 사람
의 눈으로 보고 생각하고 말을 하게 됩니다. 6일 동안은 사람의 방법
으로 막 뿌리고 거둔 것입니다. 6일 동안은 안식에 들어오지 못하는
때입니다.

안식일의 주인은 예수님입니다. 6일이 끝나면 그리스도인 것입니
다. 6일이 마치면 안식, 추수 때인 것입니다. 성경은 여름과 가을이
동격입니다.

이스라엘의 여름은 우리나라의 가을입니다. 가을은 추수의 때입니
다.

추수 때에 개미에게 가서 지혜를 배우라고 본문은 말하고 있습니
다.

6절 '게으른 자여 개미에게 가서 그가 하는 것을 보고 지혜를 얻

으라.'

개미는 힘이 없지만 자기보다 큰 것을 가지고 가는 것입니다. 그것을 보라는 것입니다. 개미의 영적 의미는 할례를 받은 자, 마음에 할례를 받은 자, 거듭난 자를 의미합니다. 개미는 두령, 지도자가 아닙니다. 두령은 간역자, 바로처럼 애굽을 핍박하고 괴롭힌 자를 의미합니다. 그러나 개미는 주권자가 아닙니다. 두령이 아닙니다. 감독이 아닙니다. 통치자가 아닙니다. 그때는 예수님이 없을 때입니다. 즉 주님이 아직 오시지 않은 때입니다. 왕개미는 집, 궁 안에 있습니다. 일을 하는 개미는 일을 하고 집으로 돌아옵니다.

현대는 많은 사람들이 일을 하지 않고 있습니다. 일을 하지 않기 때문에 지에 들어가지 않습니다. 사람은 누구에게나 가족이 있고 집이 있습니다. 그런데 집에 가지 않는 사람이 많이 있습니다.

개미는 개미이야기가 아니라 사람, 성도의 이야기입니다.

개미는 할례 받은 사람, 성령 받은 사람, 가서 지혜를 받으라는 것입니다.

지도자에게 양식은 진리의 말씀입니다. 성도는 양식, 진리의 말씀을 먹어야 합니다. 양식을 여름에 모으라, 지금은 양식을 모을 때 입니다.

양식을 모아서 그릇에 담아야 합니다. 그리스도 안에 담아야 합니다.

다른 말로는 천국에, 하나님의 나라에, 하늘 창고 곡간에 담아야 합니다.

그런데 추수 때는 양식을 타작해야 곡간에 넣을 수 있습니다. 열매는 떠는 기계로 타작해야 합니다. 콩은 도리개로 돌려 치는 것입니다.

성도는 타작을 싫어하면 안 됩니다. 타작하면 아픔이 있고 고통이 있습니다. 그러나 타작해야 곡간에 들어갑니다. 먹을 수가 있는 것입니다.

타작을 하지 않는 것은 지도자가 육의 것을 얻기 위해 타작을 하지 않습니다. 타작을 해야 그 사람이 육신적으로 떨어질 것인지 영적으로 올라올 것인지 결정이 나는 것입니다. 구약의 선지자들도, 신약에 사도들도 타작을 한 사람이 하나도 없습니다.

(따라서) '6일 동안은 타작을 하지 않는다.'

타작은 추수 때 타작을 하는 것입니다. 타작은 그 사람을 사랑하고 세워주는 것입니다. 하나님은 낮추기도 하시고 세워주시기도 하십니다. 확실히 믿고 섬기시길 바랍니다. 하나님은 성도들을 물을 아구까지 채우기 위해서, 든든히 세우기 위해서 타작하십니다.

6일 동안은 사람의 방법을 일을 했기에 모든 것이 어긋난 것입니다. 양식을 얻기 위해서 타작하는 것은 부끄러운 일이 아닙니다.

양식을 먹으려면 무엇이든지 껍질을 벗겨야 하는 것입니다. 곡식도, 과일도 모두 껍질을 벗겨 먹는 것입니다.

창세기에는 두 가지 심판이 나옵니다. 첫째는 노아 때 물 심판입니다. 둘째는 소돔과 고모라의 불 심판입니다. 노아 홍수 때 구원 받은 사람은 8명이고 소돔과 고모라는 구원 받은 사람이 3명입니다.

신약에 와서 추수 때 일꾼이 적으나 보내 주소서 기도합니다.

계시록에는 이기는 자는 성전에 기둥이 되리라고 말씀합니다.

기드온 군대를 모을 때 삼만 이천 명을 모았는데 두려운 자는 다 집으로 가라 해서 만 명이 남고 시험을 치룬 후 삼백 명만 남고 다 집으로 돌아갔습니다. 추수 때 일꾼도 많지 않습니다, 그러나 하나님께서 그들에게 하나님의 능력을 주시어 일꾼 삼으십니다. 추수 때 일꾼은 얽매일 자가 없습니다, 두려운 자도 없습니다. 예수 그리스도께 생명을 바친 자들입니다.

잠6;7 '개미는 두령도 없고 간역자도 없고 주권자도 없으되'

구약에는 두령도 없고 감독자도 없고 통치자가 없습니다. 신약에는 그리스도 예수가 두령이요 감독자요 통치자입니다.

8절에 먹을 것을 예비하는데 여름 추수 때 양식을 모으라고 합니다. 지금은 추수 때입니다. 양식은 무엇입니까? 성도, 하늘나라 백성들입니다.

곡식을 거둘 때에 모퉁이는 거두지 말라고 말씀합니다. 추수 권; 거두는 자로 쓰임을 받으려면 타작이 무엇인지 확실히 알아야 합니다.

(따라서) '귀신이 떠나가면 그리스도가 보이고 들린다.'

구약은 율법 속에 비밀이 다 숨겨져 있습니다. 귀신이 떠나가지 않으면 안 됩니다. 보이는 것, 들리는 것이 없습니다. 약식을 모으려면, 생명을 거두려면 진리의 성령으로 감추어진 말씀을 깨달아야 합니다.

거짓 선지자도 많이 있습니다. 주여 주여 하는 자도 많이 있습니다. 그러나 이제는 안 되는 것입니다. 사람의 방법을 하나님의 방법으로 바꾸어야 합니다. 이제는 사람의 방법을 쓰면 망하게 됩니다. 하나님 앞에 말의 실수가 없으면 온전한 자라고 말씀합니다. 양식은 타작하여 거두는 것입니다. 타작은 잘라 버리는 것이 아니라 알곡과 쭉정이를 골라내는 것입니다. 진실로 주 하나님, 예수그리스도를 믿고 섬기는 성도들이 되시기 바랍니다.

교회는 성도를 죽이고 떨어뜨리는 곳이 아닙니다. 살리고 세우고 일꾼 삼아 추수 꾼이 되게 하는 곳입니다.

(따라서) '추수할 일꾼이 되려면 먼저 타작을 받아야 한다.'

타작하고 난 뒤에 그가 알곡인지 쭉정이인지 확인 될 수 있습니다.

추수할 일꾼이 되길 원하십니까? 타작을 두려워하면 안 됩니다.

타작은 1)십일조 2)2부 예배 3)수요예배

추수 때에 양식을 모으는 것이 무엇입니까? 하나님의 방법에 온전히 맡기시기 바랍니다.

출16;4 '때에 여호와께서 모세에게 이르시되 보라 내가 너희를 위하여 하늘에서 양식을 비같이 내리리니 백성이 나가서 일용할 것을 날마다 거둘 것이라 이같이 하여 그들이 나의 율법을 준행하나 아니하나 내가 시험하리라' 양식은 하나님이 주신 법입니다. 하늘에서 주신 양식은 율법, 말씀입니다. 그것을 지키는지 않는지가 시험입니다.

갑절은 거듭난 이야기입니다. 출16;5에 여섯째 날에는 갑절을 거두라고 하셨습니다.

욥42;10 욥은 처음에 가졌던 시험을 통해서 다 날아가 버렸습니다. 그러나 욥은 환란, 고통을 다 겪고 난 후에 갑절로 얻게 된 것입니다.

요3;3-5에 거듭남은 물과 성령으로 거듭나지 않으면 하나님 나라에 들어갈 수 없다고 말씀합니다. 거듭나야 하나님 나라에 들어가는 것입니다.

하나님은 6일 동안 일하게 하시고 거두게 하셨습니다. 7일째 거듭나게 하셨습니다. 7일째는 갑절로 얻게 하십니다.

갑절이란 두 번째 란 뜻입니다. 거듭 이란 두 번째 갑절이란 뜻입니다. 욥은 큰 환란 고통이 끝난 뒤에 갑절로 받게 된 것입니다.

예수님 초림 이후 전 세계에 예수 그리스도가 오심을 증거 된 것입니다, 이때는 파종기입니다. 이 때 주님은 추수 때가 4달, 이방인들이 돌아오게 하는 기간입니다. 양식을 먹을 때는 예수 예수 믿으면 구원받는다고 뿌린 것입니다. 지금 복음은 전 세계에 예수 그리스도를 모르는 사람이 없습니다. 교회 안에 많은 사람이 가득 있습니다. 그물 안에 가득 찬 것입니다. 이제는 추수 때 안식에 들어가야 합니다. 욥처럼 6일 동안에 환란도, 고통도 다 끝내고 7일 째 안식에 들어가는 것입니다. 양식은 만나이나 만나는 하나님의 율법, 법을 지켜야 하는 것입니다.

즉 만나를 먹고 하나님의 말씀인 율법을 지켜야 합니다.

결론)추수 때에 양식을 모아야 합니다, 양식은 만나요 하나님의 말씀이요 율법입니다. 하나님의 말씀을 먹고 성도들은 하나님의 말씀을 지켜야 합니다. 하나님은 양식 말씀을 주시고 지키나 안지키나 시험하십니다.

6일 동안은 씨를 뿌리고 파종하는 때입니다. 이것이 율법입니다. 6일은 일하고 안식, 7일 째는 추수 때 알곡과 쭉정이를 거두는 것입니다.

추수는 무엇입니까? 타작해야 알곡과 쭉정이를 골라 낼 수 있습니다.

알곡은 모아 천국 창고에 들어가는 것입니다. 말씀으로 거듭나야 합니다. 거듭-갑절은 예수가 그리스도롤 거듭나고 진리의 성령이 우리 안에 들어와야 거듭나는 것입니다.

그때부터 추수 꾼의 사명을 감당할 수 있습니다. 성도 모두가 하나님의 말씀을 지금 받는 것입니다. 하늘 양식을 받아들이는 것입니다. 하늘의 양식을 받고 하나님의 말씀을 지키시기 바랍니다.

26
재앙들을 받지 말라

또 내가 들으니 하늘로서 다른 음성이 나서 가로되 내 백성아, 거기서 나와 그의 죄에 참예하지 말고 그의 받을 재앙들을 받지 말라 그 죄는 하늘에 사무쳤으며 하나님은 그의 불의한 일을 기억하신지라 그가 준 그대로 그에게 주고 그의 행위대로 갑절을 갚아주고 그의 섞은 잔에도 갑절이나 섞어 그에게 주라 그가 어떻게 자기를 영화롭게 하였으며 사치하였든지 그만큼 고난과 애통으로 갚아 주라 그가 마음에 말하기를 나는 여황으로 앉은 자요 과부가 아니라 결단코 애통을 당하지 아니하리라 하니 그러므로 하루 동안에 그 재앙들이 이르리니 곧 사망과 애통과 흉년이라 그가 또한 불에 살라지리니 그를 심판하신 주 하나님은 강하신 자이심이니라 (계18;4-8)

재앙은 그 사람의 행위 믿음에 달려 있는 것입니다.

귀신에게 속아서 살아 온 것이 재앙을 받게 되는 것입니다. 사단, 귀신은 인류를 멸망 받게 하는 영물입니다. 사단과 귀신은 떠나야 합니다.

마5;26 '진실로 네게 이르노니 네가 호리라도 남김이 없이 다 갚기 전에는 결단코 거기서 나오지 못하리라'

'갚는다.' 지금 이 세상에서환란과 고통을 받는 것입니다.

지금 받지 않는 사람은 지옥에 가서 받게 되는 것입니다.

욥은 모든 환란을 겪은 후에 갑절로 받은 사람입니다. 깨닫고 돌아서야합니다. 다시 받은 양식이 갑절이요 그리스도인 것입니다.

출16;6 '....저녁이 되면 너희가 여호와께서 너희를 애굽 땅에서 인도하여 내셨음을 알 것이요'

저녁은 일할 수가 없는 때입니다. 저녁은 개인적으로 육체가 죽음에 이르렀을 때입니다. 전체적으로는 예수 그리스도가 재림할 때입니다.

밤은 환란시대이며 아침은 환란이 끝난 뒤가 아침입니다.

출16;7 '아침에는 너희가 여호와의 영광을 보리니 이는 여호와께서 너희가자기를 향하여 원망함을 들으셨음이라 우리가 누구관대 너희가 우리를 대하여 원망하느냐'

제사장이 아론과 모세에게 즉 하나님께 원망한 것입니다. 즉 목사에게 원망하는 것이요 하나님께 하는 것입니다. 하나님께서 들으셨다고 하셨습니다.

출16;13-14에 저녁에는 메추라기가, 아침에는 이슬이 진 사면에 있다고 했습니다. 이것은 예수 그리스도의 재림이야기입니다. 만나는 예수님이야기입니다. 민7장에 이슬과 만나는 예수님 이야기입니다. 출16장에 만나는 그리스도이야기입니다.

왕상19;12-13은 엘리야가 850명과 싸워 이긴 말씀입니다.

추수할 일꾼, 지도자와 성도들은 거짓 선지자와 그들에 속한 사람들과 싸워야 합니다. 그 당시 바른 지도자는 엘리야뿐입니다. 모두가 거짓 선지자입니다. 내 자신이 어디에 속해 있는지 확증하시기 바랍니다.

싸움에 이겼는데 엘리야는 동굴에 숨어 있습니다.

왕상19;9-12에 여호와하나님은 바람, 지진, 불 가운데 계시지 않습니다. 엘리야는 세미한 음성이 들려온 것입니다. 세미한소리는 출애굽 만나이야기입니다. 세미한 음성은 그리스도의 이야기입니다.

지진 후에 불이 있으나 불 가운데 여호와는 계시지 않습니다. 6일 동안 큰 재난이 일어나는 것입니다.

12절에 세미한 소리 음성은 예수 그리스도에 대한 하나님의 말씀입니다.

진실로 하나님을 알려면 세미한 음성을 들을 수 있어야 합니다. 만나는 하나님의 말씀, 율법이 만나인 것입니다.

잠30;2-4에 만나를 하늘에서 내려 온 만나로만 보면 안 됩니다. 육신적으로 보면 맞지만 성도 여러분 믿는다고 하난 하나님을 창조자로 알고 있지만 실상은 창조주 하나님 , 그의 아들 예수 그리스도를 잘 모릅니다.

잠언 기자는 자신을 짐승이며 사람의 총명이 없으며 지혜를 배우지 못했다고 말합니다. 거룩한 자를 아는 지식이 없다고 고백합니다.

요10;6 주님은 비유를 말씀하셨으나 저들이 무엇인지 알지 못한다고 말씀합니다. 만나는 출애굽 만나, 하나님의 율법, 하나님의 법이야기입니다.

롬122에 하나님의 뜻은 그리스도입니다. 환란은 하나님의 듯 그리스도이야기입니다. 예수 그리스도가 어떻게 고난 받으셨는지, 왜 고난 받으셨는지 말씀 속에 뜻을 찾아야 합니다.

엡5;10에 하나님의 뜻, 주님을 기쁘시게 할 것이 무엇인지 시험해 보라고 말씀합니다.

기도하는 것, 봉사하는 것, 헌금 드리는 것, 내생각대로가 아닙니다. 예수그리스도의 뜻, 예수그리스도가 기뻐하시는 것이 무엇인가 시험하여 찾아보고 행하시기 바랍니다.

예수 그리스도를 생가지 않고 행하는 것 기도-봉사-헌금은 다 헛 것입니다.

그러므로 성도는 방언만 들으면 안 됩니다, 문자적인 설교도 유익이 없습니다. 이제는 알고 듣고 보고 실천해야 헛된 생활을 하지 않습니다.

부자가 하늘나라에 들어가기가 낙타가 바늘귀로 들어가는 것보다 더 어렵다고 말씀하셨습니다.

엡5;17 '주의 뜻이 무엇인가 이해하라'

만나는 하나님이야기입니다. 뜻은 그리스도이야기인 것입니다.

호14;4-5에 진노가 그에게서 떠났다.

이슬같이 내린 만나는 하나님의 말씀입니다. 예수 그리스도가 오실 것을 뜻하신 말씀입니다. 5절에 '이슬과 같으리니' 는 이슬이 아니고 이슬과 같다고 말씀하신 것입니다.

성도는 우리 안에 예수 그리스도가 확실히 있어야합니다. 즉 이슬과 같은 만나, 하나님의 말씀에 그리스도가 있어야 하나님의 뜻을 알 수가 있습니다.

이 뜻을 알려면 진리의 성령이 내 안에 있을 때 깨닫게 됩니다.

출16;15-24에서 휴일은 속죄하는 날, 안식일, 죄가 사해지는 날입니다.

기도하여 응답받고 축복받는 것이 아닙니다. 성도에게 하나님의 뜻을 풀어 주는 것이 최상의 축복입니다. 하나님의 말씀은 능력인 것입니다.

그러므로 하나님의 뜻이 그의 말씀이 내 안에 깨닫게 되는 것이 복인 것입니다. 성도들에게 목사는 복을 빌어 주는 사람입니다.

목사는 성도들을 하나님의 말씀으로 늘 풀어서 그리스도 안에 넣어 주어야 합니다. 영, 육으로 휴일, 주일을 하나님께 예배 드려야 하나님의 말씀을 받게 되는 것입니다.

하나님의 말씀의 뜻을 풀어 받음으로 복이 되시기 바랍니다.

마17;1에 변화 산에 엘리야와 모세가 나옵니다. 엘리야는 변화되어 하늘에 간 사람입니다, 모세는 죽어 부활된 사람입니다. 하나님의 말씀으로 심령에 변화가 오면 그리스도가 보이고 들리는 것입니다.

엿새 후에 반드시 신앙이 높은 변화 산이 이루어져야 합니다. 지, 정, 의만 갖추게 되면 주님께서 말씀하신 대로 내가 온전하였은즉 너희도 온전 하라는 말씀이 이루어질 것입니다.

출16;20에 벌레는 구더기입니다. 구더기는 사람입니다, 지옥에 가면 구더기가 죽지 않습니다. 악취가 나고 벌레가 생기는 것입니다, 하나님의 말씀을 받지 않으면 벌레가 생깁니다. 즉 지옥 갈 사람이 생기는 것입니다.

욥17;13-16에서 무덤은 바리새인, 서기관이며 구더기는 내 어미, 성도라 합니다. 교회 안에 무덤 같은 지도자가 있습니다. 구더기 같은 성도가 있습니다. 지옥에는 죽음이 없는 것입니다.

욥21;22-26에서 22절에 하나님을 어떻게 가르치겠느냐 성도 영혼 속에 그리스도의 영을 말로 표현하여 자기말로 가르친단 말씀입니다.

욥24;18-20에 그들은 악인들입니다. 물은 예수님입니다.

6일째 양식을 모아서 7일째 거두지 아니하면 벌레가 생기고 구더기가 먹습니다. 구더기는 사람입니다. 구더기 같은 사람, 벌레 같은 인생은 물과 성령으로 거듭나지 않은 사람입니다. 벌레는 지도자며 구더기는 성도입니다.

사66;25 벌레는 패역한 지도자입니다. 벌레가 죽지 않으면 불이 꺼지지 않습니다. 지옥의 고통인 것입니다. 그러므로 물과 성령으로 그리스도의 말씀으로 충만해야 합니다.

패역한 자가 벌레입니다. 하늘나라 방언, 문자적인 기록을 설교하면 그런 지도자가 벌레요 패역한자 입니다. 패역한 자에게 속한 성도는 구더기입니다.

물과 성령으로 거듭나지 않은 사람은 죄가 그대로 있는 사람입니다.

죄가 있는 사람을 구더기라 합니다. 욥에게 구더기가 있었습니다. 불에 구더기가 들어가면 순간 타 버리고 시체가 없어집니다. 지렁이도 지렁이가 아닙니다. 야곱을 가리켜 지렁이라고 했습니다. 즉 성령으로 거듭나지 않은 사람이 지렁이입니다

결론)성도는 재앙을 받지 말아야 합니다. 불의 심판을 받지 말아야 합니다.

지도자는 벌레, 성도는 구더기라면 물과 성령으로 거듭나지 않은 사람입니다. 인생의 종말, 저녁때는 누구든지 찾아옵니다.

만나는 하나님의 법, 율법을 잘 지키는 사람, 만나 말씀을 잘 먹는 사람입니다. 예수 그리스도 안에서 물과 성령으로 거듭날 때 하나님의 말씀을 듣고 실천하게 됩니다.

27

주신 사명 감당하자

요한이 예수께 여짜오되 선생님 우리를 따르지 않는 어떤 자가 주의 이름으로 귀신을 내어쫓는 것을 우리가 보고 우리를 따르지 아니하므로 금하였나이다 예수께서 가라사대 금하지 말라 내 이름을 의탁하여 능한 일을 행하고 즉시로 나를 비방할 자가 없느니라 우리를 반대하지 않는 자는 우리를 위하는 자니라 누구든지 너희를 그리스도에게 속한 자라 하여 물 한 그릇을 주면 내가 진실로 너희에게 이르노니 저가 결단코 상을 잃지 않으리라 또 누구든지 나를 믿는 이 소자 중 하나를 실족케 하면 차라리 연자 맷돌을 그 목에 달리우고 바다에 던지움이 나으리라 만일 네 손이 너를 범죄케 하거든 찍어버리라 불구자로 영생에 들어가는 것이 두 손을 가지고 지옥 꺼지지 않는 불에 들어가는 것보다 나으니라 만일 네 발이 너를 범죄케 하거든 찍어 버리라 절뚝발이로 영생에 들어가는 것이 두 발을 가지고 지옥에 던지우는 것보다 나으니라 만일 네 눈이 너를 범죄케 하거든 빼어버리라 한 눈으로 하나님의 나라에 들어가는 것이 두 눈을 가지고 지옥에 던지우는 것보다 나으니라 거기는 구더기도 죽지 않고 불도 꺼지지 아니하느니라 (막9:38-48)

사람은 누구든지 해야 할 사명이 있습니다. 직분이 있습니다. 책임이 있습니다. 사람은 영적인 사명과 육적인 사명이 있습니다.

하나님께서 주신 사명을 확실하게 감당하시기 바랍니다.

하나님은 사람들에게 손을 주시고 발을 주시고 눈도 주셨습니다.

주신 것은 사명입니다.

(따라서) '주신 사명으로 그리스도를 드러내 주어야 한다.'

사람의 말만 듣고 따라가면 그 양들에게 힘이 되지 않습니다.

43절 '만일 네 손이 너를 범죄케 하거든 찍어 버리라'

육적으로 말을 하면 도적질 하는 사람입니다. 도적질 하는 사람이 손을 자르고 나면 천국 가는 것입니까? 아닙니다.

손-발-눈은 사명자이야기입니다. 지도자이야기이며 성도이야기입니다.

손과 발, 눈이 범죄 하면 빼어 버리라 두 눈을 가지고 지옥 불에 던져 지는 것 보다 낫다고 말씀합니다. 맞지 않는 말인 것입니다. 뜻을 들어야 이해가 되는 것입니다. 두 눈을 뺐다고 천국 가는 것은 아닙니다.

지옥은 거기는 구더기도 죽지 않고 불도 꺼지지 않는다고 말씀합니다. 무익한 말로 심판 날에 심판을 받게 되는 것입니다. 천국이 육신의 눈으로 보이지 않는다고 육신대로 살면 안 됩니다.

천국, 천년왕국은 분명히 있습니다. 영과 육은 사명을 감당해야 합니다.

그러므로 영 육간에 잘못된 것이 있으면 지금 받아야 합니다.

(따라서) '지금 잘못된 것은 지금 받아야 한다.'

죽음 후에 받게 되면 지옥 가서 받게 되는 것입니다. 이 땅에서 보응을 다 받아야 다 씻어야 지옥 형벌을 받지 않습니다.

지금 땅위에서 살 때 보응을 받아야 마지막 날에 무서운 심판을 받지 않습니다. 지금 우리의 불신앙이 다 드러나야 하는 것입니다.

내 속에 있는 것들이 드러나야 귀신이 떠나갑니다. 때로는 귀신이 드러날 때에 나가는 데 여러 가지로 드러납니다. 지금 모든 것이 드러나야 합니다. 드러나면 무서운 지옥심판이 없습니다.

바울은 예수그리스도를 믿는 사람들을 잡아 옥에 가두고 때리고 악을 많이 행한 사람이었습니다. 그가 사도 바울이 되어 이 땅에서 많은 사람들에게 핍박을 받고 매를 맞았습니다. 땅에서 많은 고난을 받았습니다. 보응을 받은 것입니다. 왜 성도들이 많은 사람들에게 전도하라, 깨우치라, 선을 행하라 합니까? 그것이 보응 받는 길인 것입니다.

주의 일에는 항상 고난과 핍박이 따릅니다. 이 땅에서 행한 대로 받아야 나중에 무서운 심판을 받지 않게 됩니다.

하나님은 공의의 하나님입니다. 행한 대로 갚아 주시는 하나님입니다. 하나님을 두려운 마음으로 섬기시기 바랍니다.

강도가 빼앗아 가고 칼로 찔러도 그 상처는 시간이 가면 해결됩니다.

눈-손-발은 사명자이야기입니다. 지도자이야기입니다.

욥기에는 무덤들을 구더기라고 했습니다. 그리고 무덤을 아비라 했습니다.

신약은 그리스도 안에서 일만 스승은 많되 아비는 적다고 말씀합니다.

언약을 어긴 사람, 언약을 어긴 지도자는 모두 지옥입니다. 나의 행함에 분명한 심판과 보응이 있습니다.

시22;1-8에 다윗의 고백이 나옵니다. 다윗은 예수님의 표상입니다. 그런데 그는 나는 벌레요 사람이 아니라고 합니다. 사람들에게 훼방거리요 조롱거리라고 합니다.

주님은 이 땅에서 멸시, 천대, 조롱, 비웃음을 당하셨습니다.

사51;7-8에 양털이야기는 예수님이야기이고 의는 그리스도이야기입니다.

겔38;17-20에 바다의 고기 공중의 새, 들짐승, 땅에 기는 벌레 모든 지면에 있는 모든 사람... 즉 벌레에 비유한 것입니다.

즉 거듭나지 않은 사람들입니다. 공중의 새는 지도자이야기입니다. 머리 위에 있는 떡을 먹어버린 새는 지도자이야기입니다.

그래서 주님은 공중의 새도 머리 둘 곳이 있는데 인자는 없다고 말씀하셨습니다. 공중의 새 이야기가 아니고 공중권세 잡은 자 사탄이 머리가 되어서 있는 지도자와 성도 이야기인 것입니다. 새는 머리 둘 곳이 있는 것입니다.

주님은 공중의 새, 고기, 짐승, 구더기, 벌레를 모른다고 말씀합니다. 그들은 사단의 주관대로 살았기에 무서운 불의심판을 받는 것입니다.

마7장에 주님은 예수의 이름으로 선지자 노릇, 귀신 쫓는 자, 능력을 행한 사람들을 결코 모른다고 말씀합니다. 불법을 행한 자를 떠나라고 하십니다.

성도 여러분 왜 오늘 성도들에게 이런 비밀을 듣게 하시는지 알고 계십니까? 예정되고 택한 그릇이기에 듣고 알게 하시는 것입니다.

욘4;7에 벌레가 박 넝쿨을 갉아 먹게 합니다. 박 넝쿨을 씹는 게 벌레입니다. 미4;17에 뱀-티끌-벌레는 사람이야기입니다. 이들은 심판에 벌벌 떠는 자들입니다.

그리스도로 강하고 담대하게 세움을 입는 성도가 되시기 바랍니다.

약3;7에 여러 종류의 짐승과 새와 벌레와 바다의 생물은 지도자를 말합니다.

출16에 이스라엘 백성들은 모세의 말을 ,하나님의 말씀을 순종하지 않았습니다. 만나를 아침까지 두어 벌레가 생기고 냄새가 나게 했습니다.

냄새; 시31;18 '교만하고 완악한 말로 무례히 의인을 치는 거짓 입술'

사랑으로 행하지 않는 모든 입술, 교만한 입술, 완고한 입술, 무례히 의인을 치는 거짓입술이 악한 냄새인 것입니다.

사람의 방언은 냄새나는 방언, 악을 행하는 방언인 것입니다.

출7;18에 고기가 죽으므로 악취가 나는 것입니다.

나일강물은 고기가 썩어서 악취가 납니다. 하수 물도 악취가 납니다. 하수 물은 애굽 같은 교회, 바벨론 같은 교회가 악취 나는 교회입니다.

창34;30에 야곱이 시므온과 레위에게 너희가 나에게 화를 끼쳤다 나로 하여금 이 땅 주님 곧 가나안 족속과 브리스 족속에게 악취를 내게 했다고 말합니다.

영혼을 죽이면 악취가 나는 것입니다. 그래서 안식일을 범하면 죽이라 말씀합니다. 수십 년 간 예수를 믿고 하나님 앞과 천국에 들어가지 못한다면 그때는 누구에게 원망할 수가 없습니다.

주님은 그러므로 두렵고 떨림으로 구원을 이루라고 말씀하십니다.

욜2;19-20에 곡식과 새 포도주는 삼위일체하나님을 의미합니다.

즉 하나님으로 너희는 흡족하리라. 세상 끝날, 심판의 날에 성도는 흡족할 것입니다.

20절에 북쪽 군대는 어두운 곳, 흑암. 진리가 없는 곳입니다. 소경처럼 다닙니다. 그들은 악취가 납니다. 상한 냄새가 납니다.

요11;39에 시체가 썩으면 악취가 나는 것입니다. 나사로는 죽어서 악취가 났습니다. 나사로의 뜻은 하나님의 도우심, 하나님의 도우심을 입은 사람이라는 의미입니다. 죽었다가 살아난 것입니다. 그러나 거짓된 나사로 같은 사람이야기입니다.

4일은 구약 사천년 이야기입니다.

고후2;14-16에 성도는 그리스도의향기입니다. 성도에게는 사망에 이르는 냄새가 있습니다. 생명에 이르는 냄새가 있습니다.

성도 여러분 교회 안에 두 종류 애굽 같은 교회가 있습니다. 라오디게아 같은 교회가 있습니다. 홍해를 건널 때 이스라엘 백성은 구원을 받았습니다. 애굽 같은 교회는 사람이 홍해에서 다 죽었던 것입니다. 즉 에발 산에는 사망을 이루는 냄새요 그리심 산에서는 생명의 냄새를 낸 것입니다.

결론)주신사명을 잘 감당하시기 바랍니다.

고후2;17 하나님의 말씀을 혼잡케 하지 말아야 합니다. 순전함으로 하나님께 받은 것 같이 하나님 앞과 그리스도 안에서 말씀하시기 바랍니다.

성도의사명은 달란트가 있습니다. 주신 은혜 받은 대로 사명 감당해야 합니다. 구더기와 벌레, 악취 나는 성도가 아닌 순전함과 진리로 그리스도 안에 들어와서 사명감당 하시기 바랍니다.

28
하나님의 말씀을 바로 듣자

여호와께서 아브람에게 이르시되 너는 너의 본토 친척 아비 집을 떠나 내가 네게 지시할 땅으로 가라 내가 너로 큰 민족을 이루고 네게 복을 주어 네 이름을 창대케 하리니 너는 복의 근원이 될찌라 너를 축복하는 자에게는 내가 복을 내리고 너를 저주하는 자에게는 내가 저주하리니 땅의 모든 족속이 너를 인하여 복을 얻을 것이니라 하신지라 이에 아브람이 여호와의 말씀을 좇아 갔고 롯도 그와 함께 갔으며 아브람이 하란을 떠날 때에 그 나이 칠십 오세였더라 아브람이 그 아내 사래와 조카 롯과 하란에서 모은 모든 소유와 얻은 사람들을 이끌고 가나안 땅으로 가려고 떠나서 마침내 가나안 땅에 들어 갔더라 (창12:1-5)

하나님은 사람인 아브라함에게 고향과 친척, 아비 집을 떠나라고 하셨습니다. 그리하면 내가 너로 큰 민족을 이루리라고 천약, 약속을 하신 것입니다. 이 언약에는 하나님이 원하시는 것은 전적으로 여호와 하나님을 신뢰하고 섬기라는 것입니다.

창15:6-7에 아브라함은 약속대로 하나님을 믿고 순종하여 하나님께 인정받고 약속대로 많은 땅을 얻고 큰 민족을 이루었습니다.

창12장과 22장의 사건인 것입니다. 하나님은 아브라함으로 하나님의 뜻을 이루게 하셨습니다.

하나님은 언약하신 대로 신약에 와서 예수를 보내시고 하나님의 아들로 많은 사람들이 믿게 하시고 언약하신 대로 십자가에 죽으심으로 대속하게 하셨습니다. 하나님은 성경대로 예수 그리스도를 3일 만에 부활하게 하시고 승천하게 하신 것입니다.

하나님의 언약에 하나님의 백성인 이스라엘은 수없이 하나님을 배신하고 불순종했습니다. 하나님은 언약하신 대로 이스라엘의 죄와 허물을 용서하시고 그리스도를 보내신 것입니다. 예수 그리스도를 십자가에 죽게 하시고 부활 승천하게 하시고 보혜사 진리의 성령을 보내신 것입니다.

행2;36에 마가의 다락방에서 진리의 성령을 받고 12제자가 깨달았습니다. 하나님과 이스라엘 백성은 언약관계입니다. 약속으로 맺어진 하나님의 백성인 것입니다.

행2장은 베드로의 설교입니다. 진리의 성령을 받고 설교한 것입니다.

행4;4에 베드로의 설교를 듣고 많은 사람들이 믿었는데 남자의 수가 오천 이였습니다. 12사도를 전 세계에 복음을 전파하기 위하여 진리의 성령을 충만하게 하신 것입니다.

구약의 하나님은 아들을 약속하셨고 그 약속을 실천하기 위해서 예수 그리스도를 십자가에 죽게 한 것입니다.

제자들은 진리의 성령으로 깨닫고 예수 그리스도를 전파하여 많은 사람이 믿게 된 것입니다.

이런 일들은 하나님께서 이스라엘 백성에게 약속하신 언약관계가 이루어진 것입니다.

(따라서) '진리의 성령이 오신 이후 예수를 그리스도라고 깨닫게 된 것이다'

고전12;3에 성령으로만 예수를 주라고 시인할 수 있습니다. 그리스도는 원어로 메시야, 하나님의 아들, 기름부음을 받은 자 라는 의미입니다. 하나님의 말씀을 듣는 것은 진리의 성령이 지금 증거하고 계신 것입니다. 진리의 성령은 한번 우리 안에 계시면 떠나지 않습니다. 진리의 성령을 확실히 의지하시기 바랍니다.

그리스도에 대한 확실한 신뢰가 없으면 배신 할 수 밖에 없습니다. 이스라엘 백성들의 역사는 한 마디로 배신의 역사라 할 수가 있습니다. 진리의 성령으로 성도들의 영혼에 확실한 열매를 맺게 될 것입니다.

그러나 하나님을 믿는 믿음은 하나님께서 주시지 않으면 믿을 수가 없습니다. 이 땅에 의인이 하나도 없는 것은 전적으로 타락했기 때문입니다. 그래서 하나님은 오직 하나님을 믿도록 하나님의 방법을 사용하시고 역사하시는 것입니다.

주님은 승천하시면서 진리의 성령이 오시면 그가 죄에 대하여, 의에 대하여, 심판에 대하여 확실하게 증거 하실 것을 말씀하신 것입니다. 심판의 대상이 누구입니까?

(따라서) '성령으로 말미암지 않고는 주를 그리스도라 하지 않는다.'

지구촌 전 지역에 예수그리스도를 하나님의 아들로 믿는다고 하는 사람들이 아주 많이 있습니다. 이방인들도 천주교, 신천지 등 많이 있습니다. 그러나 그들은 진리의 성령이 그 심령 속에 있지 않습니다. 기록된 성경의 말씀의 뜻을 알지 못합니다. 그리스도의 영이 없으면 다시 오실 심판의 주를 영접할 수가 없습니다.

고전12;3 '그러므로 내가 너희에게 알게 하노니 하나님의 영으로 말하는 자는 누구든지 예수를 저주할 자라 하지 않고 또 성령으로 아니하고는 누구든지 예수를 주시라 할 수 없느니라.'

하나님의 영으로 진리의 성령으로 예수는 그리스도라고 말 할 수 있습니다. 믿게 되는 것입니다. 하나님의 영으로 낳아야 예수를 그리스도라고 고백할 수가 있는 것입니다.

하나님을 그리스도라 성령이라고 말할 수 있는 것은 하나님의 영, 진리의 영이 내게 임하여야 되는 것입니다. 진리의 성령이 내게 오시면 다시 오실 그분만 기다리게 되는 것입니다.

롬8;9-11에 바울은 하나님의 영, 그리스도의 영이 거하시면 육신에 있지 않고 영에 있다고 말씀합니다. 그리스도의 영이 없는 사람은 그리스도의 사람이 아니라는 것입니다.

예수님은 우리의 죄 때문에 십자가에 죽으신 것입니다. 예수님은 하나님의 언약을 이루기 위해서 십자가에 죽으신 것입니다.   하나님은 예수 그리스도를 대속케 하시고 다시 살리신 그리스도 성령이십니다. 그리스도의 영이 예수님 속에 계시지 않으셨다면 부활할 수가 없습니다. 그러므로 주님 다시 오실 때 그리스도의 영이 우리에게 있지 않으면 다시 오실 그리스도를 맞이할 수가 없습니다. 버린바 되는 것입니다.

진실로 그리스도를 맞이하실 수 있으십니까? 지상에서 최고의 축복의 사람인 것입니다. 홀연히 변화되어 신랑 되신 그리스도를 영접하시기 바랍니다. 즉 휴거하실 수 있는 그리스도의 영으로 충만하시기 바랍니다.

휴거할 수 있는 사람은 그리스도의 영이 있는 t성도들인 것입니다. 그리스도의 영이 있는 성도들입니다.

롬8;11 '예수를 죽은 자 가운데서 살리신 이의 영이 너희 안에 거하시면 그리스도 예수를 죽은 자 가운데서 살리신 이가 너희 안에 거하시는 그의 영으로 말미암아 너희 죽을 몸도 살리시리라'

하나님의 나라는 말에 있지 않고 능력에 있다고 말씀합니다.

이 세상에서 능력의 사람, 능력의 종, 불의 종은 없는 것입니다. 오직 그리스도께만 능력이 있음을 믿으시기 바랍니다.

오직 하나님만 전적으로 믿고 신뢰할 때 신랑 되신 그리스도를 맞이할 수 있습니다.

고후3;17-18에 주의 영이 있는 곳에는 자유 함이 있습니다. 주의 영으로 그리스도의 영으로 되어지는 것입니다.

그리스도의 영으로 변화되어 최대의 영광으로 휴거하는 것입니다. 맞이하는 것입니다. 첫째는 부활한 성도들이요 두 번째는 엘리야처럼 변화체로 맞이하는 것입니다.

(따라서) '주의 영광에 이르려면 주의 영 그리스도로 된다.'

벧후3;13-14 최대의 축복 자는 죽음을 보지 않고 휴거, 그리스도를 맞이하는 것입니다. 하나님의 언약을 소홀히 하면 안 됩니다.

새 하늘과 새 땅을 볼 수 있고 믿을 수 있는 그리스도의 사람이 되시기 바랍니다. 점과 흠이 없는 믿음의 생활을 해야 합니다. 육신대로 살면 영원히 죽은 것입니다.

하나님은 아브라함에게 하나님을 믿음의 이로 여기신 것입니다.

엘리야, 에녹, 홍수심판에 노아 식구만 구원하신 것을 믿으시기 바랍니다.

흠도 점도 없기에 노아를 완전한 사람으로 증거 하신 것입니다. 진실로 점과 흠이 없이 사는 것이 어렵습니다. 확실한 진리의 성령으로 속에 있는 것이 다 드러나고 진리로, 그리스도로 충만해야 합니다.

히11;1 '믿음은 바라는 것들의 실상이요 보이지 않는 것들의 증거니라'

성도들이 바라는 믿음의 소망이 무엇입니까? 큰 집입니까? 많은 재물입니까? 자식이 잘 되는 것입니까? 그런 것들이 바라는 믿음이라면 아직도 육의 사람입니다. 그대한대로 받길 원하십니까? 롯의 아내처럼 세상을 향해 뒤를 돌아보는 사람입니다.

큰 교회, 천 명, 만 명의 성도를 원하는 것이 아닙니다.

한 사람, 한 사람이 진리의 성령으로 그리스도 안에 들어가기를 원합니다. 성도들의 비전, 소망이 땅의 것이 아닌 예수 그리스도를 만나는 것이 소망입니다. 땅에서는 하나님 나라의 확장은 구원 심판인 것입니다.

아브라함은 갈 바를 알지 못했지만 떠나라 할 때 떠난 사람입니다. 성도가 바라는 소망이 다시 오실 주님을 만나는 것이 소망이 되시기 바랍니다.

믿음은 바라는 것들의 실상을 항상 찾으시기 바랍니다. 실상에 대한 그림을 그리고 실상을 보고 앞을 향해 전진 할 때에 그것이 증거로 이루어지시기 바랍니다.

성경은 예언서입니다 소망의 말씀입니다, 하나님의 말씀을 육신에 초점을 두어서는 안 됩니다.

육신의 실상을 그리지 말고 영혼의 실상을 그려 믿음으로 이루어지기를 바라시고 증거가 되시기 바랍니다.

29
믿음과 기도에 확신

항상 기도하고 낙망치 말아야 될 것을 저희에게 비유로 하여 가라사대 어떤 도시에 하나님을 두려워 아니하고 사람을 무시하는 한 재판관이 있는데 그 도시에 한 과부가 있어 자주 그에게 가서 내 원수에 대한 나의 원한을 풀어 주소서 하되 그가 얼마 동안 듣지 아니하다가 후에 속으로 생각하되 내가 하나님을 두려워 아니하고 사람을 무시하나 이 과부가 나를 번거롭게 하니 내가 그 원한을 풀어 주리라 그렇지 않으면 늘 와서 나를 괴롭게 하리라 하였느니라 주께서 또 가라사대 불의한 재판관의 말한 것을 들으라 하물며 하나님께서 그 밤낮 부르짖는 택하신 자들의 원한을 풀어 주지 아니하시겠느냐 저희에게 오래 참으시겠느냐 내가 너희에게 이르노니 속히 그 원한을 풀어 주시리라 그러나 인자가 올 때에 세상에서 믿음을 보겠느냐 하시니라
(눅18;1-8)

이 말씀은 앞으로 다가올 일에 대하여 예언하신 말씀입니다.

마지막 때에 주님 오실 때에 믿음에 대하여 기도를 비유하신 것입니다.

(따라서) '주님오실 때 나의 믿음을 보여 드리자'

믿음의 조상 아브라함 이후 이스라엘 백성들에게서 믿음을 보았습니까?

이스라엘 백성들은 하나님께서 여러 가지로 하나님의 능력을 보여

주셨지만 배신했습니다. 하나님께서 이스라엘 백성들과의 세우신 언약은 하나님은 이스라엘의 하나님, 그들은 하나님의 백성이 된 언약입니다.

하나님께서는 이스라엘 백성들에게 돈이 없어도 값이 없어도 그 어떤 것도 요구하지 않으십니다. 다만 오직 하나님만 의지하고 신뢰하며 섬겨줄 것을 요구하신 것입니다.

그러나 이스라엘 백성은 하나님이 주신 언약을 파괴한 것입니다.

즉 너희가 다시 재림하실 예수 그리스도가 올 때에도 믿음이 없겠느냐, 믿음이 있는 자가 있겠느냐 하셨습니다. 사람은 자신의 욕구를 채워도 하나님을 믿지 않습니다. 이것이 육의 사람입니다. 육신대로 사는 사람입니다. 하나님을 믿지 않는 사람입니다.

기독교가 우리나라에 들어 온지 약120년이 흘러갔습니다.

많은 사람들이 예수 그리스도를 믿고 갔습니다. 전도가 쉽지 않습니다.

지금은 전체적으로 믿는 사람, 믿는 청년, 학생수가 급격히 줄어들고 있습니다. 지금 많은 사람들이 종말, 말세를 이야기하고 때가 다 되었다고 합니다. 그런데 믿음의 사람들이 점점 줄어들고 있습니다. 미개한 지역 사람들은 예수를 믿지만 살기 위해 예수 그리스도를 믿는 것입니다. 즉 영혼구원 때문에 예수 그리스도를 믿는 것이 아닙니다. 그러나 잘 사는 나라는 믿는 사람들이 점점 줄어들고 있다는 것입니다. 즉 예수 그리스도가 재림하실 때가 된 것입니다. 추수 때가 된 것입니다.

중요한 것은 주님 오실 때 '믿음을 보겠느냐' 말씀인 것입니다.

자신의 믿음을 한번 확인하시기 바랍니다. 점검해 보시기 바랍니다. 내 자신의 믿음이 어디에 있는지 확실히 찾아야 합니다. 잘못 되어 있으면 바른 것으로 바꾸어야 합니다.

1)현재 기독교인들의 믿음은 추상적인 믿음을 가지고 있습니다.

자기마음대로 기도하고 받은 줄로 믿고 사는 믿음인 것입니다. 기도를 자기 마음대로 자기가 위하는 대로 믿고 기도하는 입니다. 이런 기도가 추상적인 기도, 추상적인 믿음인 것입니다.

2)미신적인 믿음을 갖고 있습니다.

조상 적부터 미신을 믿어 왔기에 그 믿음을 이어가는 것입니다.

믿음이 미신 귀신적인 믿음이 실태가 많이 있습니다. 아프면 정한 수 한 그릇 떠놓고 막연하게 빌고 있는 것입니다. 아무데나 방향 없이 기도합니다.

그 믿음을 예수 그리스도를 믿는다고 하면서 그 믿음대로 기도하고 있는 사람이 많이 있습니다.

즉 간절히 하늘 님께 신령님께 기도하면 이루어진다고 믿는 기도입니다.

3)율법적인 믿음이 있습니다.

자기중심적인 믿음인 것입니다. 즉 자기가 옳다고 믿으면 그 믿음대로 믿고 기도하는 것입니다. 이는 예수 그리스도를 오래 믿는 목사, 장로, 권사에게 많습니다. 즉 성경을 많이 알고 있기 때문에 많이 들어왔기에 자기 이성으로 믿고 기도하는 것입니다. 그 현상이 무엇입니까?

같은 본문을 가지고 설교를 해도 설교자에 따라 그 내용이 다 다릅니다. 성경은 한 가지 믿음 밖에 없는데 왜 다른 것입니까? 자기 생각 자기 율법이 있기에 다른 것입니다.

평신도들은 기복신앙을 가지고 하나님은 복만 주시는 하나님으로 믿고 있습니다. 하나님은 추상적인 믿음의 기도, 미신적인 믿음의 기도, 율법적인 믿음의 기도, 자기중심적인 믿음의 기도, 하나님은 복만 주시는 분으로 믿고 하는 기도는 들으시지 않으십니다.

본문에 과부와 불의한 재판장이야기가 나옵니다. 원한 맺힌 과부는 응답을 받습니다. 그런데 왜 세상에서 믿음을 보겠느냐고 말씀하신 것입니까?

하나님이 원하시고 성경적인 믿음은 어떤 믿음입니까?

성경적으로 믿지 않으면 하나님은 반드시 측량하시고 심판하실 것입니다.

주님 오실 때 심판의 대상이 될 것입니다.

그러므로 주님 오시기 전에, 환란이 있기 전에, 개인적인 종말이 오기 전에 내 믿음을 점검해 보시고 확인해 보시기 바랍니다.

고후13;5 '너희가 믿음에 있는가. 너희자신을 시험하고 너희자신을 확증하라 예수 그리스도께서 너희 안에 계신 줄을 너희가 스스로 알지 못하느냐 그렇지 않으면 너희가 버리운 자니라.'

이 말씀이 드러나지 않으면 자칭 그리스도인들이 주님 앞에 설 수가 없습니다. 주님 오실 때 애통해도 절통해도 소용이 없습니다. 자신을 시험하여 확증해야 합니다.

고린도 교회는 어떤 교회입니까? 고린도 교회처럼 한국 교회도 많은 사람들이 병고치고 예언하고 통역하고 가르치고 있습니다. 먼저 성도들이 가지고 있는 믿음에 대하여 자신을 시험해 보았습니까?

확증하여 보셨습니까? 한국 교회는 고린도 교회와 같은 것이 많습니다.

은사 받은 사람, 방언하고 통역하는 사람, 병 고치는 사람, 귀신 쫓는 사람...다 믿음이 좋다고 하고 능력이 있다고 말합니다.

전도 잘 하는 사람, 기도 잘 하는 사람, 헌금을 많이 하는 사람도 믿음이 좋다고 말합니다.

고전3;1 '형제들아 내가 신령한 자들을 대함과 같이 너희에게 말 할 수 없어서 육신에 속한 자 곧 그리스도 안에서 어린 아이들을 대함과 같이 하노라' 주님 오실 때 어린아이가 신부가 될 순 없습니다. 신랑 되신 예수 그리스도를 맞이해야 합니다. 신부가 되어야 합니다.

바울은 고린도 교회 성도들을 너희는 아직 어린 아이들이다, 너희는 육신에 속한 사람들이라고 말합니다.

고전15;1-2에 복음을 헛되이 믿지 않으면 구원을 받는다고 말씀합니다.

은사와 능력을 행한 고린도 교회는 어린 아이요 육신에 속한 사람들입니다. 성도여러분 성도들의 공력이 불로 나타날 것입니다. 행한 대로 믿음이 나타날 것입니다. 믿음에 시험하고 확증하여 그 믿음으로 기도하시기 바랍니다.

신랑 되신 예수 그리스도를 맞이할 수 있는 믿음이 있는지 확증하시기 바랍니다.

그리스도가 여러분에게 계십니까? 그리스도가 없는 사람은 버리운 사람이 되는 것입니다. 믿음은 원문에 구원으로 말씀합니다. 구원이 없다면 성도는 세상에서 가장 불쌍한 사람입니다. 믿음은 그리스도 예수를 믿고 신뢰하는 것입니다. 그리스도 안에, 그리스도가 내 안에 오셔야 합니다.

(따라서) '진리의 성령으로 말씀을 받을 때 그리스도가 내 안에 들어오신다.' 하나님은 아브라함을 독자 이삭으로 시험하셨습니다. 하나님은 이삭을 번제로 드리라고 하셨습니다. 아브라함은 하나님께 믿음을 보여드렸습니다. 이삭을 결박하고 목에 칼을 대려 할 때 하나님은 아브라함에게 '이제야 네가 나를 네 독자 보다 사랑하는 줄을 알았도다.' 고 말씀하십니다.

이스라엘 백성들은 믿음의 순종이 없었습니다. 그러므로 400년 동안 애굽 땅에서 고난을 받았습니다. 광야 430년 동안 또 고난을 받은 것입니다.

진실로 주님은 성도들 중심에 그리스도가 계신지 안 계신지 시험을 하실 것입니다. 하나님께서 인정해야 합니다. 내가 믿는다고 되는 것이 아닙니다.

하나님께 내 자신의 믿음을 보여 드려야 합니다.

무슨 일에든지 믿음으로 행하시기 바랍니다. 지금은 하나님의 말씀, 양식을 채울 때입니다.

하나님의 말씀이 채워지면 하나님의 말씀, 믿음, 기도가 정말 나타나는 것입니다. 확증되어지고 믿음의 사람은 쓰임 받고 증거자가 될 것입니다.

추수하는 일꾼이 적습니다. 그러나 그리스도가 내 안에 계시면 하나님은 들어 쓰십니다. 세상의 여러 가지 문제는 문제가 아닙니다. 내 자신의 믿음이 어린 아이, 육의 사람이 되면 결코 안 됩니다.

장성해야 합니다. 믿음을 확증하는 자, 그리스도를 드러내는 성도들이 되어 믿고 기도하는 것이 응답되고 이루어지시기 바랍니다.

30

그리스도에 대한 믿음

또한 모든 것을 해로 여김은 내 주 그리스도 예수를 아는 지식이 가장 고상함을 인함이라 내가 그를 위하여 모든 것을 잃어버리고 배설물로 여김은 그리스도를 얻고 그 안에서 발견되려 함이니 내가 가진 의는 율법에서 난 것이 아니요 오직 그리스도를 믿음으로 말미암은 것이니 곧 믿음으로 하나님께로서 난 의라 내가 그리스도와 그 부활의 권능과 그 고난에 참예함을 알려하여 그의 죽으심을 본받아 어찌하든지 죽은 자 가운데서 부활에 이르려 하노니 내가 이미 얻었다 함도 아니요 온전히 이루었다 함도 아니라 오직 내가 그리스도 예수께 잡힌바 된 그것을 잡으려고 좇아가노라 (빌3;8-12)

눅18;8 '내가 너희에게 이르노니 속히 그 원한을 풀어주시리라 그러나 인자가 올 때에 세상에서 믿음을 보겠느냐 하시니라'

하나님은 성도들의 믿음을 시험하시고 그 시험을 인정하십니다. 믿음을 확증해야 합니다. 자신에게 믿음이 없는지 확증 조사해 보아야 합니다.

(따라서) '믿음이 확증되면 사건이 따라 붙는다.'

믿음의 조상 아브라함이 하나님의 말씀을 믿고 고향, 친척, 아비 집을 떠났습니다. 사람이 볼 때 그 길은 형통하고 형통한 길이 되어야 합니다.

하나님의 인도하심으로 떠났기 때문입니다. 그러나 아브라함은 계속 사건이 붙는 것입니다. 왜 사건이 붙겠습니까? 믿음이 있는지 없는지를 시험해 보는 것이 사건입니다. 예수 그리스도를 믿는데 왜 시험이 오는가 안 믿어 지시겠지만 믿음에 대한 시험입니다. 그래서 예수그리스도가 너희 안에 계신지 너희가 스스로 알지 못하느냐고 하십니다. 여러분 마음에 예수님이계십니까? 모두가 아멘 합니다. 지금 예수님은 어디에 계십니까? 하나님의 우편에 계십니다. 참으로 예수님이 성도들 마음에 계십니까? 주님은 죽으시고 삼일 만에 부활, 승천 하시어 하나님 우편에 계십니다. 지금 여러분 마음에 예수님이 계신다면 주님의 승천을 부인하는 것입니까? 예수님은 승천하셨습니다. 그러면 내 안에 계신 예수님은 누구입니까? 그리스도의 영. 진리의 영, 말씀이 계신 것입니다. 가신 예수님을 내 안에 계신 것을 믿는 것은 속은 것입니다. 안식교가 왜 이단입니까? 부활을 믿지 않기 때문입니다. 그들이 말하는 안식일, 토요일은 예수님이 무덤에 계신 때입니다. 부활을 믿지 않기 때문에 이단입니다.

욥을 하나님은 그 믿음을 시험하셨습니다. 욥의 시험은 그 많은 짐승이 주고 그 자식이 죽고 그 아내가 떠나 버렸습니다. 하나님은 욥을 시험하시고 확증, 인정하시고 욥42장에 갑절의 축복을 주신 것입니다.

하나님은 아무에게나 확증하지 않습니다. 시험하지 않습니다. 아무에게나 조사하지 않습니다. 예수 그리스도를 확실히 믿는 사람들만 시험하시고 조사하시고 확증하십니다.

예정된 사람들만 시험하시고 확증하십니다.

하나님을 일생 동안 믿지만 사건이 없는 사람이 있습니다. 말씀을 받은 적이 없는 사람이 있습니다. 그들은 그리스도가 없는 사람입니다.

욥34;21-24에 보면 욥은 1장에서 의인으로 인정받은 사람입니다. 그러나 욥은 많은 시험과 환란을 당한 사람입니다. 사건이 붙은 것입니다.

(따라서) '사건은 시험이다. 시험은 사건인 것이다'

하나님은 세력 있는 사람을 꺾으시고 다른 사람을 대신한다는 것입니다.

왜 하나님은 사람을 심판하십니까? 감찰하십니까? 믿음이 있는가 시험하시기 위함 입니다. 그래서 하나님은 그 믿음을 보시고 구원하십니다. 행함이 없는 믿음은 죽은 것입니다. 개혁은 행함으로 구원받는다는 것 때문에 개혁한 것입니다.

하나님은 믿음을 조사하고 시험하고 심판하시기 위해 사건을 붙이시는 것입니다. 그래서 하나님은 믿는 성도들을 눈동자 같이 지키시고 보호하십니다.

성도의 생활 중에 시험 당하고 사건 만나면 낙심하지 말아야 합니다.

믿음이 확증되면 주 하나님 앞에서 헛된 생활 ,헛된 목회가 될 수 없습니다.

세상에서 가장 부귀영화를 누린 솔로몬은 인생의 마지막 종말에서 전도서를 기록했습니다. 전도서는 헛되고 헛되며 헛되고 헛되니 모든 것이 헛되다고 기록합니다.

성도는 누구든지 하나님의 조사, 시험, 타작을 해 보셔야 믿음이 있는지 없는지 확증이 되는 것입니다.

아브라함도 조사, 시험을 받은 것입니다. 욥도 의인이었지만 조사, 시험받은 것입니다. 이삭도, 야곱도, 12사도도 시험, 사건, 조사를 받은 것입니다.

하나님은 예수 그리스도를 믿는 사람들이기에 시험하시고 확증하십니다.

하나님은 사람을 심판하시기에 오래 생각하지 않으십니다. 하나님은 힘이 있는 사람. 세력이 있는 사람도 꺾으십니다. 심판하시기에 오래 생각하지 않으십니다. 세력 있는 사람을 그대로 놔두시다가 순간 꺾으십니다. 개인적인 종말로 꺾어버리십니다. 우주적인 종말도 꺾어버리십니다.

그러므로 성도 여러분 세력이 있다고 하는 것, 붙잡고 있는 것을 버려야 합니다. 손을 씻어야 합니다. 의지한 것을 버리는 것입니다.

그러므로 하나님 앞에서 시험, 사건을 조사를 받아야 합니다. 인정을 받아야 합니다. 인정받으면 하나님께서 세우시고 역사하십니다. 많은 사람의 인도자로 세우십니다. 성도들은 믿음의 훈련, 시험을 잘 받으시면 하나님께서 채우시고 세워주십니다.

빌3;8-11에 믿음이 무엇입니까? 구원에 대한 그리스도를 신뢰하는 것입니다. 9절에 믿음이 무엇입니까? 그리스도를 믿어야 믿음입니다.

그런 믿음을 가지고 있으면 시험도 오지 않고 사건을 만나지 않습니다.

믿음은 그리스도를 믿는 것입니다. 진리의 성령이 말씀으로 내 안에 들어오는 것입니다. 진리의 성령이 말씀으로 내 안에 들어오는 것입니다. 욥이나 아브라함도 믿음에 확증을 보여준 것입니다. 창22장에 하나님은 아브라함에게 독자 이삭을 주셨습니다. 이삭을 그리스도의 표상으로 깨닫게 될 때 하나님께 드릴 수 있었던 것입니다. 이삭을 자식으로 독자로 생각하면 하나님께 드릴 수가 없습니다. 이삭을 그리스도로 깨닫게 될 때 드릴 수 있습니다. 추상적으로 하나님께 드린다고 해서 독자 이삭을 드렸다고 설교하지만 그리스도를 믿어야 그를 하나님께 드릴 수 있는 것입니다. 그리스도를 믿는 믿음이 믿음인 것입니다. 예수를 그리스도라고 믿어야 믿음입니다. 그리스도가 내 안에 들어오셔야 내 인생이 바꾸어지는 것입니다.

빌3;8-9절에 그리스도를 앎으로 내게 속한 것을 버릴 수 있는 것입니다.

골2;5 '이는 내가 육신으로는 떠나 있으나 심령으로는 너희와 함께 있어 너희의 규모와 그리스도를 믿는 너희 믿음의 굳은 것을 기쁘게 봄이라'

골2;6-7에 그리스도를 바로 믿어야 믿음의 행위가 나오는 것입니다. 그리스도로 뿌리 있는 신앙, 그리스도로 건축되는 신앙으로 성장되는 것입니다.

살후2;13에 그리스도를 믿어야 구원함을 얻게 됩니다.

히10;22 '우리가 마음에 뿌림을 받아 양심의 악을 깨닫고 몸을 맑은 물로 씻었으니 참 마음과 온전한 믿음으로 하나님께 나아가자'

지금 말씀으로 진리의 성령으로 몸을 씻고 영을 씻어 온전한 믿음이 되어지는 것입니다. 거룩하게 되는 것입니다.

우리의 몸과 영이 그 무엇으로도 씻어질 수가 없습니다. 진리의 말씀인 성령으로 그리스도로 씻어 깨끗케, 거룩하게, 온전케 되어집니다.

주님은 마지막 때에 세상에서 믿음을 보겠느냐고 말씀하십니다. 주님이 오시면 믿음을 보십니다. 주님 오시기전에 내 자신의 믿음을 시험하고 확증하여 믿음을 가져야 합니다.

히10;22에 성도 여러분 몸을 무엇으로 깨끗이 씻어야 합니까?

맑은 물로 씻어야 합니다.

히10;36-39 영혼을 구원할 믿음을 가진 사람입니다.

왜 청년들이 대학에 가면 믿음에서 떠나는 것입니까?

믿음의 자녀들이 왜 세상에서 방황하는 것입니까? 그 속에 그리스도가 없기 때문입니다.

롬10;16-17에 성도는 정신을 차려야 합니다. 그리스도의 말씀이 내 속에 없으면 방탕하게 됩니다. 믿음은 하늘에서 뚝 떨어지는 것이 아닙니다. 믿음은 하나님이 주시는 것이 아닙니다. 믿음은 그리스도의 말씀을 들어야 참 믿음이 됩니다. 믿음 달라고 기도하는 것도 아닙니다. 기도 많이 하는 사람이 믿음이 좋은 것이 아닙니다. 들어야 합니다.

고전 2;4-5에 믿음은 사람의 지혜에 있지 않습니다. 하나님의 능력에 있습니다. 살후3;2-1에 믿음은 모든 사람의 것이 아닙니다. 믿음은 많은 사람의 것이 아닙니다. 믿음은 아무한테 주어지는 것이 아닙니다. 모든 사람의 것이 아닙니다.

성경은 숨겨 놓은 비밀입니다. 하늘나라 비밀인 것입니다. 그리스도의 비밀, 천국의 비밀입니다. 촛대의 비밀, 짐승의 비밀, 나무의 비밀...

믿음은 모든 사람의 것이 아닙니다. 비밀인 것입니다. 그러므로 사람들에게 비밀을 드러내지 않으면 믿음이 생기지 않습니다. 비밀은 아무나 알면 비밀이 아닙니다.

하나님의 모략은 만세 전부터 숨겨놓으신 것입니다. 그러나 하나님의 자녀들에게는 알게 하신 것이 비밀입니다. 즉 이 말씀을 듣는 자녀가 하나님의 자녀인 것입니다.

택함 받지 못한 사람은 하나님의 비밀을 알 수가 없습니다.

많은 사람들이 예수그리스도라고 말을 한다고 믿음을 가진 것이 아닌 것입니다. 그래서 사도바울은 이 비밀을 깨닫고 믿음이 있는지 시험하고 확증하라고 했습니다.

(따라서) '믿음은 그리스도의 말씀을 들어야 생긴다.'

주님 오실 때 다 휴거하지 않습니다. 주님 오시면 그리스도가 있는 곳으로 데리고 갑니다.

주님 오실 때, 강림하실 때 그리스도의 말씀을 듣는 오늘에 성도는 휴거될 수 있습니다. 신랑을 영접하게 됩니다.

그리스도의 말씀을 사모 하십시오. 믿음 충만, 성령 충만은 그리스도의 말씀인 진리의 성령의 말씀의 충만 입니다.

31
믿음은 모든 사람의 것이 아니다

종말로 형제들아 너희는 우리를 위하여 기도하기를 주의 말씀이 너희 가운데서와 같이 달음질하여 영광스럽게 되고 또한 우리를 무리하고 악한 사람들에게서 건지옵소서 하라 믿음은 모든 사람의 것이 아님이라 (살후3;1-2)

믿음은 모든 사람의 것이 아니라고 기록되어 있습니다. 이것도 비밀인 것입니다. 전 세계에 방언에 대한 통역, 예언이 되어 하나님의 비밀을 드러내야 합니다.

롬10;17 '믿음은 들음에서 나며 들음은 그리스도의 말씀으로 말미암음이니라' 진실로 믿음은 모든 사람의 것이 아니라고 믿어지십니까?

하나님의 음성을 확실하게 듣고 깨달아야 믿음이 생깁니다. 믿음의 가짜, 진짜가 있습니까? 확실히 있습니다.

하나님의 음성을 확실하게 들어야, 깨달아야 진짜 믿음의 사람입니다.

하나님의 말씀인 진리가 성령으로 증거 될 때 내 속에 있는 일곱 귀신이 떠나가는 것입니다. 내 속에 있는 것들이 드러나야 합니다.

병든 사람은 말씀을 듣다가 고침을 받습니다. 귀신 들인 사람은 귀신이 떠나 갑니다. 깨끗이 청소되는 것입니다. 새로워지고 감사하게 되고 감격이 넘치게 되는 것입니다. 장애자도 치료가 됩니다. 눈먼 사람도 눈이 뜨게 됩니다. 여기가 종합병원이 됩니다.

성경이 하나님의 음성이 되려면 반드시 성경은 성경으로 풀어야 하나님의 음성을 들을 수 있습니다.

신8;1-3에 하나님은 이스라엘 백성들을 광야를 걷게 하셨습니다. 광야는 광야이야기가 아닙니다. 광야교회이야기입니다. 이스라엘 백성들의 광야 생활 40년은 광야 교회 40년인 것입니다.

행7장을 봅시다. 구약은 신약에 해답이 있고 신약은 구약에서 찾아보아야 합니다. 많은 시험 중에 사람과 함께 할 때 실패합니다. 여호와 하나님과 함께 할 때 승리할 수 있습니다.

하나님은 믿음이 모든 사람의 것이 아니라고 말씀하십니다. 비밀인 것입니다. 믿음은 예정된 소수의 무리에게 주신 것입니다. 숨겨 놓으신 것입니다.

내 자신의 믿음도 진짜였는지 가짜였는지 시험하고 확증해야 합니다.

이스라엘 백성들의 광야 생활에 크게 실패했다면 오늘날에는 교회 생활에 실패한 사람들이 많이 있는 것입니다.

신8;2-3 '네 하나님 여호와께서 이 사심 년 동안에 너로 광야의 길을 걷게 하신 것을 기억하라 이는 너를 낮추시며 너를 시험하사 네 마음이 어떠한지 그 명령을 지키는지 아니 지키는지 알려 하심이라 너를 낮추시며 너로 주리게 하시며 또 너도 알지 못하며 네 열조도 알지 못하던 만나를 네게 먹이신 것은 사람이 떡으로만 사는 것이 아니요 여호와의 입에서 나오는 말씀으로 사는 줄을 너로 알게 하려 하심이니라'

하나님의 음성을 다른 데서 들으려 하면 안 됩니다. 하나님의 음성은 성경에서 들어야 합니다. 모세가 하나님의 음성을 듣고 받아서 기록한 것이 모세 오경입니다. 하나님의 감동으로 기록된 것이 성경입니다. 하나님의 음성은 기도로 받는 것이 아닙니다. 하나님의 음성을 듣기위해 기도하라는 것은 맞지 않는 말입니다. 기도하여 하나님의 음성을 들은 것이 아닙니다. 하나님의 음성을 왜곡하지 말아야 합니다. 믿음은 들음에서 나며 들음은 그리스도의 말씀으로 말미암는다고 말씀합니다.

그 듣는 말씀이 그리스도의 말씀, 뜻을 풀어주신 말씀인 것입니다.

아무나 하늘을 볼 수가 없습니다. 하나님의 음성을 들을 수가 없습니다.

주님께서 속히 오셔야 하는 데 믿는 자가 적은 것입니다. 주님은 세상 끝에 믿는 자를 보겠느냐 말씀하십니다.

(따라서) '하나님의 음성은 기록 된 성경의 모든 말씀이다'

그러므로 말씀이 하나님이요 하나님이 말씀인 것입니다. 하나님의 말씀 속에 하나님의 음성을 숨겨 놓으신 것입니다.

행22;12014에 사도 바울이 하나님의 음성을 들었습니다.

바울에게 하나님의 음성을 들려주었는데 사람을 통해서 들은 것입니다.

바울은 아나니아로 하나님의 음성을 들은 것입니다.

성도들은 지금 누구로 하나님의 음성을 듣고 계십니까?

목사로 인해 듣고 있는 것입니다. 진리의 성령으로 말씀을 받아들일 때 유익이 되고 덕이 됩니다.

행22;14 '하나님이 너를 택하여 너로 하여금 자기 뜻을 알게 하시며'

바울은 하나님의 뜻을 알아 이방인의 사도가 된 것입니다. 바울로 하나님의 음성을 듣고 이방인들을 하나님께로 돌아오게 하신 것입니다.

사울은 처음 다메섹에서 예수님의 음성을 듣게 됩니다.

다메섹은 고대 무역도시입니다.

잠31;10-18에 현숙한 여인이 나옵니다. 현숙한 여인은 무엇입니까? 18절에 '무역'이 나옵니다. 다메섹의 이름의 뜻이 '무역'입니다. 성경의 여인 이야기는 교회이야기입니다. 현숙한 여인은 오늘날의 유형교회입니다.

현숙은 무역이고 여자는 교회입니다. 즉 현숙한 여인은 교회에서 일하는 성도입니다. 그러므로 하나님의 음성은 하나님의 입에서 나오는 모든 말씀입니다. 하나님의 입에서 나오는 것이 하나님의 음성이라며 다메섹은 무역한 것입니다. 무역한 여자는 현숙한 여자입니다.

현숙한 여인, 교회의 일꾼, 추수 꾼이 되어야 합니다. 주 앞에 설 때 면류관을 받을 후 있도록 무역하게 할 것입니다.

잠언서는 택한 성도들에게 최고의 지혜를 열어주시는 말씀입니다. 사울이 어떻게 하나님의 음성을 들었습니까? 아나니아로 듣게 하신 것입니다. 즉 성도들은 하나님의 음성을 목사에게 듣고 있는 것입니다.

사울은 아나니아의 안수로 눈을 뜨게 됩니다. 비늘이 떨어진 것입니다. 성도들에게 하나님의 음성으로 눈을 뜨게 할 것입니다. 어둡게 한 비늘을 떨어지게 할 것입니다. 이렇게 역사 하시는 분은 진리의 성령님이십니다.

성도들에게 손을 대지 않아도 말씀으로 안수하여 눈을 열 것입니다. 사울이 바울 되어 이방인들에게 예언한 것처럼 성도들로 하여금 이방 사람들에게 하나님의 뜻을 알게 할 것입니다.

잠18;20 '사람은 입에서 나오는 열매로 하여 배가 부르게 되나니 곧 그 입에서 나는 것으로 하여 만족하게 되느니라.'

즉 사람은 입에서 나오는 열매로 배가 부르다, 만족한 것입니다.

하나님의 말씀은 사람의 입에서 하나님의 말씀을 뜻을 풀어 선포하고 예언하므로 만족하고 배가 부르게 되는 것입니다.

한님은 혼자서 일을 하시지 않습니다. 사람을 통해서 일을 하시는 것입니다.

하나님의 열매가 무엇입니까? 첫째 열매는 부활하신 그리스도입니다.

성도 여러분 우리가 왜 배가 고팠습니까? 내 안에 그리스도가 없기 때문입니다. 이제부터는 그리스도의 말씀으로 배가 부를 것입니다.

하나님은 때가 되었기에 우리가 배고프고 목 마른 것을 채워주시는 것입니다. 이제 성경적으로 하나님은 채워주실 것입니다. 하나님의 음성을 들려주실 것입니다. 기도하여 하나님의 음성을 들으려 하지 마십시오. 진리와 성령으로 하나님의 음성을 듣게 되면 배가 부르고 만족할 것입니다.

철야기도 아니해도 채워주십니다. 진리의 성령의 말씀을 하나님의 음성으로 듣게 되면 채워집니다. 사울에게 주의 음성을 아나니아로 듣게 합니다.

하나님의 뜻은 그리스도의 사람으로 전하게 하신 것입니다.

하나님의 음성을 들은 사울이 바울 되어 하나님의 뜻을 이방 사람에게 증거 했습니다.

성도 여러분 설교를 하나님의 음성으로 들어야 합니다. 들려져야 합니다. 변하게 될 것입니다. 속 심령이 뒤집어 지고 드러날 것입니다. 귀신이 쫓겨나고 씻어질 것입니다.

성도들의 심령이 생수가 될 것입니다. 귀신들은 떠나갈 것입니다. 모든 질병도 고쳐질 것입니다. 치료가 될 것입니다.

지금은 빛 되신 말씀을 들을 때입니다. 창세 이후의 비밀이 드러날 것입니다. 봉한 책이 열려질 것입니다.

잠18;20에 만족하게 될 것입니다. 성령 충만은 사람의 입에서 나오는 열매인 그리스도의 말씀을 통해서 성령 충만해지는 것입니다.

그 입에서 나오는 열매, 첫 열매는 예수 그리스도입니다. 그 열매로 배가 부르고 만족하게 되는 것입니다. 그 만족이 성령 충만 입니다. 진리의 성령으로 충만해지는 것입니다.

하나님의 음성을 들으려고 사방팔방 뛰어 다녀도 들을 수가 없습니다. 첫 열매인 그리스도의 말씀을 들어야 바른 하나님의 음성을 들을 수가 있습니다.

그래서 믿음은 들음에서 나며 들음은 그리스도의 말씀으로 말미암는다고 말씀하신 것입니다. 그러므로 진리의 성령의 말씀인 그리스도의 말씀을 듣지 않으면 믿음이 될 수가 없습니다. 그래서 세상에서 믿는 자를 보겠느냐 하신 것입니다. 믿음은 모든 사람의 것이 아니기 때문에 복음의 비밀인 것입니다.

이 비밀이 성경 속에 숨겨진 것입니다. 이제 비밀을 드러낼 것입니다.

성경을 보는 눈이 열려야 합니다. 설교를 듣는 귀가 열려져야 합니다.

분명히 진리의 성령이 역사하시어 열릴 것입니다.

행28;23에 바울은 아침부터 저녁까지 강론을 했습니다. 모세의 율법과 선지자의 말을 가지고 예수의 일로 전한 것입니다. 예수는 율법인 것입니다.

구약의 문자적인 기록은 율법, 진짜 율법은 예수 그리스도의 일입니다.

성경을 예수이야기로 했다면 율법이야기입니다.

그러나 성경을 가지고 돈, 돈 ,돈 말했기에 예수도 율법도 아닌 것입니다.

바울은 구약의 모세, 선지자, 시편으로 예수의 일을 증거 했습니다.

눅24;27에 예수님도 증거 했습니다.

성경 전체적인 글은 예수의 일이요 그 말씀 속에 비밀을 그리스도를 찾아 증거 합니다. 그리스도를 드러낼 때, 그 말씀이 내 속에 들어올 때 악한 귀신이 떠나는 것입니다. 각종 병이 치료되는 것입니다.

숨겨진 것들이 드러날 때 말씀이 채워집니다.

말씀이 채워져야 말씀의 능력이 나타나며 영을 살릴 수 있는 것입니다.

32
무익한 말의 심판

다윗이 성령에 감동하여 친히 말하되 주께서 내 주께 이르시되 내가 네 원수를 네 발 아래 둘 때까지 내 우편에 앉았으라 하셨도다 하였느니라 다윗이 그리스도를 주라 하였은즉 어찌 그의 자손이 되겠느냐 하시더라 백성이 즐겁게 듣더라 (마12;36-37)

방언은 알아듣지 못하므로 무익한 말입니다. 무익한 말을 하는 사람은 악한 사람입니다.

선한 사람은 선한 말을 합니다. 악한 사람은 악한 말을 합니다.

무익한 말은 심판 날에 심문을 받게 됩니다.

요6;63 '살리는 것은 영이요 육은 무익 하니라 내가 너희에게 이른 말이 영이요 생명 이니라'

하나님은 영이요 그리스도도 영이요 말씀이 영이요 생명인 것입니다.

고후3;3-6에서 3절 '살아계신 하나님의 영으로 한 것이며 (쓴 것이며)'

6절 '의문에(조문에) 육체 즉 성경-방언-문자가 의문(조문)입니다.

영은 살리는 것이며 의문은 죽이는 것입니다. 그리스도의 영은 살리는 것입니다. 육은 무익하고 악한 것입니다.

하나님의 영으로, 그리스도의 영으로 거듭나야 합니다. 거듭나지 않으면 죽는 것입니다.

욥12;10에 생물은 불 택자이며 인생들의 영은 택자입니다.

단4;8-9 거룩한 신들의 영은 삼위일체 하나님의 영입니다. 다니엘의 이름의 뜻은 재판장이란 뜻입니다. 다니엘은 그리스도의 모형입니다.

하나님의 영으로 충만하여 사람들의 꿈을 해석했습니다.

요4;24 '하나님은 영이시니 예배하는 자는 신령과 진정으로 예배할찌니라'

요14;7-10에서 17절의 진리의 영은 그리스도의 영입니다.

고전4;9에 천사는 진리의 영을 받지 않은 영입니다.

성도 안에 그리스도의 영이 진리가 있음을 확신하시기 바랍니다.

롬8;8-10에 육신에 있는 사람은 하나님을 기쁘시게 할 수 없습니다. 하나님의 영이 우리 속에 있으면 육신에 있지 않고 영에 있습니다. 누구든지 그리스도의 영이 없으면 그리스도의 사람이 아닙니다.

롬8;10 '그리스도께서 너희 안에 계시면 몸은 죄로 인하여 죽은 것이나 영은 의를 인하여 산 것이니라'

하나님의 영, 그리스도의 영, 진리의 성령을 그리스도의 말씀으로 받아들이면 그리스도의 영으로 죽은 영이 살아납니다. 육체는 죄로 죽고 그리스도의 영으로 살아납니다.

롬8;11 '예수를 죽인 자 가운데서 살리신 이의 영이 너희 안에 거하시면 그리스도 예수를 죽은 자 가운데서 살리신 이가 너희 안에 거하시는 그의 영으로 말미암아 너희 죽을 몸도 살리시리라'   그리스도의 영이 우리 안에 거하시면 죽을 몸도 살리십니다.

그러므로 하나님의 영, 그리스도의 영, 성령을 받기 위하여 기도하면 안 되고 하나님의 말씀을 받아들일 때 그리스도의 영이 내 안에 들어오면 영육이 살아나는 것입니다.

(따라서) ‘말씀을 받을 때 그리스도의 영, 성령을 받게 된다.’

롬8;14 ‘무릇 하나님의 영으로 인도함을 받는 그들은 하나님의 아들이라’

고전2;11 ‘사람의 사정을 사람의 속에 있는 영 외에는 누가 알리요 이와 같이 하나님의 사정도 하나님의 영 외에는 아무도 알지 못하느니라.’

고전6;17 ‘주와 합하는 자는 한 영이라.’

이제는 죽은 자를 살려야 합니다. 하나님의 영은 살리는 것입니다.

(따라서) ‘그리스도의 영으로 내가 살고 교회도 살고 죽을 사람을 살리자’

성도 여러분 그러므로 살리는 영, 그리스도의 영, 성령으로 충만해야 합니다. 그리스도의 영이 충만하면 하나님의 영인 말씀이 충만합니다.

그리스도의 영이 충만한 사람이 복음을 전하면 받은 사람은 살고 받지 않는 사람은 죽는 것입니다.

요3;6 ‘육으로 난 것은 육이요 성령으로 난 것은 영이니’

육은 무익한 것입니다.

고후7;1에 육은 무익합니다. 육과 영을 온전히 깨끗하게 해야 합니다.

하나님의 영 성령이 육안에 있는 마음 영속에 거하시는 것입니다.

육은 사40;6에서 모든 육체는 풀이요 물과 성령으로 거듭나지 않는 목사, 장로, 권사, 모든 성도는 풀이요 시들고 죽어가는 인생인 것입니다.

방언과 문자를 풀어 그리스도라 전할 때 살아나는 것입니다. 하나님의 아들이 되는 것입니다.

렘25;30-31 ‘여호와께서 열국과 다투시며’ 열국은 메뚜기입니다.

모든 육체를 심판하십니다. 하나님은 모든 육체, 물과 성령으로 거듭나지 않은 모든 사람들을 심판하십니다.

렘45;5 하나님은 모든 육체에게 재앙을 내리신다고 말씀하십니다,

요2;21 예수님은 성전 된 자기 육체를 말씀하셨습니다.

그러므로 우리는 예수님의 육체만 보아서는 안 됩니다. 그 안에 그리스도의 영을 보아야 합니다.

성경에 예수님 이야기, 방언만 하면 유익이 없습니다. 율법만 이야기해도 유익이 없습니다.

행2;17, 요엘2장에 모든 육체에게 성령을 부어 주십니다. 하나님의 영, 그리스도의 영을 풀어 전하면 성령을 받게 되는 것입니다.

하나님은 성령을 우리 육체에 부어 주시어 자녀들은 예언을 할 것이요 청년들은 환상을 보고 늙은이들은 꿈을 꾸리라고 말씀하십니다.

롬3;20-21 율법은 죄를 깨닫게 합니다. 율법은 구약이요 신약은 온전한 율법입니다. 예수는 율법, 오실 예수 율법 구약인 것입니다. 율법은 하나님의 영광에 이르지 못했습니다.

고후1;12 '우리가 세상에서 특별히 너희에게 대하여 하나님의 거룩함과 진실함으로써 하되 육체의 지혜로 하지 아니하고 하나님의 은혜로 행함은 우리 양심의 증거 하는 바니 이것이 우리의 자랑이라'

하나님의 거룩함과 진실함은 예수 그리스도를 의미합니다. 육체의 지혜로 하지 않는다는 것은 방언으로 하지 아니하고 예수로 하지 아니한다는 의미입니다. 하나님의 은혜로 행함은 그리스도의 말씀을 뜻합니다. 성도들의 자랑은 예수그리스도의 영인 것입니다.

13절에 우리가 끝까지 알기를 원하십니다.

갈4;21-2321절의 율법은 예수 예수하는 방언이 율법입니다. 육의 사람은 방언만 하는 사람 예수 예수만 하는 사람입니다.

22절 교회 안에는 두 부류가 있습니다. 종의 자식과 천국의 자녀가 있습니다. 종의 자녀는 예수의 이름으로 목회도 하고 전도하고 구제, 봉사하는 사람입니다. 계집종에서 난 사람은 결국 택함 받지 못한 사람입니다. 그의 결국은 육의 사림인 것입니다.

자유 하는 여자의 약속을 따라 난 자는 택한 자녀인 것입니다. 하나님의 언약, 택한 사람이 영의 사람, 하나님의 사람, 그리스도의 사람이 되는 것입니다. 23절에 육체를 따라 난 사람은 심판을 받게 됩니다.

갈4;29에 육체를 따라 난 사람이 성령을 따라 난 사람을 핍박합니다.

즉 방언하는 사람이 성령의 사람. 그리스도의 사람을 핍박합니다. 핍박을 두려워하지 마십시오.

30절에 계집종과 그 아들을 내어 쫓으라 이들은 유업을 받지 못합니다.

때가 되었으므로 방언을 하는 사람이 핍박하고 무시하나 그들은 쫓겨 나갑니다.

갈5;16 성령을 좇아 행하라 그리스도를 따라 살아야 합니다. 성령을 따라 말을 하면 악한 자, 귀신들이 쫓겨납니다.

그러므로 육체를 따랄 살 것이 아니요 성령을 좇아 살아야 합니다.

17절 육체의 소욕은 성령을 거스립니다. 성령의 소욕은 육체를 거스르게 됩니다. 육체와 성령은 서로 대적하며 육체가 원하는 것, 성령이 원하는 것을 하지 못하게 합니다. 반대가 되고 대적이 됩니다.

18 성령의 인도를 받게 되면 율법 아래 육체의 사람이 되지 않습니다.

19-20 육의 사람은 각종 죄를 범하게 됩니다.

갈 6;6-8 육의 사람은 심판을 받습니다. 육의 사람의 결국은 썩어진 것을 거두게 되는 것입니다. 말씀을 사모하는 사람은 말씀을 가르치는 사람과 좋은 것을 함께 해야 합니다.

7절에 만홀히 여김을 받지 않습니다.

결론)무익한 말에 행동에 심판이 있습니다. 심문을 받게 됩니다.

육체를 따라 살면 죽게 됩니다. 육체는 무익한 것입니다. 육체의 욕심은 무익합니다. 아무것도 아닌 것입니다.

그리스도의 영으로 살 때 죽은 자가 살아납니다. 자신도 타인도 사릴 수 있습니다. 말의 대가, 행동의 대가는 이 세상에서 심판과 심문을 받게 되는 것입니다.

33
사랑을 따라 구하라

사랑을 따라 구하라 신령한 것을 사모하되 특별히 예언을 하려고 하라 방언을 말하는 자는 사람에게 하지 아니하고 하나님께 하나니 이는 알아 듣는 자가 없고 그 영으로 비밀을 말함이니라 그러나 예언하는 자는 사람에게 말하여 덕을 세우며 권면하며 안위하는 것이요 방언을 말하는 자는 자기의 덕을 세우고 예언하는 자는 교회의 덕을 세우나니 나는 너희가 다 방언 말하기를 원하나 특별히 예언하기를 원하노라 방언을 말하는 자가 만일 교회의 덕을 세우기 위하여 통역하지 아니하면 예언하는 자만 못하니라 그런즉 형제들아 내가 너희에게 나아가서 방언을 말하고 계시나 지식이나 예언이나 가르치는 것이나 말하지 아니하면 너희에게 무엇이 유익하리요 (고전14;1-6)

'구한다.' 는 기도한다, 물어본다. 질문한다는 뜻입니다.

'사랑' 은 그리스도를 뜻합니다. 방언을 부인하면 예수를 부인하는 것입니다. 예수를 통역하면 그리스도인 것입니다.

구원은 쉽게 받는 것이 아닙니다. 예수를 믿으면 구원 받습니다-이는 방언입니다. 예정 된 사람들이 예수그리스도를 믿어야 구원받습니다. 계집종의자녀는 구원 받지 못합니다. 언약의 자녀가 예수 그리스도를 믿어야 구원 받는 것입니다. 그러므로 구원은 하나님의 비밀인 것입니다.

성경은 어려운 것이 아닙니다. 구원도 어려운 것이 아닙니다. 알면 쉬운 것입니다. 성경은 풀어 통역해야 뜻을 알 수 있는 것입니다. 예수 그리스도를 믿으면 자유 함이 되어야 합니다.

능력 받으려고 금식하고 철야하고 이산 저산 기도원 다니는 것입니다. 예수 그리스도를 믿는 사람들은 육의 것을 구하는 것이 아닙니다.

자신이 벌거벗은 사람인지 옷을 입고 있는 사람인지 알아야 합니다. 갈급해야 합니다.

1절에 사랑을 따라 구하라, 추구하라.

하박국 선지자는 설교자로서 불신자들이 잘 되고 형통함을 보고 하나님께 질문했습니다. 하나님의 말씀을 깨닫고 하박국3;17의 고백을 합니다.

우리에 양이 없어도....여호와 한 분으로 만족합니다.

하나님의 말씀이 충만한 사람은 성령에 충만한 사람입니다.

성도 여러분 기도의 응답은 성경에 응답이 기록되어 있습니다. 죄가 무엇입니까? 의가 무엇입니까? 심판이 무엇입니까? 성경에 기록되어 있습니다.

너희는 그의 나라와 그의 의를 구하라 그리하면 이 모든 것이 너희에게 더하여 주시리라고 말씀하십니다. 신령한 것은 신령한 것으로 풀어야 합니다. 육신의 생각대롤 풀면 안 됩니다.

추수할 좋은 것이 없습니다. 또는 6일 동안에 모든 일이 잘 되지 않습니다.

그러나 갈급합니다. 욕구가 많고 하고 싶은 것이 많으나 잘 되지 않습니다. 즉 사람이 생각대로 구한 것은 하나님의 생각과 다른 것입니다.

문자와 방언은 풀어서 예언하고 그리스도를 증거 해야 합니다.

행4;9-12 '만일 병인에게 행한 착한 일에 대하여 이 사람이 어떻게 구원을 얻었느냐고 오늘 우리에게 질문하면 너희와 모든 이스라엘 백성은 알라 너희가 십자가에 못 박고 하나님이 죽은 자 가운데서 살리신 나사렛 예수 그리스의 이름으로 이 사람이 건강하게 되어 너희 앞에 섰느니라.'

9절에서 병인은 무력한 자입니다. 신32;36은 종들의 무력함 대해 말합니다. 무력함은 병인인 것입니다.

마4;23-24에 각색 병자, 약한 자, 무력한 자를 주님은 고쳐주셨습니다. 병인은 약한 자요 무력한 자입니다. 병인을 고치는 능력을 주님은 제자들에게 주신 것입니다.

사10;18 '병인이 점점 쇠약하여 감 같을 것이니라.'

마14;14에 예수께서 병인을 고쳐주셨습니다. 안수하여 고쳐주십니다. 안수는 손의 힘, 하나님의 말씀의 능력의 힘을 의미합니다.

말씀은 하나님의 능력, 그리스도의 말씀, 안수도 머리에 합니다.

머리는 그리스도입니다. 여자의 머리는 남자요 남자의 머리는 그리스도입니다. 그리스도가 없는 사람은 그 머리에 그리스도를, 성령을 부어주시는 것입니다. 사람의 손은 능력이 없습니다. 그리스도의말씀이 능력인 것입니다. 하나님의 말씀, 그리스도의 말씀을 받아들이면 병이 고쳐집니다.

귀신이 떠나갑니다. 죽은 영이 살아납니다. 살리는 것은 영입니다. 성령으로 진리의 성령으로 말씀을 받으면 안수를 받는 것입니다.

눅4;40에 해질 적은 마지막 때를 말합니다. 병든 사람이 병든 사람을 데려오는 것입니다.

청함을 받은 사람은 많으나 택함 받은 사람은 적다고 말씀합니다. 병든 사람에게 안수는 사람의 손이 아닙니다. 그리스도의 말씀은 성령의 기름입니다. 치료는 말씀으로, 성령의 기름으로 치료받는 것입니다.

하나님의 큰 손, 그리스도의 손, 그리스도의 말씀, 성령의 기름, 말씀으로 안수 받아야 합니다. 머리에 손을 얹는 것은 그리스도가 없기 때문에 머리에 손을 얹어 안수 하는 것입니다. 구원은 개인적인 것입니다.

행4;9 '만일 병인에게 행한 착한 일에 대하여 이 사람이 어떻게 구원을 얻었느냐고 오늘 우리에게 질문하면 '

행10;38 '하나님이 나사렛 예수에게 성령과 능력을 기름 붓듯 하셨으매 저기 다루 다니시며 착한 일을 행하시고 마귀에게 눌린 모든 자를 고치셨으니 이는 하나님이 함께 하셨음이라'

갈6;9-10 '착한 일을 하되 더욱 믿음의 가정들에게 할지니라.'

선을 행하되 낙심하지 말라 때가 이르매 거두리라고 말씀합니다.

성도들은 주의 말씀을 잘 들어야 합니다. 그래야 건강합니다. 건전하고 완전하게 됩니다. 말씀을 들을 때 육신도 영적인 것도 치료가 되어지는 것입니다. 하나님의 말씀은 능력이요 영이시기 때문에 죽은 자, 병든 자를 살리는 것입니다.

주님은 두루 다니시면서 병든 자를 말씀으로 고치신 것입니다.

육신의 병은 영혼이 치료되면 깨끗이 고침을 받게 됩니다. 육신의 질병보다 영혼이 치료되면 육신은 건강해 지는 것입니다.

시34;19-20 '의인은 고난이 많으나 여호와께서 그 고난에서 건지시는 도다 그 모든 뼈를 보호하심이여 그 중에 하나도 꺾이지 아니하도다'

시25;21 '내 영혼을 지켜 구원 하소서'

병이 아니라 영혼구원의 간구입니다.

시37;28에 성도를 버리지 않으십니다, 영영히 보호받으나 악인은 끊어진다고 말씀합니다.

시107;20에 말씀을 보내어, 그리스도를 보내어 저희를 고치사 위경에서 건져주십니다.

즉 그리스도의 말씀으로 위경에서 건져주십니다. 치료는 그리스도의 말씀으로 고치십니다.

그러므로 사랑을 따라 구하라는 것은 영과 육을 치료하여 주심을 구하는 것입니다.

시101;2 '내가 완전한 길에 주의 하오리니.....내가 완전한마음으로 내 집 안에서 행하리이다.'

완전한 길은 완전한 구원을 의미합니다. 완전한 마음은 진리로, 성령으로 충만함을 의미합니다. 완전한 마음으로 행한다는 것은 진리로 충만한 성령을 뜻합니다. 육의 사람이 아니라 영의 사람으로 충만한 행위를 의미합니다.

예수 예수하는 사람들은 진리의 성령으로 거듭나지 못하여 완전한 사람이 아닙니다. 완전한 마음, 완전한 사람은 진리로 충만한 성령의 사람인 것입니다. 이 명박 대통령을 우리는 대한민구 대통령으로 알고 있으나 그가 나를 알지는 못한다는 것입니다. 예수를 믿으나 예수 그리스도가 나를 알지 못한다면 불행이며 멸망인 것입니다. 그러므로 진리로 그리스도를 알아 그 말씀이 내 안에 들어오면 진리인 성령이 충만하므로 내가 온전한 구원자, 그리스도의 사람인 것입니다.

잠19;21 '사람의 마음에는 많은 계획이 있어도 오직 여호와의 뜻이 완전히 서리라'

시138;8 하나님은 하나님과 관계된 사람을 버리지 않습니다. 완전케 하십니다. 그리스도와의 관계를 맺어야 완전을 의미합니다.

사랑을 따라 구하라는 것은 하나님과의 관계입니다.

욥23;1-5에 욥은 하나님께 혹독히 원망하므로 받는 재앙이 탄식보다 중하다고 고백 합니다.

하나님께 원망하지만 하나님을 발견하기를 찾습니다. 그 보좌 앞에 나가기를 원합니다. 실상 욥은 사단에게 큰 시험을 당해 자식도 많은 가축도 아내도 다 잃어버린 것입니다. 그러므로 하나님을 원망했던 것입니다. 그러나 욥은 하나님을 찾았습니다. 하나님의 보좌를 찾았습니다. 즉 나는 할 수 없다고 여호와 하나님께 맡기고 하나님을 진실로 찾은 것입니다. 욥이 구한 것은 무엇입니까? 시132;5에 성막을 발견하기까지.. 구한 것은 성막, 성전을 찾은 것입니다. 구하는 것입니다.

마13;44에 천국은 밭에 감추어진 보화와 같은 것입니다. 그리스도는 감추어진 것입니다. 숨겨둔 것이 발견되면 내 것을 삼아야 합니다. 모든 것을 팔아 그리스도 안에 들어가야 하는 것입니다. 그러므로 구하라-찾는다. 발견한 것입니다.

성도 여러분 지금은 금 은 보화 내 소유를 다 팔아서 밭에 보화, 감추인 그리스도를 찾아 그리스도 안에 들어와야 합니다.

(따라서) '나로 그리스도의 향기가 되어 그리스도께 드리면 향기로운 제물이 된다'

사랑을 따라 구하는 것은 그리스도 안에서 발견되어 찾아야 합니다. 치료가 되어야 합니다. 그리스도 안에서 완전한 것이 구하는 것이요 그리스도 안에서 구하는 것은 관계를 맺는 것입니다. 감추인 것을 찾아 모든 것을 버리는 것이 구하는 것입니다. 그리스도 안에서 항상 발견되는 성도가 되어야 합니다. 주 하나님을 찾아야 합니다. 하나님 아버지께 발견되고 인정되시어 진리가 충만하기 바랍니다. 진리의 성령으로 충만하시어 그리스도의 사랑을 따라 간구하는 모든 것이 그리스도 안에서 이루어지시기 바랍니다.

34
말씀을 뜨겁게 받자

가라사대 미련하고 선지자들의 말한 모든 것을 마음에 더디 믿는 자
들이여 그리스도가 이런 고난을 받고 자기의 영광에 들어가야 할 것
이 아니냐 하시고 이에 모세와 및 모든 선지자의 글로 시작하여 모든
성경에 쓴바 자기에 관한 것을 자세히 설명하시니라 저희의 가는 촌
에 가까이 가매 예수는 더 가려하는것 같이 하시니 저희가 강권하여
가로되 우리와 함께 유하사이다 때가 저물어가고 날이 이미 기울었나
이다 하니 이에 저희와 함께 유하러 들어 가시니라 저희와 함께 음식
잡수실 때에 떡을 가지사 축사하시고 떼어 저희에게 주시매 저희 눈
이 밝아져 그인줄 알아 보더니 예수는 저희에게 보이지 아니하시는지
라 저희가 서로 말하되 길에서 우리에게 말씀하시고 우리에게 성경을
풀어 주실 때에 우리 속에서 마음이 뜨겁지 아니하더냐 하고 곧 그시
로 일어나 예루살렘에 돌아가 보니 열 한 사도와 및 그와 함께한 자들
이 모여 있어 말하기를 주께서 과연 살아나시고 시몬에게 나타나셨다
하는지라 두 사람도 길에서 된 일과 예수께서 떡을 떼심으로 자기들
에게 알려지신 것을 말하더라 (눅24;25-35)

그리스도의 말씀이 마음에 뜨겁게 받아들여 질 때 눈이 밝아집니
다.

예수그리스도를 볼 수가 있습니다. 눈이 열려집니다.

예수님은 십자가에 죽으시고 장사 지낸지 3일 만에 부활하셨습니

다. 부활하신 주님은 두 제자들과 걸어가시면서 말씀하셨고 함께 유하러 방에 들어가시어 음식을 함께 나누시고 저들에게 축사하시고 떡을 떼어 주시며 두 제자들의 눈이 밝아져 그 인줄 알았습니다. 예수 신 줄 알아보았으나 주님은 거기 계시지 않았습니다. 그 때 두 제자가 서로 말합니다.

32절 '우리에게 성경을 풀어 주실 때에 우리 속에서 마음이 뜨겁지 아니 하더냐'

문자적인 글과 예수의 일로 말속에 뜻을 풀 때 그리스도가 증거 되는 것입니다. 성경은 예수의 비밀, 그리스도의 비밀인 것입니다.

예수님도 그 안에 그리스도가 계셨기에 살아나신 것을 증거 합니다.

바울도 그리스도를 깨닫고 누란노서원에서 밤을 새워 강론한 것입니다.

31 '그 인줄 그리스도인 줄 알아보더니' 예수는 저희에게 보이지 않았습니다. 예수그리스도도 부활 후에 성경을 가지고 자기 일을 자세히 증거 하셨습니다. 예수는 보이지 않고 누구만 보았습니까? 그리스도만 본 것입니다.

성도 여러분 예수님은 볼 수가 없습니다. 그는 하나님의 우편에 계십니다. 부활하시고 진리의 성령 그리스도를 보내신 것입니다.

성도들에게 그리스도만 볼 수 있는 눈이 열려지시기 바랍니다. 또는 그리스도의 말씀으로 마음이 뜨거워지시기 바랍니다.

성경에서 눈이 뜨여져서 예수는 보이지 않고 그리스도만 보이시기 바랍니다.

그리스도를 볼 수가 있어야 합니다. 그리스도를 마음에 뜨겁게 느껴야 합니다. 성경은 상징과 비유로 기록되어 있습니다.

성경말씀을 풀어 전해 주어야 그 말씀으로 완전해집니다.

32절에 성경말씀을 자세히 바로 풀어 주셔야 상대의 마음이 뜨거워지고 눈이 밝아집니다.

마음이 뜨겁다는 말은 불을 붙이다라는 의미입니다.

성경에서 좋은 불은 눅12;49 '내가 불을 땅에 던지러 왔노니 이 불이 이미 붙었으면 내가 무엇을 원하리요.' 불붙이는 것이 무엇입니까? 마음을 뜨겁게 하는 것입니다. 이 불은 성령을 받으라 해서 받는 불이 아닙니다. 성경을 풀어줄 때 마음이 뜨거워지는 불인 것입니다. 마음이 뜨거운 상태가 불붙은 상태입니다.

하나님은 사람을 외모로 보지 않습니다. 사람의 마음의 열매, 첫 열매 그리스도의 열매가 있는지 없는지를 보십니다. 그리스도의 영이 있는지 없는지를 보시는 것입니다. 진리의 성령을 받은 사람은 마음이 뜨겁게 되는 것입니다.

성도 여러분 말씀을 들을 때 마음이 뜨거우십니까? 진리의 성령, 그리스도께서 여러분의 마음에 불을 붙여 주실 것입니다. 말씀을 풀어 주실 때 제자들의 마음이 뜨거워진 것처럼 분명히 뜨거워질 것입니다.

그러므로 하나님의 말씀을 사모하셔야 불이 붙는 것입니다. 이 불을 각 심령에 붙도록 말씀을 풀어 드릴 것입니다.

문자적인 기록은 구약 율법이야기입니다. 예수이야기입니다. 말 속의 뜻은 복음인데 그리스도의 이야기인 것입니다.

문자적인 말은 다른 말로 방언이요 말 속에 뜻은 예언인 것입니다. 다른 말로 방언 통역은 그리스도로 드러내야 하는 것입니다. 방언을 통역해야 알아 듣고 전쟁준비를 하고 신부가 신랑을 맞이할 준비를 해야 합니다.

방언을 통역해야 성경적인 믿음이 생깁니다. 성장합니다. 구약에는 복음 그리스도가 숨겨져 있습니다. 신약에는 그리스도가 비밀인 것입니다.

구약에 문자적 기록은 약1;25에 신약은 온전한 율법입니다. 구약은 문자적인 기록이지만 예수님이라고 한번도 말씀하지 않고 어린양, 짐승으로 모두 숨겨놓은 것입니다. 구약은 율법이요 신약은 온전한 율법입니다.

이사야 선지자는 처녀의 몸에서 오실 것이라고 점진적으로 해석한 것입니다. 주님은 성경적으로 오신 것입니다. 신약은 예수님이 육체를 입고 임할 것을 기록하고 있습니다. 그래서 구약은 미완성이요 신약은 완성인 것입니다.

그러므로 성도가 온전해지려면 그리스도 안에 들어가야 합니다. 성경을 율법에서 복음으로, 복음에서 그리스도가 드러나야 바른 해석이 되는 것입니다.

복음의 말씀인 신약에서 그리스도가 숨겨져 있는데 뜻을 풀어내 그리스도가 나타나는 것입니다.

성경은 거울입니다. 그 거울 속에 내 영혼을 바로 보고 찾아야 합니다.

행19;4에 세례 요한은 예수라 하면서 그리스도를 증거 하지 않습니다.

행18;24-28에 아볼로는 학문이 많은 사람이요 아볼로는 예수의 세례만 아는 사람입니다. 26절 '그때 브리스길라와 아굴라가 아볼로의 말을 듣고 데려다가 하나님의 도를 더 자세히 풀어 이르더라.'

27-28절 '아볼로는 그 후에 예수는 그리스도라고 증거 하여 공중 앞에서 유력하게 유대인의 말을 이김 이더라'

성경의 인물이나 지명에는 뜻이 있습니다. 에베소는 인내라는 의미입니다. 아볼로는 침략자, 독수리의 뜻입니다.

25절에 아볼로는 예수의 세례만 알았다고 말씀합니다. 많은 사람들이 예수 예수만 하고 있지 그리스도를 드러내지 않습니다. 요한의 세례는 회개인 것입니다. 요한은 예수만 알고 가르친 것입니다.

(따라서) '그리스도를 알아야 하나님을 바로 알 수 있다.'

예수는 그리스도라고 할 때 하나님을 바로 알 수가 있습니다.

행19' 1-3에 바울은 제자들에게 너희가 믿을 때 성령을 받았느냐고 물었을 때 제자들은 성령이 있음도 듣지 못했다고 말합니다.

즉 그 당시에도 요한의 세례를 바로 받았다면 성령세례를 받았을 것입니다. 아볼로는 성경에 능한 자라고 기록되어 있습니다.

행18;26 '브리스길라와 아굴라가 듣고 데려다가 하나님의 도를 더 자세히 풀어 이르더라.' 아볼로가 성경을 자세히 풀어 그리스도를 알게 된 후에 예수가 그리스도라고 증거 한 것입니다.

그러니까 아볼로는 성경에 능한 자였으나 그리스도를 알지 못한 사람입니다. 말씀을 풀어줄 때 마음이 뜨거워진 것입니다. 예수를 그리스도라고 증거 한 것입니다, 아볼로가 브리스길라와 아굴라로 말씀을 풀어준 때에 성령을 충만히 받게 된 것입니다. 그 후에 예수를 그리스도라 증거 했다면 오늘 여러분에게도 하나님의 말씀을 풀어 드릴 때 받아들이면 마음이 뜨거워지는 것입니다. 그리스도의 말씀을 마음에 받아들일 때 심령이 뜨거워지고 마음에 찔림이 오고 통회가 나고 눈물이 나서 심령이 치료 되는 것입니다.

말씀을 그리스도의 말씀으로 받아들일 때 마음이 뜨겁게 되고 성령이 충만해집니다.

(따라서) '예수는 그리스도라고 믿어지고 증거 될 때 하나님의 능력이 임 한다' 세상을 이기는 믿음이 그리스도인 것입니다. 이 믿음으로 나갈 때 세상을 감당하게 합니다. 그리스도에 대한 믿음이 확증되어야 세상을 이기고 정복하고 다스릴 것입니다.

예수의 말씀이 풀어질 때 마음이 뜨거워집니다. 열매를 맺게 될 것입니다.

성도들의 입의 열매 말씀으로 그리스도의 사람, 성령의 사람인지 아닌지 알 수가 있습니다. 아볼로는 성령 받지 않고 성경에 능한 자로 복음을 전한 사람입니다.

즉 오늘날 목회자, 신학박사, 성도들의 영적 상태를 보여준 것입니다. 요한의 세례는 문자적인 기록으로 온전한 율법까지 갖추어야 요한의 세례입니다. 요한의 세례, 할례는 사람이 어떤 현상이 일어난지를 보십시다.

눅7;29-30 에 요한의 세례는 회개의 세례입니다.

바리새인과 율법 교사들은 그의 세례를 받지 않고 스스로 하나님의 뜻을 저버렸다고 기록합니다.

행1;20-21에 그의 거처가 황폐하게 되었다고 말합니다. 그 직분을 타인이 취했습니다. 하나님은 이런 사람들의 믿음을 시험하지 않으십니다. 마지막 심판에 붙여 영원히 망하게 하고 그 직분을 타인에게 주십니다.

성도 여러분진리의 성령이 언제 오셨습니까? 약 2000년 전입니다. 진리의 성령이 오셨으면 뜻을 풀어 그리스도라고 전하지 않으면 진리의 성령을 알 수가 없습니다. 받지 못합니다.

그러므로 주님이 다시 오시면 그 사람은 심판을 받는 대상이 되는 것입니다. 그래서 성령이 오시면 죄가 드러납니다,

행행17;2-3 '너희에게 전하는 이 예수가 곧 그리스도라 하니'

사도 바울도 뜻을 풀어 그리스도를 깨달은 것입니다.

성경의 최초 기록은 모세입니다.

출34;27 '여호와께서 모세에게 이르시되 너는 이 말씀들을 기록하라'

하나님께서 모세로 기록하게 하시고 모세와 이스라엘을 세워 약속

하신 것입니다. 하나님과 사람의 관계는 언약관계인 것입니다.

즉 말씀 속에 뜻을 드러내야 하나님과 자녀들 사이의 언약이 되는 것입니다. 언약은 그리스도요 말은 예수요 말씀 속에 뜻은 그리스도 임을 확증하시기 바랍니다.

35
율법과 그리스도

이스라엘 자손이 그 본성에 거하였더니 칠월에 이르러는 모든 백성이 일제히 수문 앞 광장에 모여 학사 에스라에게 여호와께서 이스라엘에게 명하신 모세의 율법책을 가지고 오기를 청하매 칠월 일일에 제사장 에스라가 율법책을 가지고 남자, 여자 무릇 알아 들을만한 회중 앞에 이르러 수문 앞 광장에서 새벽부터 오정까지 남자, 여자 무릇 알아 들을만한 자의 앞에서 읽으매 뭇백성이 그 율법책에 귀를 기울였는데 때에 학사 에스라가 특별히 지은 나무 강단에 서매 그 우편에 선 자는 맛디댜와 스마와 아나야와 우리야와 힐기야와 마아세야요 그 좌편에 선 자는 브다야와 미사엘과 말기야와 하숨과 하스밧다나와 스가랴와 므술람이라 학사 에스라가 모든 백성 위에 서서 저희 목전에 책을 펴니 책을 펼 때에 모든 백성이 일어서니라 에스라가 광대하신 하나님 여호와를 송축하매 모든 백성이 손을 들고 아멘 아멘 응답하고 몸을 굽혀 얼굴을 땅에 대고 여호와께 경배하였느니라 예수아와 바니와 세레뱌와 야민과 악굽과 사브대와 호디야와 마아세야와 그리다와 아사랴와 요사밧과 하난과 블라야와 레위 사람들이 다 그 처소에 섰는 백성에게 율법을 깨닫게 하는데 하나님의 율법책을 낭독하고 그 뜻을 해석하여 백성으로 그 낭독하는 것을 다 깨닫게 하매 백성이 율법의 말씀을 듣고 다 우는지라 총독 느헤미야와 제사장겸 학사 에스라와 백성을 가르치는 레위 사람들이 모든 백성에게 이르기를 오늘은 너희 하나님 여호와의 성일이니 슬퍼하지 말며 울지 말라 하고 느헤미야가 또 이르기를 너희는 가서 살진 것을 먹고 단 것을 마시되 예비치 못한 자에게는 너희가 나누어 주라 이 날은 우리 주의 성일이니 근심하지 말라 여호와를 기뻐하는 것이 너희의 힘이니라 하고 레위 사람들도

모든 백성을 정숙케 하여 이르기를 오늘은 성일이니 마땅히 종용하고
근심하지 말라 하매 모든 백성이 곧 가서 먹고 마시며 나누어 주고 크
게 즐거워하였으니 이는 그 읽어 들린 말을 밝히 앎이니라
(느헤미야 8;1-12)

느8;8 '하나님의 율법 책을 낭독하고 그 뜻을 해석하여 백성으로 그
낭독하는 것을 다 깨닫게 하매'

느헤미야가 모세오경을 깨닫고 자세히 풀어 그리스도라고 전한 것
입니다.

깨닫게 하는 것이 뜻을 푸는 것이요 성령을 받게 하는 것입니다. 뜻
을 풀어 주지 않으면 성도들은 깨달을 수가 없습니다. 즉 성령께서
뜻을 풀어 자세히 풀어 주셔야 깨닫게 되는 것입니다.

느8;9 '백성이 율법의 말씀을 다 듣고 우는지라'

하나님의 음성은 말씀인 것입니다. 하나님의 음성, 뜻을 바로 전해
야 하는 것입니다. 내 방법, 내 지식으로 성령을 풀고 전하면 안 되는
것입니다.

진리의 성령이 내게 오시면 예수 그리스도를 떠나지 않습니다. 하
나님의 교회를 떠나지 않는 것입니다. 진리의 성령으로 더욱 충만하
여 점점 자라게 됩니다.

히4;12 '하나님의 말씀은 살아 운동력이 있어 좌우에 날 선 어떤 검
보다도 예리하여 혼과 영과 및 관절과 골수를 찔러 쪼개기까지 하며
또 마음의 생각과 뜻을 감찰하나니'

주 하나님의 말씀으로 들려질 때에 내 심령 영과 혼과 육이 변화되
고 치료가 되고 악한 것들이 떠나가고 더러운 죄악이 드러나는 것입
니다.

문자적인 말씀 속에 뜻이 흘러 그리스도라고 전할 때 성령을 받게 됩니다. 하나님의 음성으로 받게 되는 것입니다. 그리스도의 영을 받아 그리스도의 사람이 되는 것입니다. 자유 함을 누리게 되는 것입니다. 슬퍼하지 않습니다. 그리스도의 사람이 되는 것입니다.

오늘은 주님의 날, 성일 입니다. 축복의 날입니다. 자유 함을 얻는 날입니다. 성도 여러분 믿음은 모든 사람의 것이 아니라고 했습니다. 주님은 내가 세상 끝 날에 믿는 자를 보겠느냐고 말씀하십니다.

주님 오실 때에 믿는 사람들이 적은 것은 축복만 받고자 하는 기복적인 믿음, 추상적인 믿음이 많기 때문입니다.

성경적인 믿음은 예수는 그리스도라 믿은 믿음이 성령 충만한 믿음입니다.

진실로 성도들의 믿음생활에 예수는 보이지 않고 그리스도만 보여야 합니다. 하나님은 성령을 기록케 하신 목적과 뜻이 있습니다. 하나님은 아들 그리스도를 알리기 위해서 개인적으로 주시는 은사가 있습니다. 이사야 같이 하나님 앞에 온전히 굴복하면 하나님께서 들어 쓰시는 사람이 되는 것입니다.

성경은 하나님의 감동으로 기록되었기에 하나님의 감동을 받아야 성경을 풀 수가 있고 하나님의 뜻을 알 수가 있습니다. 기도해서 하나님의 뜻을 아는 것이 아닙니다.

기도해서 하나님의 뜻을 알려고 하지도 말고 기도하여 하나님의 뜻을 응답받지도 말아야 합니다. 그런 것은 귀신이 하는 짓이요 귀신에게 속는 것입니다. 하나님의 뜻은 기록된 성경에 모두가 숨겨진 것입니다.

성경은 하나님의 감동으로 된 것이기에 성경을 푸는 해답이 있는 것입니다.

전8;7-8에 사람은 장래 일을 알지 못합니다. 성경에 장래 일은 마지막 때 세상 끝은 주님 재림 때인 것입니다.

구약의 장래 일은 예수님 오시는 초림이야기입니다. 주님이 다시 재림하시고 나면 천년 왕국이 어떻게 이루어질 것인가 성도들에게 장래일 인 것입니다. 그래서 성경을 사사로이 풀면 안 됩니다.

벧후1;20-21에 성경은 사사로이 풀 것이 아니라고 말씀합니다. 하나님은 스스로 있는 자라고 말씀합니다. 장래 일은 그리스도가 있다는 말씀입니다. 스스로 있다는 원문에 있다, 즉 하나님은 살아 계시다, 있다는 뜻입니다.

그래서 장래 일을 말하려면 다시 오실 그리스도를 말해야 합니다. 예언해야 하는 것입니다, 예수그리스도를 믿는 사람의 장래일은 그리스도가 이 땅에 오시는 일입니다.

성도 여러분 천년 왕국은 누가 들어갑니까? 부활체입니까? 변화체입니까?

그러므로 잘못 된 것을 고쳐야 합니다. 하나님의 말씀을 채워야 합니다. 성전이 건축되어져야 합니다. 첫째 부활할 사람은 죽어야 합니다. 주님 오실 때 변화되려면 사명을 잘 감당해야 합니다. 그러므로 성도에게 장래 일은 예수 그리스도가 재림하시는 것을 소망해야 합니다.

성경 전체를 초림은 30퍼센트, 재림은 70퍼센트입니다. 그러므로 성도에게 장래일은 확실히 있는 것입니다. 전도서에 때를 많이 말씀하십니다. 일어나야 할 때입니다.

사람은 장래 일을 모르는 것입니다. 특별히 성경은 성령의 감동으로 된 것이기에 사람이 알 수가 없습니다. 성경박사, 신학박사들은 성령 받지 않은 사람이 거의 100퍼센트입니다.

실상 장래 일을 가르칠 사람은 성령을 받은 사람, 진리의 사람입니다.

가르치다는 원어에 예언하다, 즉 하나님께 직접 계시된 사람, 진리의 사람이 전하는 것입니다. 예언은 뜻을 풀어 그리스도라고 전해주는 것입니다.

말씀을 전하는 사람은 사람의 장래 일을 전하면 안됩니다. 귀신들이 하는 짓입니다.

예수그리스도를 믿는 사람은 무당 짓을 하지 말아야 합니다. 사람의 장래 일로 돈을 벌면 안 됩니다. 이런 사람들은 예수 그리스도를 믿지만 하층의 사람이요 지옥 갈 사람입니다.

성도 여러분 하나님의 말씀, 뜻을 풀어 주시는 말씀을 가슴에 받아야 합니다. 하나님의 말씀이 머리에만 있으면 지식이 되는 것입니다. 말씀은 가슴으로, 마음으로 받아야 합니다. 가슴에 들어가야 뜨거워집니다.

전8;7 '사람이 장래 일을 알지 못하나니 장래 일을 가르칠 자가 누구이랴'

장래 일에 대해선 가르치는 일과 같은 동격입니다.

계10;11에 백성과 나라와 방언과 임금에게 다시 예언하여야 하리라고 말씀합니다. 사람의 계명을 가지고는 결코 하나님을 만날 수가 없습니다. 천국에 갈 수도 없습니다. 율법에서 뜻을 풀어 그리스도를 증거 해야 합니다.

성도들이 자라고 성장하여 심령이 건축되어 주 하나님의 뜻을 따라 죽기도 하고 살기도 합니다. 변화체가 될 수 있습니다.

성도들은 율법을 그리스도의 말씀으로 가슴에 담아 심령이 뜨거워지고 새로워져서 그리스도의 재림에 홀연히 변화되시기 바랍니다.

36
한 혈통이란

또 무엇이 부족한 것처럼 사람의 손으로 섬김을 받으시는 것이 아니니 이는 만민에게 생명과 호흡과 만물을 친히 주시는 자이심이라 인류의 모든 족속을 한 혈통으로 만드사 온 땅에 거하게 하시고 저희의 년대를 정하시며 거주의 경계를 한하셨으니 이는 사람으로 하나님을 혹 더듬어 찾아 발견케 하려 하심이로되 그는 우리 각 사람에게서 멀리 떠나 계시지 아니하도다 (행17;25-27)

전 성경은 예수 그리스도의 사역입니다. 예수님에 대한 기록을 가지고 예수님의 이야기를 해야 하늘나라 방언이요 율법인 것입니다.

방언을 은사적인 방언만 생각하면 그것은 유익이 전혀 없습니다.

개인적인 은사로 생각하고 믿고 따라 온 기간이 6일 동안입니다.

그 경계가 어디까지인가? 6일간 방언인 것입니다. 성령을 목사가 안수하여 주는 것이라고 생각하면 안 됩니다. 성령은 삼위일체 하나님입니다.

6일 동안에는 사람이 자기 맘대로 씨를 뿌리고 파종했지만 7일 째에는 반드시 안식일에 들어가고 지금은 그리스도안에 들어가야 합니다.

진리의 성령님은 하나님이시오 그리스도인 것입니다.

진리의 성령께서 성도들을 그리스도에게 인도할 것이요 들어가야 합니다. 성경은 어떤 사람에게는 넘어지는 자들이요 거치는 반석이 되는 것입니다. 기독교가 한국에 들어온 지도 120년이 지났으므로 모두가 방언에 넘어진 것입니다. 즉 하나님이 주신 은사가 방언만 알고 다 넘어진 것입니다.

최초로 성경은 하나님께서 모세를 불러 내말을 기록하라고 하시고 너와 이스라엘 백성들에게 언약하신 말씀이 성경인 것입니다.

그러나 그 말씀 기록된 성경에는 뜻이 숨겨진 것입니다. 언약인 것입니다.

모세와 이스라엘과의 하나님의 언약인데 그 말씀을 풀어 점진적으로 보면 모세의 표상은 예수님에 대한 이야기인 것입니다.

신랑이신 그리스도가 신부인 성도들에게 언약의 숨겨진 뜻인 것입니다.

신부된 성도들은 신랑이 숨겨둔 뜻, 언약을 확실히 알고 가야 합니다.

그 언약이 창9장에 있는 언약입니다, 언약을 방언으로 말하면 알 수가 없습니다. 즉 신부와 산랑 사이의 언약을 모르는 것입니다. 언약은 약속입니다.

하나님은 아브라함에게 99세 때에 100세에 자식 낳을 것을 약속하셨습니다. 그러나 속으로 비웃고 믿지 않았습니다. 그러나 실제로 100세에 아들을 낳은 것입니다. 하나님의 약속을 믿지 않은 아브라함과 사라는 하갈을 취하여 이스마엘을 낳은 것입니다. 자기 방법대로 계집종의 아들을 낳았습니다. 이스마엘은 약속의 자식이 아닙니다. 이는 말씀하신대로 온 자가 아닙니다.

그 후에 약속의 자녀인 이삭이 태어났습니다.

약속의 자식이 태어나자 누가 핍박을 합니까? 이스마엘이 약속의 자식을 핍박합니다. 이 때에 아브라함이 고민합니다. 하나님은 고민

하고 있는 아브라함에게 약속으로 낳은 자식이 네 씨이니 이스마엘을 내어 쫓으라고 말씀하십니다. 갈4장에 약속의 자식과 계집종의 자식이 나옵니다.

즉 육체로 낳은 자식이 성령으로 낳은 자식을 핍박하는 것입니다. 구약은 약속의 자식이 이삭이요 신약의 성령으로 난 사람과 동격입니다.

약속-언약을 풀면 그리스도가 나오는 것입니다. 그리스도의 영을 다른 말로 풀면 성령, 진리의 영입니다.

갈4장은 두 언약이라 말합니다. 하나는 시내 산으로부터 육으로 난 자입니다. 약속의 자녀는 성령으로 난 사람이 약속으로 낳은 자입니다.

아브라함의 자식은 8명입니다, 약속의 자식은 이삭 하나인 것입니다.

그래서 방언만 믿고 따라가면 종의 자식들이 되는 것입니다. 그래서 약속의 자식이 적은 것입니다. 청함 받은 사람은 많으나 택함 받은 자는 적은 것입니다. 육체의 자식이 약속의 자녀를 핍박합니다. 육체의 자식들의 외형만 보면 큰일 납니다. 핍박을 받아도 약속의 자녀는 소망이 있습니다. 약속은 하나님이 지켜주십니다.

그래서 방언은 통역해야 자신과 교회와 영이 유익합니다.

행17;26 '저희의 년대를 정하시며 거주의 경계를 한하셨으니' 여기서 '연대'는 적당한 때, '경계'는 명한 것, 지계표, '한하셨으니'는 제한하다, 임명하다의 뜻입니다.

인류가 한 혈통입니까? 백인, 흑인, 황인종...

문자적으로는 한 혈통이 맞지 않습니다. 그래서 문자적인 것만 보고 말하면 안 됩니다. 그러나 성경은 셈 족속이 황인종, 함이 흑인, 야벳이 백인종이라고 말합니다. 한 혈통의 말씀도 풀어야 합니다. 통역하고 변증해야 합니다.

육은 육이요 영은 영인 것입니다. 영적인 말을 육의 말로 바꾸면 큰 일 납니다.

행17;26 '인류의 모든 족속을 한 혈통으로 만드사 온 땅에 거하게 하시고 저희의 년대를 정하시며 거주의 경계를 한하셨으니'

롬1;3-4 '이 아들로 말하면 육신으로는 다윗의 혈통으로 나셨고 성결의 영으로는 죽은 가운데서 부활하여 능력으로 하나님의 아들로 인정되셨으니 곧 우리 주 예수 그리스도시니라'

진화론도 창조론에 들어 있는 것입니다. 즉 창조가 없이는 진화가 될 수 없습니다. 현대 학문은 창조가 진화론으로 바꾸어 가고 있습니다. 그것은 성경을 변증하지 않기 때문입니다.

아들 속에 예수 그리스도가 있는 것입니다. 육체로는 다윗의 혈통, 아브라함, 이삭, 야곱, 유다....그리스도가 태어난 것입니다.

요1;12-13에 예수 그리스도를 믿는 사람은 하나님의 자녀가 되는 권세를 주셨습니다.

그런데 하나님의 자녀는 혈통으로나 육정으로 나지 않고 오직 하나님께로 난 자들입니다.

모든 백인, 흑인, 황인 모두가 사람으로 인정받고 하나님의 형상으로 만들어 진 것입니다. 사람만이 하나님을 아버지라고 부르게 됩니다. 짐승은 하지 않습니다. 하나님은 창2장에 사람을 흙으로 창조하셨습니다. 아담을 창조했지만 그 당시 아담 외에 다른 사람이 있었습니까? 그들은 자칭 네피림이라고 하는 사람들이 있습니다. 지금 교회 안에도 사람이 있고 교회 밖에도 사람이 있습니다. 똑같은 사람입니다. 아담 당시에 사람이 살고 있었지만 그들은 하나님 보시기에 분명한 사람이지만 하나님의 사람이 아닌 사람인 것입니다.

우리 한국에 기독교가 약 120년 전에 들어왔습니다. 120년 전에는 하나님의 사람이 없었던 것입니다. 그들은 하나님 앞에 갈 수가 없는 사람들이었습니다. 지금 우리는 하나님 앞에 갈 수 있는 사람, 하나님의 사람, 하나님의 백성, 하나님의 자녀들입니다.

성도 여러분 예수 그리스도로 다시 나면 육정, 혈통으로 나지 않고 예수 그리스도로 났기에 우리는 하나님의 백성인 것입니다.

아담은 오실 자의 표상, 예수님의 표상입니다. 전 성경은 예수 그리스도의 구속사인 것입니다.

아담 당시 많은 사람이 있었으나 아담만이 하나님이 사람이라고 인정하신 것입니다. 오늘 우리도 많은 사람이 살고 있으나 많은 사람이 예수그리스도를 믿는다고 하나 그리스도 안에 있는 사람들을 그리스도의 사람이라고 말하는 것입니다. 하나님께서 흙으로 사람을 만드시고 코에다 생명을 불어 넣었더니 사람이 되었습니다. 그리스도의 영, 진리의 영이 산 영, 성령을 의미합니다. 최초로 성령을 받은 사람은 아담입니다. 아담의 뜻이 숨겨져 있는데 예수님의 표상입니다. 그래서 아담은 오실 자의표상입니다. 하와는 산 자의 어미, 아담은 남자, 하와는 여자인 것입니다.

남자는 그리스도요, 여자는 교회인 것입니다. 아담은 최초로 성령 받은 사람 산 영이 된 사람입니다.

아담은 하와의 남편이지만 예수의 표상이요 예수님의 비밀 그리스도입니다. 성령 받은 사람, 진리의 성령으로 그리스도를 받은 사람들은 그리스도의 사람들인 것입니다.

하와가 선악과를 먹고 죽어야 되지만 죽지 않은 것은 예수님이 죽고 그리스도로 살아난 것처럼 그리스도로 산 것을 믿으시기 바랍니다.

성경은 아무나 본다고 알아지고 믿어지는 것이 아닙니다. 똑같이 들어도 깨닫는 사람이 있고 깨닫지 못한 사람이 있습니다.

방언은 하늘나라 말이요 비밀인데 풀어주어야, 통역해주어야 알 수 가 있는 것입니다.

사울왕도 기름부름을 받았으나 주의 종으로 쓰임 받았으나 하나님 앞에 가지 못한 것입니다. 가지 못한 원인은 진리의 성령을 받지 못 했기 때문입니다. 이스라엘 왕들이 많이 있었지만 쓰임 받고 버려짐 을 당한 왕이 있습니다. 골리앗에게도 짐승의 비밀이 있습니다. 짐승 이 세상을 주관할 때 결국은 망합니다. 짐승 표 666은 성경에서 매매 수단으로 된 것입니다. 표가 없으면 살수도 팔수도 먹을 수도 없습니 다. 어디 갈 수도 없습니다.

바코드는 성경에는 없지만 컴퓨터의 힘, 사람의 힘인 것입니다.

짐승은 물과 성령으로 거듭나지 않은 지도자들, 성도들입니다. 물 과 성령으로 거듭나지 않고 성경 말씀을 증거 하면 무익한 말이요 심 판을 받는 것입니다. 주님 앞에 갈 수가 없습니다. 그래서 물과 성령 을 받지 못한 사람은 누구든지 짐승 표를 받게 됩니다.

반드시 하늘나라를 가려면 물과 성령으로 거듭나야 합니다. 예수그 리스도로 진리의 성령으로 거듭나야 구원받을 수 있습니다. 그래서 그리스도의 영이 있어야 그리스도의 사람입니다. 어떻게 물과 성령 으로 거듭나야 합니까?

짐승의 비밀과 그리스도의 비밀이 같이 가는 것입니다.

방언 문자적인 것에 귀를 기울이면 짐승이 되어가는 것입니다. 그 래서 방언에는 통역이 없으면 유익이 없는 것 입니다.

무익한 말을 하고 전하면 심판의 날에 심판을 받는 것입니다.

마음에 설교를 거부하고 그리스도에 대하여 비판하면 짐승에게 가 는 것입니다. 그리스도의 영이 없으면 주님 오실 때 나를 알아볼 수 가 없습니다.

진리의 성령을 받아야 죄와 더러운 것, 귀신이 떠나가는 것입니다.

빛이 들어오면 내 안에 각종 더러운 것은 순간 없어지는 것입니다. 말씀으로 깨끗함을 받게 되는 것입니다.

물과 성령으로 거듭나면 짐승 표를 두려워할 것이 없습니다. 7일째는 안식하고 온전해지고 구원에 확증이 되어야 합니다. 우리 앞에는 순교로 부활체로 입을 것인지 휴거로 변화체가 될 것인지 하나님이 이미 다 정해 놓으신 것입니다.

(따라서) '하나님의 부르심도, 하나님께 쓰임 받는 것도, 순교하는 것도 하나님께 있다.'

때를 따라 양식을 나눠 주는 종이 되고 쓰임 받는 성도가 되시기 바랍니다. 7일째는 일을 하면 죽이라고 했습니다. 주 하나님의 뜻에 맞도록 하나님께서 일을 하시도록 믿고 따라 살면 되는 것입니다. 일을 하는 것이 아니라 도구로 쓰임 받는 믿음의 생활이 되시기 바랍니다.

이 세상에는 바벨론교회(큰 교회). 애굽과 같은 교회(고난 받는 교회), 광야 같은 교회(생수가 없는 교회)가 있습니다.

6일 동안은 바벨론도, 애굽도, 광야도 다 지나 가나안 교회로 가야 합니다. 가나안 교회에서는 7족속 귀신들을 쫓아내는 교회생활입니다.

성도 여러분 새 방언이 무엇입니까? 방언통역, 다른 말로 예언하는 것입니다. 지금은 방언을 통역하고 그 통역이 예언이 되어야 할 것입니다.

한 혈통은 한 줄기, 한 언어인 것입니다. 방언을 풀어 예언하고 들어야 합니다. 색깔이 달라도 예수 그리스도가 안에 있으면 한 혈통, 한 형제인 것입니다. 물과 성령으로 거듭난 사람이 한 혈통인 것입니다.

37
거듭나는 원리

여호와께서 모세에게 이르시되 너는 산에 올라 내게로 와서 거기 있으라 너로 그들을 가르치려고 내가 율법과 계명을 친히 기록한 돌판을 네게 주리라 모세가 그 종자 여호수아와 함께 일어나 하나님의 산으로 올라가며 장로들에게 이르되 너희는 여기서 우리가 너희에게로 돌아오기까지 기다리라 아론과 훌이 너희와 함께하리니 무릇 일이 있는 자는 그들에게로 나아갈찌니라 하고 모세가 산에 오르매 구름이 산을 가리며 여호와의 영광이 시내산 위에 머무르고 구름이 육일 동안 산을 가리더니 제 칠일에 여호와께서 구름 가운데서 모세를 부르시니라 산 위의 여호와의 영광이 이스라엘 자손의 눈에 맹렬한 불 같이 보였고 모세는 구름 속으로 들어가서 산 위에 올랐으며 사십일 사십야를 산에 있으니라 (출24:12-18)

6일이 지난 후에 7일 째 거듭남을 말씀해 주고 있습니다.

그러나 본문을 보면 거듭나는 원리를 찾을 수가 없는 말씀입니다.

풀어 드리므로 거듭나는 은혜가 확신이 되고 증거 되시기 바랍니다.

이 본문은 요3장에 니고데모가 예수님께 거듭남에 대해 질문을 합니다.

거듭나는 것은 7일 때인 것을 확신하시기 바랍니다. 6일 째의 일을 살펴보겠습니다. 출24:15-16에 모세가 산에 오른 것이 6일인 것입니다.

‘이 산’은 시내 산이요 호렙 산인 것입니다. 역사적으로 보면 이집트에 가면 시내 산이 있습니다. 그러나 이 본문을 역사적으로만 생각하면 하나님의 말씀과 하나님의 능력과 우리와는 상관이 없는 말씀입니다.

이 말씀은 오늘 우리와 상관이 있도록 풀어야 유익합니다. 시내 산과 호렙산은 같은 지역 같은 산입니다.

이스라엘에 시내산과 호렙 산이 없고 이집트에 있는데 맞지 않는 말씀입니다. 시내산은 결국 이스라엘에 신화적인 우화적인 이야기입니다.

그러면 시내 산을 풀어 봅니다.

시68;17 ‘하나님의 병거가 천 천이요 만 만이라 주께서 그 중에 계시니 시내 산 성소에 계심 같도다.’ 시내 산을 성소라고 말씀합니다.

시내 산에서 십계명, 율법을 받았습니다. 율법은 예수님이야기입니다. 성소는 예수님이야기, 지성소는 그리스도이야기입니다.

시내 산에서 모세가 십계명을 두 번 받았지만 두 번도 뜻을 풀어야 합니다.

예수는 육체로 오셨기에 죽어야 합니다. 깨어져야 했습니다. 아론과 백성이 금송아지 우상 숭배로 인한 모세의 화로 십계명을 깨뜨린 것입니다. 하나님을 믿는다는 사람이 우리가 우상 때문에 예수님을 죽인 것입니다.

두 번째는 그리스도가 오신 것입니다. 진리의 성령으로 오신 것입니다.

시내산은 성소라 했습니다.

출24;15에 모세가 산에 오르매 구름이 산을 가리웠다고 했습니다. 십계명을 깨뜨리면 안 됩니다. 반석을 두 번 칠 때 물이 나온 것입니다. 구름이 산을 가리웠는데 출24;16에 여호와의 영광이 시내산위에 머무르고. 구름은 예수님의 육체를 생각합니다. 구름 속에 무지개는 그리스도의 뜻입니다. 문자적으로 구름이나 뜻은 그리스도인 것입니다.

육체도 구름에 비유합니다. 구름 속에 무지개가 없으면 안 됩니다. 문자적으로 비온 뒤에 무지개를 본다고 말합니다. 홍수가 없으면 볼 수 없습니다. 무지개를 본다고 구원받지 않습니다.

성경 한 구절에 많은 방언에 유익이 없습니다. 구원도 없습니다. 거듭나지 않습니다.

구름을 찾아갑니다.

전11;4 '풍세를 살펴보는 자는 파종하지 아니할 것이요 구름을 바라보는 자는 거두지 아니하리라'

구름을 바라보는 자는 거두지 않습니다. 거두는 자는 추수하는 자입니다. 파종하는 자는 밭가는 자요 추수 꾼은 적습니다. 성도는 구름만 바라보면 안 됩니다. 그러므로 성경을 문자적으로만 보면 유익이 없습니다. 지금은 추수 때입니다. 겨울이 오면 들에서 곡식이 썩게 됩니다. 얼어버려 먹지 못하게 됩니다. 겨울에는 밖에 먹을 것이 없으므로 짐승들이 먹어 버립니다.

겨울은 언제 옵니까? 7년 환란이 성도들에게 겨울입니다. 4계절의 겨울로만 보면 안 됩니다. 그래서 전11;4에 구름만 바라보는 자는 거두지 않는다고 말씀합니다. 풍세를 살펴보는 자는 파종하지 않습니다. 풍세는 바람입니다. 그리스도의 말씀이 없는 선지자, 지도자, 설교자는 백날 설교해도 파종하지 못할 것입니다. 파종은 씨 뿌리는 것입니다.

풍세는 그리스도의 말씀이 없는 지도자, 설교자입니다. 그는 파종하지 않은 사람입니다. 바람은 보이지 않습니다. 바람을 잡을 수가 없습니다. 바람 같은 말씀은 알지도 못하고 잡을 수도 없고 보이지도 말씀입니다. 결국 씨가 될 수가 없습니다. 파종할 수가 없습니다.

그래서 풍세를 살펴보는 자는 파종하지 아니할 것이요 구름을 바라보는 자는 거두지 아니하리라고 말씀합니다.

문자적인 방언만 따라가면 파종하지도 거두지도 성장도 결실도 없습니다.

바람만 바라보고 구름만 바라보면 파종도 거두지도 못합니다. 분별도 할 수없고 양식이 될 수가 없습니다.

잠25;14 '선물한다고 거짓 자랑하는 자는 비 없는 구름과 바람 같으리라.' 하나님께서는 하나님의 말씀인 진리 그리스도를 드러내지 않는 사람을 비 없는 구름과 바람으로 비유하신 것입니다.

교회 안에는 의인과 악인이 있습니다.

히12;1 '이러므로 우리에게 구름같이 둘러 싼 허다한 증인들이 있으니'

허다한 증인은 예수 예수한다고 증인이 되는 것이 아닙니다. 성경은 성경에 문제의 답이 있습니다. 통역하여 풀어야 뜻을 알 수가 있습니다. 말세에는 목사의 말만 믿고 그의 인격만 믿고 따르면 안 됩니다.

말씀인 진리의 성령 그리스도의 말씀을 따라가야 합니다. 말씀으로 심고 거두어야 합니다. 진리의 말씀이 없으면 거둘 수도 심을 수도 없습니다.

출24;15 '모세가 산에 오르매 구름이 산을 가리며'

분명히 모세가 산에 들어왔는데 구름이 가리워 모세가 보이지 않았습니다.

16절에 '여호와의 영광이 시내산 위에 머무르고 구름이 육일 동안 산을 가리우고 제 칠일에 여호와께서 구름 가운데서 부르시니라'

겔1;28 '그 사면 광채의 모양은 비 오는 날 구름에 있는 무지개 같

으니 이는 여호와의 영광의 형상의 모양이라 내가 보고 곧 엎드리어 그 말씀 하시는 자의 음성을 들으니라.'

즉 무지개 같으니 이는 여호와의 영광의 형상의 모양이라. 여호와의 영광의 이야기는 그리스도이야기입니다.

시내산 위에 여호와의 영광이란 예수님 위에 그리스도라는 것을 의미합니다.

여호와의 영광은 그리스도의 이야기입니다. 구름 속에 무지개는 예수와 그리스도이야기입니다. 즉 남자의 머리는 그리스도요 그리스도의 머리는 하나님인 것입니다.

겔28장에 무지개가 있는데 여호와의 영광의 형상이라 말씀합니다.

출24;15 '모세가 산에 오르매 구름이 산을 가리며'

16절에 '여호와의 영광이 시내산 위에 머무르고 구름이 육일 동안 산을 가리우고 제 칠일에 여호와께서 구름 가운데서 부르시니라'

즉 6일 동안은 구름이 가리워 무지개가 보이지 않았습니다. 가리워진 것입니다. 6일 동안 예수 예수만 하였기에 교회 성소 안에 악과 의인이 함께 있었던 것입니다.

6일 동안 교회 안에 많은 사람들을 불러 모았습니다. 이제 교회 안에서 의인과 악인, 알곡과 쭉정이를 갈라놓는 것입니다.

교회 안에서 무엇으로 타작합니까? 판단하고 심판하고 고르는 키가 무엇입니까? 그리스도의 말씀을 머리로만 받아들이지 말고 마음에 받아들여야 합니다. 선택은 그리스도의 말씀을 마음으로 받아들인 자가 그리스도의 사람이 되는 것입니다.

이미 택정 된 사람들이 세상과 사단에게 종노릇하다가 부름을 받습니다. 하나님의 집, 성소, 성전, 교회에서 그리스도의 말씀으로 다시 새롭게 말씀으로 낳아야 합니다. 택정함을 입는 것입니다.

6일 동안은 산이 가리워져서 방언과 문자적인 말씀을 먹고 살아 오다가 7일 째 들어와서 온전히 드러나는 것입니다. 또한 6일 동안 악한 사단은 하나님의 말씀을 훔쳐가서 다미선교회, 여호와의 증인, 천년왕국, 신천지, 문선명 등을 통해 어두운 영들이 하나님의 말씀을 빼앗아 갔으나 이제는 끝이 났습니다.

거짓 선지자들과 악한 이단들은 부분적으로 빼앗아간 것입니다.

7일째 되어서는 그리스도가 왕으로 오실 그리스도에게 붙어 있는 사람들은 그리스도의 사람으로 온전케 되는 것입니다.

7일째 진리의 성령, 진리의 말씀, 그리스도가 없으면 안 됩니다.

모세를 부르신 것입니다. 성도들을 오늘 교회 안에서 그리스도의 말씀으로 부르시는 것입니다. 그리스도의 사람이 되는 것을 확신하시기 바랍니다.

출19;9 '내가 빽빽한 구름 가운데서 네게 임함은'

빽빽한 구름 속은 다른 영들이 알지 못하도록 하신 것입니다. 빽빽한 구름 속에 그리스도가 계심을 보여주고 증거 하신 것입니다.

그리스도의 말씀을 내 심령에 받아들일 때 거듭나며 구원받습니다.

38
말들의 뜻을 알자

여호와께서 모세에게 이르시되 너는 이 말들을 기록하라 내가 이 말들의 뜻대로 너와 이스라엘과 언약을 세웠음이니라 하시니라 모세가 여호와와 함께 사십일 사십야를 거기 있으면서 떡도 먹지 아니하였고 물도 마시지 아니하였으며 여호와께서는 언약의 말씀 곧 십계를 그 판들에 기록하셨더라 (출34;27-28)

출34;27 '여호와께서 모세에게 이르시되 너는 이 말들을 기록하라 내가 이 말들의 뜻대로 너와 이스라엘과 언약을 세웠음이니라 하시니라 '

하나님은 모세에게 이 말들을 기록하라고 말씀하십니다. 그 말들의 뜻으로 너와 이스라엘과 언약을 세우셨습니다. 모세오경은 한마디로 하나님께서 다스리실 것이라는 것입니다.

그 말들은 십계명을 주신 것입니다. 구약은 율법이요 신약은 완전한 율법인 것입니다. 하나님은 모세와 이스라엘 백성들에게 언약하심을 현대 기독교인들이 믿지 않고 있습니다. 그러므로 지키지 않고 있습니다.

이 말씀의 뜻을 알고 지켜야 내 영혼이 거듭나고 유익이 있고 건축되고 사명을 감당할 수가 있습니다.

이 말들의 뜻은 예수 그리스도인 것입니다.

보이는 만물은 누가 창조하셨습니까? 인간이 결코 아닙니다. 하나님의 말씀으로 창조하신 것입니다. 그렇다면 천지만물을 창조하신 것을 알고 믿게 하는 것이 성경입니다. 성경을 보아야 하나님의 능력, 창조, 구역, 심판을 알게 되는 것입니다.

그런데 성경을 문자적으로 보면 안 됩니다. 성경은 반드시 통역하고 풀어 예수 그리스도를 나타내야 합니다. 분명한 것은 말씀의 뜻은 그리스도의 신성이요 하나님의 신성을 발견해야 하는 것입니다.

신성, 인성 모두 인정해야 합니다. 그러나 사람으로 오신 예수님을 인정하고 믿지만 인성 속에 있는 신성 그리스도를 잘 알지 못합니다.

성령 훼방 죄가 무엇입니까? 방언기도 하는 것 방해, 귀신 쫓는 것을 방해, 병 고치는 것을 방해하는 것, 이것이 성령 훼방 죄가 아닙니다.

성령 훼방 죄는 문자적인 말씀 속에 뜻을 드러내지 않는 것입니다. 성경 말씀의 뜻을 드러내지 않으면 유익이 없고 덕이 되지 못합니다.

설교하는 사람은 목사, 교사, 구역장 누구든지 하나님의 말씀의 뜻을 드러내야 합니다. 풀어 통역해야 전하는 사람 듣는 사람이 거듭나게 됩니다.

거듭나지 않으면 하나님 나라를 볼 수가 없습니다. 그래서 성령 훼방죄가 무서운 것입니다.

모세의 이름의 뜻은 물에서 건져낸 자라는 의미입니다. 건짐을 받은 자, 건져낼 자입니다. 모세는 실제로 건져냄을 받은 사람입니다. 그리고 모세는 이스라엘 백성들을 물 위에서 건져낸 사람입니다.

27절에 기록하라고 했습니다. 전 성경을 뜻합니다. 기록된 성경인 것입니다. 전 성경 66권에는 말씀에 뜻이 있다는 것입니다.

성경은 넓게, 길게, 깊게, 높게 보아야 합니다. 즉 문장만, 문맥만 볼 것이 아니라 앞 뒤 장, 앞 뒤 절을 보아야합니다. 성경은 성경 속에 해답이 있습니다. 뜻이 있습니다.

엡3;19 '넓이와 길이와 높이와 깊이가 어떠함을 깨달아 하나님의 모든 충만하신 것으로 너희도 충만 하라.'

'어떠함을 깨달아' 너와 이스라엘과의 언약입니다. 하나님께서는 성도와 언약하신 것입니다. 신랑 신부도 언약관계입니다. 성도는 하나님과의 언약관계를 지켜야 합니다. 깨달아야 합니다.

언약이 어디 있습니까? 하나님의 말들 속에 뜻이 언약입니다. 27절에 내 말들을 기록하라. 내 말들에는 언약이 있는 것입니다. 하나님은 이스라엘 백성에게 언약하시고 다스리실 것입니다.

진실로 하나님의 언약을 깨닫고 하나님께 다스림 받는 성도가 되시기 바랍니다. 성경은 이스라엘 백성들의 역사만 아니라 지구촌의 역사요 저와 성도들의 생애의 역사인 것이 하나님의 언약입니다.

언약은 신랑 그리스도와 신부 성도들인 것입니다. 이 말들의 뜻, 언약을 모르면 성도들은 그리스도와 관계가 없는 사람들입니다. 하나님의 언약이 무엇입니까? 창9;8-17절을 봅시다.

하나님의 언약은 물로 예수로 심판하지 않습니다. 구름 속에 그리스도로 물의 심판이 아닌 불심판임을 확증하시기 바랍니다. 이 언약은 노아와 그의 후손에게 하신 언약입니다. 오늘의 우리와 언약인 것입니다. 언약은 육축과 하지 않고 사람과 하십니다. 그래서 언약은 다른 말로 축복과 저주, 심판입니다. 창1;1 '태초에 하나님이 천지를 창조하시니라 ' 창1;1이 태초가 아닙니다. 요1;1 '태초에 말씀이 계시니라' 영원 전 태초인 것입니다. 천지와 말씀 어느 것이 먼저입니까? 말씀이 영원 전 하나님이신 것입니다.

창1;1의 천지창조는 사람의 눈으로 보이는 가시적인 창조입니다. 보이는 물질계보다는 영원 전에 계신 하나님의 말씀입니다. 성경은 전체 통으로 보아야합니다. 예수님의 옷이 통이요 하나입니다. 예수님께서 십자가에 달리실 때 예수님의 옷을 찢어 각각 나누었습니다. 성경을 훼방하는 사람들은 성경을 조각조각 만들어가는 것입니다.

성경을 조각조각 먹을 때 악한 귀신이 들어갑니다. 성경은 전체를 보고 하나로 보고 풀어야 합니다. 계시록의 해답은 창세기에 있습니다. 모든 말씀은 그래서 뜻을 풀어야 합니다.

성경 한 구절 읽고 세상 것 시집, 신문, 소설, 사건.. 그런 것으로 성령을 풀면 안 됩니다. 그런 것이 조각 말씀입니다. 성경 전체는 그리스도를 드러내야 합니다. 약속을 알아야 합니다. 말씀 속에 구름 속에 무지개를 발견해야 신부가 신랑을 맞이할 준비를 합니다. 하나님의 말씀 속에는 비밀이 숨겨져 있습니다. 성경 66권을 하나로 통으로 보아야 그리스도의 복음을, 영원한 복음을 볼 수가 있습니다.

성경은 모세 오경에서 점진적으로 깨달아 나온 것이 선지서요 그 다음은 구약 전체를 깨닫고 오신 분에 대하여 기록한 것이 신약입니다.

문자적인 성경 기록은 율법이요 문자적인 기록 속에 의미는 복음인 것입니다. 율법이 율법 되려면 예수님 이야기요 복음이 복음 되려면 그리스도의 이야기인 것입니다.

전 성경은 온전한 율법이요 그 율법 속에 복음이 들어 있는 것입니다. 이것이 전 성경을 보는 눈인 것입니다.

창9;10 '너희와 함께 한 모든 생물, 곧 너희와 함께한 새와 육축과 땅의 모든 생물에게 세우리니 방주에서 나온 모든 것 땅의 모든 짐승에게니라.'

창9;9 '내가 내 언약을 너희와 너희 후손과'

성도의 언약 대상이 사람과 짐승입니다. 하나님이 짐승과 언약하신 것입니까? 짐승은 비밀입니다. 짐승이 아니고 사람인 것입니다.

물과 성령으로 거듭나지 않은 사람이 짐승입니다. 하나님의 사람이 아닙니다. 여기서 짐승이 짐승이 아니고 새가 새가 아니며 육축이 육축이 아닙니다. 그래서 말씀 속에 뜻이 있고 비밀이 있습니다. 말씀의 뜻이 무엇입니까? 방언과 문자적인 기록의 설교는 내 영혼에 유익이 없습니다.

하나님의 말씀의 뜻이 풀어질 때 내 영혼과 육체가 치료되고 힘을 얻어 그리스도의 사람으로 사명감당할 수가 있는 것입니다.

성도 여러분 성경의 봉한 것이 열려진 것입니다. 말씀 속에 뜻을 모르면 성령 훼방 죄를 짓는 것입니다.

하나님의 말씀에는 뜻이 있고 비밀이 있습니다. 풀어서 듣고 먹어야 합니다.

39
사망과 생명의 냄새

항상 우리를 그리스도 안에서 이기게 하시고 우리로 말미암아 각처에서 그리스도를 아는 냄새를 나타내시는 하나님께 감사하노라 우리는 구원 얻는 자들에게나 망하는 자들에게나 하나님 앞에서 그리스도의 향기니 이 사람에게는 사망으로 좇아 사망에 이르는 냄새요 저 사람에게는 생명으로 좇아 생명에 이르는 냄새라 누가 이것을 감당하리요 우리는 수다한 사람과 같이 하나님의 말씀을 혼잡하게 하지 아니하고 곧 순전함으로 하나님께 받은 것 같이 하나님 앞에서와 그리스도 안에서 말하노라 (고후2;14-17)

사망의 냄새를 풍기는 사람은 없습니다.

고후2;17 '우리는 수다한 사람과 같이 하나님의 말씀을 혼잡하게 하지 아니하고 곧 순전함으로 하나님께 받은 것같이 하나님 앞에서와 그리스도 안에서 말하노라'

하나님의 말씀을 잘 듣고 생명의 냄새를 풍기는 성도가 되어야 합니다.

하나님의 말씀을 가지고 뜻을 풀어 예언하고 증거 하는 성도가 되어야 합니다. 진실로 각처에서 그리스도를 아는 냄새를 풍기는 성도가 되어 하나님 아버지께 늘 감사드리는 성도가 되시기 바랍니다.

또한 구원 얻는 자들에게나 망하는 자들에게나 그리스도의 향기가 되어야 합니다. 성도들은 생명으로 좇아 생명에 이르는 향기를 담당해야 합니다. 순전함으로 하나님께 받은 것같이 하나님 앞에서, 그리스도 앞에서 증거 하시기 바랍니다.

잠19;21 '사람의 마음에는 많은 계획이 있어도 오직 여호와의 뜻이 완전히 서리라' 성도는 많은 계획보다 하나님의 말씀에 뜻, 그리스도로 확신과 힘을 얻어야 합니다. 마7;20-23 에 사람의 계획, 사람의 마음 곳에 무엇이 있습니까? 이 사람은 불법 악을 행하는 사람이요, 혼잡케 하는 사람입니다.

마24;3-5에 이 사람도 하나님의 말씀을 혼잡케 하는 사람입니다.

계8;10-11에 큰 별, 큰 목사, 거짓 목사가 떨어집니다. 이 큰 별 거짓 목사, 이 사람도 하나님의 말씀을 혼잡케 하는 사람입니다.

출16;20-24 목사는 하나님의 말씀을 분명히 확실하게 증거 해야 합니다.

성도들은 하나님의 말씀을 믿고 지키고 증거 해야 합니다. 혼잡케 하는 사람들은 하나님 말씀을 믿지 못하고 욕심이 많은 사람입니다.

6일은 파종하고 많이 심고 뿌리지만 6일 째는 양식을 많이 모아야 합니다. 6일 전에는 양식을 그날그날 거두여 먹어야 썩지 않습니다. 그러나 7일 째는 이틀 양식을 모아도 썩지 않고 냄새가 나지 않습니다. 만나 이야기는 예수그리스도이야기입니다. 출애굽에 내린 만나는 그리스도 이야기요 민수기에 이슬같이 내린 만나는 예수님이야기입니다.

출16;26-30에 6일 째는 이틀 양식을 거두어야 합니다. 7일째는 육의 양식이 아닌 영의 양식을 많이 모아야 합니다. 우리는 그동안 때를 모르고 살아 왔습니다. 양식을 먹일 종이 없습니다. 7일 째는 예수그리스도를 믿는 사람이라면 양식 말씀인 진리의 성령, 그리스도의 말씀 안에 들어가야 합니다.

그리스도 안에 들어가서 모든 일은 진리의 성령께서 하시게 하는 것입니다.

지금은 성령시대입니다. 진리로 성령을 받지 않으면 안 됩니다.

출16;28에 율법은 예수님 이야기입니다. 계명은 그리스도이야기입니다. 그러니까 율법과 계명을 어느 때까지 지키지 아니할 것입니까? 진실로 때가 되었습니다. 진리의 성령 하나님의 뜻을 양식 삼아야 합니다.

7일째는 30절에 안식하는 것입니다, 성령께서 하시도록 하고 도구로 쓰임을 받아야합니다. 내가하려고 하면 안 됩니다. 29절 그 처소에서 나오지, 일하지 말라, 거두러 다니지 말라고 말씀하십니다.

7일째는 거두러 다니면 거둘 것이 없습니다. 교회 안에서 그리스도 안에서 양식을 모아야 합니다. 말세에 대한 경고가 많이 나돌고 있습니다. 과학적인 증명들이 많이 나오고 있습니다. 성도는 그리스도 안에서 양식을 모으고 그릇으로 쓰임 받아야 합니다. 생명에서 생명에 이르는 냄새가 나야 합니다.

하나님께서 성도들에게 계명, 언약을 주신 것입니다. 야곱은 종용한 사람입니다. 어머님 품에 있는 사람입니다. 교회 안에 있는 사람입니다. 에서는 들 산의 사람입니다. 산과 들에서 아버지가 좋아하는 별미를 만들어 왔지만 축복이 없어진 것입니다. 이미 야곱이 다 받아버린 것입니다.

이제는 여기 저기 다니면서 은혜 받고 축복 받으려 하지 마십시다. 교회 안에서 양식, 은혜와 축복을 받으시고 모으시기 바랍니다. 밖에서 산과 들에서는 찾아도 찾지 못합니다. 거둘 것이 없습니다.

지금 양식을 모으지 않으면 모을 수 없습니다. 예수 그리스도를 모르는 사람은 없다 할 것입니다. 그러나 예수만 알고 그리스도를 잘 몰랐던 것입니다.

하나님의 행하심 언약에는 관심이 없고 보이는 것만 구하고 따랐기에 그리스도를 몰랐던 것입니다.

사단은 큰 것 같고 진실한 것 같습니다. 많이 보여주는 것 같지만 속이 텅 비어 있습니다. 그리스도가 있기에 흉내 낼 수 있어도 실상을 보여줄 수는 없습니다. 구름만 보고 밖에서 얻고자 하면 안 됩니다. 율법과 계명은 구원할 수 없습니다.

성도 여러분 사망에 이를 사람에게 생명에 이를 사람으로 중보역할을 해야 합니다. 세상 일, 주의 일, 평생 했어도 6일 인 것을 깨달아야 합니다.

평생 목회를 했어도 6일 간 일입니다. 7일째 안식에 들어가야 합니다. 그리스도 안에 들어가야 합니다, 그리스도안에 들어가지 않으면 구원도 영생도 천국도 없는 것입니다.

성도에게 구원의 확신은 구름 속에 무지개가 보이면 예정된 택한 하나님의 자녀인 것을 확신하시기 바랍니다.

구원의 확신도 기도하여 얻는 것이 아닙니다. 말씀 속에 뜻, 그리스도를 볼 수 있고 확신해야 합니다. 말씀 속에 그리스도를 확신한다면 전능하신 여호와하나님을 기억하고 믿어야합니다. 하나님께서 기억하심은 생명록에 기록이 되었다는 것입니다. 성도들 속에 그리스도가 확실히 있다고 믿어지면 그리스도의 영 진리의 영이 계신 것이요 받은 것입니다. 진리가 너희를 자유케 하리라. 성령이, 말씀이 자유케 함은 자유하다 안식하다란 뜻이 같습니다.

6일 동안 심고 뿌린 것은 사람이 하지만 그것을 거두시는 분은 그리스도가 하십니다.

출23;25-26에 하나님은 양식을 주시고 병을 제어하시고 낙태케 하시지 않습니다. 잉태하지 못하는 자가 없게 하시고.

날 수를 채우고 거듭나게 하신다는 말씀입니다. 성령께서 역사하시므로 축복하시되 많은 사람의 생명이 거듭나게 하여 주심을 믿으시기 바랍니다.

그동안에는 교회 안에서 각종 질병, 잉태치 못함, 양식 없음이 있었으나 진리의 성령으로 거듭나고 청소되어 큰 변화 발전이 있을 것입니다.

신2;2-6에서는 불택자는 기업이 땅입니다.

안식에 들어갈 사람은 이 세상에서 땅이 없습니다. 세상에서 먹고 마시는 것을 다 돈 주고 사먹고 살았기에 힘든 생활을 한 것입니다.

에서는 털이 많은 사람입니다. 털이 많은 사람을 찾아보면 짐승인 것입니다. 즉 밖에 있는 지도자도 털이 많은 사람입니다. 짐승 같은 사람, 지도자인 것입니다. 땅이 많은 지도자는 에서 같은 지도자입니다. 땅도 풀어야 합니다.

세례요한도 약대 털옷을 입은 사람입니다. 털의 뜻은 의가 있습니다. 지금 예수 예수만 전하고 예수 이름으로 기도하고 구하는 사람은 에서입니다.

성도들은 세상에서 성경에 기록 된 계명을 지켜야 합니다. 세상에서 크게 잘 살고 잘 먹고 많이 모았다 해도 그들은 에서 족속인 것입니다. 불택자입니다. 세상에서 힘들고 어려워도 계명을 지키고 먹고 사는 것에 돈 주고 사서 먹어야 합니다. 에서가 야곱에게 축복을 받으려고 오지만 에서는 축복을 받지 못합니다.

결론)성도는 생명과 사망의 냄새가 있습니다. 생명과 사망이 예수 안에 교회 안에 있습니다. 그러므로 성도는 사망과 생명에 대한 사명 책임 있는 생활을 해야 하는 것입니다. 예수 안에, 교회 안에 생명과 사망은 이제 그리스도의 말씀인 진리의 성령으로 결정됩니다.

진리의 성령으로 진리의 사람 그리스도의 사람이 되는 것입니다. 진리의 성령의 한 말씀을 받아들이면 생명이요 진리요 그리스도의 사람으로 역사하는 것입니다.

한 교회 안에 있으면서 그리스도의 말씀인 진리의 성령을 받아들이지 않으면 사망의 냄새가 되어 사망에 이를 것을 확신하시기 바랍니다. 진리의 성령의 말씀으로 생명의 냄새를 풍겨 생명에 이르는 사망을 다하는 성도가 되시기 바랍니다.

40
하늘의 양식

거룩한 안식일을 저희에게 알리시며 주의 종 모세로 계명과 율례와 율법을 저희에게 명하시고 저희의 주림을 인하여 하늘에서 양식을 주시며 저희의 목마름을 인하여 반석에서 물을 내시고 또 주께서 옛적에 손을 들어 맹세하시고 주마 하신 땅을 들어가서 차지하라 명하셨사오나 저희와 우리 열조가 교만히 하고 목을 굳게 하여 주의 명령을 듣지 아니하고 거역하며 주께서 저희 가운데 행하신 기사를 생각지 아니하고 목을 굳게하며 패역하여 스스로 한 두목을 세우고 종 되었던 땅으로 돌아가고자 하였사오나 오직 주는 사유하시는 하나님이시라 은혜로우시며 긍휼히 여기시며 더디 노하시며 인자가 풍부하시므로 저희를 버리지 아니하셨나이다 (느헤미야 9;14-17)

하나님은 주린 자에게 하늘의 양식을 주십니다.

욥13;12 '너희의 격언은 재 같은 속담이요 너희의 방어하는 것은 토성이니라.'

사44;19-20에 생각은 사단이 잡고 성령도 생각을 잡고 역사 합니다.

그러므로 사단과 성령은 사람의 생각을 잡고 역사함을 믿으시기 바랍니다.

몸에 붙어있는 것이 아닙니다.

귀신의 역사하는 방은 사람의 혼입니다. 성령의 역사는 영인 것입니다. 사단이 왜 욥을 시험합니까? 욥은 예수님의 표상이기 때문입니다. 눈에는 보이지 않고 생각도 없고 총명도 없고 생명도 없는 사람이 전해주는 말씀을 먹는 것이 재입니다.

사44;19-20에 오른 손은 예수 그리스도이며 우편에 계십니다.

예수 그리스도에 대해서 전해 주면 오른손입니다. 그리스도로 건져내는 방법이 오른손인 것입니다.

반대로 오른 손에 거짓 것을 하는 것이 재인 것입니다.

렘애가3;16 '조약돌로 내 이를 꺾으시고 재로 나를 덮으셨도다.'

렘애가서는 마지막 재림 때 있을 일들을 기록한 말씀입니다. 6일 동안 성도들은 무슨 양식을 먹었습니까? 재를 먹은 것입니다. 재를 먹었으니 영양분이 없는 양식을 먹은 것입니다. 영양분이 없는 양식을 먹었기 때문에 배가 고프고 비실비실 허덕이고 사방팔방 다니는 것입니다. 양식 먹으러 이 교회 저 교회 다니고 기도원에 다니는 것입니다.

지금까지 재를 먹고도 죽지 않고 오늘 여기까지 오신 것입니다.

시104;15 '사람의 마음을 기쁘게 하는 포도주와 사람의 얼굴을 윤택케 하는 기름과 사람의 마음을 힘 있게 하는 양식을 주셨도다.'

15절에 '사람의 마음을 기쁘게 하는' 은 원기를 도우다, 쾌활하다는 의미입니다. 사람의 마음을 기쁘게 하는 포도주를 말합니다. 신약에서는 새 술, 새 포도주입니다. 포도주나 새 술 이야기는 예수 그리스도이야기입니다.

사람의 얼굴을 윤택하게 하다는 말씀은 빛나게 하다, 윤기 나게 하다라는 뜻입니다.

시105;16 '그가 또 기근을 불러 그 땅에 임하게 하여 그 의뢰하는 양식을 다 끊으셨도다.'

시111;5 '여호와께서 자기를 경외하는 자에게 양식을 주시며 그 언

약을 영영히 기억 하시리로다.'

양식도 재 같은 양식이 있습니다. 기근도 하나님이 불러 주셨고 양식도 하나님이 끊으셨다고 말씀합니다. 그러므로 양식은 사람에게 있지 않고 하나님께 있습니다. 하나님은 땅의 양식보다 하늘에 있는 양식을 주시고자 하심을 믿으시기 바랍니다. 하늘 양식을 어떻게 해야 얻을 수 있습니까?

말3;10 '온전한 십일조를 창고에 들여 나의 집에 양식이 있게 하고 그것으로 나를 시험하여 내가 하늘 문을 열고 너희에게 복을 쌓을 곳이 없도록 붓지 아니하나 보라'

시111;5에 양식은 예수님이야기입니다. 언약은 그리스도이야기입니다.

잠20;12-13에 하나님은 눈과 귀를 지으셨습니다. 하나님께서 보고 듣게 하신 것입니다. 하나님은 보지 못하게 듣지 못하게 하실 수도 있습니다.

영적인 잠은 다 해로운 것입니다. 망하는 것입니다. 눈을 뜨라 그리하면 양식에 족하리라.

고전11;30에 약한 자, 병든 자, 잠자는 자도 많다고 말씀합니다.

엡5;14 '잠자는 자여 깨어서 죽은 자들 가운데서 일어나라'

잠을 자는 자가 누구입니까?

사56;9-12 잠자는 자는 개들입니다. 잠자는 지도자를 의미합니다. 몰지각한 목자들입니다. 잠자길 좋아하면 빈궁이 도적같이 오는 것입니다. 빈궁하면 주인의 양을 자기 것으로 만들어 버립니다. 그러므로 빈궁하니까 잠20;13에 눈을 뜨라 그리하면 양식에 족하리라고 말씀합니다.

(따라서) '영적인 눈을 뜨면 양식에 족하게 된다.'

잠22;9 '선한 눈을 가진 자는 복을 받으리니 이는 양식을 가난한 자

에게 줌이니라.'

선한 눈은 진리의 성령께서 알고 가르쳐주는 선한 눈입니다. 이러한 사람은 영적으로 가난한 사람, 나누어주는 사람입니다. 선한 눈을 가진 사람이 복입니다. 왜 목회자가 눈을 떠야 하며 복을 받아야 합니까?

잠31;14 '상고의 배와 같아서 먼데서 양식을 가져오며'

양식은 하늘에서 가져옵니다. 하늘 양식 예수 그리스도는 하늘에서 내려온 것입니다. 하늘 양식을 곡간에 창고에 들리라.

실상은 하늘양식은 만세 전에 예정된 택한 자가 하늘 양식인 것입니다. 주님은 내 양은 내 음성을 듣고 따라 오면 그가 하늘 양식입니다.

잠3;14에 먼데서 양식은 하늘나라 양식입니다.

렘5;17-18 '그들이 네 자녀들이 먹을 추수곡물과 양식을 먹으며'

즉 사단이 말씀 속에 뜻을 알고 먼저 먹어 버립니다. 또는 뜻을 조금 보여 주므로 그동안 사람의 방법으로 뿌리므로 많은 사람들이 다 그 방언에 넘어간 것입니다. 그들이 양식을 다 먹어버린 것입니다. 그러므로 지금은 양식을 발 많이 모아야 할 때입니다.

렘5;17에 우리가 추수 꾼이라고 하지 않고 있으므로 악한 사단, 이단들이 자기들이 추수 꾼이다 하므로 다 그 곳에 몰려드는 것입니다.

렘애가1;10-11 '대적이 손을 펴서' 심판의 이야기입니다. 성도는 하나님의 말씀에 붙들려 있어야 합니다. 하나님의 손을 펴서 심판하십니다.

땅에서 매면 하늘에서도 매이고 땅에서 풀면 하늘에서도 푼다는 뜻입니다.

사람과 매이고 푸는 이야기가 아닙니다.

즉 성도들은 하나님의 말씀에 붙잡히면 하나님께서 나를 매고 붙잡는 것입니다. 손을 편다는 말은 손을 풀었다는 말은 저주하다는 말로 깨달아야 합니다. 손을 펴서 대적을 우리한테 주니까 대적들인 우리를 괴롭힙니다. 괴롭게 하면 이스라엘 백성들이 하나님께 손들고 부르짖는 것입니다.

손들고 종일 괴롭혀도 너희가 돌아오지 아니했다는 말씀입니다. 하나님이 대적을 우리에게 붙여 주시면 우리는 대적으로 많은 괴롭힘을 당합니다. 이때 우리는 하나님을 찾습니다. 부르짖어 기도합니다.

성도 여러분 손을 편다는 것은 사단의 대적을 붙인다는 말씀입니다. 사단을 붙여서 나갈 자는 나가게 하고 붙일 자는 붙이는 것입니다. 사단으로 시험하여 흔들고 찔러보고 돌아 올 자는 돌아오게 하는 것입니다. 즉 정금같이 단련하여 완전한 하나님의 사람으로 만드는 것입니다.

그러므로 매사 모든 일에 하나님의 생각과 내 생각이 다른 것을 잊지 말아야 합니다.

렘애가1;10 '이방인은 하나님의 공회에 들어오지 못하도록 금하였는데 저희가 성소에 들어간 것을 예루살렘이 보았다'

히12;16에 한 그릇 식물을 위항 u장자의 명분을 판 에서는 망령된 자 입니다. 에서는 들에 가서 사냥을 하다 육신의 배가 고파 보물을 식물과 바꾸어 먹은 것입니다.

히13;9에 식물로 행한 사람은 유익을 얻지 못합니다.

육신의 것만 가지고 이렇게 기도했다면 보물로 식물을 팔아먹은 사람입니다.

여러분 중에 한 사람이라도 에서 같은 사람이 나오지 않길 원합니다.

보물은 예수그리스도입니다. 축복이 예수그리스도입니다. 예수그리스도로 세상 것, 식물을 바꾸면 안 됩니다.

히13;20-21에 창세기부터 계시록까지 보이는 가시적인 창조를 할 때부터 주님 다시 오실 때까지 동일한 것입니다. 전 성경은 동일한 것입니다.

구약에도 뜻은 그리스도를 말하고 문자적인 글에는 예수님 이야기가 동일합니다. 그래서 신구약은 예수그리스도라고 해석이 안 되면 다른 복음인 것입니다.

히13;9 '유익이 없고' 유익이 없는 말은 심판 때 심문을 받는 것입니다.

렘애가1;11 '이 말씀' 은 마지막 심판 때 환란 때 있을 사건입니다. '그 모든 백성이 생명을 소성시키려고 보물로 식물들을 바꾸었더니 지금도 탄식하며 양식을 구하나이다.' 역시 이 말씀도 환란 때 양식 하나님의 말씀이 없어서 헐떡거리는 것입니다.

욥24;11-12 '그 사람의 담 안에서' 오늘날 교회 안에서

렘애가1;11 '지금도 탄식하며 구하러 다니나이다.'

이 두 가지가 동격입니다.

성도 여러분 환란 때는 교회 안에서 불의한 자들이 양식이 없어서 땅을 치고 울어도 하나님이 그들을 돌아보시지 않으십니다. 지금 은혜의 시대, 진리의 성령시대에 하나님의 말씀을 사모하며 헐떡여야 합니다.

환란 때는 하나님께서 심판하시지 돌아보시지는 않으십니다.

시119;131 '내가 주의 계명을 사모하므로 입을 열고 헐떡였나이다.'

헐떡이는 것은 영혼이 갈급한 것입니다. 기드온 300명을 뽑을 때 물 먹는 방법으로 뽑았습니다. 그들은 승리자가 되었습니다.

잠5;9-14에 하나님의 말씀에 책망과 징계가 있더라도 뉘우치고 회개하며 진실로 그 말씀을 사모해야 합니다.

41

양식이 없는 자의 한탄

그러나 너희가 열방에 흩어질 때에 내가 너희 중에서 칼을 피하여 이방 중에 남아 있는 자가 있게 할찌라 너희 중 피한 자가 사로잡혀 이방인 중에 있어서 나를 기억하되 그들이 음란한 마음으로 나를 떠나고 음란한 눈으로 우상을 섬겨 나로 근심케 한 것을 기억하고 스스로 한탄하리니 이는 그 모든 가증한 일로 악을 행하였음이라 그 때에야 그들이 나를 여호와인줄 알리라 내가 이런 재앙을 그들에게 내리겠다 한 말이 헛되지 아니하니라 (겔 6;8-10)

양식이 없는 사람은 한탄합니다. 육의 양식이 없어서 한탄하는 것이 아닙니다. 양식은 많이 있습니다. 그러나 양식은 많지만 줄자가 없습니다. 그러나 마지막 때는 양식이 없게 됩니다. 한탄할 때는 문제가 심각한 때입니다.

오늘도 하늘 양식을 많이 거두시기바랍니다. 마지막 때가 되기 전에 많이 거두여야 합니다. 환란 때 한탄할 때에는 이미 얻고자 해도 얻지 못합니다.

렘애가5;6 '무리가 애굽 사람과 앗수르 사람과 약속하고 양식을 얻어 배불리고자 하였나이다.'

유다서1;5 '주께서 애굽에서 백성을 구원하여 내시고'

계11;8 '영적으로 하면 소돔이라고도 하고 애굽이라고도 하니'

그래서 애굽은 애굽이 아니고 애굽 같은 교회, 영적으로 애굽 같은 교회입니다. 애굽에서 구원한 자들을 후에 믿지 아니하는 사람은 광야에서 죽였습니다. 즉 애굽에서 피하여 나왔지만 믿지 아니하여 저들은 광야에서 멸망한 것입니다. 믿지 않는 사람은 다 멸하는 것입니다.

유다서1;6에 자기 지위를 지키지 아니한 천사는 큰 날에 심판으로 영원한 결박으로 흑암에 가두었다고 말씀합니다. 평신도가 될 사람이 장로가 되고 전도사 목사 되는 사람이 지위를 떠나면 안 됩니다.

그래서 신학교에 간다고 목사가 되었다고 하나님께서 세운 종이 아닌 것입니다. 하나님께서는 부리는 천사도 지위를 떠나면 재림 때까지 흑암에 가두시는 것입니다.

세상에서 믿는 사람을 넘어지게 하는 것이 사단이요 귀신입니다.

렘애가5;6에 애굽과 앗수르 사람이 악수했습니다. 앗수르 사람은 성공한 셈의 둘째 아들입니다. 애굽 사람이 앗수르 사람과 악수하고 먹을 양식을 얻어 배불리 하였습니다. 양식이 없는 사람은 배고 고프고 배가 고프면 도적이 되는 것입니다.

렘애가5;9 '광야에는 칼이 있으므로 죽기를 무릅써야 양식을 얻사오니'

사55;21 '그 입은 우유기름보다 미끄러워도 그 마음은 전쟁이요 그 마음은 기름보다 유하여도 실상은 뽑힌 칼이로다.'

성도여러분 왜 광야에서 이스라엘 백성들이 죽었습니까? 거기에는 칼이 있었습니다. 분명히 알아야 할 것은 말씀이 칼입니까? 틀린 것입니다. 예리한 칼이란 물체적인 칼이 아닙니다. 하나님의 말씀을 들을 때 칼같이 마음을 찌르고 자르는 것입니다. 광야에선 칼로 죽임을 당하는 것입니다.

시59;7 '그 입으로도 악을 토하며 그 입술에는 칼이 있어 이르기를

누가 들으리요 하니이다.'

시149;6 '그 입에는 하나님의 존영이요 그 수중에는 두 날 가진 칼이로다.' 이 칼은 두 날을 가졌으나 예수 그리스도이십니다.

잠25;18 '그 이웃을 쳐서 거짓 증거 하는 사람은 방망이요 칼이요 뾰족한 살이로다.'

슥11;17 '양떼를 버린 목자에게 칼이 그 팔에 우편 눈에 임하리니 그 팔이 아주 빠르고 그 우편 눈이 아주 어두우리라'

즉 심은 대로 거두게 됩니다. 부자도 세상에서 물, 말씀을 주지 못해서 음부에서 물 한 모금을 구합니다. 지도자도 물, 말씀을 주어야 합니다. 성도들은 말씀을 먹어야 합니다. 양식을 주지 않고 자신만 배를 채우고 즐기면 결국 칼에 죽고 망하는 것입니다.

눅3;35에 칼의 역할을 좋은 의미로는 구약에는 죽이는 데 사용했습니다. 구약의 칼은 목자들 이야기입니다.

렘5;9에 광야에 칼이 있습니다. 양식을 얻기 위해 죽기를 각오해야 합니다.

(따라서) '지금은 우리는 죽기를 무릅쓰지 아니해도 양식을 먹을 수 있다'

잠언에 개미에게 가서 지혜를 배우라고 했습니다. 여름 추수 때 양식을 모으는 사람은 지혜로운 사람입니다. 그러나 양식을 구하려 할 때 죽기를 무릅쓸 때가 앞으로 남아있습니다.

계9;6 '그날에는 사람들이 죽기를 구하여도 얻지 못하고 죽고 싶으나 죽음이 저희를 피하리로다.'

광야에는 전갈이 있습니다. 5개월 환란에 던져지는 사람은 왜 던져져야 합니까? 환란 중에는 죽을 수가 없습니다. 고통의 때입니다. 그때 하나님의 말씀 양식을 구하여도 얻지 못합니다. 성도 여러분 먹고 사는 것도 중요하지만 확실하게 양식을 채우시기 바랍니다.

양식이 없는 사람은 무서운 환란을 받게 되는 것입니다. 양식이 있는 사람은 환란과 상관이 없습니다. 선한보응과 악한 보응을 이 땅에서 다 받게 되는 것입니다. 그러므로 양식을 채우는 것이 환란을 면하는 것입니다.

겔14;13-20에 손을 펴는 것은 양식을 끊는 것입니다. 성도는 정신을 차려야 합니다. 잘못 된 지도자를 만나면 양식 하나님의 말씀이 끊어지는 것입니다. 노아, 다니엘, 욥 이들은 다 지도자입니다. 그러나 이들은 자기들의 의로 자기는 구원받지만 자신의 의로 생명만 건집니다. 그러나 그들만 건짐 받고 자녀도 건지지 못한다는 것입니다.

겔14;13에 하나님께서 손을 펴시면 양식이 끊어지고 기근이 옵니다.

지금은 목사나 성도가 양식을 모으지 아니한다면 하나님께서 손을 펴실 때. 환란 때는 목사는 자신의 의로 겨우 생명을 건지게 됩니다.

그러나 거기에 있는 성도나 자식은 생명이 건져짐을 받지 못합니다.

노아 때는 노아도 8명을 물 심판에서 건진 사람입니다. 불 심판 때 겨우 3명을 건졌습니다. 마지막 심판은 불 심판입니다. 마지막 때 지금은 7일째입니다. 양식이 끊어질 때는 그 누구도 구원할 수 없으나 양식이 있으면 두려워할 것이 없습니다. 양식은 그리스도, 진리의 성령님이십니다.

암4;6, 암8;11-14에 하나님은 왜 양식을 떨어뜨리십니까?

왜 기근을 주십니까? 하나님께로 돌아오게 하시기 위함입니다.

양식은 하나님의 말씀입니다. 하나님의 말씀을 듣지 못한 기갈입니다. 말씀은 누구입니까? 말 속에 무슨 뜻이 있습니까? 진리는 말씀, 진리의 성령, 그리스도인 것입니다. 그리스도가 내 안에 있습니다. 진리, 성령이 내게 있어야 합니다.

요15;7 '너희가 내 안에 거하고 내 말이 너희 안에 거하면 무엇이든지 원하는 대로 구하라 그리하면 이루리라'

마24;45에 때를 따라 양식을 나누어 주어야 합니다. 6일 째는 우리 맘대로 뿌리고 심었으나 반드시 때를 따라 그리스도 안으로 양식을 넣어주어야 합니다.

요4;32 '내게는 너희가 알지 못하는 먹을 양식이 있느니라.'

예수님의 양식은 하나님의 뜻을 행하는 것입니다.

막3;35 '누구든지 하나님의 뜻대로 하는 자는 내 형제요 자매요 모친이니라.' 예수님의 양식은 하나님의 뜻을 이루는 것입니다. 그러므로 목사나 성도에게 주어진 양식은 하나님의 뜻을 드러내는 것입니다.

눅7;29-30에 모든 백성과 세리들은 세례를 받았으나 바리새인과 율법사들은 세례를 받지 않았습니다. 스스로 하나님의 뜻을 저버렸다고 말씀합니다.

세례는 말 속에 뜻이 있습니다. 그리스도를 드러내 주는 것이 하나님의 뜻, 세례 받는 것입니다. 그리스도를 드러내어 말씀에 뜻을 믿게 하는 그 자체로 세례입니다. 지금 성도들은 세례를 받고 있는 것입니다.

행13;36 다윗은 하나님의 뜻을 좇아 섬기다가 잠들어 조상들과 함께 묻혀 썩음을 당하였다.

행20;27 '내가 꺼리지 않고 하나님의 뜻을 다 너희에게 전하였음이니라.' 롬2;18 '율법의 교훈을 받아 하나님의 뜻을 알고 지극히 선한 것을 좋게 여기며'

골1;9 '너희로 하여금 모든 신령한 지혜와 총명에 하나님의 뜻을 아는 것으로 채우게 하시고'

성도 여러분 율법의 교훈으로 하나님의 뜻을 알아 채우시고 전하시

기 바랍니다. 하나님의 뜻을 알고 전해주는 것이 하나님의 뜻이요 주
님도 이 일을 행하러 오신 것입니다.

요6;27 '썩는 양식을 위하여 일하지 말고 영생하도록 있는 양식을
위하여 하라 이 양식은 인자가 너희에게 주리니 인자는 아버지 하나
님의 인치신자니라'

행12;20 '왕국에서 나는 양식을 쓰는 고로'

성도에게 하늘나라 양식은 숨겨져 있습니다. 헤롯도 헤롯이 아니라
영웅의 아들인 것입니다. 하늘나라 양식은 말씀 속에 숨겨져 있음으
로 드러내어 풀어주어야 합니다. 하늘양식인 것입니다. 그러므로 풀
어 드리는 양식을 채우시기 바랍니다.

결론)양식이 없는 자는 탄식하는 것입니다. 양식은 하나님의 뜻이
요 세례요 그리스도인 것입니다. 성도입니다. 이 양식을 곡간에 넣어
야 합니다. 성도들에게 하늘의 양식을 그리스도 안에, 창고에 넣어
주어야 목사는 하나님의 뜻을 행한 것입니다.

성도 여러분 양식이 없으면 탄식하게 됩니다. 이 갈증을 느끼시고
이 말씀이 성도들에게 양식이 되어 그리스도 안에 들어가시기 바랍
니다.

42

과실을 떠는 비밀

'너희 이스라엘 자손들아 그날에 여호와께서 창일하는 하수에서부터 애굽 시내에까지 과실을 떠는 것같이 너희를 일일이 모으시리라 그 날에 큰 나팔을 울려 불리니 앗수르 땅에서 파멸케 된 자와 애굽 땅으로 쫓겨난 자가 돌아와서 예루살렘 성산에서여호와께 경배하리라.' (사27;12-13)

과실을 떤다는 말씀은 타작한다는 말씀입니다. 12절 말씀은 문자적으로 이해가 되지 않습니다. 하나님의 말씀에는 어느 곳에든지 뜻이 숨겨 있습니다.

왜 이 말씀을 타작의 말씀으로 말세 마지막 때의 말씀으로 볼 수 있는가 하면 창일 하는 하수 흐르는 홍수를 의미합니다. 즉 큰 홍수 큰 물속에 있는 사람들이 타작 될 것을 말씀하신 것입니다. 실상 우리 모두가 창일하는 홍수 속에 있었던 것을 시인하고 고백해야 합니다.

신25;4 '곡식 떠는 소의 입에 망을 씌우지 말라'

소의 입에 망을 씌우지 말라는 말은 소가 땅을 갈 때 망을 씌우는데 소가 먹지 못하게 하는 것입니다.

과실을 떠는 것은 '떨다' '떨어내다' '골라내다' 는 것입니다. 어떻게 떠는가?

레19;9-10에 곡물을 벨 때에는 추수 때입니다. 밭모퉁이까지 다

걷지 말라, 이삭도 줍지 말라, 포도원 열매도 다 따지 말라, 떨어진 열배도 줍지 말라고 했습니다. 가난한 사람과 타국인을 위해 버려두라고 하나님께서 말씀하셨습니다,

레26;15 '나의 규례를 멸시하며 마음에 나의 법도를 싫어하여 나의 모든 규례를 준행치 아니하며 나의 언약을 배반 할찐대'

하나님의 규례와 법도 언약을 멸시하고 싫어하고 배반한 것이 무엇입니까? 이것이 떨어진 이삭들, 익은 곡식을 베는 것입니다.

왕상22;26-27에 곡식을 베는 방법은 고생을 시키는 것입니다. 왕의 말씀이 이 놈을 옥에 가두고 내가 평안히 돌아올 때까지 고생의 떡과 고생의 물로 먹이라 하라고 했습니다.

말씀의 뜻은 그동안에 고생을 있는 대로 하게 하고 고난을 있는 대로 하게 하라는 것입니다. 왜 성도들이 6일 동안 고생을 하면서 하나님의 규례, 법도 언약을 싫어하고 지키지 않았습니까? 사단은 하나님께로 가는 길을 막고 하나님을 섬기지 못하도록, 불순종하도록 언약을 싫어하게 한 것입니다. 사단에게 속은 것입니다.

그것이 고생의 떡, 고생의 물을 먹게 한 것입니다. 위리의 길을 막은 사단은 지금도 막고 있습니다. 하나님의 언약을 싫어하게 합니다.

실상은 고생의 떡과 고생의 물은 곡식을 베는 과정입니다. 고생의 떡과 물은

사30;18-22을 봅시다.

성도들의 스승은 그리스도입니다. 그 동안에 환란의 떡, 고생의 물은 여기 저기 다니면서 성령 받으러 복 받으러 여기에 매인 것이 곡식 베는 과정을 거쳐 오늘에 온 것입니다. 이제는 성령 받으러 불 받으러 다니지 않아도 됩니다. 성령은 하나님이십니다. 사람이 하나님을 줄 수 있는 것이 아닙니다, 사람은 불을 줄 수가 없습니다. 성도여러분 왜 큰 부자가 되지 못합니까?

왜 그 많은 고생을 하셨습니까? 그동안 우린 고생의 떡, 고생의 물을 먹은 것이 아닙니다. 그동안 우리는 수십 년 예수그리스도를 믿었다 할지라도 제대로 된 양식을 먹지 못했습니다. 오히려 하나님의 말씀, 규례, 법, 언약을 거역하고 싫어했던 것입니다. 그래서 보응을 받은 것입니다. 고생의 떡과 물을 먹은 것입니다. 불순종의 댓가입니다. 죄의 보응입니다. 우리는 죄의 보응을 영으로 육으로 받는 것이 하나님의 은혜요 축복인 것입니다.

이 땅에서 영과 육으로 보응을 받지 않는 사람들은 지옥에 가서 영원한 형벌을 받게 되기 때문입니다.

렘20;18 '어찌하여 내가 태에서 나와서 고생과 슬픔을 보며 나의 날을 수욕으로 보내는고.' 예레미야 선지자의 고백입니다.

예수님도 태에서 나시면서 많은 고생을 당하고 수욕을 당하신 것입니다.

이제 사람의 눈으로 귀로 보고 듣고 사람들을 판단해서는 안 됩니다. 지금 잘 되고 잘 나가는 것만이 복이 아닙니다. 지금 고생하고 시험받고 고통이 불의한 것만이 아니라는 것입니다. 성도들은 이 세상이 나그네 길이요 여행길임을 확신하시기 바랍니다.

렘애가3;33 '주께서 인생으로 고생하며 근심하게 하심이 본심이 아니시라'

성도들의 생활의 고난은 하나님의 본심이 아니십니다. 진실로 자식을 사랑한다면 냉철하게 키워야 합니다. 고생을 시켜야 합니다. 육신적으로도 세상에서 성공한 사람들을 보면 고생과 고난 후에 성공했습니다. 오냐 오냐 뜻을 받아 준 자식들은 성장하지 않습니다. 돈 안 준다고 부모를 학대하고 죽이기도 합니다. 성도들의 고난은 하나님의 모략입니다. 하나님의 사랑이십니다.

지금까지 지내온 것이 하나님의 크신 은혜였다고 고백할 날이 올 것입니다.

호10;4-5에 고난은 슬퍼하는 것입니다. 환란에 집어넣으면 부모의 마음이 아픕니다. 슬퍼한 것은 기쁨이 떠나고 영광이 떠나는 것입니다.

우리를 고난의 떡과 물을 먹게 한 그들은 이제 슬퍼할 것입니다. 영광이 떠나갔기 때문입니다.

곡식과 과일을 떠는 것은 고난이요 슬픔인 것입니다.

잠10;27 '여호와를 경외하면 장수 하느니라 그러나 악인의 연세는 짧아지리라' 짧은 것이 곡식을 떠는 것입니다. 베는 것입니다.

성도들을 방해하고 못 살게 한 악한 사람들, 그리스도 안에 못 들어가게 한 사람들은 모두가 악한 사람들입니다. 그들은 연세가 짧아지는 것입니다.

왜 악인들의 연세가 짧아지는가?

레19;9 '너의 땅의 곡식을 벨 때에 너는 밭모퉁이까지 다 거두지 말고 너의 떨어진 이삭도 줍지 말라'

여기 추수하는 사람들은 끝이 난 사람입니다. 이들이 다시 추수할 수가 없는 것은 악인의 연세가 짧기 때문입니다.

모퉁이는 입 모퉁이입니다. 행함이 없는 사람은 말만 하는 사람, 말만 하는 지도자입니다. 지도자-방백-두목들은 모퉁이인 것입니다.

왜 곡식 벨 때에 다 거두지 말라 하는가 하면 그들의 입은 열린 무덤입니다.

시109;2-3에 악한 입과 궤사한 입을 열어 거짓된 혀로 방언만 하는 사람들, 문자 만들어 예수 예수하는 지도자, 성도, 교사입니다. 이들이 설교하면 안 거두는 사람입니다. 입 모퉁이입니다.

잠6;12 '불량하고 악한 자는 그 행동에 궤휼한 입을 벌리며'

잠11;11 '성읍은 정직한 자의 축원을 인하여 진흥하고 악한 자의 입

을 인하여 무너지느니라.'

이 세상에 정직한 사람은 하나도 없습니다. 그리스도를 드러내는 사람이 축원이요 진흥하고 성공하는 사람인 것입니다.

악한 자의 입, 교회를 무너지게 하는 자의 입, 무너지게 만드는 일은 밭모퉁이인 것입니다.

잠24;7 '지혜는 너무 높아서 미련한 자가 미치지 못할 것이므로 그는 성문에서 입을 열지 못 하느니라' 미련한 자는 밭모퉁이입니다.

잠30;20 '음녀의 자취도 그러하니라. 그가 먹고 그 입을 씻음같이 말하기를 내가 악을 행치 아니하였다 하느니라.' 거짓말하는 사람도 입 모퉁이입니다. 성도 여러분 모퉁이가 입이라는 말은 말만 하고 선한 행동이 없는 사람의 입입니다. 다른 말로 악인의 뿌리로 모든 사람을 거듭나지 않게 하는 사람입니다. 즉 하나님을 찾되 바알에게 무릎 꿇지 않은 칠천 명도 있지만 바알에게 무릎 꿇는 자 그는 입 맞춘, 음녀와 입 맞춘 자입니다.

또는 돈 이야기하는 자 일만 악에 뿌리, 세상적인 사람, 하나님보다 자신을 생각하는 사람입니다. 이런 사람들이 모퉁이인 것입니다.

구석도 모퉁이입니다. 에브라임 산지도 모퉁이 구석입니다.

대하28;24 '예루살렘 구석마다 단을 쌓고'

아하스도 밭모퉁이입니다.

겔46;21에 아하스가 구석마다 단을 쌓고 이 구석은 바깥뜰 구석입니다.

결론)과실을 떠는 비밀이 무엇입니까?

과실을 떠는 것은 타작입니다. 어떤 사람이 타작됩니까?

밭모퉁이, 이삭, 떨어진 포도열매 이들은 사람들인 것입니다.

그러나 그들은 말만 앞세우고 실천하지 않는 행함이 업는 사람들입니다.

성도들이 많은 고생을 당하여 오늘 여기까지 온 것은 사단의 방해입니다. 그러나 그것이 그때는 고난이고 힘들고 어려워도 그리스도의 진리의 성령을 만난 것을 기뻐하시기 바랍니다. 감사하시기 바랍니다.

과실을 떠는 비밀은 모퉁이 입, 이삭, 떨어진 것들은 방언만 하고 문자적인 설교만 하는 사람들인데 그들은 하나님보다 자신을 앞세우는 바알 앞에 무릎 꿇은 사람, 거짓말 하는 사람, 일만 악을 뿌린 사람, 지도자들입니다.

이들은 타작 되어서 쭉정이로 곡간에 들어갈 수 없는 사람들입니다.

왕들도 지도자들도 예루살렘 구석도 떨어버려 타작되어 질 사람들입니다.

크고 작은 교회들이 진리의 성령의 말씀을 받지 못한다면 그리스도의 사람이 아니라 재림 때 떨어지는 사람입니다. 정말로 부모, 형제, 친척, 친구, 사랑하는 사람들에게 이 재림의 말씀, 타작의 말씀을 바로 전하고 끌어내시는 성도가 되시기 바랍니다.

43
하나님의 언약

하나님이 노아와 그와 함께한 아들들에게 일러 가라사대 내가 내 언약을 너희와 너희 후손과 너희와 함께한 모든 생물 곧 너희와 함께한 새와 육축과 땅의 모든 생물에게 세우리니 방주에서 나온 모든것 곧 땅의 모든 짐승에게니라 내가 너희와 언약을 세우리니 다시는 모든 생물을 홍수로 멸하지 아니할 것이라 땅을 침몰할 홍수가 다시 있지 아니하리라 하나님이 가라사대 내가 나와 너희와 및 너희와 함께하는 모든 생물 사이에 영세까지 세우는 언약의 증거는 이것이라 내가 내 무지개를 구름 속에 두었나니 이것이 나의 세상과의 언약의 증거니라 내가 구름으로 땅을 덮을 때에 무지개가 구름 속에 나타나면 내가 나와 너희와 및 혈기 있는 모든 생물 사이의 내 언약을 기억하리니 다시는 물이 모든 혈기 있는 자를 멸하는 홍수가 되지 아니할찌라 무지개가 구름 사이에 있으리니 내가 보고 나 하나님과 땅의 무릇 혈기 있는 모든 생물 사이에 된 영원한 언약을 기억하리라 하나님이 노아에게 또 이르시되 내가 나와 땅에 있는 모든 생물 사이에 세운 언약의 증거가 이것이라 하셨더라 (창9;8-17)

창9;9-10 '내가 내 언약을 너희와 너희 후손과 너희와 함께 한 모든 생물 곧 너희와 함께 한 새와 육축과 땅의 모든 생물에게 세우리니 방주에서 나온 모든 것 곧 땅의 모든 짐승에게니라.'

창조주 하나님은 모든 생물과 언약하셨습니다.

하나님의 언약을 믿고 지켜 하나님의 뜻을 드러내어 하나님의 자녀답게 추수 꾼답게 살아가시기 바랍니다.

물–홍수–구름–무지개 모든 짐승 하나에게도 하나님의 뜻, 비밀이 있습니다. 짐승이 단지 짐승이야기가 아닙니다.

그동안 물이 홍수가 되어 많은 사람들의 재산을 쓸어 가버렸습니다. 죽기도 했습니다. 물이 홍수가 되는 것입니다. 많은 사람이 모여 홍수가 되는 것입니다. 왜 그 많은 사람들이 교회 안에서 수많은 영혼들이 죽고 멸망 하는 것입니까? 방언 때문에 뜻을 풀어먹지 못해서 죽고 멸망합니다.

보이는 은사만 사용하면, 방언만 말하는 사람도 듣는 사람도 다같이 죽게 되는 것입니다.

물이 홍수가 되어 죽여 버립니다. 물은 깨끗한데 홍수는 깨끗합니까? 깨끗한 물을 더럽게 한 사람, 그 물 속에 있는 사람은 모두 죽고 망하게 됩니다.

(따라서) '숨겨진 비밀이 드러나는 기간이 7일 째이다'

구약에는 안식일에 들어가고 신약에는 그리스도에게 들어가야 합니다.

안식하면 예수 이야기와 그의 마침은 그리스도입니다. 이제는 성도들에게는 물이 홍수가 되지 않습니다. 땅을 침몰할 홍수가 있지 않습니다. 언약인 것을 믿으시기 바랍니다.

언약이 무엇입니까? 무지개는 그리스도요 구름은 예수님입니다. 이것이 언약입니다. 하나님의 언약은 구름 속의 무지개입니다. 그 무지개를 보고 홍수가 오지 않을 것을 그 언약을 믿으십니까? 문자로 보면 도저히 이해가 되지 않습니다. 믿을 수가 없는 언약입니다. 그래서 말씀 속에 뜻을 풀어야 합니다. 구름은 예수님이요 무지개는 그리스도입니다.

성도들은 신부요 그리스도는 신랑입니다. 그리스도와 언약을 맺은 것입니다. 언약이 보이는 구름 속에 무지개로 숨겨진 것을 믿으시기 바랍니다.

모든 성경 말씀 속에는 뜻이 있고 그리스도가 있습니다.

말씀 속에 뜻과 그리스도를 드러내야 성경이 해석되는 것입니다. 그 말씀을 받아먹을 때 죽은 영혼이 살아나고 건축되어지며 덕이 되는 것입니다.

그러나 오늘 수많은 교회, 주의 종들이 뜻을 풀지 않고 해석하지 않습니다. 성경은 성경으로 풀어야 합니다. 신령한 것은 신령한 것으로 풀어야지 상식이나 경험으로 세상이야기로, 여러 가지 사건으로 풀면 안 됩니다.

창9;13 '내가 내 무지개를 구름 속에 두었나니 이것이 나의 세상과의 언약의 증거니라'

나의 세상과의 언약은 곧 천사와 사단이야기입니다.

예정 된 택한 자와 택한 자들과 나의 세상과 원문에 들어가 보면

나의 세상과 언약을 변증할 것, 방언은 개인 적인 은사로 준 것이 아닙니다. 뜨겁다는 교회, 불이 임하는 교회, 목회자는 방언만 합니다. 수많은 목회자, 수많은 성도들이 방언기도만 합니다. 하나님 앞에 비밀을 말한다고 합니다.

그 방언기도 자신이 알아듣습니까? 타인이 알아듣습니까? 못 알아듣습니다. 확실히 언약을 알 수가 없습니다. 방언의 말씀 속에 뜻이 있습니다.

방언은 반드시 통역해야 하는데 다른 것으로 통역하면 안 됩니다. 그리스도로 통역해야 합니다. 성경은 하늘나라 방언이므로 반드시 그리스도로 통역해야 하는 것입니다. 본문 창9장만 보아도 통역하지 않으면 뜻을 알 수가 없습니다. 예언 될 수도 없습니다. 그러므로 방

언은 통역하고 통역된 말을 듣지 않으면 하나님 앞에 갈 수 없습니다.

9;14-15에 구름으로 땅을 덮는다, 성경에 땅이여 들으라 하늘이여 들으라 는 말씀이 있습니다. 땅이나 하늘이 하나님의 말씀을 듣습니까?

그러므로 하늘도 땅도 뜻이 있습니다. 뜻을 풀어야 합니다. 뜻을 모르면 언약이 이루어지지 않습니다.

이 시대는 진리가 아니면 안 되는 시대입니다. 성공할 수도 없습니다. 하나님을 만날 수가 없습니다. 저와 성도 모두가 추수 꾼으로 일을 해야 합니다.

그래서 지금은 말씀을 드러내지 않으면 안 됩니다. 그리스도를 드러낼 때 하나님이 드러나시는 것입니다. 성삼위가 영광을 받으시는 것입니다.

예수는 믿는 사람만 아는 것이 아니고 예수 그리스도를 믿지 않는 사람도 예수를 알고 있습니다. 귀신도 예수를 알고 있습니다. 진실로 예수도 그리스도도 다 알아야 합니다. 성경은 예수 그리스도 이야기입니다. 그리스도로 성경을 마치는 것입니다.

그리스도를 모르면 그래서 그리스도의 비밀, 하나님의 비밀, 짐승의 비밀, 하늘나라는 비밀인 것입니다. 성경에 기록된 말씀도 비밀입니다.

불택자들에게는 비밀이나 예정된 택한 사람들에게는 비밀이 아닙니다. 진리입니다. 16절에 영원한 언약을 기억하라고 말씀합니다.

성도들과 하나님과의 언약은 그리스도인 것입니다. 17절에 땅에 있는 모든 생물 사이에 세운 언약에 저와 성도들입니다. 짐승은 짐승이야기가 아닙니다. 나무도 구름도 무지개도 풀어야 합니다. 무지개는 요셉의 채색 옷에 무지개가 있습니다. 언약입니다. 예수님의 아버지 이름이 요셉입니다. 예수님은 동정녀 처녀로 여자로 이 땅에 오신 것입니다. 여자는 교회입니다. 교회는 영원히 살리는 곳입니다. 성경인물에 뜻이 있습니다. 성경의 뜻을 모르고 풀지 않으면 소경입니다. 소경이 인도하면 모두가 소경이 되고 다 함정에 빠지게 됩니다.

방언만 하면 유익이 없습니다. 유익이 없는 말은 무익합니다. 무익한 말은 심판 날에 심문을 받게 됩니다. 짐승을 짐승이야기로만 한다면 방언인 것입니다. 노아의 방주 속에 들어있던 각종 짐승, 혈기 있는 것은 뜻이 있습니다. 그러면 말의 뜻이 무엇입니까?

신6;20 '후일에 내 아들이 네게 묻기를 우리 하나님 여호와의명하신 증거와 말씀과 규례와 법도가 무슨 뜻 이뇨 하거든'

전 성경은 하나님의 증거요 말씀과 규례와 법도는 구체적인 하나님의 법령입니다. 하나님의 법도를 모르면 하나님의 계획을 알 수가 없습니다. 하나님의 법도는 하나님의 계획입니다. 하나님의 계획은 판결입니다.

판결은 성경 속에 신17;8-10을 봅시다.

신17;9 '레위 사람 제사장과 당시 재판장에게로 나아가서 물으라. 그리하면 그들이 어떻게 판결할 것을 네게 가르치리니'

모세는 예수님의 표상이며 이스라엘 백성은 이 땅의 모든 그리스도인의 표상인 것입니다. 나는 이 땅에 살지만 하늘나라의 사람인 것입니다. 성도들에게 법은 하늘나라 법이 되어야 합니다.

믿음생활을 하늘나라의 법대로 해야 하늘나라에 갑니다. 그래서 법은 하나님의 판결이 하나님의 법이 됩니다. 법률과 법도는 동격입니다.

판단-법령-법도-계획 다 같은 뜻입니다.

결론)하나님의 언약이 무엇입니까?

하나님의 언약은 법-법령-심판인 것입니다. 방언만 하면 유익이 전혀 없습니다. 하나님의 말씀의 뜻을 드러내지 않으면 그리스도를 증거 하지 않고 다른 복음, 다른 말을 하면 듣는 사람의 마음을 도적질하는 것입니다. 이런 사람은 하나님의 법에 반드시 죽이게 되는 것입니다.

하나님의 언약은 하나님의 법이요 심판입니다. 방언은 결코 전하는 사람과 듣는 사람에게 유익이 없습니다. 하나님의 비밀, 그리스도의 비밀, 짐승의 비밀 말씀 속에 뜻이, 비밀이 있습니다. 그 비밀은 성경 속에서 찾아야 합니다. 해답이 있음을 확신하시기 바랍니다.

44
범죄자의 결과

엘리가 매우 늙었더니 그 아들들이 온 이스라엘에게 행한 모든 일과 회막문에서 수종드는 여인과 동침하였음을 듣고 그들에게 이르되 너희가 어찌하여 이런 일을 하느냐 내가 너희의 악행을 이 모든 백성에게서 듣노라 내 아들아 그리 말라 내게 들리는 소문이 좋지 아니하니라 너희가 여호와의 백성으로 범과케 하는도다 사람이 사람에게 범죄하면 하나님이 판결하시려니와 사람이 여호와께 범죄하면 누가 위하여 간구하겠느냐 하되 그들이 그 아비의 말을 듣지 아니하였으니 이는 여호와께서 그들을 죽이기로 뜻하셨음이었더라 아이 사무엘이 점점 자라매 여호와와 사람들에게 은총을 더욱 받더라 (삼상2;22-26)

하나님이 보이십니까? 보신 분 계십니까? 보이지 않는 하나님을 믿는 것이 믿음입니다. 하나님은 성도 한 분 한 분을 모태에 생기기 전에 하나님은 먼전 지으시고 택하셨습니다. 사람은 흙에서 만들어졌으나 영은 하나님 아버지께로 온 것입니다.

주님도 이 세상에 오시기 전에 창조 전에 하나님과 함께 계셨습니다.

계19;11-16에 입에서 이한 검이 나오니 이것으로 만국을 치겠다고 말씀합니다. 하나님은 말씀으로 창조하시고 말씀으로 다스리시고 말씀으로 심판하십니다.

요1;1 '태초에 말씀이 계시니라 이 말씀이 하나님과 함께 계셨으니'

창1;1 '태초에 하나님이 천지를 창조하시니라' 창조보다 말씀이 먼저입니다. 하나님은 말씀이신 그리스도를 증거 하십니다. 그리스도를 알면 하나님을 알게 되는 것입니다.

그리스도는 진리입니다. 진리는 성령입니다. 진리의 성령은 말씀입니다.

기도하여 하나님을 만나려 하지 말고 성경 말씀을 통해 하나님을 만나시기 바랍니다. 율법은 죄를 알게 하고 깨닫게 합니다. 말씀 속에 계신 하나님을 찾아야 온전한 믿음의 사람이 되는 것입니다.

하나님은 성령으로 말씀을 깨닫게 하십니다. 예수님은 초림예수로 오셨습니다. 구약에는 예수라는 이름이로 기록된 곳이 하나도 업습니다. 그 이유는 때가 안 되었기 때문입니다. 신약에는 예수님으로 오시고 십자가에 죽으시고 삼일 만에 부활하시고 승천하시고 이제 재림하실 것입니다.

그래서 6일 째 6일 동안 일을 하는 종이 있고 7일 째 일을 하는 종이 있습니다. 낮에는 구름기둥으로 밤에는 불기둥으로 하나님은 역사하십니다.

불기둥은 불로 역사한다는 사람들, 실상 지옥 갈 사람들입니다. 이상하게 들리실지 모르지만 때가 되면 변증해 드릴 것입니다. 불기둥-구름기둥은 그리스도의 비밀입니다. 모든 비밀은 성경 속에 숨겨져 있습니다. 숨겨진 것을 드러내야 할 때입니다.

삼상2;22-26에 회막 문=교회, 여인들 =성도들, 동침=간음입니다.

악행을 한 것입니다. 교회지도자가 그 안에 성도들에게 악행을 한 것입니다. 율법은 죄를 알게 합니다. 하나님의 뜻은 죽이기로 25절에서 작정하셨습니다. 엘리의 뜻은 미련하다, 둔하다, 어리석다는 뜻입니다.

삼하7;18-21 '주의 말씀을 인하여 주의 뜻대로 이 모든 큰일을 행하사 주의 종에게 알게 하셨나이다.'

하나님의 뜻은 그리스도를 드러내는 것입니다.

롬16;17-18에 그리스도의 영으로 충만하지 않으면 자기의 배만 섬기는 사람이 됩니다.

삼하15;1-6을 봅시다. 삼하14;25에 압살롬은 발바닥에서 정수리까지 흠이 없는 사람입니다.

삼하15;5 '사람이 가까이 와서 절하려 하면 압살롬이 손을 펴서 그 사람을 붙들고 입을 맞추니' 그 사람의 말을 그대로 믿는다는 뜻입니다.

삼하15;6 '무릇 이스라엘 무리 중에 왕께 재판을 청하러 오는 자들에게 압살롬의 행함이 이 같아서 이스라엘 사람의 마음을 도적 하니라.'

하나님의 뜻을 전해주지 않고 다른 말로 그 사람에게 전해주면 그 사람의 마음을 도적질하는 것입니다. 압살롬은 흠이 없는 사람이었지만 그가 사람의 마음을 도적질한 것입니다.

왜 많은 사람들이 목사, 지도자를 따르는 것입니까?

그 사람을 믿기에 인정하므로 믿고 따르지만 그가 말씀을 전할 때 하나님의 뜻인 그리스도를 드러내지 않으면 사람의 마음을 도적질하는 것입니다.

죄의 결과는 심판입니다. 설교자는 모든 성경을 그리스도를 드러내야 합니다. 그리스도를 드러낼 때 하나님은 기뻐하시고 하나님의 뜻이 이루어지는 것입니다. 다시 오실 주님을 맞이할 수 있는 것이 그리스도가 내 안에 계셔야 되는 것입니다.

예수 그리스도는 심판주로 오십니다, 그 심판이 그리스도가 계신지 안 계신지 심판하시는 것입니다.

그래서 재림 때 그리스도가 없는 말씀은 말세의 복음이 아닙니다.

성도는 만세 전에 택정을 입은 사람입니다.

삼하14;26에 연말은 마지막 생애입니다. 머리털을 깎아본즉 200세겔, 달아본즉, 왕의 말씀으로 달아본즉 말씀에 비추어 본즉 200세겔이라는 것입니다. 압살롬은 사람의 마음을 도적했을 뿐 아니라 200명을 죽인 자입니다. 잠24;12에 하나님은 사람을 다 알고 마음과 영혼까지 다 알고 계십니다.

세겔은 하나님께 기억된 무게를 뜻합니다. 실제로 많은 성도가 있다면 많은 무게로 무거운 짐입니다. 그 영혼을 그리스도 안에 넣어야 하는 데 6일 간은 한 사람도 그리스도 안에 넣을 지도자가 없습니다.

단11;36에 하나님의 뜻을 모르면 자기 뜻대로 행합니다. 분노가 쉴 때까지 내 뜻대로 하는 것입니다.

벧전3;3 '너희 단장을 머리로 꾸미고 금을 차고 아름다운 옷을 입는 외모로 하지 말고'

머리를 그리스도로 꾸미고 그리스도로 옷을 입어야 합니다.

그러므로 하나님의 뜻을 모르면 자기 맘대로 하게 됩니다. 그리스도로 꾸미고 그리스도로 옷을 입어 죄의 행위를 벗어야 합니다.

45

법률의 뜻대로 판결

네 성중에서 송사로 다투는 일이 있으되 서로 피를 흘렸거나 다투었거나 구타하였거나 하여 네가 판결하기 어려운 일이 생기거든 너는 일어나 네 하나님 여호와의 택하실 곳으로 올라가서 레위 사람 제사장과 당시 재판장에게로 나아가서 물으라 그리하면 그들이 어떻게 판결할 것을 네게 가르치리니 여호와께서 택하신 곳에서 그들이 네게 보이는 판결의 뜻대로 네가 행하되 무릇 그들이 네게 가르치는대로 삼가 행할 것이니 곧 그들이 네게 가르치는 법률의 뜻대로, 그들이 네게 고하는 판결대로 행할 것이요 그들이 네게 보이는 판결을 어기어서 좌로나 우로나 치우치지 말것이니라 사람이 만일 천자히 하고 네 하나님 여호와 앞에 서서 섬기는 제사장이나 재판장을 듣지 아니하거든 그 사람을 죽여 이스라엘 중에서 악을 제하여 버리라 그리하면 온 백성이 듣고 두려워하여 다시는 천자히 행치 아니하리라(신17;8-13)

신6;20 '후일에 네 아들이 네게 묻기를 우리 하나님 여호와의 명하신 증거와 말씀과 규례와 법도가 무슨 뜻이냐 하거든'

하나님의 법도, 법령은 하나님의 심판인 것입니다. 하나님의 법도를 모르면 하나님의 뜻, 계획을 알 수 없습니다. 하나님의 법도가 하나님의 계획인 것을 모릅니다. 하나님의 법도와 하나님의 계획은 하나님의 판결인 것입니다.

이스라엘 백성, 곧 모든 성도는 모든 그리스도인의 표상인 것입니다. 그래서 성도는 이 땅에 살고 있지만 하늘나라의 사람인 것입니다.

성도들의 법은 하나님의 법을 지키고 따라야 합니다. 하늘나라를 가려면 하늘나라의 법을 이 땅에서 지켜야 합니다. 법도는 하나님의 판결입니다.

성경은 넓게, 깊게, 높게, 낮게 보아야 합니다. 베드로는 밤새도록 그물을 쳤지만 한 마리도 잡지 못했습니다. 그때 주님께서 그물을 깊은 데로 던지라고 하셔서 많은 물고기를 잡았습니다.

베드로는 주님 말씀에 순종하여 많은 고기를 잡았다고 고백합니다.

성도 여러분 하나님의 말씀을 믿고 의지하면 틀림없이 많이 잡게 됩니다. 6일간 일한 종과 7일째 일하는 종이 있음을 믿으시기 바랍니다.

즉 뿌리는 사람으로 쓰임 받는 사람이 있고 추수하는 사람으로 쓰임 받는 사람이 있습니다. 지금은 뿌리 때가 아니고 추수 때입니다. 알곡을 거두어 곡간에 들일 때입니다. 주님 오실 때까지 뿌리지만 때를 따라 양식을 줄 수 있어야 합니다. 진실로 지금은 추수 때이나 추수할 일꾼이 적습니다.

성령이 역사하게 하려면 말씀 속에 뜻을 알아야 합니다.

성도 여러분 지금은 하나님 말씀 속에 뜻을 드러내 그리스도를 내 안에 내가 그리스도 안에 들어가야 합니다.

신17;14에 뜻 이야기가 나옵니다.

출12;21-28에 유월절 사건이 나옵니다. 신약에 십자가에 죽으심과 동일합니다. 뜻을 풀면 예수 그리스도가 십자가에 죽으심과 동일한 사건입니다.

성경 전체는 예수 그리스도이야기 말씀입니다.

유월절은 예수 그리스도의 죽으심이요 초심 절은 예수그리스도의 부활하심이요 성령강림절도 오순절도 이미 다 지나간 절기입니다.

이스라엘의 모든 절기는 예수님이야기입니다.

출12;21-22에 유월절 양은 예수님입니다. 문인방과 문설주에 피를 발랐는데 피는 그리스도입니다. 어린 양은 예수입니다. 어린 양이 흘린 피는 그리스도입니다. 23-26절에 규례에는 뜻이 있습니다.

유월절 절기란 규례, 뜻을 묻거든 무엇이라 해야 합니까? 애굽 사람을 치실 때에 애굽에 있는 이스라엘 자손의 집은 넘으사 우리 집을 구원하셨다 하라고 했습니다.

규례 속에 뜻이 있다고 했습니다. 지금 유월 절 유월 절 하면 안 됩니다. 이미 지나간 것입니다. 왜냐 하면 그 뜻은

수4;6 '이것이 너희 중에 표징이 되리라 후일에 너희 자손이 물어 가로되 이 돌들은 무슨 뜻이요 하거든'

즉 요단강을 건널 때 12돌을 세웁니다. 돌들도 뜻이 있습니다. 12돌은 12지파입니다.

사28;16 '시온에 한 돌을 세웠다' 이 돌은 산돌이신 예수님이야기입니다. 사사14;15 '제 7일에 이르러 그들이 삼손의 아내에게 이르러 너는 네 남편을 꾀어 수수께끼를 우리에게 알리게 하라'

삼손의 이름은 작은 태양의 뜻입니다. 삼손이 수수께끼를 갖고 있습니다. 삼손은 예수님의 표상입니다. 전 성경은 수수께끼, 잠언, 비유, 비밀입니다.

삼손의 수수께끼를 문자로 풀면 안 됩니다. 뜻을 드러내야 합니다. 창세 이후 모든 성경은 수수께끼요 비유요 비밀입니다.

진리는 성령 말씀이 충만한 사람이 진리를 풀게 됩니다.

삿14;10-12에 삼손은 수수께끼를 내는데 예수님이야기를 하는 것입니다. 수수께끼는 원문에 잠언, 격언, 비유를 말합니다. 주님은 비유가 아니면 말씀하지 않으셨습니다. 다른 영들이 깨지 못하도록 숨

겨놓은 것입니다. 그래서 잠언 서를 알지 못하면 비밀을 풀 수가 없습니다.

대하9;1 '스바 여왕이 솔로몬의 명예를 듣고 와서 어려운 문제로 솔로몬을 시험코자 하여' 어려운 문제가 잠언, 격언입니다.

스바 여왕은 남자라는 이름의 뜻입니다. 솔로몬은 평화, 그리스도의 표상입니다. 스바 여왕이 솔로몬 왕에게 어려운 문제를 풀어 달라고 합니다.

신약에 와서 베드로가 깨닫습니다. 어려운 문제를 억지로 풀다가 스스로 멸망에 이르렀다고 말씀합니다.

수수께끼는 6일 동안은 풀 수가 없으나 7일째는 확실히 풀어집니다.

수수께끼는 꼭 풀어야 합니다. 하나님의 뜻을 모릅니다.

눅8;4-9 백부장의 믿음을 칭찬합니다. 말씀만 하사... 말씀신앙입니다. 구약은 수수께끼 어려운 문제 다른 말로 잠언입니다.

눅8;4-9 주님은 비유로 말씀합니다. 씨 뿌리는 비유로 말씀합니다.

이제 우리는 들을 귀를 열어달라고 기도해야 합니다. 깨닫게 해 달라고 기도해야 합니다. 비유는 풀어서 먹여야 합니다.

눅8;10에 나나님의 나라의 비밀을 너희에게는 허락되었으나 다른 사람에게는 비유로 하여 보아도 들어도 알지 못하게 했다고 말씀합니다. 그러니까 비유를 풀지 않으면 다른 나라 사람이 되는 것입니다. 다른 나라는 영원히 불 떼는 찜질 방에 가는 것과 같습니다.

수수께끼를 풀어 설교하고 듣게 될 때 하나님 나라를 갈 수 있습니다.

11-12에 마귀가 마음에서 말씀을 빼앗아 갑니다. 법률은 법률대로 판결하고 심판하는 것입니다. 이 때는 하나님의 말씀을 깨닫지 못하

면 풀지 못하면 하나님의 말씀의 법대로 말씀에 방해하는 사람이 되는 것입니다. 말씀에 심문 심판을 받는 것입니다.

46

하늘에 하나님

조서하노니 우리 나라에 있는 이스라엘 백성과 저희 제사장들과 레위 사람들 중에 예루살렘으로 올라갈 뜻이 있는 자는 누구든지 너와 함께 갈찌어다 너는 네 손에 있는 네 하나님의 율법을 좇아 유다와 예루살렘의 정형을 살피기 위하여 왕과 일곱 모사의 보냄을 받았으니 왕과 모사들이 예루살렘에 거하신 이스라엘 하나님께 성심으로 드리는 은금을 가져가고 또 네가 바벨론 온 도에서 얻을 모든 은금과 및 백성과 제사장들이 예루살렘 그 하나님의 전을 위하여 즐거이 드릴 예물을 가져다가 그 돈으로 수송아지와 수양과 어린 양과 그 소제와 그 전제의 물품을 신속히 사서 예루살렘 네 하나님의 전 단 위에 드리고 그 나머지 은금은 너와 너의 형제가 선히 여기는 일에 너희 하나님의 뜻을 좇아 쓸찌며 네 하나님의 전에서 섬기는 일을 위하여 네게 준 기명은 예루살렘 하나님 앞에 드리고 그 외에도 네 하나님의 전에 쓰일 것이 있어서 네가 드리고자 하거든 무엇이든지 왕의 내탕고에서 취하여 드릴찌니라 나 곧 나 아닥사스다왕이 강 서편 모든 고지기에게 조서를 내려 이르기를 하늘의 하나님의 율법의 학사겸 제사장 에스라가 무릇 너희에게 구하는 것은 신속히 시행하되 은은 일백 달란트까지, 밀은 일백 고르까지, 포도주는 일백 밧까지, 기름도 일백 밧까지 하고 소금은 정수 없이 하라 무릇 하늘의 하나님의 전을 위하여 하늘의 하나님의 명하신 것은 삼가 행하라 어찌하여 진노가 왕과 왕자의 나라에 임하게 하랴 내가 너희에게 이르노니 제사장들이나 레위 사람들이나 노래하는 자들이나 문지기들이나 느디님 사람들이나 혹 하나님의 전에서 일하는 자들에게 조공과 잡세와 부세를 받는 것이 불가하니라 하였노라 에스라여 너는 네 손에 있는 네 하나님의 지혜를 따라 네 하

나님의 율법을 아는 자로 유사와 재판관을 삼아 강 서편 모든 백성을
재판하게 하고 그 알지 못하는 자는 너희가 가르치라 무릇 네 하나님
의 명령과 왕의 명령을 준행치 아니하는 자는 속히 그 죄를 정하여 혹
죽이거나 정배하거나 가산을 적몰하거나 옥에 가둘찌니라 하였더라
우리 열조의 하나님 여호와를 송축할찌로다 그가 왕의 마음에 예루살
렘 여호와의 전을 아름답게 할 뜻을 두시고 또 나로 왕과 그 모사들의
앞과 왕의 권세 있는 모든 방백의 앞에서 은혜를 얻게 하셨도다 나의
하나님 여호와의 손이 나의 위에 있으므로 내가 힘을 얻어 이스라엘
중에 두목을 모아 나와 함께 올라오게 하였노라
(에스라 7;11-13-28)

아닥사스다 왕이 에스라 학사 제사장에게 내린 조서의 말씀입니다.
성경의 모든 사람은 뜻이 있고 짐승과 모든 물건에도 뜻이 있습니다.
뜻은 기록되어 있지 않습니다. 그 뜻을 풀어야 하나님의 계획, 율례,
법도를 알게 되는 것입니다.

스10;10-11에 율법은 구약, 구약은 예수이야기입니다.

완전한 율법은 신약이요 신약은 그리스도 말씀인 것입니다.

스7;12에는 율법에 완전한 학사 겸 제사장 에스라라고 기록합니다.

에스라는 율법을 통해 복음을 전한 제사장입니다. 율법의 완성은
그리스도인 것입니다. 율법은 예수님이요 율법의 완성은 그리스도입
니다.

스10;11에 에스라는 죄를 자복하고 이방 여인을 끊어버리라고 말합
니다.

하나님의 뜻은 죄를 회개하는 것입니다. 이방 여인을 끊어 버리는
것입니다. 에스라는 오늘날 목사입니다.

느8;7-8 예수아의 원어는 여호와를 구원하다란 의미입니다. 백성

에게 율법을 깨닫게 했습니다.

율법, 언약을 풀어 줄 때에 우리의 신랑 그리스도라고 받아들이게 됩니다.

받아들일 때 깨닫고 영혼이 새로워집니다. 건축이 되고 거듭납니다. 진리의 성령을 받는 것입니다.

느8;8 ...그 율법 책을...해석하여 백성에게 깨닫게 합니다. 율법 책을 낭독하고는 방언하고 . 방언은 뜻을 풀어 해석한 것입니다.

성도 여러분 말씀에 뜻을 풀어야 가장 정확하고 명확하게 뜻을 알 수 있습니다. 지금은 율법 언약 시대가 아니라 진리의 성령시대, 뜻을 깨닫게 되는 시대입니다. 예수 그리스도만 깨닫고 자랑하면 완전할 수가 없습니다.

욥23;10-13에 '그의 뜻은 일정하니'

하나님의 뜻은 일정한 것입니다. 성도들이 하나님의 뜻을 모르면 하나님이 원하시는 일을 전혀 알 수가 없습니다. 하나님과 언약 관계가 이루어질 수 없습니다. 하나님의 뜻을 풀어 증거 될 때 성령의 음성을 듣게 됩니다.

성경 속에 뜻이 있고 답이 있고 기도의 응답도 있습니다.

욥23;14 '그런즉 내게 작정하신 것을 이루실 것이라 이런 일이 그에게 많이 있느니라.'

즉 하나님은 욥을 통해 하실 일이 많이 있다는 것입니다. 욥을 통해 그 많은 일을 이루실 것 입니다. 나에 대한 하나님의 뜻이 분명히 있습니다.

욥27;1 '욥이 또 비사를 들어 가로되' 비사는 비유입니다. 어려운 문제, 수수께끼를 의미합니다. 욥은 예수님의 표상입니다.

욥27;1-11을 봅시다. 하나님께서 하시는 일이 무엇입니까?

시103;21 '여호와를 봉사하여 그 뜻을 행하는 너희 모든 천군이여

여호와를 송축하라'

그 뜻을 행하는 자는 누구입니까?

시107;10-11에 쇠사슬에 매인 자는 신약에 귀신 들린 자입니다.

왜 사람이 고난을 받는 것입니까? 하나님의 말씀을 멸시하기 때문입니다.

사도 바울도 쇠사슬에 매여 있었습니다. 쇠사슬은 곤고와 매임입니다. 성령의 뜻을 훼방하는 죄의 결과입니다.

시143;10 '주의 뜻을 행하게 하소서'

사53장은 예수 그리스도가 이 땅에 아기 예수로 오셔서 하나님의 뜻을 성취한 내용입니다.

사55;8-11 그들의 뜻이 변하여 자유케 한 노비를 다시 노비로 삼는 것입니다. 주 하나님의 뜻을 따르다가 그들의 뜻이 변해서 하나님의 뜻을 거역한 것입니다.

렘34;8-11 자유를 선언한 후에 여호와의 말씀이 임하신 것입니다. 하나님의 뜻을 따르다가 후에 변하여 노비를 다시 복종케 합니다. 하나님의 뜻을 모르면 잠시 하나님의 말씀에 순종하다가 변하여 악을 행하게 되는 것입니다. 단5;20-21에 하나님의 뜻은 변하지 않습니다. 사람의 뜻, 생각은 변합니다. 그러나 하나님의 뜻을 버리면 왕이라도 하나님은 버리십니다. 하나님께 버림 받으면 짐승처럼 살다가 짐승처럼 죽게 되는 것입니다.

결국 하나님인 인간나라를 다스리시며 자기 뜻대로 그 위에 세워주심을 알기까지 이르게 하십니다.

하나님의 뜻에 거역했다가 늦게 깨닫게 된 때는 쓸모없는 사람이 되는 것입니다. 하나님의 뜻을 깨닫고 전해야 합니다.

단8;15-16에 다니엘은 꿈의 해석을 잘 한 사람입니다. 가브리엘은 하나님의 능력이라는 뜻입니다. 가브리엘을 풀면 하나님의 사람의 뜻입니다. 즉 하나님의 사역자인 가브리엘이 다니엘에게 뜻을 풀어 깨닫게 한 것입니다.

성경은 어떤 사람에게는 넘어지게 하고 어떤 사람에게는 일어나게 하는 말씀인 것입니다. 어떤 사람에게는 거치는 것이 됩니다.

성경은 본다고 다 알 수 있는 게 아닙니다. 숨겨진 비밀, 비유입니다.

가브리엘 이름을 붙이고 천사라고 한 것입니다.

그는 실로 사람, 하나님의 말씀을 풀 수 있는 하나님의 사람, 사역자인 것입니다. 천사를 천사로만 보면 안 됩니다. 천사를 사람, 사역자, 지도자로 보아야 합니다. 다니엘 시대는 때가 안 되어 알지 못했습니다.

21-24에 적그리스도의 출현입니다. 즉 이 일이 될 것을 가브리엘이 알려준 것입니다. 26절의 여러 날은 마지막 때, 7년 대 환란을 알려준 것입니다. 27절에 벨드사살 왕에 대한 것을 마지막 일을 보여준 것입니다. 벨드사살, 느부갓네살 왕 이야기이지만 그 이름을 풀면 적그리스도와 거짓 선지자들의 이야기입니다.

미가서4;9-12 교회가 하나님의 뜻을 알지 못하면 질서가 없습니다.

교회가 더럽게 됩니다. 하나님의 모략은 하나님의 계획, 모략, 전쟁입니다.

현재 교회는 하나님의 뜻 하나님의 모략을 모르고 있습니다. 하나님의 모략을 깨닫지 못하고 있습니다. 그래서 여호와 하나님께서 곡식 단을 타작마당에 모음같이 너희를 모을 것이다라고 말씀하십니다. 깨닫지 못한 저들을 하나님은 딸 시온을 칠 것이다라고 말씀하십니다.

중요한 말씀은 하나님의 뜻을 모르기 때문에 전쟁에서 이기지 못합니다. 전쟁에 승리하려면 하나님의 뜻, 하나님의 모략을 알아야 합니다.

즉 하나님의 모략으로 전쟁 준비를 해야 합니다. 하나님은 저들을 모으신다고 말씀합니다. 교회 안에 지금 많은 사람들이 모아져 있습니다. 하나님은 저들을 교회 안에서 진리의 성령의 말씀으로 타작하실 것입니다.

하나님은 시온인 교회에 많은 사람들을 모아 놓고 진리의 말씀으로 더러워진 시온 교회를 타작하실 것입니다. 하나님은 악인과 의인을 끌어 모으셔서 타작하실 것입니다. 이것이 하나님의 법-모략-계획-심판-판단입니다.

이 놀라운 사실을 교회 안에서도 교회 밖에서도 모르고 있습니다.

오늘 우리는 하나님의 택한 자녀들만 깨우쳐 주고 무장시켜 세워주심을 믿어야 합니다. 그리스도 안에 들어가게 해 주는 것입니다.

가라지나 악인들은 드러내서 청소하고 깨끗하게 해야 합니다. 6일 동안 자기 뜻대로 살았다 할지라도 이제 진리의 성령, 말씀을 듣고 받아들여 택정을 입어야 합니다. 이것이 하나님의 모략이고 하나님의 규례요 법이요 심판입니다. 다른 말로 표현하면 하나님의 뜻이요 7일째인 것입니다.

미가서4;1 바벨론 교회에도 택정함을 받은 사람이 있기에 원수들의 손에서 속량 구원할 것입니다.

결론)하늘에 하나님은 하나님의 뜻을 알지 못하고 하나님의 모략을 모르는 사람들을 모아 놓고 타작하실 것입니다.

그래서 하나님의 법도, 법령, 율례, 규례, 하나님의 계획, 율법, 하나님의 모략, 하나님의 판단 심판이 있습니다.

하늘에 하나님은 시온에서 더러워진 시온, 교회를 청소하시고 진리의 성령을 받아들인 사람들을 구원하시는 말씀, 율법, 심판을 확증해야 합니다.

우리는 타작마당에 모아져 있는 사람입니다. 진리의 성령, 말씀, 하나님의 뜻을 알아 타작이 아닌 쓰임 받는 성도들이 되시기 바랍니다.

47

나에 대한 하나님의 뜻

사람들에게서 난 것도 아니요 사람으로 말미암은 것도 아니요 오직 예수 그리스도와 및 죽은 자 가운데서 그리스도를 살리신 하나님 아버지로 말미암아 사도된 바울은 함께 있는 모든 형제로 더불어 갈라디아 여러 교회들에게 우리 하나님 아버지와 주 예수 그리스도로 좇아 은혜와 평강이 있기를 원하노라 그리스도께서 하나님 곧 우리 아버지의 뜻을 따라 이 악한 세대에서 우리를 건지시려고 우리 죄를 위하여 자기 몸을 드리셨으니 영광이 저에게 세세토록 있을찌어다 아멘 / 형제들아 내가 너희에게 알게 하노니 내가 전한 복음이 사람의 뜻을 따라 된 것이 아니라 이는 내가 사람에게서 받은 것도 아니요 배운 것도 아니요 오직 예수 그리스도의 계시로 말미암은 것이라 내가 이전에 유대교에 있을 때에 행한 일을 너희가 들었거니와 하나님의 교회를 심히 핍박하여 잔해하고 내가 내 동족 중 여러 연갑자보다 유대교를 지나치게 믿어 내 조상의 유전에 대하여 더욱 열심이 있었으나 그러나 내 어머니의 태로부터 나를 택정하시고 은혜로 나를 부르신 이가 그 아들을 이방에 전하기 위하여 그를 내 속에 나타내시기를 기뻐하실 때에 내가 곧 혈육과 의논하지 아니하고 또 나보다 먼저 사도된 자들을 만나려고 예루살렘으로 가지 아니하고 오직 아라비아로 갔다가 다시 다메섹으로 돌아갔노라 그 후 삼년만에 내가 게바를 심방하려고 예루살렘에 올라가서 저와 함께 십 오일을 유할째
(갈1;1-5,11-18)

바울 서신에 보면 바울이 강조한 말씀이 있는데 그것은 하나님의

뜻으로 그리스도의 뜻이란 말씀을 많이 강조한 것을 볼 수 있습니다.

그 이유가 무엇입니까? 바울은 사울로 있을 때와 바울로 있을 때 하나님의 뜻으로 달라진 것을 고백합니다. 바울은 이 모든 것은 하나님의 은혜라고 고백합니다.

바울은 하나님의 뜻으로 그리스도 예수의 종으로 자신을 고백한 것입니다. 그러므로 하나님의 뜻을 모르면 하나님의 계획을 알 수 없습니다. 전 성경은 문자적인 기록입니다. 보이는 것입니다. 외모인 것입니다.

그래서 사람을 외모로만 보면 사람은 예수님만 보고 따르면 안 됩니다. 하나님은 사람을 외모로 보지 않고 중심을 보신다고 말씀하십니다.

문자적인 기록만 보고 예수 믿기만 하면 구원받는다고 하면 안 됩니다.

주님은 마지막 날에 믿는 자를 보겠느냐고 말씀합니다.

사람 예수만 취하면 죄가 되는 것입니다. 예수 안에 그리스도를 취하여야 합니다. 성도들이 지금 왜 이 큰 복을 받았는지 알고 계십니까?

성도들의 축복, 양들의 축복은 목자, 목회자를 잘 만난 것입니다.

진실로 이 세상에서 가장 큰 부자는 남편, 부모, 자식, 많은 재산, 명예, 명성이 아닙니다. 예수 그리스도를 만난 것입니다. 목회자를 잘 만난 사람인 것입니다.

분명한 것은 그리스도를 아는 것을 관념적으로 아는 것과 실상으로 아는 것이 확실히 다르다는 것을 믿어질 때가 올 것입니다. 말씀 속에 숨겨진 그리스도의 비밀을 발견할 때 감격하게 될 것입니다.

이제 그리스도가 성도들의 입에서 나올 때 지도자가 될 것입니다. 인도자가 될 것입니다. 머리가 되는 것입니다. 바울은 하나님의 뜻을 알았기에 많은 환란과 핍박을 당한 것입니다. 바울이 하나님의 뜻을 어떻게 깨달았는가? 구약 전체를 보고 깨달은 것입니다.

갈1;4-5 '그리스도께서 하나님 곧 우리 아버지의 뜻을 따라 이 악한 세대에서 우리를 건지시려고 우리 죄를 위하여 자기 몸을 드리셨으니 영광이 저에게 세세토록 있을지어다.'

바울은 하나님의 뜻으로 사도가 되었다, 그리스도의 사도가 되었다고 고백합니다. 그리스도께서 먼저 하나님 아버지의 뜻을 따르신 것입니다. 즉 창세기부터 마태복음까지 예언하신 대로 하나님의 뜻을 따라 오신 것입니다. 성경에 기록된 대로 오신 것입니다.

그래서 하나님의 뜻이 성경 말씀 안에 있는 것입니다. 4절에 우리를 악한 세대에서 건지시려고, 이것은 11절에 사람의 뜻을 따라 된 것이 아닙니다.

즉 바울은 사람의 뜻이 아니고 하나님의 뜻을 따라 복음을 전하고 일을 한다는 것입니다. 성도 여러분 하나님의 뜻에 우리는 내 맘대로 행하고 말하고 기도하고 헌금하고 모두가 하나님의 뜻대로 했다고 말합니다.

또는 하나님은 우리의 생각, 마음을 잘 아신다고, 우리의 성정을 잘 아신다고 하면서 내 마음대로 행하고 말을 하고 하나님의 뜻대로 했다는 것입니다.

성경은 하나님의 뜻을 숨겨 놓았습니다. 하나님의 뜻, 말씀 속에 숨겨진 진리 예수그리스도를 발견해야 합니다. 진리를 발견하고 진리의 성령께서 우리를 깨닫게 하사 말씀을 받아 들게 하심을 믿어야 합니다.

성경은 특별 계시와 자연 계시가 있습니다.

하나님은 자연 계시로 알린다 해도 아무 때나 알려 주시지 않습니다.

하나님은 다른 사람의 일을 나로 알게 하지도 않습니다. 4절에 하나님은 그리스도로 악한 세대에서 하나님의 뜻을 따라 우리를 건지십니다. 하나님의 뜻을 따르지 않으면 다른 복음을 따르는 것입니다.

하나님의 뜻, 말씀 속에 숨겨진 하나님의 비밀을 찾아 전하고 실천해야 합니다. 그런데 다른 복음 하나님의 뜻이 아닌 내 복음을 만들어 전하고 따르게 한 것이 현재의 실정입니다.

지금까지 믿는 사람들은 하나님의 뜻에 의해서 믿음의 생활을 한 것이 아닙니다. 십일조하고 기도하고 봉사하고 구제하고 선교하는 것 99%는 자신이 복을 받기 위해서 행한 것입니다.

하나님의 뜻을 따라 하나님의 집에 양식을 채우고 기도가 성경에 있고 응답이 성경에 있는데 우리는 기도도 내 맘대로 응답도 내 맘대로 받고 스스로 기뻐한 것이 신앙생활이었습니다.

즉 30배, 60배, 100배 받기 위해서 한 것입니다. 진정 날 위해 십자가에 죽으신 주님께 주님께서 보내 주신 하나님의 사랑에 대해서 감사하지 않고 순종하지 않았습니다. 진실로 하나님의 뜻을 따라 헌신하고 순종한 사람이 많지 않습니다. 욕심대로 구했고 욕심대로 따라간 것입니다. 이것이 6일 동안 우리의 신앙입니다. 믿음이었던 것입니다.

하나님은 이스라엘 백성들에게 율법에 순종하는지 지키는 않는지 시험하신다고 말씀합니다. 그런데 그 율법에 순종한 사람이 없습니다.

하나님의 뜻을 따라서 눈과 귀가 열리고 입도 열리고 앉은 자리에서 뜻을 따라 일어나야 합니다.

복음은 사람의 뜻으로 흥왕 될 수가 없습니다. 사람의 뜻으로 이루어지지 않습니다. 하나님의 뜻을 이루어집니다.

사도 바울은 사람에게 배운 것이 아니요 받은 것도 아닙니다. 오직 예수 그리스도의 계시로 된 것입니다. 바울이 예수 그리스도의 계시로 되었다는 것은 기도 중에, 환상 중에 된 것이 아닙니다. 사울은 바울로 택하신 뜻이 무엇입니까?

15절에 바울은 어머니 태로부터 택정하시고 은혜로 부르심을 받았습니다. 당신 경건한 유대인도 많았습니다. 예수님의 12제자도 있었습니다. 예수님의 말씀을 직접 들은 사람들도 많이 있었습니다.

그러나 하나님은 그들을 택정하시지 않고 그들을 불러 특별히 이방 사도로 세우지도 않으셨습니다. 하나님의 생각은 사람의 생각과 다른 것입니다.

하나님의 뜻을 찾아야 합니다. 나에 대한 하나님의 뜻이 무엇인가 찾아야 합니다. 하나님의 법령은 하나님의 계획이요 판단이요 심판입니다.

하나님은 사울을 불러 바울 되게 하신 것이 하나님의 뜻입니다. 사울의 뜻이 아닙니다. 4절에 악한 세대에서 예수 그리스도가 자신의 몸을 드려 건져주신 것입니다.

성도들에게 예수 그리스도가 악한 세대에서 건져 주신 것을 믿는다면 왜 나를 건져 주셨는지 하나님의 뜻을 찾아야 합니다. 주의 일 하라고 나를 악한 세대에서 건져 주신 것을 알아야 합니다.

하나님의 뜻은 예수그리스도를 드러내야 합니다.

성도 각자에게 하나님의 뜻은 그리스도를 드러내어 증거 해야 하는 것입니다. 그리스도를 드러내는 것이 성도의 사명입니다.

예수 그리스도께서 악한 세상에서 영원히 멸망 받을 저와 성도들을 건져 주셨습니다. 십자가를 지신 것입니다. 그의 몸이 하나님께 어린 양을 드린 바 된 것입니다.

갈1;17 '또 나보다 먼저 사도 된 자들을 만나려고 예루살렘으로 가지 아니하고 오직 아라비아로 갔다가 다시다메섹으로 돌아갔노라'

왜 아라비아로 갔을까요? 아라비아는 사막입니다. 바울은 사도가 되었는데도 사도들을 만나러 가지 않았습니다. 혈육과도 의논하지 않았습니다. 아라비아로 간 것입니다. 다시 다메섹으로 갔습니다.

바울은 3년 동안 아라비아 사막에 있을 때 하나님의 뜻을 깨달았습니다.

그 누구와 의논하지 않고 혼자 떠난 것입니다.

사도 바울은 구약의 아브라함과 같습니다.

엡1;1-3에 복을 받으려면 그리스도안에 있어야 합니다. 성도의 진정한 복은 그리스도 안에서 복을 받아야 합니다. 그리스도 안에 있는 복을 받을 수가 있어야 합니다.

5절 예수 그리스도로 말미암아 아들 삼은 것을 믿으시기 바랍니다.

모세가 시작은 했으나 바울이 마무리 하고 장식한 것입니다. 사도 바울이 하나님의 뜻, 비밀로 결론내린 것입니다. 하나님의 뜻은 온전한 것입니다. 사도바울은 성경 전체를 마무리했습니다. 하나님의 뜻은 그리스도를 드러내는 것입니다. 그리고 하나님의 뜻은 전 성경의 계명이 온전해지길 원하십니다.

이것이 6일이 지나고 7일 째 완성되는 것입니다.

장성한 믿음의 사람, 성도가 되시기 바랍니다. 이제 눈을 뜨고 귀를 열어 뜻과 비밀을 확실하게 알아야 합니다.

하나님의 뜻 그리스도 안에서 그의 숨겨진 비밀로 세움을 받아 그리스도의 증거를 확증하시기 바랍니다.

48

주의 뜻을 이해하라

그런즉 너희가 어떻게 행할 것을 자세히 주의하여 지혜 없는 자 같이
말고 오직 지혜 있는 자 같이 하여 세월을 아끼라 때가 악하니라 그리
므로 어리석은 자가 되지 말고 오직 주의 뜻이 무엇인가 이해하라
(엡 5:15-17)

'통전 한다' 라는 말은 성경 전체를 하나로 묶어 증거 하는 것을 말
합니다.

서론이란 말 대신에 통전을 많이 할 것입니다.

통전은 본문에 대한 서론이 아닙니다. 창세기부터 계시록까지 말씀
의 의미, 뜻을 말합니다.

오늘은 주의 뜻이 무엇인가 이해하시기 원합니다.

구약에는 율법, 예수님 오실 말씀이요 신약에는 완전한 율법, 그리
스도입니다. 6일이 지나면 반드시 비밀이 드러나는 것입니다. 숨겨져
있는 말씀이 드러나는 것입니다. 이제 남은 것은 하나밖에 없습니다.
그리스도 안에서 전 세계 그리스도인은 동일해야 되어야 합니다. 하
나님께서 이방인들을 끌어드리고 바울을 세운 것도 하나님의 모략입
니다.

하나님의 모든 모략이 끝나면 6일이 끝나는 것입니다.

6일이 끝나면 택정을 입은 사람들은 그리스도 안에서 통일 시키고

주님이 오시는 것입니다.

성도 여러분 나에 대한 하나님의 뜻이 무엇이 되어야 합니까?

나에 대한 하나님의 뜻은 그리스도를 드러내고 그리스도를 증거 해야 뜻을 이루는 것입니다. 그리스도를 드러내고 증거 하는 것은 성도의 사명입니다.

성경을 마무하기 위해서 이방 사도로 사울을 부르시고 바울로 그리스도를 알고 깨닫게 하시고 오늘 우리를 부르신 것입니다.

6000년 동안 하나님의 모략 계획대로 7일째 그리스도를, 진리를 성령 받은 그리스도인으로 통일케 하신 것입니다.

성도들이 누구이십니까? 자신이 누구인지 발견해야 합니다. 모래알처럼 수많은 사람들 중에 다시 한번 자신이 누구인지 발견하시기 바랍니다. 창세 이후 최고 축복된 자는 주님 오시기 전에 그리스도를 증거 하는 자요 그리스도 안에 있는 통일 된 성도들인 것입니다.

하나님의 모략은 그리스도 안에 통일시키는 일이요 그리스도로 하나 되는 일입니다. 12사도도 온전하지 않습니다. 바울도 온전하지 않습니다. 그것은 그리스도를 드러내지 않았기 때문입니다. 구약은 선지자로 신약은 사도로 이때는 그리스도의 사람으로 하나님의 뜻을 드러내어 통일이 되어야 그리스도가 이 땅에 신랑으로 오실 것입니다.

진리의 성령으로 말씀으로 자유 함을 얻어야 합니다. 통일을 이루어야 합니다. 이러한 사명을 감당하기 위해서는 나에 대한 하나님의 뜻을 확실히 알아야 합니다.

복음이 땅 끝까지 전해지면 예수 그리스도가 오실 것입니다.

이제는 그물 안에 고기가 가득 차 있습니다. 아제는 하나님의 선택, 진리로 선택하십니다. 하나님의 자녀로 택할 것인데 그리스도가 있는 사람은 알곡을 곡간에 넣을 것입니다. 주님 오실 직전에 그리스도의 진리의 성령을 받게 된 것을 진실로 감사하시기 바랍니다.

말씀과 찬송이 무엇입니까?

성도는 하나님 앞에 찬송이요 하나님 앞에 말씀을 받고 아멘 하면 말씀입니다. 말씀 따로 찬송 따로 아닙니다. 그리스도로 통일 되면 하나님 앞에 성도는 찬송이요 말씀인 것입니다.

엡5;15 성도는 이제 하나님 앞에서 어떻게 행할 것을 자세히 주의하여 지혜 없는 자 같이 행동하면 안 됩니다. 지혜가 있는 성도가 되어야 합니다.

16절에 세월을 아껴야 합니다. 때가 악하다고 말씀합니다.

수많은 시간을 하루 24시간을 헛되이 보내지 말아야 합니다. 악한 때 악한 일이 닥치는 것입니다. 준비 없으면 당황하고 그 사건에 넘어지는 것입니다. 진실로 어리석은 성도가 되지 않아야 합니다. 어리석게 행동하지 않아야 합니다. 주 그리스도 하나님의 뜻이 무엇인지 말씀을 통해서 찾고 찾아서 이해해야 합니다. 하나님의 뜻을 모르면 무지하면 넘어지고 자빠지게 되어 일어날 수가 없습니다. 소경은 일어나도 다시 넘어지는 것입니다.

하나님은 창세기부터 그리스도의 비밀을 숨겨 놓았지만 하나님은 그 시대에 하나님의 택한 종들에게 그 비밀을 알려주셨습니다. 시대마다 알려 주셨으나 부분적으로 알려주셨습니다. 즉 선지자도 사도들도 부분적으로 알았으나 하나님께서 마지막 때 한 무리를 통해서 온전히 만들어 비밀을 확장시켜 마무리 심판하십니다.

창세기부터 계시록까지 숨겨진 비밀을 알게 하시어 나를 온전케 하십니다. 하나님의 뜻을 이해해야 합니다. 하나님의 뜻을 이해하지 못하고 믿지 못한 사람들은 어리석은 사람입니다.

엡6;6에 확실한 것은 눈가림으로 소경을 인도하지 못합니다. 그리스도의 종처럼 하나님의 뜻을 확실하게 전하고 증거 해야 합니다.

골1;1-2 바울과 디모데는 그리스도 안에 있는 형제들입니다. 예수님은 동정녀 마리아의 몸에서 낳았습니다. 즉 예수 그리스도는 여자의 몸에서 낳은 것입니다. 여자는 교회를 의미합니다. 교회의 표상이 여자입니다. 하나님의 모략이 이 처녀에게서 옵니다. 때로는 성경을 통으로 보아야 합니다.

주님은 너희는 나보다 더 큰 일을 하리라고 말씀하셨습니다.

마지막 때 성도 모두가 그리스도 안에서 진리의 성령으로 크게 쓰임 받고 진리의 성령으로 크게 역사하시기 바랍니다.

사도 바울도 밥을 먹이지 못했다고 말씀합니다. 젖을 먹였다고 말씀합니다. 하나님의 모략, 계획, 뜻을 알게 되면 마지막 날에 쓰임을 받게 됩니다.

하나님의 놀라운 모략, 계획, 뜻이 실현되고 있습니다. 그래서 나에 대한 하나님의 뜻을 확신 있게, 자신 있게 알아야 이루어드릴 수 있는 것입니다.

보이는 교회를 무시하면 안 됩니다. 교회의 표상은 여자입니다. 아브라함-이삭-야곱-요셉, 사라-리브가-라헬 모두가 신령한 교회 상인 것입니다.

한마디로 하나님의 역사는 때를 따라 택한 종들로 교회로 나타나게 하실 것입니다. 다시 예언도 교회의 택한 자들로 역사하십니다.

그러므로 교회 안에서 청함 받은 자, 택함 받은 자들을 택하는 것은 교회 안에서 진리의 성령 그리스도의 말씀을 맏아들일 때 택하는 것입니다.

이제 성경의 예언이 교회를 통해서 예언되어짐을 확신하시기 바랍니다.

골1;1에 하나님이 사도바울과 디모데를 들어 쓰심같이 성도를 들어 사용하십니다. 하나님의 뜻에 따라 사도로, 주의 종으로 택함 받은 성도로 들어 쓰십니다.

골1;9-10에 채우라 하시요. 성도는 그리스도의 말씀을 아구까지 채워야 합니다. 나에 대한 하나님의 뜻을 모르면 하나님이 원하시는 작품을 만들 수가 없습니다. 성경은 남의 이야기가 아닙니다. 우리 아버지이야기입니다.

하나님의 뜻을 알아 하나님의 뜻을 이루어 믿음의 작품, 그리스도를 확실히 증거 해야 합니다.

골4;10-12 에바브라는 물거품이라는 뜻입니다. '하나님의 모든 뜻 가운데 온전하고' 온전해지려면 그리스도 안에 들어가야 합니다.

그리스도 안에서 온전한 성도들이 되시기 바랍니다. 하나님의 뜻을 알면 알 수록 완전하여 지고 확증이 생기게 됩니다. 그리스도와 더불어 먹고 마시고 그리스도 안에, 그리스도의 말씀이 내 안에 .. 기도하는 때도 이루어짐을 확신하시기 바랍니다.

요15;7 '너희가 내 안에 거하고 내 말이 너희 안에 거하면 무엇이든지 원하는 대로 구하라 그리하면 이루리라'

천년왕국은 추수 꾼으로 쓰임 받는 사람에게 상급으로 주어진 것입니다.

이것이 지상 최고의 비밀이요 창세 이후 최고의 비밀인 것입니다.

성도 여러분 자신이 누구인가 하나님의 뜻이 무엇인가 성도들에게 확실하게 하나님의 뜻을 완전하게 증거 해야 합니다. 믿음으로 확신과 확증케 할 것입니다.

하나님의 말씀을 채우면 채울수록 확증케 되는 것입니다.

하나님의 말씀의 뜻, 하나님의 계획, 모략이 채워지면 확증이 되면서 천년왕국의 주인이 되는 것입니다.

주의 뜻을 이해하는 것이 무엇입니까?

1)주님의 뜻은 그리스도를 알 고 그리스도를 드러내는 것입니다.

2)6일이 지나 7일째 택정함을 받은 사람은 통일의 주역입니다.

3)내가 누구인가 나에 대한 하나님의 뜻이 무엇인가 그리스도를 확신하고 그리스도를 확증하는 것입니다.

4)주님보다 바울보다 더 큰 일을 할 수 있는 마지막 추수꾼이 되는 입니다.

5)말씀을 아구까지 채워 쓰임 받고 천년왕국의 주인공이 되는 것입니다.

6)하나님의 말씀을 채우면 채울수록 확증 온전케 되는 것을 믿는 것입니다.

49
하나님의 뜻은 너희가 거룩 합이라

종말로 형제들아 우리가 주 예수 안에서 너희에게 구하고 권면하노니
너희가 마땅히 어떻게 행하며 하나님께 기쁘시게 할 것을 우리에게
받았으니 곧 너희 행하는 바라 더욱 많이 힘쓰라 우리가 주 예수로 말
미암아 너희에게 무슨 명령으로 준 것을 너희가 아느니라 하나님의
뜻은 이것이니 너희의 거룩함이라 곧 음란을 버리고 각각 거룩함과
존귀함으로 자기의 아내 취할 줄을 알고 (살전 4;1-4)

성도들은 목사로 하여금 하나님께 기쁘시게 할 것을 말씀을 받은
사람들입니다. 주 예수 안에서 하나님을 기쁘시게 할 것을 찾아 더욱
더 힘쓰시기 바랍니다.

'내가 거룩하니 너희도 거룩 하라' 고 말씀하십니다.

거룩함과 온전함은 동격입니다.

살전4;3 '하나님의 뜻은 이것이니 너희의 거룩함이라'

하나님의 뜻은 모든 성도가 거룩해지는 것입니다. 사람은 거룩할
수가 없습니다. 그런데 하나님의 뜻은 성도가 거룩함을 이루라고 말
씀하십니다.

거룩하신 그리스도의 영이 내 속에 들어오면 거룩해 질수 있는 것
입니다.

그렇다면 그리스도의 영이 내 속에 들어오셨는지 시험해 보아야 알

수가 있습니다.

길 가에 뿌려진 씨앗인지 사건을 만나보면 알 수 있습니다. 분명한 것은 거룩함은 사람이 할 수가 없습니다. 만들 수가 없습니다. 어쩌면 흉내 낼 수도 없습니다.

그러나 확실하게 진리의 성령께서 그리스도의 영이 내 속에 오시면 거룩함이 이루어질 것을 확신하시기 바랍니다. 그러나 하나님의 말씀이 머리에만 있는 사람은 거룩해질 수가 없습니다. 귀신이 잡고 있기 때문입니다.

하나님의 말씀은 마음과 영으로 받아 들여야 하는 것입니다.

죄는 귀신이 죄를 짓게 합니다. 그래서 마귀는 대적하라고 말씀합니다. 즉 여러분 속에 귀신이 잡고 있는 것을 대적해야 합니다. 그래서 영과 육이 온전해지지 않으면 자기 자리를 지킬 수 없습니다.

딤후2;25-26 '거역하는 자를 온유함으로 징계할찌니 혹 하나님이 저희에게 회개함을 주사 진리를 알게 하실까 하며 저희로 깨어 마귀의 올무에서 벗어나 하나님께 사로잡힌바 되어 그 뜻을 좇게 하실까 함이라'

하나님의 뜻을 성도들이 모르고 있을 때는 영적으로 자는 때입니다. 그래서 저희로 깨어 마귀의 올무에서 벗어나 하나님께 사로잡힌바 되어야 합니다.

(따라서) '영적인 밤에서 깨어나려면 하나님의 뜻을 좇아야 한다.'

히10;7에 두루마리 책은 성경입니다. 성경은 예수님에 대한 것입니다. 예수님은 하나님의 뜻을 행하러 이 땅에 오신 것입니다.

예수님처럼 성도들도 하나님의 뜻을 행하도록 인도하고 증거 하여 선포하여야 합니다.

히10;8에 하나님은 율법을 따라 드리는 것을 기뻐하지 않으십니다. 즉 말씀 속에 뜻을 드러내지 않으면 그 예배, 헌금, 기도를 받지 않으십니다.

번제는 예수그리스도의 십자가에 죽으심이 아닙니다. 성도들 각자가 드려지는 것이 번제입니다. 속죄제도 성도들의 회개입니다. 구원은 각각 개인의 것입니다. 교회에서 두리 뭉실 교회 안에만 들어오면 이것이 전제로 드리는 번제인 것으로 알고 있습니다. 풀면 아흔 아홉 드리는 것보다 하나를 찾는 것입니다. 그러므로 교회에만 들어오면 죄 용서를 받습니까?

주님께서 나를 위해 십자가에 죽으셨습니까? 이런 관념적인 사고를 버려야 합니다. 이렇게 관념적으로 드리는 예배가 전체로 범죄라 합니다.

하나님께서 속죄제는 기뻐하시지 않으십니다. 그러나 하나님의 뜻을 강단에서 풀어 전하고 들을 때 그 예배와 예물을 받으심을 믿으시기 바랍니다. 이런 예배를 원하시고 기쁘게 받으십니다.

히;10;9에 예수님은 하나님의 뜻을 행하러 오셨습니다. 하나님의 뜻은 예수님 육체를 폐하시고 그리스도를 세우려 하심입니다. 성도 여러분 예수님도 성도들도 하나님의 뜻을 행하는 것이 온전한 것입니다.

성도들에게 인내가 필요합니다. 먼저는 말씀을 듣다가 도망가지 말아야 합니다. 말씀을 사모하시되 끝까지 들어야 합니다. 하나님의 뜻을 알 때까지 말씀을 잘 들어야 합니다.

하나님의 뜻을 알아야 열매를 맺을 때가 오는 것입니다. 하나님의 뜻을 찾으십시오. 인내하고 기다리시기 바랍니다. 교회가 하나님의 뜻을 이루기 위해서는 그리스도 안에서 하나가 되어야 합니다. 개인적인 의견, 흉보는 것, 끼리끼리 뭉치는 것 등을 버려야 합니다. 이런 사람들은 주의 종을 배반하고 그리스도를 배반하는 것입니다. 하나님의 뜻을 무너지게 하는 사람입니다.

오직 그리스도의 말씀을 믿고 육체적인 형제보다 그리스도 안에서 그리스도의 형제자매, 부모로 뜻을 따라 뭉쳐야 하나가 되어 하나님의 뜻을 이루어야 합니다.

성도를 아내로 비유하고 목사를 남편으로 비유하고 진실로 남의 아내를 좇지 말로 진짜 아내로 가십시다.

히13;20-21 '모든 선한 일에' 그리스도를 드러내고 전달하는 일이 선한 일입니다. 선한 일은 복지입니다. 최고의 복지는 하나님이 하시 것입니다. 하나님은 영원히 재우고, 입히고, 먹이고, 영원히 살게 하십니다. 이것이 선한 일이며 복지인 것 입니다.

선한 일을 하기 위해서 오늘 여기까지 있게 하신 것입니다. 하나님은 우리를 세워서 쓰시려고 이 곳에 불러 모으신 것입니다. 하나님은 성도들이 영원히 가서 살 곳을 준비하셨습니다.

히브리서는 저자가 없다하지만 최고의 믿음의 사람들이 있습니다. 깨달을 수 있는 사람들이 하나님의 뜻을 알고 풀 수가 있는 것입니다.

벧전4;1-3에 그리스도는 이미 고난의 잔을 받으셨다고 말씀합니다.

육체의 고난을 받은 자가 죄를 그쳤다고 말씀합니다. 실상은 사람은 육체의 정욕을 좇아가는 사람입니다. 하나님의 말씀인 성경을 가지고 정욕대로 해석하고 돈 이야기하고, 그래서 돈은 일만 악의 뿌리가 된다고 말씀합니다.

벧전4;2 '사람의 정욕을 좇지 않고 오직 하나님의 뜻을 좇아 육체의 남은 때를 살게 하려 함이라'

벧전4;3 '너희가 음란과 정욕과 술 취함과 방탕과 연락과 무법한 우상숭배를 하여 이 방인의 뜻을 좇아 행한 것이 지나간 때가 족 하도다'

예수를 믿기 전 이야기가 아닙니다. 현재 믿는 자들의 행위입니다. 음란, 정욕, 술 취함도 분명하게 뜻을 풀어야 합니다. 변증해야 합니다.

한마디로 많은 주의 종들이 성도들이 알지도 못하면서 영성 영성하면 술 취한 자가 되는 것입니다. 구약에 술은 포도주, 포도주를 풀면 그리스도입니다. 피 흘리신 예수 그리스도, 피는 그리스도입니다. 우상 숭배는 밖에 우상이 아니라 말씀의 뜻을 모르는 지도자입니다.

이방인은 문자 그대로 방언하는 것입니다. 설교하는 것입니다.

하나님의 집에는 하나님의 자녀들이 있습니다. 아버지가 자기 짐을 심판한다는 것입니다. 사랑과 자비의 하나님 아버지입니까? 이제는 하나님의 집에 심판만 남았습니다. 이 심판을 받지 않으려면 진리의 성령으로 진리 그리스도 안에 들어가야 합니다. 진리의 성령으로 항아리 아구까지 물을 채운 사람은 심판받지 않습니다.

하나님이 예비하신 예비 처에 보내셨기 때문에 심판의 집에 있지 않습니다. 창세기부터 이미 여러 모양으로 말씀해 주신 것입니다.

노아 홍수 심판 때 노아는 심판장소에 없고 방주 안에 들어갔습니다. 방주를 풀면 예수님이야기가 나오는 것입니다. 창세기의 물 심판은 예수님의 초림이야기입니다. 불 심판은 재림이야기입니다.

소돔성에 하나님께서 먼저 롯을 꺼내고 불 심판을 하셨습니다. 예비한 곳은 하나님이 그 때 그 때 정하시고 심판하시는 것입니다.

성도 여러분 계시록 12장을 읽어보시기 바랍니다. 물 심판, 불 심판을 눈 여겨 보시기 바랍니다. 분명한 것은 하나님의 집에 심판이 있다는 것입니다. 시간에 쫓기고 매이지 말아야 합니다. 하나님의 말씀을 듣는 시간을 귀중히 여겨야 합니다. 왜 마지막에 하나님의 집에 심판하실까요?

초림 때는 방주 안에 들어갔습니다. 보이는 맥-교회 안에, 그리스도 안에 들어가야 합니다.

행2장은 진리의 성령이 오신 장입니다. 진리의 성령이 오실 때 너희는 마가다락방에 있으라고 말씀합니다. 오늘날의 교회입니다.

하나님께서 초림 때 되어질 것은 말씀하신 대로 다 이루셨습니다. 즉 물의 심판, 불의 심판은 다 이루신 것입니다. 심판하신 것입니다.

그런데 지금은 하나님의 집에 심판하실 것입니다.

이제 남은 것은 하나님의 집 심판과 지구촌의 모든 심판은 불로 심판하실 것을 예언하셨습니다. 마지막 때에 심판을 깨달은 것이 베드로요 이사야 선지자가 예언한 것입니다. 왜 하나님께 심판하시는가?

벧후3;5-7에 보이는 하늘과 땅은 심판하시려고 보존합니다. 하늘은 지도자요 땅은 성도들 이야기입니다. 즉 하나님은 내 말을 하는 지도자도 성도도 들으라는 말씀입니다. 그래서 문자적인 하늘과 땅만 생각하면 안 됩니다. 하늘과 땅을 불사른다고 말씀합니다. 그래서 말씀대로 살지 않으면 하나님께로 갈 수가 없습니다. 재림 때도 택한 종들에게, 성도들에게 알려 주실 것입니다. 소돔과 고모라가 말세의 모형입니다. 그래서 성경을 통으로 보아야 합니다. 7일째도 많은 지도자, 교회가 말씀 속에 뜻을 풀고 드러내지 않으면 불의 심판을 면할 수가 없습니다. 베드로가 깨닫고 알려주고 있는 것입니다. 하나님의 말씀을 하나님의 말씀으로 받아야 합니다.

결론)하나님의 뜻은 성도를 거룩하게 보십니다. 그러나 사람은 거룩할 수가 없습니다. 하나님께서 거룩하다 말씀하십니다. 거룩한 진리의 성령이 우리 안에 들어오면 그 진리로 우리가 거룩해 질수가 있는 것이 하나님의 모략입니다. 주님도 내가 거룩하니 너희도 거룩하라고 말씀합니다.

자식이 아비를 닮아가듯이 아내가 남편을 닮아가듯이 성도도 그리스도를 닮아 거룩해질 수 있는 것입니다. 천국은 죄인들이 가는 곳이 아니라 이 거룩한 사람 의인들이 가는 곳입니다. 그러나 하나님의 집에서 심판하십니다.

지금은 그리스도가 재림한다는 말씀, 심판의 말씀이 증거, 선포되고 있습니다. 이 세상에서 하나님께서 그리스도의 말씀으로 빼내실 것입니다. 그리스도의 말씀으로 그리스도 안에 확실히 들어가야 합니다. 하나님께서 거룩하다 하셨으나 그리스도 안에서 확실하게 말씀으로 거룩함을 입어 심판이 아니라 들림 받는 성도들이 되시기 바랍니다

50
하나님의 집에서 심판

하나님 집에서 심판을 시작할 때가 되었나니 만일 우리에게 먼저 하면 하나님의 복음을 순종치 아니하는 자들의 그 마지막이 어떠하며 또 의인이 겨우 구원을 얻으면 경건치 아니한 자와 죄인이 어디 서리요 그러므로 하나님의 뜻대로 고난을 받는 자들은 또한 선을 행하는 가운데 그 영혼을 미쁘신 조물주께 부탁할찌어다 (벧전 4;17-19)

하나님은 하나님의 집에서 심판을 하시게 됩니다.

벧전4;12-16에 불 시험은 나와 성도를 시련하게 하시려고 오는 시험입니다. 숯불에 쇠를 달구어 대장장이가 도구를 만드는 것입니다.

그래서 14절에 예수의 이름으로 욕을 받으면 복이라고 합니다. 하나님의 영이 우리 위에 계십니다. 그러므로 15절에 살인, 도적, 악행, 남의 일에 간섭하지 말아야 합니다.

16절에 그리스도인으로 고난을 받으면 부끄러워하지 말라 도리어 그 이름으로 하나님께 영광을 돌리라는 것입니다. 이것도 다 예수 그리스도의 이야기입니다.

예수 그리스도는 십자가에 죽으셔야 하나님께 영광이 되는 것입니다. 탄생하신 것보다 십자가에 죽으심으로 드려지는 것이 하나님의 뜻을 이루어드리는 것입니다.

왜 하나님은 성도들의 고난으로 하나님께 영광을 돌리고 하나님의 집, 성전, 교회를 심판하신다는 것입니까?

무엇을 어떻게 잘못했으면 자기 집을 심판하시겠다고 말씀하십니까?

그래서 성령이 교회들에게 하시는 말씀을 잘 들어야 합니다.

피리를 불면 춤을 추어야 합니다. 나팔을 불면 깨어 일어나야 합니다. 오늘도 진리의 성령의 말씀으로 깨닫고 정신을 차리고 일어나서 각성하시고 준비하시기 바랍니다.

이 때에 교회 안에서 심판에 대하여 예언하지 않으면 말세의 교회가 아닌 것입니다. 분명한 것은 심판은 아무 때나 말을 하면 안 됩니다.

성경 속에 뜻을 다 드러내어 누가 심판의 대상인지, 주님 오실 때 어떻게 신부가 신랑을 맞이할 것인지 나팔을 불어야 합니다. 이것이 마지막 때에 그리스도의 비밀인 것입니다. 이 비밀을 드러내야 합니다.

하나님의 비밀, 마지막 때의 비밀은 성경 속에 있습니다.

그래서 성경은 하나님의 비밀, 그리스도의 비밀, 천국의 비밀, 별의 비밀, 짐승의 비밀, 사단의 비밀, 지도자, 목사도 비밀인 것입니다.

법이 무엇입니까? 법은 하나님의 계획, 하나님의 판결, 하나님의 심판입니다. 왜 하나님은 자기 집을 심판하십니까? 지도자가 안 될 사람이 강단에 있고 택정함이 없는 사람들이 성전 안에 있으므로 심판하시는 것입니다. 주님은 성전에서 장사하는 사람들을 내어 쫓으시고 상을 엎으시고 비둘기를 날려 버리셨습니다.

그래서 별과별이 다르다, 촛대를 옮긴다고 말씀하신 것입니다. 그래서 가운을 입는다고 목사가 아니고 십자가를 세운다고 교회가 아닌 것입니다. 6일간 들에서 일을 하고... 교회를 들로 보신 것입니다.

주님이 오셨을 때 산에서 들에서 많은 사람들을 모으시고 말씀하셨지만 회당에서 가르치고 비유로 말씀하셨습니다. 그래서 그리스도의 비밀이 7일째는 드러난다는 것입니다.

17절에 복음에 순종하지 않는 자와 복음에 합당하지 않는 자를 심판하십니다. 18절에 의인은 구원을 받되 경건치 않는 자들은 심판을 받습니다.

왜 의인이 겨우 구원 받는다고 말씀합니까? 우리는 그동안 하나님 집에서 많은 일을 한 줄 알고 믿고 자부심을 가지고 있습니다. 그러나 실상은 일한 것이 없습니다. 방언만 하고 들었다면 불에서 꺼내는 것입니다. 옥에 갇힌 것을 흉악한 결박에서 풀어내고 꺼내는 것은 방언만 전하고 듣던 곳에서 꺼내는 것이 의인이 택함을 받은 몇 사람이 겨우 구원받는 것입니다.

불 심판 때 소돔과 고모라에서 겨우 3명이 구원받은 것입니다. 3명은 3수에 대한 뜻입니다. 3은 삼위일체 하나님, 온전한 자만 구원 받는다는 것입니다. 하나님의 말씀을 듣기를 싫어하는 사람은 구원 받지 못합니다. 말세 마지막 때에 하나님의 말씀을 듣고 일어나서 경건하지 못한 장소에서 나와야 하는 것입니다. 나오지 않으면 심판이 있습니다.

물 심판 때에는 8명이 구원받았습니다. 8 수에 들어가야 합니다. 알지 못하는 사람, 깨닫지 못하는 사람, 듣지 못한 사람이 어떻게 들어갈 수 있습니까? 성도는 반드시 그리스도 안에 들어가야 합니다. 주님오실 때 예수 그리스도가 찾고 계십니다. 천년 왕국에 들어가는 성도는 주님을 맞이하는 성도들은 휴거하는 성도들입니다. 그러나 먼저 천국 간 사람들은 부활하지 않고 변화된 사람들이 천년 왕국에 들어갑니다. 천국에 간 사람들은 천 년 차이가 있습니다.

중요한 것은 일한 것이 없어도 천국에는 갈 것입니다. 즉 의인이 겨우 구원받는 것입니다. 그래서 노아 홍수 때에는 8명이고 불 심판 때는 3명이었습니다. 문자로만 보면 8명-3명이지만 통역하면 삼위일체 하나님을 잘 믿고 가는 사람을 말합니다. 진리의 성령이 충만한 3명은 그리스도의 표상인 것입니다. 그러므로 그리스도 안에 있어야 구원받는 것입니다. 그리스도 안에는 말씀을 통역해야 합니다. 그 통역을 듣고 그 말씀을 믿어야 그리스도 안에 들어갈 수 있는 것입니다.

그래서 택정한 사람과 청함을 받은 사람을 어떻게 구별하고 판단할 수 있습니까?

말씀 속에 숨겨진 진리, 성령을 받는 사람이 그리스도 안에 들어가는 것입니다. 그러므로 방언만 듣게 되면 성령을 받을 수가 없습니다. 진리의 성령, 말씀을 받아야 성령을 받게 되는 것입니다.

방언의 말씀을 통역하여 그리스도를 드러내어 말씀을 받게 될 때 성령을 받고 그리스도 안에서 택정함을 받습니다.

그래서 방언의 말씀을 통역하지 않는 곳에 있는 성도들은 성령도, 그리스도 안에도 택정 받은 것이 허상입니다.

방언만 하는 지도자, 성도들은 큰 일이 났는데도 깨닫지 못하고 있는 것입니다. 마지막 때 의인이 겨우 구원 받는다는 말씀은 일한 것이 없다는 뜻입니다. 구원받는 수가 적다는 것입니다. 구원은 전적으로 하나님의 은혜요 모략입니다.

19절에 하나님의 뜻대로 성도들은 하나님의 뜻에 대하여 정말 많이 알아야 합니다. 하나님에 대하여, 하나님의 뜻, 하나님의 법, 하나님의 계획, 하나님의 심판을 바로 알아야 합니다.

하나님의 뜻대로 고난 받는 것이 무엇입니까?

초대 교회는 예수를 믿는 사람들이 핍박을 받았습니다. 초대 교회 사도들이 한마디로 순교 했습니다. 자신에게 죽음이 온 것은 타인으로 톱으로 켜고 가죽을 벗기고 불살라 죽이는 각종 고난을 받고 순교

한 것이 사도들입니다.

예수 그리스도 때문에 핍박을 받으실 수 있습니까? 순교를 감당할 수 있으십니까? '그 일들을 선을 행하는 가운데 그 영혼을 미쁘신 조물주 하나님께 부탁할지어다.' 성도 여러분 죽음을 위해 기도해야 합니다. '내 영혼을 주께 맡기나이다.' 이런 고백이 있어야 합니다. 성도는 어떤 고난 중에도 순교 당할 때도 몇 시간 몇 년 더 살려고 예수 그리스도를 부인하지 말아야 합니다.

결론)하나님의 집에서 심판이 있습니다. 심판은 잘 못된 것을 판정하고 심판하는 것입니다. 하나님의 심판이 무엇입니까? 간음하고 도적질 하고 살인한 것을 심판하는 것입니까? 하나님의 말씀을 숨겨진 말씀을 통역하고 풀어야 하는 것입니다. 하나님의 숨겨진 말씀을 통역하지 않는 지도자와 그 말씀만 듣고 기도하는 성도들을 심판하시는 것입니다. 진실로 뜻을 풀어 그리스도의 말씀을 듣게 된 것에 감사하시기 바랍니다.

51

하나님의 심판의 대상

너희 중 장로들에게 권하노니 나는 함께 장로 된 자요 그리스도의 고난의 증인이요 나타날 영광에 참예할 자로라 너희 중에 있는 하나님의 양 무리를 치되 부득이함으로 하지 말고 오직 하나님의 뜻을 좇아 자원함으로 하며 더러운 이를 위하여 하지 말고 오직 즐거운 뜻으로 하며 맡기운 자들에게 주장하는 자세를 하지 말고 오직 양 무리의 본이 되라 그리하면 목자장이 나타나실 때에 시들지 아니하는 영광의 면류관을 얻으리라 젊은 자들아 이와 같이 장로들에게 순복하고 다 서로 겸손으로 허리를 동이라 하나님이 교만한 자를 대적하시되 겸손한 자들에게는 은혜를 주시느니라 그러므로 하나님의 능하신 손 아래서 겸손하라 때가 되면 너희를 높이시리라 너희 염려를 다 주께 맡겨 버리라 이는 저가 너희를 권고하심이니라 근신하라 깨어라 너희 대적 마귀가 우는 사자 같이 두루 다니며 삼킬 자를 찾나니 너희는 믿음을 굳게 하여 저를 대적하라 이는 세상에 있는 너희 형제들도 동일한 고난을 당하는 줄을 앎이니라 모든 은혜의 하나님 곧 그리스도 안에서 너희를 부르사 자기의 영원한 영광에 들어가게 하신 이가 잠간 고난을 받은 너희를 친히 온전케 하시며 굳게 하시며 강하게 하시며 터를 견고케 하시리라 권력이 세세무궁토록 그에게 있을찌어다 아멘 (벧전 5;1-11)

본문에 베드로는 장로라 합니다. 사도를 장로라 하는 것은 명칭 상 맞지 않습니다. 성도 여러분 목사는 하나님께 택정함을 받고 부름 받은 소명이 있는 사람입니다. 하나님께로부터 부름 받은 사도가 장로입니다.

베드로는 영광에 참예할지라. 주님은 하나님께 어떻게 영광을 드렸습니까?

십자가에 죽으심으로 하나님께 영광을 드린 것입니다. 베드로가 영광에 참예할 자라고 말씀하십니다. 또는 베드로는 천년왕국에 들어갈 자라는 것입니다. 실상은 마지막 때 성도들에게 상급을 알려 주신 것입니다. 순교의 길이 영광의 증거입니다. 믿음을 지키는 성도들에게 최고의 축복 자에게 이제 모든 인간에게 주어진 법을 깨는 것이 될 것입니다.

히9;27 '한 번 죽은 것은 사람에게 정하신 것이요 그 후에는 심판이 있으리니' 무슨 법을 깨는 것입니까? 죽는 법과 심판의 법을 깨는 것입니다.

이 법을 깨는 사람은 부활체로, 변화체로 바뀌는 것입니다.

그래서 전 성경은 통으로 풀어야 합니다. 통에 물은 아구까지 채워야하는 것입니다. 밭에서 두 사람이 밭을 매다가 한 사람은 데려감을 당하고 한 사람은 버려둠을 당합니다. 두 사람이 매를 갈다가 한 사람은 데려감을 당하고 한 사람은 버려둠을 당합니다. 이게 무슨 말씀입니까?

사람은 일을 다 하고 가는 것이 아닙니다. 언제든지 하나님께서 부르시면 가는 것입니다. 하나님은 지진으로, 홍수나 화재로 각종 사고로 부르심 따라 가는 것입니다. 이렇게 가는 성도는 부활체로 주님을 뵐 것입니다.

주님 앞에 어떻게 가길 원하십니까? 홀연히 주님께 갈 것입니까? 주님께 갔다가 다시 올 것입니까? 기독교는 생명자체의 신앙이지 일반 종교가 아닙니다. 성도 여러분 하나님의 법을 깨고 죽음과 심판을 깨는 최고의 축복 자가되어야 합니다. 어떻게 하나님께 갈 것입니까? 어디에 갈 것입니까?

베드로처럼 그리스도의 고난이 참예하는 영광의 성도가 되시기 바랍니다. 영광에 참예할 성도는 고난과 순교가 있음을 확신하시고 주를 배반하지 않아야 합니다. 주님과 함께 올 때는 재림하실 때입니다.

베드로처럼 앞서 간 선지자들처럼 저와 성도들은 그 길을 알고 가는 것입니다. 이런 성도가 눈을 뜬 성도요 귀가 열인 성도인 것입니다.

아직도 교회 안에 있고 그리스도 안에 있다 하면서 천국에 갈지 말지 생각하고 있다면 아직도 밤이요 소경인 것입니다.

벧전5;2 '너희 중에 있는 양 무리를 치되 부득이함으로 하지 말고 오직 하나님의 뜻을 좇아 자원함으로 하며 더러운 이를 위하여 하지 말고 오직 즐거운 뜻으로 하며'

베드로는 바울에게서 배웠습니다. 사도 요한이 계시록을 쓴 것도 동기가 바울을 통해서 쓴 것입니다.

하나님의 뜻은 바울이 제일 많이 강조했습니다. 베드로 전서도 하나님의 뜻을 말씀하고 있습니다.

벧후1;20-21 '먼저 알 것은 경의 모든 예언이사사로이 풀 것이 아니니 예언은 언제든지 사람의 뜻으로 낸 것이 아니요 오직 성령의 감동하심을 입은 사람들이 하나님께 받아 말한 것임이니라'

한국교회의 큐티는 성경을 자기 마음대로 해석하고 풀어서 서로 나눕니다.

큐티는 성경을 사사로이 풀고 있는 것입니다.

성경은 그리스도의 영을 받은 지도자가 풀어먹게 하고 양들은 교회에 와서 말씀을 받아먹어야 합니다. 성경은 각자가 집에서 읽어서 자기 맘대로 적용시키는 것은 결코 아닙니다. 각자가 자신의 삶에 맞추어서 적용한 것을 서로 나누다 보면 그 해석이 각각 다른 것입니다.

요1서2;17 '이 세상도 그 정욕을 지나가되 오직 하나님의 뜻을 행하는 이는 영원히 거하리라'

성도 여러분 천국과 천년왕국에 가지 않으려면 하나님을 믿을 필요가 없지만 하나님 앞에 가려면 하나님의 뜻을 확실하게 알아야 합니다.

요1서5;13-15에 영생을 알게 하기 위해서 성경을 주셨습니다. 기도는 내 뜻대로 하는 것이 아니라 하나님의 뜻대로 구해야 합니다. 기도는 하나님께서 들으시고 얻게 됨을 확신하시기 바랍니다.

성도 여러분 우리는 지금까지 내가 원하는 것, 내 마음대로 기도한 것입니다. 이제부터는 하나님의 뜻에 맞춰 기도하여 응답 받고 이루시기 바랍니다.

하나님의 뜻은 성경 속에 있습니다. 하나님의 뜻대로 구해야 들으십니다.

사19;11-12에 애굽에 대한 하나님의 정하신 뜻이 무엇입니까?

바벨론을 심판하실 것입니다. 바벨론을 어떻게 심판하실 것입니까? 성경 속에 바벨론의 심판이 있습니다. 그래서 하나님의 뜻을 찾아야 합니다.

렘23;16-22에 하나님을 믿는 선지자들도, 예수 그리스도를 말하는 사람들도 하나님을 멸시하는 자들입니다. 이들은 자의로 예언하고 하나님께 허락받았습니다. 즉 하나님의 말씀을 믿지 않고 하나님을 멸시하는 자들입니다.

17절에 그들은 너희에게는 재앙이 임하지 아니하리라고 말합니다.

실상은 재앙이 임한다고 예언해야 하는데 너희는 평안하리라고 말합니다.

성도 여러분 사단은 가장 큰 전쟁을 준비하고 있는데 7년 대 환란입니다. 환란 때가 되면 아마 교회는 다 무너질 것입니다. 성경책도 없을 것입니다. 두 증인이 있는데 그들도 환란 때 죽게 됩니다. 그러므로 성경의 말씀의 뜻을 드러내야 전쟁에 이길 수 있습니다.

18절에 여호와의 회의는 하나님은 삼위일체 하나님과만 의논합니다. 그래서 진리의 성령을 통해서 말씀을 통해서 알게 되는 것입니다.

큰 별, 큰 교회 목사님이라고 하나님의 비밀의 뜻을 알 수 있는 것은 아닙니다. 하나님의 비밀은 사람의 방법으로는 절대 알 수가 없습니다.

하나님은 내일 장래를 숨겨 두시고 역사하십니다. 이것이 하나님의 비밀 모략입니다. 우리는 장래 일을 모르나 진리의 성o령에 인도하심을 믿고 따라가는 것입니다. 내 자신의 죽고 사는 것이 내게 있는 것이 아니라 하나님께 있는 것입니다.

귀신은 하나님의 주권을 침해하고 내일을 안다고 예언해 줍니다. 어떻게?

렘23;19-20에 여호와 하나님의 노는 쉬지 않고 있습니다. 뜻하신대로 이루어가십니다. 하나님의 심판의 대상을 숨겨 놓으셨으나 말일에 그것을 깨닫게 되는 것입니다.

이 예언은 우리를 통해서 이루어 가고 있습니다. 하나님의 진노는 숨겨져 있습니다. 하나님의 노는 죽을 때까지 모르다가 죽음 앞에서 알게 됩니다.

진실로 지금 말씀을 깨닫고 끊어버려야 합니다. 지금 깨닫고 진리의 성령 말씀 그리스도 안에 들어가야 합니다.

렘30;23-24에 진노 속에 있는 형제들을 건져내야 합니다. 내 자신은 나왔다할지라도 아직도 나오지 못한 사람을 보실 수 있습니다.

23절에 폭풍과 회리바람처럼 악인의 머리를 칠 것입니다. 죽인다는 것입니다. 계6장에 하늘의 큰 별이 땅에 떨어집니다. 계8장에 쑥별이 나옵니다. 그가 내는 쑥물은 원어로 원자탄입니다. 즉 설교 한 편으로 많은 사람을 죽이는 것입니다. 쑥물이 많아서 3분의 1이 죽더라고 말씀합니다.

24절에 음부에 가서 깨닫는 사람이 있습니다. 살아 있을 때 지금 깨닫는 사람이 되어야 합니다. 깨달은 사람은 음부에 가지 않습니다. 사58장에 너희는 크게 깨달으라고 말씀합니다.

큰 나팔은 그리스도를 드러내는 것입니다. 하나님의 뜻을 깨달아야 합니다. 하나님의 무서운 진노는 쉬지 않습니다.

렘49;20에 에돔은 롯의 두 딸을 통해 난 모압과 암몬이 아닌 에서의 후손들이 살고 있습니다.

에돔과 데만의 손들을 여호와께서 멸망시키실 것입니다. 오늘날 택자와 불택자들이 다 어디에 있습니까? 교회 안에 있습니다. 에서의 후손, 에돔도 교회 안에 있다는 것입니다. 이들에 대한 하나님의 심판은 렘49;21-22에 독수리를 원수에 비유했습니다. 지옥 가는 사람은 하나님의 원수입니다. 신약은 죽음이 있는 곳에 독수리가 있다고 말씀합니다. 즉 죽어가는 사람 가운데 독수리가 있습니다. 독수리는 사냥을 잘 합니다. 실상 독수리는 교회 지도자들입니다.

렘50;43-46 성도 여러분 하나님 앞에는 목자가 없고 그리스도가 목자입니다. 저와 성도들은 목자가 아니라 그리스도 안에서 도구, 그릇인 것입니다.

하나님께서 큰 바벨론을 저버리고 택한 자들을 들어 세우십니다. 하나님의 도모-계략-모략입니다. 하나님의 도모는 바벨론을 치시고 황무케 하십니다.

계17-18장에 큰 바벨론을 멸망할 계획이 기록되어 있습니다.

성도 여러분 큰 성 바벨론을 멸망케 하심을 기억하시기 바랍니다. 지구촌에 모든 역사는 성경에 기록되어 있습니다.

'너희는 여호와의 말을 들으라.' 고 말씀하십니다. 바벨론을 치신다면 그 안에 있는 택한 자들을 건져 내는 것이 우리의 몫입니다.

바벨론의 양 떼를 건져 내는 일이 남은 일입니다. 46절에 진동은 어느 곳을 보아도 좋은 것이 없습니다. 전에 기도할 때 진동이 오면 하나님의 임재 역사로 믿었습니다. 즉 하늘나라는 진동치 못한다고 말씀합니다.

바벨론을 흔들면 땅은 진동합니다. 그래서 진동은 무서운 것입니다. 실상 바벨론은 성전이 있습니다. 바벨론 성전, 성소가 있습니다. 분명한 것은 바벨론은 말씀, 그리스도가 없는 교회 상입니다. 하나님의 심판이 하나님의 집에, 말씀 그리스도가 없는 교회에 있게 됩니다.

결론)하나님의 심판의 대상이 누구입니까?

바벨론 같은 교회 상입니다. 많은 양 무리가 있어도 거기에 그리스도의 성령말씀이 없으면 심판하십니다. 판단하십니다. 먼저는 말씀에 대한 심판이 있습니다. 그러므로 말씀이 없는 교회 성도들을 건질 수 있는 성도가 되어야 합니다.

52

그 이름은 하나님의 말씀이다

또 내가 하늘이 열린 것을 보니 보라 백마와 탄 자가 있으니 그 이름은 충신과 진실이라 그가 공의로 심판하며 싸우더라 그 눈이 불꽃 같고 그 머리에 많은 면류관이 있고 또 이름 쓴 것이 하나가 있으니 자기 밖에 아는 자가 없고 또 그가 피 뿌린 옷을 입었는데 그 이름은 하나님의 말씀이라 칭하더라 (계19;11-13)

하나님의 말씀을 풀려면 그리스도 이야기, 하나님의 아들 예수이야기, 그 아들의 말씀이 하나님의 이야기입니다.

말씀이 하나님의 아들, 예수 그리스도는 하나님이라고 합니다.

계19;13 '그 이름은 하나님의 말씀이라 칭하더라.'

요1;1 '태초에 말씀이 계시니라 이 말씀이 하나님과 함께 계셨고 이 말씀이 곧 하나님이시라'

즉 말씀이 하나님 이 되려면 그리스도를 풀어야 말씀이 하나님이 되는 것입니다. 하나님은 보이지 않습니다. 보이지 않는 하나님을 어떻게 알고 섬길 수가 있습니까? 하나님은 우리가 세상에 태어나기 전에 택정하신 하나님의 섭리로 하나님의 말씀을 통해서 알게 된 것입니다.

사람은 먼저 상대방의 육체를 보고 알 수 있으나 하나님은 사람의 육체보다는 그 사람의 영과 혼을 먼저 알고 말씀하시고 계십니다.

또한 흙의 사람은 땅에서 낳고 둘째 사람은 하늘에서 낳고 영의 사람이 되었습니다. 성도 여러분 말씀이 하나님이라는 것을 확신하시기 바랍니다.

말씀 속에 감추어진 그리스도를 찾아 발견해야 진리의 성령이 말씀으로 역사하십니다. 계19장은 예수님 재림장입니다.

요1;1 '말씀이 하나님과 함께 계셨으니 이 말씀은 곧 하나님이시니라.'

말씀과 하나님이 따로 따로 있는 것은 성부 하나님과 말씀은 예수 그리스도 아들입니다. 태초에 처음 창조보다 말씀이 먼저인 것입니다.

그러므로 '하나님을 믿습니다.' 는 방언밖에 되지 않습니다. 방언은 유익이 없습니다. 요1;1의 말씀의 해답은 계19장에서 답이 나올 것입니다. 말씀이 하나님이십니다. 전 성경은 하나님께서 아들, 예수 그리스도를 증거하고 있는 것입니다.

그리스도를 알 때, 말씀을 알고 말씀을 바로 알 때 하나님을 바로 아는 것입니다. 이제는 기도하여 하나님을 보려고 하지 말고, 기도하여 성령을 받으려 하지 말고 기도응답은 하나님의 말씀 진리의 성령의 말씀을 듣게 될 때 성령을 받을 것이요 아멘 할 때 기도에 응답이 되는 것입니다.

(따라서) '하나님을 보려면 아들을 보아야하고 아들을 보려면 말씀을 들어야 한다. 말씀이 곧 하나님이다.'

분명한 것은

1)하나님은 말씀이다.

2)하나님은 예수그리스도를 증거 하신 것이다.

3)예수님은 하나님 우편에 계신다.

4)예수님은 가시면서 보혜사 성령을 보내셨다.

5)보혜사 성령은 진리의 성령, 말씀이시다.

지금 우리에게 진리의 성령 말씀이 있습니다. 말씀은 곧 하나님이며 하나님은 그리스도를 증거 하신 것입니다.

그러나 말씀의 뜻을 모르면 하나님을 모르는 것입니다. 하나님을 모르면 그리스도를 모르는 것입니다. 하나님은 보이지 않지만 하나님의 아들 예수 그리스도를 볼 수 있습니다. 주님은 나를 본 자가 하나님을 본 것이라고 말씀하십니다. 예수님은 자신을 통해서 하나님을 보여 주신 것입니다. 하나님은 성경을 통하여 예수 그리스도를 보여 주셨습니다.

그래서 성경을 기록한 사람들은 성령을 받은 사람, 성령에 감동된 사람입니다. 지금은 진리의 성령으로 말씀을 증거 하시고 역사하시는 시대입니다.

(따라서) '주님은 초림 때 일하셨으나 주님은 성령과 함께 창세기부터 계시록까지 지금까지 역사하고 계신다.'

구약에는 예수님 그리스도도 성령이 역사한 것을 드러내지 않았습니다. 그 이유는 때가 안 되었기 때문입니다. 그러나 지금은 때가 되어 드러나신 것입니다. 그래서 6일간 일하는 종이 있고 7일째 일하는 종이 있습니다.

구약에는 하나님께서 임하시어 말씀하셨습니다. 가라사대, 하나님이 드러나신 것입니다. 그 말씀을 풀면 그리스도 하나님의 아들이 드러나는 것입니다. 6일간은 하나님께서 이스라엘 백성들에게 낮에는 구름 기둥으로, 밤에는 불 기둥으로 인도하시고 역사하셨습니다. 거기에 하나님의 경륜, 하나님의 모략이 있는 것입니다.

천국으로 가는 사람들은 구름 기둥, 예수의 인도를 받는 사람들입니다.

마7장에 나더러 주여 주여 하는 자는 천국에 갈 수 없다고 말씀합니다. 주여 주여 하는 자는 평생 불기둥으로 인도 받는 사람입니다. 이것은 엄청난 비밀이 있습니다. 지금도 불기둥, 구름기둥 하는 사람, 그것을 믿고 가는 사람은 방언도 안합니다. 이런 말은 하늘나라 방언이 아닙니다. 이상한 소리입니다. 그러므로 하나님께서 밤에 속한 사람에게 하신 약속이 있고 낮에 속한 사람에게 약속이 있습니다.

낮에 무엇을 보고 따라갑니까? 구름 기둥을 보고 가는 것입니다.

구름기둥은 6일째요 구름 안에 무지개가 보이면 7일째 안식에 들어가는 사람들입니다. 불기둥 속에는 무지개가 없습니다. 그리스도가 없는 사람은 자신이 어떤 직분으로 충성했다 하여도 무지개를 평생 보지 못합니다. 하나님을 믿으니 또 나를 믿으라고 해서 믿고 가다가 큰 시험을 만납니다.

이런 이유로 하나님의 말씀을 방언만 하면 그 사람은 말씀이 영혼과는 전혀 상관이 없기 때문에 하나님을 믿지 않습니다.

요1;2 '그가 태초에 하나님과 함께 계셨고'

땅의 사람은 아무리 말씀하여도 듣지 않고 알아듣지도 못합니다.

그래서 하나님의 말씀을 풀지 않으면 내 영혼과 아무 상관이 없는 말씀이 되는 것입니다.

그 이름이 하나님의 말씀이라 기록되어 있어도 믿지 않는 것입니다.

말씀이신 하나님을 믿지 않고 있다가 큰 시험을 만나면 하나님을 원망합니다. 하나님을 불신합니다. 하나님을 의심합니다. 하나님과 멀리 떨어지는 것입니다.

(따라서) '그 이름이 하나님의 말씀이요 말씀이 곧 하나님이시다.'

하나님의 말씀이 믿어져야 합니다. 하나님의 말씀이 내 속에 들어와야 합니다. 그러나 땅의 사람은 알아듣지 못합니다. 그래서 뜻을 풀어내야 합니다. 예수님이 탄생하시면서 하나님의 아들로 태어난 것이 아닙니다. 세상을 창조하시기 전에 예수 그리스도께서 하나님의 아들로 계셨다가 육을 입고 태어나신 것입니다.

사도 바울도 갈1;15 '내 어머니의 태로부터 나를 택정하시고 은혜로 나를 부르셨도다.' 라고 말합니다.

하나님은 처녀의 몸에서 예수님을 사람 마리아의 몸에서 태어나기 전에 영으로 이미 구약에서 보여주신 것입니다.

구약 사 천년이 지나고 신약 이 천년이 지나고 7일째가 된 것입니다.

하나님은 예수그리스도를 믿는다고 하는 사람들을 시험하신 것입니다.

하나님의 말씀은 영이요 능력이요 예수그리스도입니다. 예수 그리스도는 말씀이요 생명인 것입니다. 한 평생 예수만 믿다가 가는 사람이 육신대로 사는 것입니다. 예수는 그리스도시오 그리스도는 하나님이시오 말씀이십니다. 이 말씀을 믿고 따라가야 합니다.

말씀 속에 하나님의 뜻을 내 것으로 받아 들여야 하나님의 집에서 심판을 받지 않습니다. 보이는 아브라함, 이삭, 야곱, 요셉은 축복 받은 사람, 하나님을 믿으면 잘 되는데 이렇게 믿고 가는 사람은 말씀이 머리에만 있고 가슴에 없는 사람입니다. 즉 하나님의 말씀을 들을 때는 감동하고 결심하지만 새가 먹어버리는 사람입니다. 새가 먹어버린 사람은 열매가 없습니다. 영생에 확신이 없습니다. 정신을 차리지 못하면 허상을 좇다가 음부의 함정에 빠지는 것입니다.

하나님은 말씀 속에 예수그리스도로 역사하시고 사 천년 동안 그 말씀은 실제 육으로 오셨습니다. 그 다음에 영으로 예수 그리스도를 말씀하시고 실제로 재림하십니다. 초림과 재림도 말씀대로 오십니다.

경건한 유대인들이 예루살렘에 모였을 때 예수님이 오시고 그는 많은 사람들이 모인 가운데 올라가시고 다시 오시리라고 약속하셨습니다. 그런데 그 약속이 이스라엘에 일어나고 있습니다.

이스라엘 사람들이 각 처에서 모여든다면 우리에게 경고입니다.

예수 그리스도의 재림은 성경대로 지구 종말, 끝입니다. 성경대로 예수그리스도는 오시는데 우리 속에 그리스도가 없으면 심판을 받게 됩니다.

안식일은 예수요 안식일을 맞이하면 그리스도인 것입니다.

안식일에는 네 안에 유하는 객이라도 일을 하지 말라고 말씀합니다. 구약에서 말씀하신 말씀을 믿었다면 지금은 7일째입니다. 분명한 것은 구름만 보고 불기둥만 보고 예수를 따르는 사람은 그리스도를 볼 수가 없습니다.

때와 시기를 알지 못하는 사람은 7일째인지를 모릅니다. 주님은 때에 대하여 아들도 모르고 오직 아버지만 아신다고 했지만 아들을 본 자는 아버지를 보았다고 말씀합니다.

세상 밖에 있는 사람들만이 비밀이 아닙니다. 교회 안에 있는 사람에게도 비밀입니다. 이제는 비밀을 알려면 말씀 속에 숨겨진 뜻이 드러나야 알 수 있습니다.

마13;10-17에 들어도 보아도 깨닫지 못한다고 말씀합니다. 16절에 그러나 너희는 눈으로 보고 귀로 들으므로 복이 있다고 말씀합니다. 이것이 하나님의 모략입니다. 삼상2;22-26에 교회 안에서 목회자의 하는 일이 드러나는 것입니다. 죄는 율법으로 드러내고   발 견 되어야 하나님의 심판이 있는 것입니다. 성도 여러분 교회가 왜 축복이야기를 하면 안 됩니까? 엘리 제사장의 아들도 제사장입니다. 주여주여 하는 자도 다 성도입니다. 그러나 또 귀신 쫓고 병고치고 능력행하는 곳에는 말씀 진리 그리스도가 없습니다. 이것이 저들에게 그리스도를 드러내지 않는 것이 불법인 것이며 그들은 예수 그리스도를 모르는 것입니다.

53

세상 끝에 있을 징조 1)

예수께서 성전에서 나와서 가실 때에 제자들이 성전 건물들을 가리켜
보이려고 나아오니 대답하여 가라사대 너희가 이 모든 것을 보지 못
하느냐 내가 진실로 너희에게 이르노니 돌 하나도 돌 위에 남지 않고
다 무너뜨리우리라 예수께서 감람산 위에 앉으셨을 때에 제자들이 종
용히 와서 가로되 우리에게 이르소서 어느 때에 이런 일이 있겠사오
며 또 주의 임하심과 세상 끝에는 무슨 징조가 있사오리이까 예수께
서 대답하여 가라사대 너희가 사람의 미혹을 받지 않도록 주의하라
(마 24;1-4)

때를 따라 양식을 나눠 주시는 그 양식을 먹을 수 있는 성도들이 되
시기 바랍니다.

세상 끝 날에 일어날 징조를 알아야 준비할 수 있습니다. 전쟁을 준
비하고 신부가 신랑을 맞을 준비를 할 수 있는 것입니다.

옛날부터 먹어야 할 양식을 먹지 못하여 잘못 된 것이 무엇인지 분
별할 수가 없습니다. 때를 따라 양식을 먹어야 할 때가 언제입니까?

지금은 추수 때입니다. 추수 때에는 세상 끝이요 타작하는 때입니
다.

마지막을 알면 확신과 담대함이 있습니다. 두려울 것이 없습니다.
말세의 종이 성도들입니다. 그런데 땅에 사는 사람들은 한치 앞을 보

지 못합니다. 화를 모르고 가다가도 죽는 시대입니다. 죽기는 죽는데 어느 곳에 가는지도 모르고 죽고 망하는 것입니다.

성도 여러분 자신의 믿음에 착각하고 살지 않기를 바랍니다.

내일 마지막 때를 모르면서 담대한 척, 아는 척 하지 마십시다.

진실한 그리스도의 사람이라면 앞으로 될 일, 마지막 때에 일어날 일을 알아야합니다 .

마24;3 '어느 때에 이런 일이 있겠사오며' 묻는 의도가 무엇입니까?

마24;1-2 '돌 하나도 돌 위에 남지 않고 다 무너뜨리우리라.'

제자들이 예수님께 성전 건물을 보이려고 나왔다는 것입니다. 그러나 주님의 말씀은 '너희가 이 모든 것을 보지 못하였느냐' 즉 창세기부터 계시록까지 깨닫지 못하였느냐는 말씀입니다.

제자들은 성전을 보여드리려고 나왔는데 주님은 너희는 이 모든 것을 보지 못하였느냐고 말씀하십니다. 말이 맞지 않습니다. 진실로는 아멘과 동격입니다. 예루살렘 성전은 금으로 잘 지어진 성전입니다. 그런데 그 곳에 가면 통곡의 벽이 있다고 합니다. 금요일에 많은 사람들이 그곳에 가서 통곡한ㄴ다고 합니다. 돌로 쌓았는데 구멍이 뚫린 곳이 있습니다. 거기에 많은 사람들이 자기의 소원을 종이에 적어서 그 구멍에 넣는다고 합니다.

보이는 성전이 아무리 크고 장식을 금으로 한다 해도 그 성전은 무너질 것입니다. 문자적으로 보면 무너질 것입니다. 중요한 것은 돌을 알아야 합니다. 돌은 주님이십니다. 주님은 거치는 돌입니다. 돌중에는 맷돌이 있습니다. 머릿돌이 있습니다. 거치는 돌은 렘6;21에 '거침을 두리니' 거침의 원문은 거침 따로 돌 따로 입니다. 돌은 산돌이신 예수님을 뜻합니다. 그러나 예수로만 말하면 안 됩니다.

벧전2;4 '산돌이신 예수에게 나아와'

전 성경은 돌에 대한 이야기입니다. 즉 예수님에 대한 이야기입니다. 예수는 거치는 반석이요, 우리 앞에 거침을 둔다는 것입니다.

거침이란 계속 방언만 말하고 듣고 보면 예수가 거침이 된다는 것입니다. 방언은 문자적인 기록이 성경이요 예수이야기입니다. 방언, 문자적인 예수 이야기는 내 영혼에 유익이 없습니다. 그래서 방언, 문자적인 예수이야기는 결국 구원이 아니라 멸망입니다. 그래서 결국 나에게 거치는 돌이 되는 것입니다. 그러므로 예수가 거치는 돌이 아니라 산돌이 되어야, 그리스도가 되어야하는 것입니다. 그 말씀을 듣는 사람에게 유익이 되고 덕이 되고 성전건축이 되어야하는 것입니다.

렘6;21 '거침을 두리니 아비와 아들들이 한 가지로 거기 거치매'

아비와 아들들은 지도자와 성도들 이야기입니다. 육신의 아비와 아들입니다. 그러나 주의 종과 성도들이 다 같이 돌, 예수 때문에 거칠 것입니다. 거침을 두어서 거침돌이 되는 것입니다. 맷돌을 찾아보십시다.

출11;4-5 '애굽 가운데 처음 난 것은 위에 앉은 바로의 장자로부터 맷돌 뒤에...'

롬9;33 '보라 내가 부딪히는 돌과 거치는 반석을 시온에 두노니 저를 믿는 자는 부끄럼을 당치 아니하리라'

즉 부딪히는 돌, 거치는 반석만 믿고 따르면 안 됩니다. 예수 그리스도를 믿는 사람이 부끄럼을 당하지 않는 것입니다.

사28;16에 시험을 받게 되면 약한 자는 반드시 넘어집니다. 그래서 거치는 돌입니다. 시험한 돌은 즉 보이는 것만 보고 가면 넘어지는 거치는 돌이 되는 것입니다.

벧전2;4-5에 돌은 돌인데 산돌로 예수님을 비유하고 있습니다. 거침돌은 성도에게 산돌이 되어야 합니다. 예수님이 십자가에 죽으시고 부활하신 이후에 예수님은 그리스도를 드러낸 것입니다. 그래서 산돌같이 신령한 집으로 세워지고 예수 그리스도로 말미암아 하나님이 기쁘시게 받으실 신령한 제사가 되는 것입니다.

벧전2;6 '내가 보배롭고 요긴한 모퉁이 돌을 시온에 두노니'

사28;16에 예수님도 하나님께서 시험하신 돌이 되신 것입니다. 시험하신 돌이 산돌입니다.

욥41;24 '그 마음이 돌같이 단단하니 그 단단함이 맷돌 아래짝 같구나.'

단단한 맷돌은 회개하지 않는 사람을 의미합니다. 즉 물과 성령으로 거듭나지 않은 사람입니다.

출11;5 '애굽 가운데서 처음 난 것은 위에 앉은 바로의 장자로부터 맷돌 뒤에 있는 여종의 장자까지와'

돌 하나도 돌 위에 남지 않는다는 말씀은 더 구체적으로

눅19;44 '너와 네 자식들은 땅에 메어치는 돌 하나도 돌 위에 남기지 아니하리라' 여기 땅은 나중에 지옥으로 바뀌어 집니다.

눅19;42은 평화에 관한 일, 그리스도의 이야기입니다. 예수님 당시에 하늘에 평화요 땅에는 기뻐하심을 입은 사람들의 평화라고 말합니다. 예루살렘의 뜻이 평화입니다. '평화에 관한 일을 알았다면' 두 가지 의미가 있습니다.

1)예수 그리스도에 대하여 알았다면
2)예루살렘 멸망을 알았다면

그러나 그들에게는 숨겨진 것입니다. 이것이 비밀입니다.

43-44절에 토성을 쌓고 너를 둘러 사면으로 가두고 자식들을 땅에 메친다는 것입니다.

성도 여러분 예루살렘의 성안에 있는 사람들은 곤고함을 받지 않은

사람들입니다. 말씀을 전할 때 그 말씀에 깨어지고 부서지고 찔리고 타작하고 이런 말씀을 전혀 마음에 받아들이지 않는 사람들은 돌 위에 돌 하나도 남기지 않겠다고 말씀하시는 것입니다.

유다서1;24-25 즉 하나님의 말씀을 들을 때 그 말씀이 거침이 됩니다. 거침의 말씀을 들으면 사람들은 마음을 닫습니다. 돌이키고 회개하지 않습니다. 말씀의 방망이로 두드려 맞은 사람은 아멘 아멘 합니다. 이제 거치는 말씀이 아니라 그 말씀에 아멘 해야 합니다. 하나님의 말씀이 이해가 안 되고 분별이 안 되면 그 사람은 그 말씀이 그 속에 넘어지는, 거치는 돌에 넘어져서 예수 그리스도를 떠나는 사람입니다.

그러나 그 말씀이 거치지 않을 때 유다서1;24-25에 그 당시 바리새인과 서기관들은 이 성경 말씀을 사용한 사람들입니다. 그 사람들이 그 성경에 넘어져서 멸망 받게 된 것입니다.

그러므로 돌을 예수님이야기로 보고 왔으나 실상 넘어진 자로 바리새인이요 서기관입니다. 많은 사람들이 돌이 되는 것입니다.

눅20;17-18에 15절 포도원 주인이 이들을 어떻게 합니까? 18절에 돌 위에 떨어진 자는 깨어지고 돌이 사람위에 떨어지면 깨어져서 가루가 됩니다.

농부는 하나님입니다. 이렇게만 믿고 예수 예수하면 안 됩니다.

17절에 건축자의 버린 돌이 모퉁이 머리돌이 되었느니라. 버린 돌은 예수님이야기입니다. 18절에 돌 위에 떨어지면, 즉 진리 안에서 예수그리스도를 제대로 믿으면 깨어져서 좋은 가루가 되는 것입니다. 그러나 건축자들이 예수를 버린 결과 그들이 사용한 성경 말씀입니다. 돌이 사람위에 떨어지면 가루를 만들어 흩어버리신다는 말씀입니다.

계2;17에 여기에 흰 돌이 나옵니다. 희다는 뜻은 무제한, 흰 돌은 그리스도이야기입니다. 그래서 돌, 예수 위에 떨어지면 그 사람은 깨어지고 부서지는 것입니다. 그러나 계속 진리를 가지고 문자 방언으로만 말을 하게 되면 그들이 거치는 것이 되는 것입니다.

결과는 깨어지고 흩어져서 결국 죽음에 이르는 것입니다.

돌 위에 돌 하나도 남기지 않고 무너뜨린다는 죽인다, 멸망한다는 것입니다.

삼상6;15에 큰 돌은 좋은 의미로는 그리스도요 나쁜 의미로는 잘못된 지도자입니다. 학2;14-15 '여호와의 전에 돌이 돌 위에 첩 놓이지 않았던' 돌이 돌 위에 첩 놓이면 큰일 나는 것입니다.

산돌은 흰 돌을, 예수그리스도를 의미합니다. 단단한 마음은 맷돌 아래짝입니다. 성도 여러분 단단한 마음엔 많은 말씀을 전해도 절대로 그 마음에 쌓이지 않습니다. 또한 단단한 마음을 가진 사람이 말을 하여도 상대의 마음에 쌓이지 않습니다. 즉 영혼구원과 상관이 없는 말씀은 영혼에 성전을 건축하지 못합니다. 그래서 거침 돌, 거친 반석이라 뜻한 것입니다.

54

세상 끝에 나타날 징조 2)

예수께서 감람산 위에 앉으셨을 때에 제자들이 종용히 와서 가로되
우리에게 이르소서 어느 때에 이런 일이 있겠사오며 또 주의 임하심
과 세상 끝에는 무슨 징조가 있사오리이까 (마 24;3)

마24;3 '예수께서 감람산 위에 앉으셨을 때에 제자들이 종용히 와서 가로되 우리에게 이르소서. 어느 때에 이런 일이 있겠사오며 또 주의 임하심과 세상 끝에는 무슨 징조가 있사오리이까'

'종용히 와서'는 만세 전에 예정 된 하나님의 자녀들에게 관계된 말씀입니다. 창세기에 야곱은 종용한 사람, 에서는 들사람이라고 표현합니다.

종용한 사람은 만세 전에 예정 된 하나님과 관계 된 자녀들을 의미합니다.

창25;27 '에서는 익숙한 사냥꾼인고로 들사람이 되고 야곱은 종용한 사람인고로 장막 안에 거하고'

그래서 야곱은 예정된 택한 사람입니다.

'이런 일'은 어느 때 입니까? 주님의 임하실 때, 재림이야기입니다.

세상 끝에는 무슨 징조가 있사오리이까? 세상 끝은 추수 때입니다.

마13;39 '가라지를 심은 원수는 마귀요 추수 때에는 세상 끝이요 추수꾼은 천사요'

지금은 어느 때입니까? 추수 때인 것입니다.

히9;23-26에 '하늘에 있는 것들' 복수입니다. 즉 성도들은 하늘의 시민권을 가지고 있습니다. '성결케' 는 세척하라, 정확하게 하라, 깨끗케 하라는 의미입니다. 더 좋은 제물을 찾아보겠습니다. 땅에는 알곡과 죽정이가 함께 있는 것입니다.

하늘에 있는 것들이 나오면 곡식은 하나님 앞에 예정된 택한 자녀들을 하늘 에 있는 것들로 묘사하고 있는 것입니다.

더 좋은 제물은 곧 그리스도이야기입니다. 히7;19에 더 좋은 소망은 그리스도이야기입니다. 율법은 사람으로 오신 예수님, 율법은 아무것도 온전하게 할 수 없습니다. 그러므로 율법은 죄는 깨닫게 하나 사람을 온전케는 못합니다. 보이는 성경 전체의 말씀은 예수님 이야기 율법입니다. 그 율법은 성도들을 온전케 하지 못합니다.

히9;20-22에 이와 같이 예수는 더 좋은 언약의 보증, 그리스도 되심을 확증하십니다.

히8;6 '그러나 이제 그가 더 아름다운 직분을 얻으셨으니 이는 더 좋은 언약의 중보시니라'

히11;35에 더 좋은 부활은 아름다운 이름인데 더 좋은 이름은 그리스도인 것입니다.

히9;23 '하늘에 있는 그것들은 어린 것들보다 더 좋은 제물로 할찌니라'

하늘에 있는 것들로 정결케 할 것이 그리스도인 것입니다. 즉 더 좋은 제물이 그리스도입니다.

히9;24-26에 예수님은 이 세상에 오셔서 이 세상의 모든 사람의 죄를 위해 단번에 죽으셨습니다. 26절에 세상 끝에 나타나셨다는 것

은 초림 때 세상 끝입니다. 이 말씀은 성경을 통전한 것입니다. 주님
이 오시어 십자가에 죽으심을 세상 끝이라고 말씀합니다. 히브리서
만 보면 이해가 되지 않습니다. 우리는 주님께서 초림 때 죄 없이 하
시려고 십자가에 단번에 죽으셨으므로 죄를 용서받았다고 믿어 온
것입니다. 그래서 지금 죽는 사람은 다 천국에 간다는 것입니다.
9;26에 죄를 없게 하시려고 세상 끝에 나타나셨다는 것입니다. 주님
이 오셨을 때 제자들이 세상 끝에 어떻게 됩니까? 물었습니다. 마
24;3에 주의 때가 언제입니까? 무슨 징조가 있습니까? 물었습니다.

마24;4-14에 이 세상에 대하여 정확하게 알아야 합니다.

성도여러분바울이 왜 결혼을 하지 않았습니까? 그 이유가 주님께
서 금세 오실 줄 알았기 때문입니다. 당시에 주님 오심을 살아 있는
사람들이 본다고 했습니다. 그 사실을 믿었기에 결혼 하지 않은 것입
니다.

행2장에 보면 다 팔아서 사도들 앞에 내 놓은 것입니다. 서로 통용
했습니다.

히9;23 '그러므로 하늘에 있는 것들의 모형은 이런 것들로써 정결
케 할 필요가 있었으나 하늘에 있는 그것들은 이런 것들보다 더 놓은
제물로 할찌니라' 성도 여러분 죽어가고 있는 사람은 예수를 믿으면
용서받습니다. 구원받습니다. 맞습니까? 맞지 않습니까? 믿기만 하
면 구원과 상관이 없는 것입니다. 왜냐면 더 좋은 제물이 무엇입니
까? 예수가 아니고 그리스도인 것입니다.

(따라서) '구원 받을 사람, 하늘에 시민권자가 되려면 그리스도 안
으로 들어와야 한다.'

다시 말씀드린다면 예수 예수 방언만 하면 그 사람이 정결케 될 수
가 없는 예배가 되는 것입니다. 우리는 말의 뜻을 몰랐을 때에는 믿
으라 그리하면 구원을 얻으리라 하여 믿어온 것입니다

사도 바울은 계명으로 말미암아 죄가 들어왔다고 말합니다.

마7;7구하라 주실 것이요, 찾으라 찾을 것이요, 두드리라 열릴 것이니라.

우리는 내 맘대로 하나님께 구하고 찾고 두드려 온 것입니다. 즉 구하는 계명 때문에 죄가 성도들에게 들어 간 것입니다.

히9;1에 첫 언약이 나옵니다. 언약대로 예수님이 오신 것입니다. 예법과 세상에 속한 성소가 있더라.

즉 예수님 육체는 세상에 속한 것입니다. 성소와 지성소를 알아야 합니다.

성소는 예수님입니다. 성소가 세상에 있습니다. 세상에 성소가 있더라, 보이는 것은 교회입니다. 성소는 예수님, 지성소는 그리스도이야기입니다.

히9;9 '이 장막은 현재까지 비유니 이에 의지하여 드리는 예물과 제사가 섬기는 자로 그 양심상으로 온전케 할 수 없나니'

이 장막은 비유다, 또는 휘장은 예수다 믿어왔습니다. 예수 이름으로 우리는 예배드리고 예물을 드려왔습니다. 온전케 되지 않습니다.

성도 여러분 말씀의 뜻을 잘 몰랐을 때에는 저와 성도 모두가 예수 예수하면서 예배드리고 예물을 드린 것입니다. 그런데 그것이 우리를 온전케 하지 못했습니다.

구원에 확신이 없습니까? 온전한 것은 거룩한 것입니다. 거룩한 것은 흠과 티가 없는 것입니다. 깨끗하고 정결한 것입니다.

세상 끝에 징조가 무엇입니까? 믿는 자가 없고 구원이 없습니다. 큰 징조는 내 자신에게 믿음 구원이 확증되어야 합니다.

성도 여러분 허상으로 머리로 예수그리스도를 믿으면 안 됩니다. 실상으로 믿어야 합니다. 실상으로 믿어지십니까? 허상이 무엇입니까?

예수 믿으면 용서 받고 구원 받는다는 것이 허상입니다. 실상은 진리의 성령으로 말씀이 확증되면서 받아들이는 것입니다.

히9;9 '온전케 되려면'

히9;10 '개혁할 때까지' 성경에 개혁은 이곳뿐입니다.

개혁의 뜻은 바꾼다, 변화시킨다는 의미입니다. 구약의 제사 때 소, 양, 비둘기, 염소를 잡아 드렸습니다. 지금은 예배 때 돈으로 드립니다. 이런 것이 개혁 바꾼 것입니다.

그러나 영적인 일로 성소이야기, 예수님 이야기입니다. 그러므로 예수 일로 섬기고 드리고 해도 양심상으로 절대 온전할 수가 없습니다.

그러므로 방언이나 문자적인 이야기 설교는 유익이 없습니다.

히9;11-14을 봅시다. 11절에 예수가 아니라 그리스도께서 대제사장으로 오사, 12절 각종 제물의 피가 아니라 자기 피로 영원한 속죄를 단번에 성소에 , 13절 각종 짐승의 재로 육체를 정결케 하여, 14절 영원하신 성령으로 흠이 없는 자기 피를 드렸다, 그리스도의 말씀으로 깨끗케, 죽은 행실도 그리스도의 말씀으로 깨끗케, 그리스도의 말씀으로 살아계신 하나님을 바로 섬길 수 있음을 확증하셨습니다.

15절 첫 언약 때에 범죄한 죄를 속하려고- 예수님이 죽어야 됩니다.

17절 예수님이 죽으셔야 속죄함이 이루어지는 것입니다.

24절 그림자는 닮았다는 것입니다. 그리스도가 땅에 성소에 개시지 않아야 하는데, 히10;1에 율법은 장차 오는 일에, 좋은 일은 예수님 즉 예수님 그림자입니다.

성도 여러분 이제는 확신하고 확증할 것이 무엇입니까?

예수를 믿으면 구원 받는다고 얘기해도 구원이 아님을 알아야 합니다. 말씀의 뜻을 몰랐을 때 계속 예수 예수 좇아가면 그림자를 좇아

가는 것입니다.

그림자는 실제가 아니라 허상인 것입니다. 그래서 율법은 장차 올 좋은 일 그림자일 뿐입니다.

방언만 하고 통역하여 풀지 않고 설교하고 들으면 그림자를 좇아가는 것입니다. 그래서 방언, 문자적인 기록은 전 성경을 율법이라 합니다.

(따라서) '예수님은 실제로 첫 장말 그림자이시다'

히9;24에 손으로 만든 성소는 사람이 만든 성소로 교회입니다. 그림자 형상이지만 장차 올 좋은 일 그림자입니다.

결론)말세의 징조는 세상에 크고 작은 사건에 두려워하거나 요동하지 말아야 합니다. 말세의 징조에 실상으로 진짜라고 믿는 자가 없습니다. 내 자신이 그리스도를 진리의 성령의 말씀으로 받아 들여 그리스도의 사람이 되어야 합니다.

(따라서) '세상 징조에 두려워하지 말고 내 안에 그리스도의 말씀이 채워지지 않는 것을 두려워하자'

진실로 그리스도가 내 안에 있으면 환란 때에 휴거 들림 받게 됨을 믿으시기 바랍니다. 말세 징조를 두려워하지 말고 추수꾼으로 저들을 건지는 성도가 되시기 바랍니다.

55
율법은 온전케 할 수가 없다.

율법은 장차 오는 좋은 일의 그림자요 참형상이 아니므로 해마다 늘 드리는바 같은 제사로는 나아오는 자들을 언제든지 온전케 할 수 없느니라 그렇지 아니하면 섬기는 자들이 단번에 정결케 되어 다시 죄를 깨닫는 일이 없으리니 어찌 드리는 일을 그치지 아니하였으리요 그러나 이 제사들은 해마다 죄를 생각하게 하는 것이 있나니 이는 황소와 염소의 피가 능히 죄를 없이 하지 못함이라 그러므로 세상에 임하실 때에 가라사대 하나님이 제사와 예물을 원치 아니하시고 오직 나를 위하여 한 몸을 예비하셨도다 전체로 번제함과 속죄제는 기뻐하지 아니하시나니 이에 내가 말하기를 하나님이여 보시옵소서 두루마리 책에 나를 가리켜 기록한 것과 같이 하나님의 뜻을 행하러 왔나이다 하시니라 (히10:1-7)

구약은 율법이요 신약은 완전한 율법입니다. 율법과 방언은 온전케 할 수가 없습니다. 온전은 거룩함입니다.

율법은 하나님께서 죄를 깨닫게 하시기 위해서 주신 것입니다.

율법-규례-언약-법은 판단이고 심판입니다. 율법은 온전케 하고 거룩케 할 수가 없으므로 매일 매일 제사하는 것과 같습니다.

5절에 한 몸은 그리스도를 예비한 것입니다. 여기서 한 몸은 예수 그리스도입니다. 예수는 십자가에 죽으시고 진리의 성령 말씀 되시는 그리스도를 보내시어 세상 끝에 나타나게 하시려는 것입니다.

히9;26에 단번에 드리시려고 세상 끝에 나타나신 것입니다.

히9;25에 해마다 다른 것의 피로서, 해마다 짐승을 드렸던 것입니다.

해마다 짐승을 드린 그 말은 예수 예수이야기하고 매일 예배를 드려도 우리를 온전케, 거룩케 할 수가 없다는 것입니다.

다른 것은 창28;16-17의 다른 것이 아니요 이는 하나님의 전이요 이는 하늘에 문이로다 그래서 야곱이 두렵다고 한 것입니다.

다른 것이 아닌, 삿7;14에 기드온의 칼날이라, 하나님이 미디안과 그 모든 군대를 기드온 손에 붙이셨다.

삼하3;35에 다윗이 떡이나 다른 것을 맛보면 하나님께서 자기에게 벌 위에 벌을 내리심이 마땅하다고 말합니다.

떡 아닌 것은 흙과 연결됩니다. 사단, 지옥과 동일하게 연결되는 것입니다.

막9;29에 귀신을 쫓아내지 못한 제자들이 예수님께 와서 묻습니다. 주님은 이렇게 말씀하십니다. '기도 외에는 다른 것으로는 이런 유가 나갈 수 없다' 이 말씀도 기도만 하여 이런 능력으로 귀신을 쫓아내려고 하는 것이 아닙니다. 그래서 기도가 무엇입니까? 기도는 예배드릴 때 진리의 말씀으로 되는 것이지 말씀 외에 다른 것으로는 귀신을 쫓아 낼 수 없습니다.

방언으로는 귀신을 쫓아낼 수가 없습니다. 문법적으로는 기도로 귀신을 쫓아내는 것입니다. 이는 기도에 대한 확실한 뜻을 몰랐기에 기도만 하면 귀신이 나가는 줄로 알았던 것입니다. 기도하면서 귀신아 떠나가라 떠나갈지어다. 귀신은 어두움입니다. 그래서 그 사람 속에 빛이 들어가면 순간 떠나는 것입니다. 그리스도를 드러내 주면 그리스도가 그 사람 속에 들어가면 영과 육체가 구원을 받는 것입니다.

그러나 제일 악한 귀신이 무엇인지 아십니까?

일만 악의 뿌리인 돈입니다. 돈 귀신이 들어가면 어느 귀신보다 잘 나가지 않습니다.

(따라서) '전 성경을 그리스도로 보아버리면 악신은 우리와 상관이 없다'

눅12;26 '그런즉 지극히 작은 것이라도 능치 못하거든 어찌 다른 것을 염려 하느냐' 다른 것은 육으로 먹고 마시는 것을 의미합니다.

고전15;35-37에 씨는 말씀입니다. 예수님도 씨로 오셨습니다. 씨가 죽지 않으면 다시 살아나지 못합니다. 우리가 가진 것은, 뿌리는 것은 장래 형체, 다른 것의 알갱이 곧 그리스도입니다.

성도가 죽으나 씨 예수, 그리스도로 다시 살아나는 것입니다. 장래의 형체는 육이나 그 육이 죽어야 다시 사는 것은 영, 그리스도인 것을 확신하시기 바랍니다.

고후1;12-13 '오직 너희가 읽고 아는 것 외에 우리가 다른 것을 쓰지 아니하노니 너희가 끝까지 알기를 내가 바라는 것은'

즉 아는 것은 성경 말씀 외에는 다른 것을 쓰지 아니했다는 말씀입니다.

약5;12에 맹세는 설교하는 것, 아무 다른 것으로 맹세하면 큰 죄인 것입니다. 방언에 대한 설교, 온다, 세상 끝이 온다, 문자적으로 말하면 단 번에 죽으셨을 때가 끝이라 그것이 아닙니다.

히9;28에 자기를 바라는 자들에게 두 번째 나타내시리라. 그리스도이야기입니다. 26절에 단번에 드려 죄를 없게 하시려고 하신 것입니다. 초림예수님이야기입니다. 그리스도께서 두 번째 나타나심은 죄와 상관이 없는 사람들을 위하여 나타나시는 것입니다. 죄와 상관이 없는 사람은 의인입니다. 마지막 때는 의인 중에 악인을 고르십니다. 지금은 추수 때입니다. 세상 끝입니다. 예수그리스도가 십자가에 죽으실 때가 세상 끝인 것입니다.

주님은 초림 때 오시고 두 번째 재림 다시 오신다는 것입니다.

추수 때의 징조가 무엇입니까?

마13;7 '난리와 난리 소문을 들을 때에 두려워 말라 이런 일이 있어야 하되 끝은 아직 아니니라'

눅21;8-9 '미혹을 받지 않도록 주의하라 많은 사람들이 내 이름으로 와서 이르되 내가 그로다 하며 때가 가까웠다 하겠으나 저희를 좇지 말라'

성도 여러분 주님 당시 주님은 그 당시에 많은 사람들의 종말에 대하여 말씀하신 것이나 지금은 그 때임을 확신하시기 바랍니다.

하나님의 말씀, 성경의 진리를 모르면 시대를 분별할 수가 없습니다. 징조를 알아야 마지막 때를 분별할 수가 있는 것입니다.

그래서 방언만 따르면 안 되는 것입니다.

문자적인 기록만 보면 성경은 거치는 돌이 되어 많은 사람들이 넘어질 것이요 살아날 사람이 없는 것입니다.

히9;28에 두 번째 나타나신다는 말씀에 귀를 기울여야 합니다. 두 번째 나타나신 그리스도를 어떻게 맞이할 것입니까?

주님은 택자인데 준비가 안 된 사람은 온전케 하시려고 각종 시험, 질병을 통해 회개하게 하십니다. 온전케 하시려고 부르신 것입니다.

살아 남아있는 사람은 추수꾼으로 쓰실 것인데 그리스도가 없이는 절대로 쓰임을 받을 수가 없습니다.

수많은 시험, 환란에서 승리할 수 있는 길은 진리의 성령의 말씀에 확실하게 무장되어 있어야 합니다.

끝 날에는 온전해 지며 거룩함이 되어야 합니다. 그리스도로, 성령의 말씀으로 충만해야 합니다.

결론)율법은 나를 온전케 할 수가 없습니다.

오직그리스도만이 진리의 성령으로 온전케 됨을 믿으시기 바랍니다.

(따라서) '나를 온전케 하실 그리스도 안에 성장하여 추수꾼의 사명을 감당하자'

진실로 율법의 사람이 되지 말고 그리스도의 사람이 되어 죄와 상관이 없는 성도가 되시기 바랍니다. 그리스도 안에서 죄와 상관이 없게 하는 것은 성도들이 해야 할 사명이며 믿음의 숙제입니다.

세상에서 육신의 문제로 매이고 쫓기고 눌려서 좌우로 요동하는 믿음 없는 성도가 되지 말고 그리스도 안에서 진리로 채우고 채우시는 성도들이 되시기 바랍니다.

56

세상 끝에 있을 징조 3)

미련한 자에게 영예를 주는 것은 돌을 물매에 매는 것과 같으니라 미
련한 자의 입의 잠언은 술 취한 자의 손에 든 가시나무 같으니라
(잠언26;8-9)

마24;2 '내가 진실로 너희에게 이르노니 돌 하나도 돌 위에 남지 않
고 다 무너뜨리우리라'

돌은 예수님이야기요 말씀은 그리스도이야기입니다. 돌은 예수님
이야기입니다. 산돌은 예수님입니다.

잠26;8-9 '미련한 자 에게 영예를 주는 것은 돌을 물매에 매는 것
과 같으니라. 미련한 자에의 입의 잠언은 술 취한 자의 손에 든 가시
나무 같으니라.'

미련한 자는 원어에 바보라는 뜻입니다. 어리석은 자와 미련한 자
는 동격입니다. 영예란 영광, 존귀를 뜻합니다. 땅에 있는 성도는 존
귀한 자니...

성도 여러분 미련한 사람은 존귀한 이름을 주면 결코 안 되는 것입
니다. 존귀한 이름으로 미련한 짓을 합니다. 어리석은 짓을 하는 것
입니다.

(따라서) '존귀한 이름은 예수그리스도입니다.'

미련한 자에게 영예를 준다는 말은 허락한다는 뜻입니다.

잠26;1 '미련한 자에게는 영예가 적당하지 아니하니 마치 여름에 눈 오는 것과 추수 때에 비 오는 것 같으리로다.'

씨를 뿌린 뒤에는 비가 와야 합니다. 그러나 추수 때에 비가 오면 폭풍이 오면 안 됩니다. 미련한 사람에게 영예를 주는 것은 돌을 물매에 매는 것과 같다고 말씀합니다.

다윗이 골리앗을 죽일 때 뜻이 있습니다. 골리앗을 물매로 죽였습니다. 물매와 영예가 동격입니다. 미련한 자들은 아주 매끄러운 말을 합니다.

듣기에 좋은 말을 하고 웃기고 감동적인 말을 하는 자들입니다. 물매는 매끄러운 말의 의미를 가지고 있습니다. 물매에 매이는 것은

9절 '미련한 자의 잠언은 술 취한 자의 손에든 가시나무 같으니라.'

술 취한 자가 가시나무를 들었다면 마구 휘두를 것입니다. 다른 말로 부자가 천국 들어가기가 낙타가 바늘귀로 들어가는 것보다 어렵다는 것입니다.

미련한 자에게 영예를 주는 것은

27절 '함정을 파는 자는 그것에 빠질 것이요 돌을 굴리는 자는 도리어 그것에 치이리라.'

돌을 굴리는 자는 말씀 속에 숨겨진 뜻이나 그리스도를 전하지 않는 것을 의미합니다.

렘51;25-26 '온 세상을 멸한 멸망의 산아' 이것이 누구입니까?

고전4;9 '하나님이 사도인 우리를 죽이기로 작정한 자 같이 미말에 두셨으매 우리는 세계 곧 천사와 사람에게 구경거리가 되었노라.'

멸망케 할 산은 큰 성 바벨론입니다. 천사와 사람을 멸망케 만든 것입니다. 즉 산, 멸망의 산도 산 이야기가 아닙니다. 사람이야기, 교회 이야기입니다.

그러므로 멸망의 산아 보라 나는 네 대적이라고 25절에서 말씀합니다.

25에 하나님의 손을 펴신다는 것은 무서운 진노, 멸망을 의미합니다. '땅에서 풀면'과 '하나님의 손을 편다'는 말씀과 동격입니다. 성도는 하나님께 매여야 합니다. 하나님께서 손을 펴시면 진노와 멸망이 옵니다. 하나님께서 손을 펴서 즉 '나의 손을 네 위에 펴서' 이 말씀은 하나님은 오른 손에 붙잡힌 주의 종을 사용하시어 펴신다는 말씀입니다.

'또 너를 바위에 굴리고' 바위는 반석, 베드로 이름이 반석이요 예수님도 반석입니다. 즉 사람 위에 돌려 버린다는 의미입니다. 즉 사람을 섬기고 사람 말에 붙잡히게 만들고 즉 사람의 말에 돌린다는 것은 잘못 된 지도자를 세워서 그 입에서 나오는 말로 죽인다는 것입니다.

6절에 매끄러운 돌은 물매 돌입니다. 매끄러운 말은 음녀가 주는 말입니다. 음녀가 주는 말에 많은 사람들이 범죄하고 그 여인은 죽는 것입니다.

또는 사람들이 듣기 좋아하는 말을 만들어 내는 말이 매끄러운 말입니다. 매끄러운 말이 물매 돌입니다. 작은 물맷돌로 큰 장수 골리앗을 죽인 것입니다. 시편에서 '하나님은 나의 반석이시다.' 라고 고백합니다.

하나님의 말씀을 믿고 가야 합니다.

계6;15-16 많은 사람들이 바위틈에서 죽게 된 자들입니다. 이들은 지도자들입니다. 이들은 밖의 사람이 아니라 교회 안의 지도자, 잘못 된 지도자, 권세 있는 지도자를 의미합니다.

바위틈이 바위가 아니라 자기가 하나님 행세하면서 우상이 되고 힘 센 자입니다. 이들의 입에서 나오는 말을 바위틈이라고 표현한 것입니다.

그러므로 마귀가 틈타지 못하게 하라고 주님은 말씀하십니다. 마귀가 틈타면 마귀소리를 하는 것입니다.

하나님의 뜻이 아닌 말 , 말씀 속에 뜻을 드러내지 않는 말을 믿고 따라가면 그 사람들은 굴과 바위틈에 숨는 자들입니다.

산과 바위는 교회이야기입니다. 예루살렘도 교회이야기입니다.

렘51;25에 '온 세계를 멸한 멸망의 산아' 견고한 바벨론입니다. 멸망의 성은 큰 성 바벨론을 의미합니다.

25에 불탄 산은 화장하고 나면 재만 남습니다. 잘못 된 지도자의 말이 불탄 산입니다. 사람을 살리는 것이 아닙니다. 태워 죽이는 말인 것입니다.

불타다는 민16;36-40에 한 마디로 제사 직분이 아닌 사람 직분자가 지위를 어기면 고라같이 된다는 것입니다. 고라 당은 레위족속이요 제사장족속입니다. 레위 족속의 사람인 고라가 모세와 아론을 대적하였습니다. 한 마디로 모세와 아론에게 너희만 제사장이냐며 대적한 것입니다.

말세에는 사랑이 식어집니다. 자식이 아비를 죽이고 교회 안에서 목사와 장로를 무시합니다. 목사를 대적합니다. 나도 할 수 있다는 것입니다. 이것이 직위를 이탈한 것입니다. 이런 일에 세상 끝 날에 많이 일어날 것입니다.

고라와 그 무리를 아론의 아들 엘르아살로 불태워 죽게 합니다. 불태운 것은 하나님께 올리는 제사가 번제인 것입니다. 연기를 올린 것입니다.

사47;12-15에 진언과 많은 사술, 진리가 아닌 말들 그들은 젊어서부터 쓰던 많은 사슬 그들의 말은 곧 불에 타는 것입니다.

벧후3;9-13에 현재 보이는 하늘과 땅은 모든 것은 반드시 태울 날이 오는 것입니다. 하늘과 땅 이야기도 사람이야기입니다.

하늘차원은 주여 주여하는 사람들이고 땅차원은 예수 그리스도를 믿으나 땅에 속한 그날에 불탈 사람들입니다.

(따라서) '말씀에 굳게 서 있지 않으면 정신을 차릴 수가 없다.'

주의 이름으로 부탁합니다. 육신의 일보다 영적인 일에 관심을 가져야 합니다. 때를 분별해야 합니다. 그리스도의 말씀을 모르면 때를 모릅니다. 자신이 죽을 때도 모릅니다. 땅에 관심만 갖게 됩니다.

성도 여러분 마지막 때의 징조는 교회를 바로 보아야 합니다.

주의 종들의 말과 행위를 보아야 합니다. 성도들의 믿음의 행위, 열매를 보아야 합니다. 눈과 귀가 열려 있지 않으면 사단이 붙잡습니다.

벧후3;12-13에 세상 것이 불 타버리고 성도는 새 하늘과 새 땅을 바라만 보지 말고 들어가야 할 것입니다.

우리가 생각할 때에 하나님은 에덴동산을 실패하셨다 할 수 있습니다. 사단이 이긴 것 같습니다. 그러나 사단, 마귀가 전혀 없는 곳이 천년왕국인 것입니다. 성도들이 그리스도의 말씀으로 온전해지고 거룩해지면 말씀과 성령으로 충만하면 천년 왕국에 들어가는 것입니다.

그래서 땅에 소망을 두지 말고 저 영원한 천국을 소망하는 것입니다. 육신의 것보다 영적인 것, 내 영혼과 타인의 영혼을 살리는 일에 전념할 때가 마지막 때의 일입니다.

그래서 복이 있는 좋은 때를 따라 양식, 하나님의 말씀을 분변하여 내 영혼과 관계가 있는 말씀인지 알고 먹어야 합니다.

보이는 세상은 한번 뒤집어 불 탈 때가 오는 것입니다.

마지막 때 주의 종들은 성도들을 깨워 육의 것보다 영의 것을 소망케 하는 종이 마지막 때의 종인 것입니다.

멸망 받는 산은 불타는 산이 될 것입니다.

사19;11-15에 지혜로운 자가 없다고 말씀합니다. 모퉁이 돌은 그리스도가 돌이 되어야 하는데 소안과 놉의 방백들이 모퉁이 돌이 되어 애굽으로 그릇 가게 하였습니다. 뜻을 풀어 그리스도에게 넣어 주어야 하는데 방백, 지도자들이 우상이 되어 방백을 모퉁이 돌로 비유한 것입니다. 애굽의 방백을 칠 때 바벨론을 사용했고 이스라엘은 앗수르로 친 것입니다.

사특한 마음은 왜곡하고 타락시킨다는 뜻입니다. 하나님은 애굽의 방백들에게 사특한 마음을 주시어 잘 못가게 하신 것입니다.

성도여러분 진리를 따르게 하심도, 행복하게 하심도, 불의한 길로 가는 것도 모두가 하나님의 모략, 계획입니다.

'머리나 꼬리나 지도자나 갈대나' 종려나무 가지는 성공한 성도입니다. 즉 갈대는 말씀을 가진 자를 의미합니다. 그러나 아무 할 일이 없다는 것입니다. 아무 쓸모가 없는 지도자, 방백들인 것입니다. 모퉁이 돌에 비유한 것입니다. 실상 이 방백들은 지도자인데 우상들인 것입니다. 모퉁이 돌은 그리스도인데 그들은 자신이 하나님이고 그리스도라는 것입니다. 이것이 우상인 입니다. 오늘날에도 하나님의 자리에, 그리스도의 자리에 방백, 지도자, 목사가 앉아있습니다. 목사는 성도들을 그리스도에 붙여주는 도구가 되어야 하는 것입니다.

출15;1-5에 큰물은 유명한 사람이 전하는 말입니다. 하나님은 애굽 백성들을 홍해에 죽이신 것입니다. 그리고 이스라엘을 살리신 것입니다.

57
물세례와 성령

그들은 전에 노아의 날 방주 예비할 동안 하나님이 오래 참고 기다리
실 때에 순종치 아니하던 자들이라 방주에서 물로 말미암아 구원을
얻은 자가 몇명 뿐이니 겨우 여덟 명이라 (벧전 3;20)

성도 여러분 하나님의 말씀 듣기가 어렵습니까? 이해가 잘 안 되십
니까?

단어만 풀어 깨닫는 말씀이 아닙니다. 말씀 속에 숨겨진 뜻을 드러
내어 전해드리는 설교입니다.

매 시간 설교 말씀이 즉시 이해되고 깨닫는 성도는 하나님과 직통
하시는 분이 되는 것입니다. 그러나 직통이 잘 안되더라도 인내하시
고 계속 듣다보면 들릴 때가 있습니다. 보실 수 있고 열릴 때가 있고
분명하고 확실할 때가 올 것입니다.

물 세례는 그동안 물에 장사지냈다가 다시 사는 부활이라고 증거
했습니다.

물로 씻어 깨끗케 하는 성결이라고 했습니다. 그 이상 세례의 깊이
와 높이와 넓이와 길이가 확실하게 증거 될 것입니다.

그 말씀을 깨닫게 될 때 시대를 분별케 됩니다. 자신을 발견하게 됩
니다.

오늘도 말씀 속에 숨겨진 진리의 성령으로 충만하시기 바랍니다.

벧전3;21 '물은 예수 그리스도의 부활하심으로 말미암아 이제 너희를 구원하는 표니 곧 세례라 육체의 더러운 것을 제하여 버림이 아니요 오직 선한 양심이 하나님을 향하여 찾아가는 것이라.'

세례는

1)예수 그리스도의 부활하심으로 구원의 표다.

2)이 세례는 육체의 더러운 것은 제하여 버리는 것이 아니다.

3)이 세례는 선한 양심이 하나님을 찾아가는 것이다.

그러므로 세례는 구원의 표요 하나님을 찾아가는 선한 양심인 것입니다.

오늘 성도 중에는 세례를 받지 않은 사람이 있습니다. 그렇다면 구원에 확신이 있으십니까?

엡5;26 '이는 곧 물로 씻어 말씀으로 깨끗케 하사 거룩하게 하시고'

세례는 물로 씻는 것입니다. 말씀으로 깨끗케 하는 것입니다. 그리고 거룩해지고 온전해 지는 것입니다.

겔16;1-5에 예루살렘에 대하여 말하고 있습니다. 예루살렘은 가나안에 가서 7족속을 만납니다. 그 중에 3족속인 헷 족속이 나옵니다. 헷은 공포라는 뜻입니다. 4절에 배꼽 줄은 생명 줄이요 힘을 상징합니다.

배꼽 줄을 자르는 순간 그 아이는 어미와 단절되고 독립이 되는 것입니다. 스스로 자신의 생명을 위해서 살아가야 하는 것입니다.

배꼽을 잘랐다, 안 잘랐다는 의미는 무엇입니까? 사람은 누구든지 배꼽 줄을 자릅니다.

엡5;21-25에 아내와 남편이야기가 나옵니다.

25절에 물로 씻으라는 말씀으로 깨끗하게 하다, 거룩하게 하다, 온전케 하다라는 의미입니다. 배꼽 줄을 잘랐으면 아내와 어미, 남편과 아비의 역할을 다 해야 합니다. 한 마디로 세례 받은 사람은 깨끗한 사람, 거룩하고 온전한 하나님의 사람인 것입니다. 배꼽 줄을 자르지 않았다는 것은 분리되지 않았다는 의미입니다. 배꼽 줄은 원어로 원수, 적의 뜻입니다. 직역하면 부모에게 원수요 적인 것입니다. 즉 하나님을 믿는다, 예수 그리스도를 믿는다, 성령을 받았다 해도 아직도 그 사람은 하나님 앞에 원수요 대적자인 것입니다.

그래서 겔16;4 에 1)배꼽 줄을 자르지 않았습니다. 2)물로 씻어 정결케 하지 않았습니다. 물은 예수로 씻어야 말씀 그리스도로 깨끗케 될 수 있습니다. 성령으로 거룩한 생활을 할 수 있습니다.

(따라서) '배꼽 줄을 자르지 않은 것은 물, 예수로 씻지 않은 것이다.'

3)소금을 뿌리지 아니했습니다. 소금은 썩지 않게 하는 것입니다. 변하지 않게 하는 것입니다. 즉 소금은 하나님께서 성도에게 주신 언약입니다.

소금은 원어에 말을 고르게 함 같이 소금은 음식 모든 것에 뿌리는 것입니다.

전 성경을 해석할 때 우리한테 식물에 소금, 그리스도로 풀어야 합니다.

전 성경을 통일 시키려면 예수 그리스도로 하나가 되어야 합니다.

4절에 '강보로 싸지도 아니하였다' 는 즉 그리스로 싸지 아니했다는 말씀입니다. 5절에 너를 돌보지 않았다, 한 가지도 긍휼히 여긴 것이 없습니다.

배꼽 줄을 자르기 않았기 때문입니다. 배꼽 줄은 원수요 적인 것입니다.

그래서 결혼 비유를 잘 이해하고 깨달아야 합니다.

겔36;22-25에 너희가 내 거룩한 이름을 더럽혔다고 말씀합니다. 더럽혀진 나의 큰 이름을 내가 거룩케 할 것이다. 하나님께서 더러워진 이름을 친히 거룩케 할 것이란 말씀입니다.

24절에 내가 열국 중에서 취하고 열국 중에서 모아서 데리고 고토에 들어간다고 말씀합니다. '고토'는 좋은 의미로는 하나님 앞에, 나쁜 의미로는 사단 앞에 데리고 간다는 말씀입니다.

25절에 맑은 물로 뿌려서 너희로 정결케 할 것이며, 우상 섬김에서 정결케 하신다는 것입니다. 신약에 요한의 세례입니다. 씻어서 깨끗케 함을 의미합니다.

26-27에 씻어 정결케 하는 자에게 새 영, 새 마음으로 육신의 굳은 마음을 제하고 부드러운 마음을 주신다는 것입니다.

즉 성령세례를 주신다는 말씀입니다.

나의 신을 너희 속에 두신다는 말씀입니다.

정리하면 물로 씻어 정결케 하는 것은 예수로 씻어 그리스도로 정결하게 된다는 것입니다.

예수로 씻어 그리스도로 정결케 된 사람은 성령, 새 영, 내 신을 그 속에 부어 성령의 사람, 그리스도의 사람, 말씀의 사람이 되게 하시는 것입니다.

잠5;15-17 한 마디로 이 물을 네게만 있게 하고 나누지 말라는 것입니다.

잠5;18-23 진리의 성령의 말씀으로 말씀에 매이고 붙잡혀 사는 자가 되어야 합니다. 곁 길로 가면 악한 것들로 죽고 망하고 멸망을 받게 되는 것입니다. 23절에 훈계를 받지 아니함을 인하여 죽겠고 미련함으로 혼미케 된다고 말씀합니다.

성도는 진리에 매이고 붙잡혀 살 때에 은혜와 축복인 것입니다. 자유란 육신적인 방종, 쾌락이 자유가 아닙니다. 자유란 진리 예수 그리스도 안에서 그 무엇에 매이지 않는 것이 자유인 것입니다.

진리는 개나 돼지에게 주지 않습니다. 그러므로 물은 네게만 있게 하고 타인과는 나누지 말라고 말씀하신 것입니다. 물은 예수요 말씀입니다.

이 물을 타인과 나누지 않는 방법이 무엇입니까?

성경은 누구든지 볼 수 있고 살 수 있게 만들어져 있습니다. 그러나 성경은 누구든지 본다고, 읽는다고 다 아는 것은 아닙니다.

성경은 방언이나 문자적인 것은 100독, 천 독을 해도 그 뜻을 알 수가 없습니다. 타인과 나누지 말라는 2가지 의미가 있습니다.

1)진리는 먼저 내 자신이 먹고 아구까지 채워야 합니다.

먼저 성도들은 진리의 말씀을 내 안에 있게 해야 합니다. 그 말씀 속에 들어가야 합니다.

2)하나님께서 불택자들에게는 주시지 않았습니다.

자연적으로 우물에 물만 먹게 한 것입니다. 주님도 이 땅에 오셨을 때에 공개적으로 말씀하실 때에는 모든 말씀을 비유로 말씀하셨습니다. 비유-잠언-수수께끼-우화로 말씀하셨습니다. 그때 제자들도 깨닫지 못하여 주님은 따로 회당에서 말씀하셨습니다. 하나님은 비를 믿는 사람, 안 믿는 사람에게 다 주십니다. 즉 심판할 사람에게도 주십니다. 구원하시려고 주신 것이 아닙니다. 심판하시려고 주십니다. 그러므로 이 세상에서 깨닫지 못하면 짐승이 되고 멸망을 당합니다.

성도 여러분 성도는 항상 하나님 말씀 속에 축복과 저주가 있고 구원과 멸망이 있으며 택함과 불택이 있음을 아셔야 합니다.

그래서 성도는 물과 성령으로 거듭나야 합니다.

진리의 말씀, 성령으로 충만해야 합니다. 내 안에 그리스도가 계셔야 하는 것입니다.

하나님의 말씀은 듣기는 들어도 깨닫지 못합니다. 보기는 보아도 알지 못합니다. 그러므로 성도 여러분 세례 받은 사람, 말씀 받은 사람, 진리의 성령을 받은 사람은 받은 말씀으로 내 속에서 분쟁이 일어나야 합니다.

사건-시험을 만나게 되는 것입니다. 이때 좌우로 요동하면 안 됩니다.

성도 여러분 자신의 속성, 마음 때문에 하나님의 말씀을 흐리게 하면 큰일 나는 것에 확신하시기 바랍니다.

인간적으로 잘못된 일에 봐주고 또 봐주는 것은 하나님의 뜻을 거치는 것입니다. 인정에 매이지 않아야 합니다. 유혹되고 미혹되고 단절되는 것입니다.

예수님은 수제자 베드로는 주님께 간했을 때에 '사단아 너는 나를 넘어뜨리게 하는 자로다 네게서 떠나라' 고 명령하셨습니다.

하나님께 나누지 말라는 것은 나누지 말아야 합니다. 하나님의 뜻을 사람의 생각으로 무너지게 하면 안 됩니다.

세례가 무엇입니까?

예수님으로 씻고 그리스도로 정결케 되어 성령으로 충만한 것입니다.

탯줄이 끊어지는 않은 사람은 하나님을 대적하는 하나님께 원수요 적인 것입니다. 인정에 매여 죄에 매여 하나님 앞에 대적자, 원수, 적이 되지 말아야 합니다. 사단의 유혹에 좌우로 요동하지 말아야 합니다.

주의 지팡이와 막대기 역할을 하려면 냉정할 때는 냉정하고 항상 자신감 있는 믿음의 생활을 하여야 합니다.

진리의 성령, 말씀이 충만한 성도들이 되시기 바랍니다.

나를 지금까지 지켜주시고 인도하신 진리의 성령께 내 인생을 맡기시고 믿고 따라 승리하시기 바랍니다.

58
물세례와 성령 2)

그리스도를 경외함으로 피차 복종하라 아내들이여 자기 남편에게 복
종하기를 주께 하듯하라 이는 남편이 아내의 머리 됨이 그리스도께서
교회의 머리 됨과 같음이니 그가 친히 몸의 구주시니라 그러나 교회
가 그리스도에게 하듯 아내들도 범사에 그 남편에게 복종할찌니라 남
편들아 아내 사랑하기를 그리스도께서 교회를 사랑하시고 위하여 자
신을 주심 같이 하라 이는 곧 물로 씻어 말씀으로 깨끗하게 하사 거룩
하게 하시고 자기 앞에 영광스러운 교회로 세우사 티나 주름잡힌 것
이나 이런 것들이 없이 거룩하고 흠이 없게 하려 하심이니라
(엡5;21-27)

세례는 물로 받습니다. 목사가 물로 성부-성자-성령의 이름으로
세례를 줍니다.

이 본문은 청년 남녀가 결혼 할 때 목사가 주례할 때 말씀을 많이
전하는 말씀입니다. 그러나 실상은 교회와 성도이야기입니다.

본문 21-25에 아내와 남편 이야기를 하다가 26절에 '물로 씻어 말
씀으로 깨끗케 하사 거룩하게 하시고' 라고 말씀하십니다.

24절에 '그리스도께 하듯 복종하라 ' 이 말씀은 누구의 말씀입니
까?

아내와 남편이야기요 교회이야기입니다.

24절 '아내들도 범사에 그 남편에게 복종하라'

아내는 교회 성도요, 남편은 그리스도요, 또 주의 종이 되는 것입니다.

남자의 머리는 고전11;3에 '남자의 머리는 그리스도요 여자의 머리는 남자요' 그리스도는 하나님입니다.

고전11;7 '남자는 하나님의 형상과 영광이니 여자는 남자의 영광이니라.'

여자는 교회 성도요 남편은 주의 종, 지도자, 목사입니다. 아내는 남편에게 복종하라고 말씀합니다. 성도가 교회에서는 다른 소리 하면 안 됩니다.

26절에 왜 물로 씻으라 했습니까? 이유가 있습니다. 풀어야 합니다.

본문을 가지고 가정이야기를 하고 결혼 주례사로 한다면 영혼과 관계가 없습니다.

(따라서) '하나님의 말씀에는 어떤 말이든지 영혼과 관계가 있어야 한다.'

영혼과 관계가 없는 말은 무익한 말입니다. 율법이고 밖의 이야기입니다. 세상이야기인 것입니다.

영은 영이요 육은 육이요 물은 물이요 산은 산이다. 이런 말은 아무리 해도 내 영혼을 거듭나게 하지 못합니다. 내 영혼을 성장시키지 못합니다. 거듭나게 할 수 없습니다. 혼 이야기는 될 수 있습니다.

세상이야기는 텔레비전에도 울고 웃을 수 있는 것입니다. 영은 영적인 말씀에 충격이 오므로 속에서 어떤 증거가 나옵니다.

사람의 계명으로 하는 것은 '저희가 나를 경외하나 사람의 계명으로 말을 하므로 그 마음은 내게서 멀도다.' 사람의 계명은 내 영혼과 무관하고 무익한 말입니다.

25절에 교인들을 서로 사랑한다면 그리스도의 사랑으로 하나 되는 것입니다. 26절에 '물로 씻어'는 세례의 뜻이 씻는 것입니다. 또 세례는 목욕하는 것입니다.

룻기 서에는 룻이 목욕하고 들어갑니다. 우리아의 아내가 목욕하고 들어갑니다. 성도 여러분 우리가 무엇으로 깨끗이 씻어야 목욕하는 것입니까?

그리스도의 말씀으로 씻어야 합니다. '말씀으로 깨끗케 하사'는 그리스도로 깨끗이 씻음을 의미합니다.

요한의 세례는 물로 반드시 씻은 사람은 그에게 진리를 드러내주면 맞다라고 믿고 따라가는 것입니다.

그래서 요한의 세례는 온전한 율법까지 간 것입니다.

방언이 방언되려면 예수이야기를 해야 합니다. 거룩해지려면 온전해야 되는 것입니다. 거룩하고 온전해지려면 그리스도 안에 들어가야 합니다.

성도 여러분 6일간은 물로 씻는 과정이요 지금은 거룩하게 되어 가는 과정이 깨끗하게 씻는 과정입니다.

말씀을 듣고 보니까 이제우리는 더러운 것을 버리는 것입니다.

거룩한 성도가 되는 것입니다. 물로만 씻는 것이 아니라 피로 씻어야 깨끗해집니다. 피로 깨끗하게 씻고 보면 성령으로 거듭나게 되는 것입니다.

거듭난 사람이 하늘나라 천국에 가는 것입니다.

히10;19-22에 맑은 물이야기가 겔34장에 나옵니다.

겔34;7-12에 '자기만 먹고'는 방언으로 하면 자기만 먹는 것입니다.

양은 식물을 먹습니다. 목자들에게 성도가 양이요 식물입니다.

또는 영적 진리로는 진리 자체가 식물입니다.

10절에 하나님은 목자들을 대적합니다. 양들을 그들의 손에서 찾으십니다. 여호와 하나님은 목자들의 입에서 건져내어 다시는 그들의 식물이 되지 않게 하십니다.

어떻게 여호와께서 양들을 목자들의 손에서 찾는 것입니까?

찾는 방법이 무엇입니까? 하나님의 진리의 성령의 말씀을 드러내어서 양들이 그 말씀을 먹고 성장하여 분별하여서 물과 성령으로 거듭나게 하는 것이 목자가 하는 것입니다.

그러므로 양들은, 성도들은 목자의 말에 눈을 뜨고 귀를 기울이고 진리의 성령의 말씀을 마음으로 받아먹어야 물과 성령으로 거듭나는 것이요 그리스도 안에 들어가는 것입니다.

13절에 열방하면 메뚜기떼, 열방들아 들으라, 깨달으라.

14절에 좋은 꼴은 맑은 물, 더럽지 않은 물, 깨끗한 물을 말합니다.

15절에 여호와가 내 양의 목자가 되어 누워 있게 한다고 합니다.

사람이 목자가 되어서는 안 됩니다. 사람을 목자로 알고 따르고 섬기면 그가 하나님이 되고 우상이 되는 것입니다.

(따라서) '나의 목자는 오직 예수 그리스도이시다.'

겔34;16에 하나님은 양들을 아끼고 사랑하시어 싸매시고 치료하시고 먹여주십니다. 즉 공의대로, 진리대로, 성경대로 먹이고 치료할 것입니다.

17절에 양과 양 사이를 심판하십니다. 수양과 수염소 사이를 심판하십니다.18절에 좋은 꼴 먹은 것을 작은 일로 여기느냐 왜 남의 꼴을 발로 밟았느냐, 맑은 물 먹은 것을 작은 일로 여기느냐 왜 맑은 물을 발로 더럽혔느냐고 말씀하십니다.

진리의 성령의 말씀, 꼴과 맑은 물을 귀중하게 여기시기 바랍니다.

소홀히 여기시지 말고 작은 일로여기시지 않기를 바랍니다. 밝고 밝아 더럽지 않습니다. 성도 여러분 목자를 잘 분별하시기 바랍니다. 아무한테 따라 가서 꼴과 물을 먹으려고 않으시기 바랍니다.

목자만 탓할 때가 아닙니다. 자신이 분별해야 합니다. 멸망의 길로 가는 것은 목자 탓도 있고 성도들의 탓도 있습니다.

말세에는 지도자를 잘 만나야 저 영원한 천국에 가는 것을 확신하시기 바랍니다. 좋은 꼴, 맑은 물은 무엇입니까?

진리의 성령의 말씀을 들었다면 아직 어린 아이일지라도 거듭났다면 아멘으로 따라올 것입니다.

그래서 요한의 세례만 받았어도 그는 의롭다 하고 따르게 되는 것입니다.

발로 더럽혔다는 것은 원어에 인도하다, 가르치다, 여행하다는 의미입니다.

지도자가 자기 말대로 해석한 것을 두고 하는 말입니다.

겔34;19에 발로 더럽히지 않은 물이 맑은 물입니다. 그래서 맑은 물로 씻어야 합니다. 양들이 더러운 물을 먹었다는 것입니다. 이것저것 섞인 말씀이 더러운 물입니다.

16절에 '강한 자와 살찐 자를 멸하고' 살찐 양과 파리한 양을 심판하십니다. 살찐 것은 두 종류입니다. 1)진리가 아닌 것을 먹고 천국 갈 줄 아는 사람 2)진리가 아닌 것으로 부유한 부자가 된 사람입니다.

살찐 양과 파리한 양은 둘 다 여호와 하나님께서 심판하십니다.

21절에 '옆구리와 어깨로 밀뜨리고' 예수님을 창으로 옆구리를 찔러 피와 물을 쏟으시게 했습니다. '어깨'는 짐이란 뜻입니다. 즉 무거운 짐을 더 지워 밀어뜨린다, 밖으로 나가게 한 것입니다. 성도들을 무겁게 하여 내어 쫓는 것입니다. 예를 들어 성전을 짓는다 하여 낼 수가 없는데 많은 헌금을 요구하는 것과 같습니다.

서기관들이나 바리새인들은 자기들은 짐을 지지 않고 손가락으로 이것저것을 시키는 것을, 시험 들게 하는 것을 밀뜨렸다고 하는 것입니다.

21절에 '모든 병든 자들을 뽈로 받아 무리로 밖으로 흩어지게'

뽈은 고린도교회입니다. 뽈로 받았다는 말씀은 예수 그리스도의 이름을 사용하고 성령 사용하여 무거운 짐을 지워 밀어뜨리는 것을 의미합니다.

예수그리스도의 이름을 사용했습니다. 말씀과 성령을 사용하여 은사를 사용하여 뽈로 받았다는 것입니다.

능력자의 횡포, 은사자의 횡포, 자기 맘대로 만든 짬뽕설교자, 이런 지도자가 병든 사람들을 뽈로 받은 사람들인 것입니다.

세상 밖으로 나가게 하고 흩어지게 하는 자들입니다.

22-24에 '내 종 다윗' 이는 예수그리스도이야기입니다.

성령하면 그리스도 이야기로 생각하면 됩니다. 예수님 가시고 진리의 성령을 보내신 것입니다.

결론)물세례와 성령세례가 무엇입니까?

엡5;21-27은 결혼이야기가 아니라 교회와 성도이야기입니다.

물세례와 성령세례는 예수그리스도의 말씀으로 깨끗하고 거룩하여져야 합니다. 예수그리스도의 말씀으로 깨끗하여지고 완전하여지는 것입니다.

모든 성경의 말씀은 영혼과 관계가 있어야 합니다. 말씀으로 깨끗하고 거룩한 사람이 구원받고 천국에 가는 것입니다.

물세례와 성령세례를 받으셨습니까?

교회를 섬기고 말씀을 믿고 쓰임 받는 성도가 되시기 바랍니다. 말씀을 받았다면 말씀에 열매가 맺어져야 합니다. 믿음이 없는 사람, 약한 사람을 많은 짐을 지워 넘어지게 해서는 안 됩니다. 예수님과 그리스도를 확증하여 진리 위에 굳게 서서 역사하시기 바랍니다. 무슨 일에든지 넘어지지 말고 매이지 말고 넘어지고 매인 사람을 세워주는 성도가 되시기 바랍니다.

59

물세례와 성령 3)

이 후에 예수께서 제자들과 유대 땅으로 가서 거기 함께 유하시며 세례를 주시더라 요한도 살렘 가까운 애논에서 세례를 주니 거기 물들이 많음이라 사람들이 와서 세례를 받더라 요한이 아직 옥에 갇히지 아니하였더라 이에 요한의 제자 중에서 한 유대인으로 더불어 결례에 대하여 변론이 되었더니 저희가 요한에게 와서 가로되 랍비여 선생님과 함께 요단강 저편에 있던 자 곧 선생님이 증거하시던 자가 세례를 주매 사람이 다 그에게로 가더이다 요한이 대답하여 가로되 만일 하늘에서 주신바 아니면 사람이 아무 것도 받을 수 없느니라 나의 말한 바 나는 그리스도가 아니요 그의 앞에 보내심을 받은 자라고 한 것을 증거할 자는 너희니라 신부를 취하는 자는 신랑이나 서서 신랑의 음성을 듣는 친구가 크게 기뻐하나니 나는 이러한 기쁨이 충만하였노라 그는 흥하여야 하겠고 나는 쇠하여야 하리라 하니라 (요 3;22-30)

물세례의 비밀은 예수님이요 성령세례의 비밀은 그리스도입니다.

예수님은 세례를 많은 사람들에게 몇 차례 주시지 않았습니다. 사도 바울도 그랬습니다.

28절에 세례요한은 예수님을 그리스도로 알고 고백했습니다.

29절에 요한은 자신을 신부에 비유하고 신랑의 음성을 듣는 자는 크게 기뻐한다고 말합니다.

성도여러분 예수님을 그리스도로 볼 수 있고 믿을 수 있는 말씀이 되시기 바랍니다. 내 자신이 그리스도의 신부가 된 것을 확신하시고 신랑을 맞이할 수 있기를 원합니다.

30절에 예수그리스도를 증거 하시되 그 앞에서 항상 낮아지고 겸손하시기 바랍니다. 오직 그리스도만이 흥하시고 높아지시고 낮은 자리에서 그리스도의 사람으로 바로 쓰임 받고 세움 받는 성도들이 되시기 바랍니다.

31-32절에 위로부터 오시는 이는 그리스도요 만물을 지배하시는 그리스도이십니다. 땅에 속한 자는 땅의 것을 말하고 증거 할 것입니다. 듣는 사람이 없는 것입니다. 하늘 위에서 오시는 이는 만물위에 계시는데 그의 증거를 받을 이가 없습니다.

성도 여러분 주님도 당신 속에 있는 그리스도에 대하여 설명하십니다. 그래서 제자들이 깨닫지 못한 것입니다. 말씀의 의미를 드러내면 요한의 세례를 받은 사람들은 예수님의 말씀을 알아듣습니다. 즉

(따라서) '땅에 속한 사람은 땅의 일은 알아도 그리스도에 대하여는 알지 못하여 받지 못한다.'

33절에 무엇이 인침을 받는 것입니까? 세례가 인침을 받는 것입니다.

그러면 물세례가 인침을 받는 것입니까? 아닙니다. 주님도 자신에 있는 그리스도를 증거 하셨습니다. 그리스도는 무엇으로 오셨습니까? 진리의 성령으로 오신 것입니다.

그러므로 물세례가 인친 것이 아니요 말씀을 뿌릴 때 세례를 받는 것입니다. 지금 성도들은 말씀의 세례를, 진리의 성령을 받는 것입니다. 이는 진리인 말씀을 믿기 때문에 말씀의 세례, 성령의 세례를 받는 것입니다.

32절에 그의 증거를 받는 이가 없습니다. 지금은 그의 증거를 받는 사람이 있습니다. 그러므로 강하고 담대하게 그리스도를 증거 해야

합니다. 그래서 구름 속에 무지개를 보아야 합니다. 무지개를 보는 사람, 그리스도를 보는 사람은 홍수로, 심판으로 멸망 받지 않습니다.

하나님의 무서운 물의 심판, 홍수의 심판은 이제 상관이 없는 것입니다.

34절에 성도 여러분 성령을 일반적으로 성령 받으라, 성령 받으라 하는 말씀이 맞는 것입니까? 틀린 것입니까? 하나님의 뜻, 하나님의 말씀을 따르시기 바랍니다.

이제는 말씀을 듣다가 진리의 영, 그리스도의 영인 성령을 충만히 받으시기 바랍니다. 하나님의 말씀을 통해서 성령을 한량없이 부어 주신다고 말씀하십니다. 성도 여러분 자신을 돌아봅시다.

세례를 받은 사람으로 변화된 것이 무엇인지 그동안 말씀을 받은 사람으로서 직분을 받은 사람은 얼마나 하나님을, 예수그리스도를, 성령을 높이 세우셨는지 돌아보아야 합니다.

30절에 예수 그리스도가 흥하시고 나는 쇠하여야 하는데 지금까지는 나는 흥하고 예수그리스도는 낮아지고 무시당하고 버림받으시고 진리의 성령을 무시한 사람입니다.

성도 여러분 진리의 성령, 말씀의 성령, 그리스도께서 흥하실 수 있도록 우리는 더욱 낮은 자리에서 하나님나라를 확장하는데 많은 사람들이 구원 받고 천국에 갈 수 있도록 진리의 성령으로 역사하시기 바랍니다.

물세례를 받았다고 구원받는 것이 아닙니다.

그러나 진리의 성령의 말씀을 듣고 받아들이는 사람은 구원을 받은 것입니다. 즉 말씀을 한량없이 주심은 말씀과 성령으로 구원받게 하시기 위해서입니다.

35절에 하나님께서 아들 예수그리스도께 모든 만물, 모든 생명을 다 맡겨주신 것입니다. 즉 진리의 말씀, 성령으로 취하시고 버리실 권한을 주신 것입니다. 구원과 멸망을 맡겨주신 것입니다.

36절에 그래서 아들을 믿는 사람에게 영생이 있고 불순종하는 사람은 영생을 보지 못하고 도리어 하나님의 진노가 그 위에 머물러 있다고 말씀합니다.

성도 여러분 진리의 성령 말씀을 받는 곳은 하나님의 집 교회입니다.

요4;2에 예수님께서 세례를 주시지 않고 제자들이 세례를 주었다고 말씀합니다.

(따라서) '예수님은 성령세례 주시고 주의 종은 물세례를 줄 수가 있다.'

제자들이 목사는 물세례는 줄 수가 있어도 성령세례는 줄 수가 없고 말씀을 통해서 말씀을 받는 사람들에게 성령을 받게 하는 것입니다.

행9;10-19에 '직가' 는 곧은길을 의미합니다. 사울이 왜 곧은길을 간 것입니까? 예정 된 사람, 택한 사람입니다.

택한 사람은 아직 몰라서 그렇지 이미 구원에 예정 된 사람입니다.

구약에는 성령님이 오셨다가 가시는 성령님으로 역사합니다. 신약에는 진리의 성령으로 오셨기에 가시는 성령님이 아니라 내주하시는 성령, 진리의 말씀으로 우리 속에 거하시는 성령이십니다.

행9;11에 직가는 곧은길이요 다소는 기쁨이라는 뜻입니다.

그래서 주님은 사울을 나의 택한 그릇이요 나의 기쁨이라고 말씀하십니다.

성도여러분 진리의 말씀을 받는 성도들은 그리스도의 기쁨이 되십니다.

우리는 알지 못하나 하나님은 알고 계신 것입니다. 사울은 알지 못했지만 주님은 알고 계셨습니다.

12절에 '다시 보게 하는 것을' 잃었던 시력이 회복된 것이나 전에 방언으로 본 것을 다시 말씀의 뜻을 보게 된 것을 의미합니다.

아니니아는 여호와의 은혜가 있다는 뜻입니다. 사울에게 아나니아는 안수를 한 것입니다. 이 말씀을 풀어보면 아나니아는 말씀을 풀어서 사울에게 보고 듣게 한 것입니다. 즉 영으로 안수는 손대어 기도하는 것이 아닙니다.

뜻을 풀어봅시다. 드러내 주는 말씀을 듣게 될 때에 그동안 성경을 보았지만 다시 보게 하는 것이 눈을 뜨게 한 것이요 눈을 회복시킨 것입니다.

아니니아가 바로 이 역할을 한 것입니다. 육신의 눈, 영의 눈을 뜨게 한 것입니다.

13-14절에 아나니아는 사울에 대한 여론을 듣고 예수님께 예루살렘 성도들에게 적지 않은 해를 끼친 사람입니다. 여기에서도 주의 이름을 부르는 모든 사람들에게 결박할 권세를 대제사장들에게 받은 사람입니다.

15절에 주님은 아나니아의 질문에 사울의 사역이 무엇인지 말씀해 주셨습니다.

16절에 사울이 내 이름을 위해서 해를 얼마나 받아야 할 것을 그에게 보이시겠다고 말씀하셨습니다. 즉 사울은 오늘날의 사역으로 보면 자신이 보지 못하고 예수를 핍박한 것을 다시 보게 하는, 우리가 예수그리스도를 다시 본 것처럼 사역을 말씀하셨습니다.

성도 여러분, 사울이 바울이 되어 왜 그렇게 많은 핍박을 받고 옥에 자주 간 것입니까? 그가 예수를 믿는 사람들에게 그렇게 하였기에 예수 그리스도의 택한 자였으나 그 많은 고난과 핍박을 받은 것입니다. 즉 보응을 받은 것입니다.

17절에 아나니아가 집에서 안수한 것 같으나 설교를 한 것입니다.

'예수께서 나를 보내어 너를 다시 보게 하시고 성령으로 충만하게 하신다 하니'

18절에 '즉시 사울의 눈에서 비늘 같은 것이 벗어져 다시 보게 된지라'

성도 여러분 성령 충만이 무엇입니까? 다시 볼 수 있는 것이 성령 충만 입니다. 진리가 다시 보이고 주예수가 그리스도로 다시 보이는 것이 성령 충만 입니다. 즉 보이지 않던 것이 보이는 것이고 알지 못했던 것이 다시 알게 되는 것입니다.

엡3;5에 '사람의 아들들에게는 알게 하지 아니하셨으니' 보이는 것과 깨닫는 것이 성령 충만, 말씀 충만 인 것입니다. 따라서 성령 충만은 그리스도가 보여야 하고 말씀을 깨달아야 합니다. 말속에 뜻을 알면 전 성경을 다시 보는 것입니다. 이것이 성령 충만 임을 확충하시길 바랍니다.

행16;1-16에서 사울이 눈에 비늘이 벗겨지고 세례를 받았습니다.

고전10;1-4에서 홍해사건이 일어났는데 홍해는 붉은 것을 뜻합니다. 즉 구원을 뜻합니다. 이스라엘의 홍해 바다는 실상 붉은 것이 아닙니다. 너무 푸르고 맑은 바다입니다. 세례는 누구로 받습니까? 예수 그리스도의 흘리신 피를 의미합니다.

3절에 '신령한 식물을 먹으며' 예수그리스도를 의미합니다.

4절에 '신령한 음료, 신령한 반석' 반석은 그리스도입니다.

갈3;27 '누구든지 그리스도와 함하여 세례를 받는 자는 그리스도로 옷 입었느니라'

그리스도와 진정 합해야 합니다. 즉 그리스도 안에 들어간 자가 세례를 받은 것입니다. 진정한 세례는 물세례로 세례 받았다, 구원 받았다, 이것보다는 내가 진리의 성령으로 말씀이 내 안에, 내가 말씀

안에 들어갔다고 믿어질 때 세례를 받은 것을 확신할 수 있습니다.

그래서 방언만 가지고는 절대로 믿음이 될 수가 없습니다.

갈3;23에 그리스도를 알기 전에는 율법 아래 매인 바 된 것입니다. 율법은 예수입니다. 육신이 있어야 영이 있는 것입니다. 예수가 있어야 그리스도가 계신 것입니다.

24-27에 그리스도와 합한 자가 세례를 받은 것입니다.

앞으로는 1년 믿었다고 세례를 줄 것이 아니라 그 사람 안에 진리 그리스도가 계신 사람에게 세례를 줄 것입니다.

세례를 받을 성도는 주일 예배에 확실히 말씀을 받아야합니다.

진리의 성령 말씀을 마음으로 받은 사람에게 세례를 줄 것입니다. 예수님은 제자들에게 물세례를 주게 하셨습니다. 예수님은 성령세례를 주신 것입니다. 그리스도를 드러내 알게 하신 것입니다.

(따라서) '진정한 세례는 진리의 성령 말씀을 전해주는 것이 세례요 말씀을 받는 것이 세례다.'

성도 여러분 물세례를 받았다고 구원이 확증될 수가 없습니다. 그러나 진리의 성령 말씀을 받게 되면 그리스도 안에 들어가면 그 사람은 구원에 확신을 갖게 되는 것입니다. 물세례는 제자나 목사가 주고 있으나 성령세례는 주님이 주시는데 진리의 성령 말씀을 받는 사람은 성령세례를 받고 있는 것임을 확신하시기 바랍니다.

60
많은 백성이 무엇인가?

저가 내게 말하기를 네가 많은 백성과 나라와 방언과 임금에게 다시
예언하여야 하리라 하더라 (계 10;11)

성도 여러분 오늘까지 여기에 온 것은 하나님의 주신 은혜입니다.

또 하나님의 모략과 주신사명을 밝히 아는 성도들이 되시기 바랍니다.

이 시대에 살면서 성도들이 하나님을 소망하고 기다리는 것이 무엇입니까?주의 종들에게는 때를 따라 양들에게 양식을 나누어주어야 할 사명이 있습니다. 성도들은 때를 따라 주시는 양식을 분별하고 먹어야 할 것입니다.

때를 따라 양식을 나누어 줄 수 있고 먹을 수가 있는 것은 때를 아는 것입니다. 때에 양식이 있는 것입니다.

때를 모르면 양식을 분별 할 수가 없습니다. 하나님께 충성된 종이 되려면 때를 알고 때에 있는 양식을 주어야 합니다.

지금은 성경적으로 마지막 때입니다.

계10;11 '저가 내게 말하기를 네가 많은 백성과 나라와 방언과 임금에게 다시 예언하여야 하리라 하더라.'

이 말씀의 뜻이 무엇입니까?

(따라서) '지금은 다시 이미 들은 자들에게 다시 예언할 때이다.'

다시란 예언을 했지만 다시 그들에게 예언하란 말씀입니다. 강단에서 설교하는 말씀이 예언인 것입니다. 설교 듣는 사람들이 다시 예언하라는 것입니다.

다시 이 예언의 말씀을 먹지 않으면 안 됩니다. 이것이 때를 따라 양식을 먹이는 것입니다. 그러므로 설교시간에 조는 사람, 설교를 듣지 않는 사람을 그냥 둘 수가 없습니다.

여기에 백성, 나라, 임금은 이해할 수가 없습니다. 방언에서 다시 예언해야 합니다. 여기 방언은 개인적으로 받은 은사만을 방언이라 하지 않습니다. 기록된 방언은 하늘나라 말입니다. 하나님의 말씀에 대한 예언이요 그 말씀을 듣는 사람들에게 예언인 것입니다.

고전2;13 '신령한 것은 신령한 것으로 분별할지니라.'

다시 예언해야 할 대상을 4가지로 보면 많은 백성–나라–임금–방언인 것입니다. 실상 주님께서 이 세상에서 하신 일을 기록한 것을 다 둘 수가 없다고 말씀합니다.

예수 그리스도의 역사를 축소하고 축소한 것이 성경 1189장인 것입니다.

방언에게 예언한다는 말씀은 방언을 들은 사람들에게 다시 예언하는 것입니다. 이 예언의 말씀을 가지고 예언 받을 대상에게 몇 번 말씀드릴 것입니다. 성도 여러분 성경 말씀을 깊게, 넓게, 높게, 낮게 볼 수 있기를 바랍니다.

성경을 찾아 읽어야 합니다. 보고 듣고 마음으로 확증하고 확신해야 합니다.

(따라서) '하나님의 말씀을 예언의 말씀으로 내 인생이 바뀌고 생각이 바뀌어야 한다.'

성경을 기록한 하나님의 목적, 하나님의 계획을 다른 말로 표현하면 하나님의 뜻입니다. 하나님의 생각과 사람의 생각이 분명하게 다른 것을 알아야 합니다. 하나님께서 왜 예언을 다시 하라고 하신 것인지 알게 될 것입니다.

다신 예언을 듣게 되는 것이 무엇입니까?

귀로 듣던 말씀이 마음으로 깨닫게 되는 것이 진리의 성령인 것입니다. 눈으로 성경을 보고 귀로 말씀을 듣게 될 때 맞구나 하는 것이 진리의 성령이 알게 하신 것임을 확신하게 하는 것입니다.

설교하는 목사가 성도들을 변화시키거나 깨닫게 할 수가 없습니다. 즉 목사는 할 수가 없어도 성령님은 하실 수 있음을 깨달으시기 바랍니다.

그래서 성령이 임하여 깨닫게 기도해야 하는 것입니다.

(따라서) '진리의 성령의 말씀을 듣고 깨닫고 돌아서게 하는 것이 성령이다'

또한 마음으로 받아 깨닫는 것을 지키게 하는 것이 하나님의 뜻입니다.

엡3;19 '넓이와 길이와 높이와 깊이가 어떠함을 깨달아 하나님의 모든 충만하신 것으로 너희에게 충만하게 하시기를 구하노라.'

하나님의 말씀인 진리의 성령의 말씀은 듣는 자에게 빛이 될 것입니다. 그 속에 어두움을 내어 쫓을 것입니다. 사람 속에 있는 것이 드러날 것입니다. 하나님은 성도들이 믿음이 있는지 없는지 시험해 보실 것입니다.

중요한 것은 진리의 성령의 말씀을 듣는 성도들은 시험, 사건이 따라 붙게 됩니다. 그러나 두려워할 것이 없습니다. 근심 염려할 것이 없습니다.

잠간 내 믿음이 얼마나 있는지 흔들어 볼 것입니다.

본문에 계10;11에 예언할 대상 4가지; 많은 백성, 나라, 방언, 임금은 많은 백성은 복수입니다. 수가 많다는 것을 두고 많은 백성이라고 표현한 것입니다.

창16;10에 '...수가 많아 셀 수가 없게 하리라. '

하나님께서 하갈에게 언약하시는 것입니다. 하갈의 뜻은 도망가다 란 의미입니다. 하갈의 이름은 좋은 의미가 아닙니다. 하갈의 이해하 려면

갈4;21-26에 성경에 여자가 나오면 교회라 생각하라고 했습니다. 교회는 보이는 유형교회와 보이지 않는 무형교회가 있습니다.

무형교회는 전 세계 교회, 또는 예수 그리스도를 믿는 무리가 있는 곳입니다. 분명한 것은 예수그리스도를 믿는 사람 그 영혼이 있는 곳 이 무형교회인 것입니다.

계집 종 하갈 같은 교회가 있다는 것입니다. 하갈 같은 교회는 육체 를 따라 나온 사람, 육체의 사람, 육만 생각하는 교회와 사람입니다. 그러나 하갈의 아들 이스마엘도 분명한 아브라함의 자손입니다.

창16;10에 여호와의 사자가 하갈에게 내가 네 자손으로 크게 번성 하여 그 수가 많이 셀 수 없게 하리라고 말씀하셨습니다.

창세기에서 두 아내와 두 아들이야기는 언약과 계집종으로 나뉩니 다.

갈4장에서 하갈은 육체를 따라 낳은 아브라함의 후손이 너무 많은 것입니다. 그들에게 다시 예언해야 하는 것입니다.

이 세상에는 예수 그리스도를 믿는다고 하는 사람들이 많이 있지만 육체를 따랄 남은 사람이 많이 있습니다. 그들에게 다시 예언해야 합 니다. 다시 예언한다는 것은 듣던 사람들에게 다시 해야 한다는 것입 니다.

그러나 약속은 숨겨진 것입니다. 비밀은 아무나 알 수가 없습니다. 금방 보이는 것이 아닙니다. 똑같이 예수 그리스도를 믿는다고 하지

만 누구에게 배웠는가 하갈인가 사라인가에 따라 다른 것입니다.

갈4;24에 여자들은 두 언약입니다. 시내 산으로 낳은 종의 자녀는 곧 하갈이 낳은 자입니다. 그래서 율법은 아무것도 온전케 할 수가 없습니다. 율법 아래 있단 말씀은 요약하면 예수 믿기만 하면 구원받는다고 하는 사람과 믿는 사람입니다. 율법아래 있는 사람은 아직도 온전하지 않은 사람입니다. 온전하지 못한 사람은 아직 신부가 되지 못한 사람입니다. 또는 하나님과 아직은 상관이 없는 사람입니다.

갈4;25에 하갈의 후손 이스마엘 자손들은 종노릇 하는 사람들입니다.

26절에 사라를 어머니라 했습니다. 어머니는 어머니이야기가 아니고 교회이야기입니다. 그래서 방언을 무시하면 안 됩니다. 은사 방언이 아니라 문자적인 기록을 무시하면 예수님 육체를 부인하는 것입니다. 육체로 오신 예수님을 부인하면 이단입니다.

이단들은 하늘 아버지가 있으니 하늘 어머니도 있다고 말합니다.

26절에 '오직 위에 있는 예루살렘은 자유자니 곧 우리 어머니라.' 말씀에는 항상 뜻이 숨겨져 있음을 알아야 합니다.

사라는 공주라는 의미입니다. 왕비, 존귀, 여러 가지의 뜻이 있습니다.

숨겨진 뜻, 목적을 방언을 통역하여 예언해야 하는 것입니다.

방언은 말, 언어입니다. 한국 사람의 말은 한국 방언이고 성경은 하늘나라 방언입니다.

성경은 신학박사라도 보아도 알지 못하는 것입니다. 왜냐면 성경은 말씀 속에 숨겨진 뜻이 있고 목적이 있기에 본다고 알 수 있는 것이 아닙니다. 하늘나라 말 방언이기에 사람들이 알 수 없고 볼 수가 없고 바로 들을 수가 없는 것입니다. 그래서 하늘나라 방언을 통역하고 예언해야 하는 것입니다.

'예루살렘은 자유자니 곧 우리의 어머니라.' 어머니를 통역하면 교회입니다. 예루살렘을 통역하면 평화입니다. 평화는 그리스도인 것입니다.

곧 우리 어머니는 문자적으로는 사라이야기이지만 통역하면 교회이야기입니다. 평화는 하나님의 언약을, 뜻을 드러낼 수 있는 교회가 평화인 것입니다.

갈4;27-29에 육체를 따라 난 자는 이스마엘 입니다. 약속, 언약을 따라 난 자는 이삭입니다. 약속은 성령, 하나님의 약속은 성령입니다. 하나님께서 아브라함에게 99세 나타나 내년 이맘때면 아들을 낳을 것이라고 약속을 하셨습니다. 하나님은 우리에게 언약으로 성령을 보내주셨습니다. 언약은 창세기에 구름 속의 무지개를 숨겨 놓으셨습니다. 숨겨진 언약은 그리스도, 진리의 성령입니다.

성도 여러분 저와 여러분들은 이상과 같이 약속의 자녀입니다. 이것이 전 성경을 점진적으로 해석한 것입니다.

언약은 그리스도이야기요 그리스도는 진리의 성령으로 오신 말씀이신 그리스도인 것입니다. 저와 여러분들은 사라의 약속 성령을 따라 난 성도들임을 확신하시기 바랍니다.

전 성경은 예수그리스도의 사역인 것입니다. 그러나 전 성경의 말씀에는 숨겨진 비밀이 있습니다. 분명한 것은 그 모든 말씀 속에 뜻이 있습니다. 또 비밀을 풀어내지 않으면 내 영혼과 관계가 없습니다.

전 성경은 방언인고로 다시 예언해야 합니다. 많은 백성에게 예언해야 합니다. 많은 백성은 하갈의 육체를 때를 낳은 자가 많은 백성입니다.

말씀 속에 숨겨진 많은 백성, 그들에게 다시 예언하여 그리스도로 동일 시켜야 합니다. 27절 '홀로 사는 자의 자녀가 남편 있는 자의 자

녀보다 많음 이니라'

하나님은 하갈에게 많은 자식을 주셨습니다. 육의 자녀를 많이 주셨습니다. 그들에게 다시 예언해야 합니다. 믿음에 크게 서 있는 성도들 좌우로 요동하지 않는 성도들이 되시기 바랍니다.

이삭을 따라 우리는 약속의 자녀, 진리의 성령의 사람, 그리스도인임을 확신하시기 바랍니다.

눅16이 다시 예언할 대상임을 알려주고 있는 것입니다. 부자도 아브라함의 자식입니다. 부자는 지옥에 가서 깨달았습니다. 부자는 저 아래 내 형제 다섯이 있는데 이들은 성경대로 육체를 따라 난 자식들입니다. 육체를 따라 난 사람들은 다시 예언하여 그리스도에게 돌아와 그리스도로 하나가 되어야 합니다.

사도 바울은 '나는 저들에게 밥 먹이지 않고 젖으로 먹였다'고 고백합니다. 왜 젖으로 먹였습니까? 그들은 아이라고 했습니다. 아이는 신부가 될 수 없습니다. 성령세례를 받지 않은 사람들입니다. 물과 성령으로 거듭나지 못한 사람들입니다.

하나님은 아브라함에게 바다에 모래같이 하늘에 별같이 자식을 많이 주시겠다고 약속하셨습니다. 그러나 그들이 구원을 받을 수 있는 것은 아닙니다.

왕상8;4-5에 '수가 많다' 는 많은 백성을 의미합니다.

5절 '솔로몬 왕과 그 앞에 모인 이스라엘 회중이 저와 함께 궤 앞에 있어 양과 소로 제사를 드렸으니 그 수가 많아 기록할 수도 없고 셀 수도 없었더라.' 여기서 이스라엘은 보이는 이스라엘이 아니라 하나님이 다스릴 이스라엘 입니다. 많은 사람, 많은 짐승을 셀 수 없다고 말씀합니다. 많은 짐승에게도 예언해야 합니다. 많은 백성은 원어에 자주, 잠27;6 '원수의 자주 입맞춤은 거짓에서 난 것이라'

확실한 것은 원수는 밖에 있는 것이 아닙니다. 원수는 안에 있는 것입니다. 원수가 안에, 교회 안에 있다면 누구이겠습니까?

원수가 자주 입맞춤은 거짓에서 난 입맞춤입니다. 교회 안에서 누가 거짓말을 합니까? 제일 많이 거짓말 하는 사람이 목사입니다. 말씀을 바로 전하지 않으면 거짓말인 것입니다. 즉 거짓말 하는 것은 원수입니다. 원수의 자주 입맞춤이 무엇입니까? 강단에서 목사가 설교하는 자체가 성도들이 그 말씀에 아멘하면 목사의 말에 아멘하면 입 맞추는 것이 되는 것입니다.

즉 서로가 뜻이 맞을 때 아멘이요 입맞춤인 것입니다. 성경의 말씀 속에는 하나님의 깊은 뜻이 있습니다. 성경은 거룩한 시입니다. 시편을 시, 시가 서라 합니다. 성도여러분 아직도 물과 성령으로 거듭나지 아니한 지도자는 밖에 있지 않습니다. 분명히 안에 있습니다.

시편에서 '원수들이 나를 치고 또는 원수에게서 건지소서.' 고백합니다. 성도들은 저들에게 다시 예언해야 합니다. 건져내야 합니다.

렘애3;3 '종일토록 손을 돌이켜 자주자주 나를 치시도다.'

문자적으로는 예레미야서는 백성과 함께 고난당하는 예레미야이야기입니다.

종일은 하루 종일이 아닙니다. 원어에 항상, 매일을 의미하며 손은 힘을 의미합니다. 여호와의 노하신 힘의 매로 고난당함을 의미합니다.

자주자주는 잠25;17 '너는 이웃집에 자주 다니지 말라 그가 너를 싫어하며 미워할까 두려우니라.'

잠언서는 하나님의 아들 말씀 속에 그리스도를 말씀합니다.

'내 아들아' 로 기록된 자는 솔로몬입니다.

이웃집에 자주 가지 말라는 원수, 마17;14-15에 '간질로 물에 자주 넘어지니이다.' 간질은 미치다, 즉 미친 사람, 간질 하는 사람입니다.

'미치다' 는 잠26;18에 횃불을 던지매 살을 쏘아서 사람을 죽이는 미친 사람이 왔나니, 사람을 죽이는 사람이 미친 사람입니다. 전2;2 웃음도 미친 것이라고 말씀합니다.

이런 사람들이 계10;11에 많은 백성에 들어가는 것입니다.

원수, 간질 하는 사람, 미친 사람, 사람을 죽이는 사람, 웃는 것이 많은 사람...이들이 많은 백성에 들어가는 것입니다.

즉 횃불을 켜 사람을 죽이는 사람을 만난 사람들, 양떼들이 많은 백성입니다. 신약에서는 지금 우는 자는 나중에 웃을 것이요 지금 웃는 자는 나중에 울 것이라고 말씀합니다. 지금 웃는 자는 나중에 울 것입니다.

사람을 죽이는 자를 미친 자랄 했습니다. 신약에서는 웃는 자를 말합니다. 그러므로 내 영혼과 관계가 있는 말들을 잘 들어 내 영혼에 건축을 해야 합니다.

결론)많은 백성들에게 다시 예언해야 합니다.

원수, 간질 하는 사람, 미친 사람, 사람을 죽이는 사람, 웃는 사람, 웃지 못해 미친 사람... 이런 사람들에게 다시 예언해야 합니다. 아직도 진리의 성령의 말씀으로 거듭나지 못한 사람입니다. 이들을 찾아 건져내야 합니다. 이들에게 다시 예언해야 합니다.

61

제사를 드리는 자와 제사 안하는 자는 일반

'모든 사람에게 임하는 모든 것이 일반이라 의인과 악인이며 선하고
깨끗한 자와 깨끗지 않은 자며 제사를 드리는 자와 제사를 드리지 아
니하는 자의 결국이 일반이니 선인과 죄인이며 맹세하는 자와 맹세하
기를 무서워하는 자가 일반이로다. 모든 사람의 결국이 일반인 그것
은 해 아래서 모든 일 중에 악한 것이니 곧 인생의 마음에 악이 가득
하여 평생에 미친 마음을 품다가 후에는 죽은 자에게로 돌아가는 것
이라' (전 9:2-3)

모든 사람에게 임하는 것이 일반입니다. 육신의 안목으로 보면 제
사 드리는 자와 드리지 않는 자의 결국은 일반입니다. 제사 드리는
사람도 드리지 않는 사람도 병들고 사고 나고 사건을 당하고 죽는 것
이 일반입니다.

선인과 악인도 일반입니다. 맹세하는 사람과 맹세하지 않는 사람도
일반입니다. 3절에 모든 사람의 결국이 일반인 그것은 해 아래서 모
든 것이 악한 것이라고 말씀합니다. '해 아래서' 밖에 있는 해, 하늘
에 떠 있는 해입니까?

시편에 여호와 하나님은 해요 하나님 아래서 하는 일이 악한 일입
니다.

인생의 마음에 악이 가득하여 평생에 미친 마음을 품다가 후에는

죽는 자에게 돌아간다고 말씀합니다. 성도 여러분 이것이 인생입니까?

이것이 성도의 생애란 말입니까? 아닙니다.

그래서 이런 사람들에게 다시 예언해야 합니다.

소망이 없는 사람들에게 다시 예언하여야 합니다. 그러나 분명한 것은 본문에서 말씀하신 대로 그렇게 믿고 생각하고 사는 사람이 많다는 것입니다.

그러나 이 말씀은 교회 안에 있는 사람에게 하신 말씀입니다. 교회 안에서도 평생 미친 마음을 품고 가는 사람이 있다는 것입니다. 평생에 미친 마음을 품고 가는 사람은 간질 하는 사람입니다.

렘29;26 '여호와께서 너로 제사장 여호야다를 대신하여 제사장을 삼아 여호와의 집 유사로 세우심은 무릇 미친 자와 자칭 선지자를 차고에 채우며 칼을 메우게 하심이어늘' 무슨 말씀인지 이해가 되십니까?

이 한 절을 해석하기 위해서 전 성경을 찾아 담을 찾아야 합니다.

예수님께서 통옷을 입으신 것처럼 성경 전체를 하나로 통으로 볼 수 있는 눈이 열려야 합니다.

즉 말씀 속에 뜻을 드러내어 다시 예언, 방언을 통역해야 하는 것입니다.

하나님께서 예레미야를 세우시고 예레미야서를 기록한 목적은 26절에 무릇 미친 자와 자칭 선지자를 착고에 채우는 일인 것입니다.

고전14;23에 교회가 다 방언을 말하면 무식한 자들이나 믿지 아니하는 자들이 와서 너희를 미쳤다 하지 않겠느냐고 말씀합니다.

그래서 방언은 반드시 통역해야 합니다.

그러면 평생에 미친 마음을 품은 사람이 누구입니까?

눅16장에 1)부자인 것입니다. 부자는 자기만 잘 먹고 호색하다가 음부에 간 사람입니다.

(따라서) '성경은 감추어 놓은 보물 책이다.'

행26;24-25에 바울이 사울이었을 때에는 예수 믿는 사람들을 잡아 옥에 가두고 때려준 사람, 핍박한 사람입니다.

그러나 그가 사울이 바울로 변한 것은 예수를 다메섹에서 만난 뒤입니다. 24절에 베스도가 2)바울아 네가 미쳤도다라고 말을 합니다.

25절에 바울은 지금은 참되고 정신 차린 말을 한다고 말합니다. 그전에 사울이었을 때에는 미친 자였다는 것을 고백하는 것입니다.

성도 여러분 예수그리스도를 믿기 전에는 세상에 미쳤지만 그러나 예수그리스도를 믿고 난 후에는 예수그리스도에게 미쳐야 하는 것입니다.

벧후2;16 '말 못하는 나귀가 사람의 소리로 말하여 이 선지자의 미친 것을 금지하였느니라.'

이 선지자는 발람입니다. 발람은 돈 받고 자기 백성을 저주한 사람입니다.

시136;8 '해로 낮을 주관케 하신 이에게 감사하라'

해 즉 낮에 속한 자가 되어야 합니다. 하나님의 자녀는 낮에 속한 사람이 되어야 합니다.

시136;9 ' 달과 별들로 밤을 주관케 하신 이에게 감사하라'

달과 별은 지도자입니다. 낮에 속한 사람으로 밤을 주관케 하신 것입니다.

시89;37 '궁창의 확실한 증인 달같이 영원히 견고케 되리라'

확실한 증인을 달에 비유하셨습니다.

(따라서) '다시 예언해야 진리의 성령을 받은 증거다.'

야곱이라고 이름을 쓸 때는 거듭나지 않은 때를 말합니다. 야곱은 네가 물 가운데 불 가운데 지날 때 해를 받지 아니했습니다. 그러나 그가 이스라엘로 바뀐 뒤에는 거듭난 때입니다.

성도는 방언에 대하여 확실하게 깨달아 알아야 합니다. 방언은 유익이 없습니다. 방언에 대한 통역이 확실하게 있어야 예언인 것입니다.

성도 여러분 예수그리스도의 증인이 되셔야 합니다. 다시 예언하고 통역해야 합니다. 분명히 알 것은 많은 백성 중에 건질 자가 있다는 것입니다.

베스도는 바울에게 많은 학문으로 네가 미쳤다 하였으나 바울은 예수는 뜻을 풀어 그리스도라고 분명하게 증거 했습니다. 증인이 된 사람입니다.

주의 종들은 때를 따라 양식을 양들에게 먹여야 합니다. 성도들은 때를 따라 양식을 분별하여 먹어야 합니다.

잠15;16에 '가산이 적어도 여호와를 경외하는 것이 크게 부하고 …'

'부하고' 는 저장하다 '번뇌' 는 소란하다의 뜻입니다. 사람의 생각과 하나님의 생각은 다르다는 것입니다.

즉 6일 동안은 하나님께서 말씀을 보지 못하게, 알지도, 깨닫지도 못하게 하셨습니다. 7일째는 그리스도 안에 들어와서 보게, 듣게, 깨닫게 하신 것입니다. 6일 동안에는 매일 매일 일용할 양식을 먹은 것입니다. 만나를 먹은 것입니다. 만나는 먹는 기간이 지나면 썩는 것입니다. 7일째는 진리의 성령 말씀으로 오신 그리스도께서 떠나지 않으심을 확신하시기 바랍니다.

때를 따라 양식을 먹여드릴 것입니다. 새롭게 먹는 양식이 될 것입니다.

성도들에게 다 맛있게 먹일 수는 없으나 꼭꼭 씹어 드시면 유익이 되고 덕이 되고 내 영혼이 건축되어집니다.

때를 따라 양식을 먹어야 충성된 종이 될 수 있습니다.

많은 백성은 복수입니다. 수가 많아 셀 수가 없다는 것을 기억하시기 바랍니다. 많은 백성 중에는 간질 하는 자, 미친 자, 이런 사람들에게 다시 예언해야 합니다.

잠15;16에 '가산'은 재산입니다. 목회자에게는 성도가 가산, 재산입니다. 여호와는 원문에 주님이란 뜻입니다.

'부하고'는 우리 생각과는 달리 저장하다라는 말씀입니다. 부한 것이 왜 저장한다는 뜻인가 호13;12에 죄가 저장되었다고 말씀합니다.

에브라임도 부자입니다. 즉 에브라임은 부자이나 죄가 저장된 것이 아닙니다. 가산이 적어도 여호와를 경외하는 것이 부한 것입니다.

가난한 사람보다 부자가 큰 죄를 많이 짓고 있는 것입니다.

에브라임의 뜻은 두 배의 과일이란 뜻입니다. 과일은 열매, 성도입니다.

그러므로 에브라임은 신약의 불의한 재판장인 것입니다. 진리의 성령이 오시면 의에 대하여, 죄에 대하여, 심판에 대하여 나타나는 것입니다. 에브라임은 깨닫고 돌아서지 않으면 심판을 받게 되는 것입니다.

진리의 성령이 오시면 죄가 드러나는 것입니다. 진리의 성령 말씀을 받아야 그리스도 안에 들어가는 것입니다.

삼하12;1-4에 다윗은 예수님의 표상입니다. 성경을 문자로 보면 방언밖에 안 됩니다.

대상29;28에 다윗은 늙도록 부하고 존귀하다가 죽으매.

잠28;20 '충성된 자는 복이 많아도 속히 부하고자 하는 자는 형벌을 면치 못 하리라'

충성으로 복이 되고 존귀한 성도의 생애와 생활이 되시기 바랍니다.

(따라서) '육신적으로 속히 부 하려 하지 말고 영이 잘 되면 육이 잘 된다'

충성된 자에게 복이 있다는 말씀은 물을 항아리 아구까지 채우는 것입니다.

세상 것에 욕심 부리지 말아야 합니다. 형벌이 있습니다. 하나님의 진리의 성령 말씀을 채우시기 바랍니다.

마6;33 '너희는 먼저 그의 나라와 그의 의를 구하라 그리하면 이 모든 것을 너희에게 더하게 하시리라'

교회부흥, 또는 속히 형통하려고 재산이 부 하려고 하면 형벌을 받게 됩니다. 영혼이 거듭나지 않은 사람, 아직도 육의 사람입니다.

진짜 복은 성도에게는 말씀을 아구까지 채우는 것입니다. 에브라임은 요셉의 둘째 아들입니다. 에브라임과 므낫세를 야곱이 축복할 때 오른 손으로 에브라임을 축복했습니다. 그러나 계시록에 12지파에 에브라임이 없고 므낫세가 들어옵니다. 에브라임은 속히 부 하려는 육의 사람입니다.

딤전6;17-18에 재물에 소망을 두지 말아야 합니다. 그리스도께 두시기 바랍니다. 목회자에게 재물은 성도들입니다.

바울은 오직 나는 그리스도만 자랑한다고 말했습니다. 이것이 최고의 상인 것입니다. 잠15;16에 번뇌는 소란하다는 뜻입니다.

눅21;9에 난리와 소란의 소리. 세상의 그 어떤 뉴스나 종말에 대한 말을 들어도 좌우로 요동할 것이 없습니다.

눅6;49에 말씀 듣고 행치 아니하면 주초 없이 흙 위에 집짓는 사람이라고 말씀합니다. 무너지는 자, 실패하는 자, 탄식하는 자, 번뇌하는 자입니다.

잠15;16에 크고 부한 자로 번뇌하는 사람에게 다시 예언하여 그리스도로 해결 받게 예언해야 합니다.

지금 많은 백성들이 번뇌하고 있음을 확신하시고 다시 그리스도로
예언하시어 평안을 주시기 바랍니다.

62
수금아 깰 지어다

내 영광아 깰찌어다 비파야, 수금아, 깰찌어다 내가 새벽을 깨우리로
다 (시 57;8)

우리는 비파나 수금을 악기로만 생각해 왔습니다. 수금은 예수그리스도를 의미합니다.

시49;4 '내가 비유에 내 기를 기울이고 수금으로 나의 오묘한 말을 풀리로다' 문자적으로는 비파나 수금은 악기이지만 문자적인 수금은 내 영혼과 상관이 없습니다.

비파야 수금아 깰지어다. 악기가 깰 수 있는 것입니다. 악기가 잠을 자고 깨지는 않습니다. 그래서 모든 성경은 비유요 비유 속에 있는 숨겨진 뜻, 하나님의 계획을 풀어내어야 온전한 하나님의 뜻에 내 영혼과 관계 되는 것을 확신하시기 바랍니다.

수금을 예수그리스도라 한다면 깬다, 그분은 졸지도 주무시지도 않는 분입니다. 다윗이 수금을 탈 때에 사울 왕 에게 붙어 있던 악신이 떠난 간 것입니다. 그렇다면 악신을 쫓으려면 수금을 제대로 잘 타야 하는 것입니다.

다윗은 예전에 죽었는데 지금 누가 수금을 탈 것입니까?

수금에 대하여 바로 알 때 성경을 진짜 살아계신 하나님의 말씀이

라 믿어지게 됩니다. 성도 여러분 예수그리스도를 믿는 사람들이 하나님을 하나님으로 믿지 못하고 말씀을 글로만 보기 때문에 전능하신 여호와하나님을 보지 못하고 있는 것입니다.

시108;2 '수금아 깰 지어다' 시57;8 '영광아 깰지어다'

깰 지어다의 뜻을 찾아보면

깬다의 뜻은 일어나다, 승리하다, 마음에 선동하다는 뜻입니다.

'영광아 깰지어다' 영광이 누구이길래 깨라고 하는 것입니까? '영광' 을 찾아봅시다. 요1;14 '말씀이 육신이 되어 우리 가운데 거하시매 우리가 그 영광을 보니 아버지의 독생자의 영광이요'

그 영광은 아버지의 독생자의 영광이라 말씀합니다. 독생자의 영광을 왜 믿지 않습니까? 예수님이 처녀의 몸에서 태어났기 때문에 믿지 않는 것입니다. 성도 여러분 하늘나라 천국에 갈 수 있는 것은 내 속에 성령으로 잉태되어야 갑니다.

주 하나님의 말씀이 우리 속에 받아질 때, 믿어질 때 진리의 영, 그리스도의 영이 계실 때 갑니다. 영광은 예수 그리스도를 두고 말씀하신 것입니다. 예수그리스도의 영광은 십자가에 온전히 죽으셨기 때문에 하나님께 영광이 된 것 입니다.

성도들이 하나님께 영광을 제대로 드리려면 우리의 자아가 완전히 죽어야 합니다.

다윗은 예수님의 표상입니다. 표상이란 그림자란 뜻입니다. 다윗이 왜 영광아 깰지어다라고 했을까요?

예수님께서 십자가에 죽으시고 나면 반드시 부활하시게 됩니다. 이것을 영광아 깰지어다라고 말한 것입니다.

예수그리스도가 영광인 것입니다. 십자가에 죽으심이 하나님께 영광입니다.

(따라서) '예수그리스도가 내 안에 들어오시면 그리스도의 영광인

것이다.'

그래서 영광을 주님 앞에 드린다는 말씀이 있는 것입니다.

창49;6 '내 혼아 그들의 모의에 상관하지 말지어다 내 영광아 그들의 집회에 참여하지 말지어다.'

이는 주님을 두고 하신 말씀이 아닙니다. 누구를 두고 영광이라고 합니까?

혼이 있는 사람이 누구입니까?

사람이 죽으면 혼이 떠난다고 말을 합니다. 사람은 육체로 있기 전에 혼이 있습니다. 사람의 혼은 하나님 앞에 있었던 것입니다. 죽으면 혼이 떠났다, 돌아갔다는 말입니다. 사람이 육체가 전부라면 죽으면 그만입니다, 그런데 왜 떠났다고 합니까? 우리가 예배를 마치고 나면 다 돌아갑니다. 그러면 본래의 집이 어디입니까? 즉 혼에 주인이 있어 주인에게로 돌아가는 것입니다. 즉 혼은 죽지도 않습니다. 사람이 죽으면 부활합니다. 죽은 사람을 화장해도 바다에 뿌려도 나중에는 다시 부활합니다. 혼은 죽지 않습니다. 주인이 있습니다. 그 주인이 바로 하나님입니다.

사람이 이 세상에서 하나님의 뜻에 어긋나게 살고 자살하면 그 사람은 더 큰 무서운 지옥에 가는 것입니다. 성도 여러분 혼이나 영혼은 내 것이 아닙니다. 오직 전능하신 하나님 것입니다. 하나님의 심판을 받게 되는 것입니다. (따라서) '자살하면 육신의 고통이 없어지는 것이 아니라 혼이 영원히 고통을 받는다. 예수그리스도를 믿는 사람은 영혼이요 예수그리스도를 믿지 않는 사람은 혼인 것이다.'

예수 그리스도를 믿어 그리스도의 영으로 내 혼이 새 생명, 새 것, 새로운 영혼이 된 것입니다. 믿지 않는 사람들이 죽으면 구천에 떠돌아다닌다고 말을 합니다. 구천은 공중입니다. 보이는 세상은 나중에 지옥으로 변할 것입니다. 세상에 있는 것은 다 변하여 무서운 지옥으로 변할 것입니다.

그래서 '내 혼아 내 영광아' 이는 만세 전부터 예정 된 하나님의 사람, 하나님의 자녀 될 사람으로 예정되어 있는 사람인 것을 확신하시기 바랍니다.

시57;8에 비파와 수금을 두고도 영광이라고 합니다. 수금을 예수그리스도로 이해해야 합니다. 수금을 음을 내야 사명을 다하는 것입니다. 예수그리스도는 십자가에 죽으셔야 사명을 다하는 것이고 하나님께 영광이 되는 것입니다. 내게도 분명한 사명이 있으며 예수 그리스도로 하나님 앞에 설 자입니다. 그러므로 비파나 수금은 악기만을 말한 것이 아닙니다. 사람에게 말한 것입니다. 분명한 것은 비파나 수금은 악기를 드러내려고 한 것이 아닙니다. 성도를 비유하신 말씀입니다. 악기는 깨는 것도 자는 것도 아닙니다.

그러므로 하나님 앞에 갈 사람이 크게 넓게 보면 수금된 자인 것입니다.

잠언에 '내 아들아' 는 자기아들이야기만이 아닙니다. 예수그리스도는 하나님의 아들입니다. 예수그리스도가 우리 안에 계시면 우리 또한 하나님의 아들입니다. 그러므로 비파야 수금아 깰지어다 이 말씀은 바로 그리스도 안에 있는 하나님의 아들에게 말씀하신 것입니다.

예수 그리스도가 십자가에 죽으시고 깨어 부활하심 같이 성도들도 깨어 일어나야 합니다.

시57;8 '내가 새벽을 깨우리로다.' 새벽이 누구입니까?

'새벽을 깨운다.' 새벽이슬이 누구입니까? 청년들입니다. 주님은 새벽에 부활하신 것입니다. 새벽은 3-6시를 말합니다. 주님께서 부활하신 시간이 우리 시간으로 3-4시입니다. 새벽을 모르면 죽는 것입니다.

성경역사를 보면 사람을 죽일 때에는 새벽에 죽였습니다. '새벽'의 원어는 비추다는 뜻입니다. 새벽을 청년으로 본다면 누가 청년들을 깨워야 합니까?

이슬 같은 청년들을 누가 어떻게 깨워야 합니까? 예정되고 택한 청년들인데 영적인 잠을 자고 있는 것입니다. 또는 물과 성령으로 거듭나지 못한 사람들입니다. 즉 하나님 앞에 죽어있는 사람들입니다.

성도 여러분 재난과 질병과 상관없이 오늘부터 평안히 살려면 진리의 성령으로 깨어야 합니다. 지금은 성도 모두가 영적인 잠에서 깨어날 때입니다. 사람이 죽지 않는 것이 혼인 것입니다. 혼은 절대 죽지 않습니다. 하나님은 영이십니다. 사람이 하나님의 형상을 닮았다고 합니다. 닮은 것이 혼과 영이 닮았다는 것입니다. 하나님의 형상대로 모양대로 만들었다면 분명히 같아야 합니다. 육이 같은 것이 아니라 영혼이 죽지 않는 것이 형상인 것입니다.

성도 여러분 특별히 예수그리스도를 믿는 성도들은 말과 행동이 참 귀중합니다. 육의 사람은 영과 혼에 움직이는 것입니다. 육은 무익한 것입니다. 그래서 진리의 성령으로 거듭나야 온전한 영의사람이 되는 것입니다.

우리가 살아있다는 것이 혼과 영이 있다는 것입니다. 우리는 지금 물과 성령으로 거듭났습니다.

성령이 말씀을 통해서 내 안에 들어올 때 내가 사는 것입니다.

사람은 외모로는 똑같이 살아있는 것 같으나 그리스도의 영이 있는 사람은 살았고 그리스도의 영이 없는 사람은 죽은 것입니다.

(따라서) '성령 받는 것은 말 속에 뜻을 드러내어 줄 때 마음에 받아들일 때 내 마음에 진리의 성령을 받게 되는 것이다.'

그러면 말씀 충만이 성령 충만이요 진리와 성령이 충만하면 하나님의 뜻을 알게 되고 그 뜻대로 모든 일이 이루어집니다.

진리의 성령의 말씀이 내 안에 입재하면 숨겨진 뜻을 알게 되는 것입니다.

문제는 받는 사람이 아직도 과거 방언에 매어있는 것입니다. 진리의 말씀을 깨닫는 것은 오직 진리의 성령님이십니다.

사16;11-12에 수금이 무엇입니까? 진리의 성령의 말씀인 것입니다.

성도들이 마음을 열고 진리의 성령의 말씀을 마음으로 받기 원하면 진리의 성령은 내 마음에 들어오시므로 그리스도의 사람이 되는 것입니다.

그러면 지금 저는 성도들에게 무엇을 타고 있는 것입니까? 수금을 타고 있는 것입니다. 하나님의 말씀을 소홀히 듣지 말아야 합니다.

다윗이 악기를 가지고 수금을 탈 때에 악신이 떠났습니다.

사16;11 마의마음이 모압인 것입니다. 모압은 큰 소리로 말합니다. 모압은 사생자요 계집종의 자식들입니다. 또는 하나님 앞에 서자입니다. 그러나 모압이 수금같이 소리를 낸 것입니다. 11절에 창자란 내 중심을 의미합니다.

잠26;23 '온유한 입술에 악한 마음은 낮은 은을 입힌 토기니라'

토기는 흙으로 만듭니다. 누구이야기입니까? 아직도 수십 년 동안 예수그리스도를 믿었으나 물과 성령으로 거듭나지 않은 사람들입니다.

토기는 그리스도의 영, 진리와 성령의 아닌 토기입니다. 사람이 선하고 착해도 입으로 주여 주여 말을 해도 토기가 있습니다.

23절에 '온유한 입술에 악한 마음' 온유하신 분은 오직 예수그리스도 한분이십니다. 그러므로 토기는 진리의 성령 물과 성령으로 거듭난 성도나 목사는 토기가 아니나 물과 성령으로 거듭나지 않은 사람은 토기입니다.

잠언서는 말의 뜻을 모르면 한 절도 해석이 되지 않습니다. 비유와 상징이 많은 책입니다. 23절에 '은'은 구슬이야기입니다. 구원받은 사람이 은입니다. 낮은 은을 입힌 토기란 진리의 말씀을 전해주어도 믿어지지 않는 사람입니다. 아직 하나님의 사람, 그리스도의 사람이 아닌 것입니다.

구원의 확신이나 진리의 성령의 말씀을 받고 안 받는 것은 자기 자신만이 아는 것입니다.

성도여러분 진실로 말씀을 들으면서 내 안에 예수그리스도가 진리의 성령이 계신 것이 믿어지십니까?

내가 택함 받은 것이 확신이 되십니까?

누구에게든지 내가 진리의 성령으로 구원받은 것을 증거 할 수 있어야 합니다. 성령은 하나님의 마음, 깊은 것을 통달하시나 사람은 자기 마음을 그 누구도 알지 못하나 자신만 아는 것입니다.

아직 믿어지지 않고 말씀에 확신이 없더라도 좀 더 들어보시고 피하거나 도망가지 않으면 때가 되면 반드시 확신과 확증이 되실 것입니다.

결론) 수금은 확실하게 깨어야 합니다.

수금이 누구입니까? 아직 말씀이 믿어지지 않는 사람입니다. 물과 성령으로 거듭나지 않은 사람입니다. 새벽이슬 같은 청년들도 빨리 깨어야 합니다. 성도 모두가 진리의 성령으로 깨달아 날마다 말씀으로 채워 성장하고 물 항아리를 채우시기 바랍니다. 말씀에 눈이 열리고 귀가 열려서 깨닫고 일어나시기 바랍니다.

63

수금을 타서 여덟째 음에 인도하라

노래하는 자 헤만과 아삽과 에단은 놋제금을 크게 치는 자요 스가랴와 아시엘과 스미라못과 여히엘과 운니와 엘리압과 마아세야와 브나야는 비파를 타서 여청에 맞추는 자요 맛디디야와 엘리블레후와 믹네야와 오벧에돔과 여이엘과 아사시야는 수금을 타서 여덟째 음에 맞추어 인도하는 자요 (대상15;19-21)

시57;8 '비파야 수금아 깰 지어다'

비파에 대해서는 다음에 말씀드리겠습니다. '수금을 깨다'고 말씀하셨습니다. 본문에는 수금을 따서 8째 음에 인도하라고 기록합니다.

수금에 대해서 성도들은 귀중하게 보시고 숨겨진 뜻을 찾으시기 바랍니다.

역대상은 많은 사람들의 이름이 기록되어 있습니다. 왕들도 많이 기록되어 있습니다. 성경의 인물에는 뜻이 있습니다. 누구누구를 낳고 출생의 기록도 많습니다. 21절에 나온 이름들은 모두가 지도자들입니다.

여기 이름들의 뜻을 설명하겠습니다.

'맛디디야' ;여호와의 선물, '엘리블레후' ;하나님은 구별하신다,

'믹네야' ;여호와의 소유, 주의 소유다,

'오벧에돔' ;예배자, 오벧에돔은 여호와의 책을 가진 자,

‘여이엘’ ;하나님께서 이끌어 가신다, 하나님께서 세우신다,

‘아사시야’ ;여호와께서 강하게 하셨다.

성경에 좋은 이름은 예수 그리스도의 표상이 많습니다.

사람의 이름 속에는 하나님의 계획이 있으므로 하나님의 계획대로 살아가는 것입니다.

21절에 6인의 지도자들은 수금을 타서 8수에 8음에 인도하라는 것입니다. 도레미파솔라시도 음은 7수입니다. 그러나 도로 시작하고 도로 마칩니다.

이 세상을 누가 시작합니까? 하나님께서 시작하시고 하나님께서 마치십니다. 시작도 하나님이시오 끝도 영원하신 하나님이십니다. 시작도 도요 끝도 도인 것입니다. 시작과 끝이 하나님께 있습니다.

여덟째 음은 누구이야기입니까? 8수는 새 탄생수입니다. 노아 홍수 때 많은 사람들이 다 죽었으나 노아 식구 8명만 살아 구원받았습니다. 시작도 끝도 하나님이십니다. 즉 그리스도의 이야기입니다.

즉 여덟째 음에 맞추어서 수금을 타라는 것입니다. 수금은 아무나 타는 것이 아닙니다. 전능하신 하나님은 이 세상 모든 곳에 하나님은 신성을 숨겨 두신 것입니다. 숨겨진 것을 찾아보십시다.

왜 하늘의 해가 하나입니까? 땅에 나라는 많은데 하늘에 해는 하나입니까?

그 해답은 시84;11 ‘여호와 하나님은 해요 방패시라’

즉 신은 하나라는 것입니다. 성도 여러분 달과 별은 빛을 내는데 해를 통해 빛을 내는 것입니다. 해가 없다면 달과 별은 빛을 내지 못합니다.

성경에 달이 나오면 증인들을 생각하시면 됩니다.

성도들은 달에 비유하고 목사는 별에 비유합니다. 해는 하나님을 의미합니다. 그래서 사람은 하나님 없이는 살 수가 없습니다.

하나님은 자연 만물 속에 하나님의 신성을 숨겨 두신 것입니다. 그래서 예수 그리스도를 믿지 않는 사람들은 정케 할 수가 없는 것입니다.

그런데 악기 수금을 8음에 맞추어 타고 인도하라는 것입니다. 앞서 6명의 지도자들에게 수금을 8음에 맞추어 인도하라고 하십니다. 즉 누가 수금을 타는 것입니까? 강단에서 목사가 설교하는 것이 수금을 타는 것입니다.

신령한 노래를 하는 것입니다. 수금을 타는 것은 그리스도께로 인도하는 것입니다. 신령한 노래, 찬양을 목사가 하는 것입니다. 설교하는 것입니다.

8수가 무엇입니까?

왕상7;10 '그 기초 석은 귀하고 큰 돌 곧 십 규빗 되는 돌과 여덟 규빗 되는 돌이라'

성경에서 돌이야기는 벧전4;5 산돌이신 예수님을 이야기하는 것입니다.

큰 돌은 재림하실 그리스도를 뜻하는 것입니다. 작은 돌은 많은 의미가 있으나 사람을 의미합니다. 기초 석은 사28;16 '그러므로 주 여호와께서 가라사대 보라 내가 한 돌을 시온에 두어 기초를 삼았노니 곧 시험한 돌이요 귀하고 견고한 기초 돌이라 그것을 믿는 자는 급절하게 되지 아니하리라'

즉 시온에 기초 돌을 볼 것이라고 말씀합니다.

큰 돌은 십 규빗이요 여덟 규빗 이라고 말씀합니다. 십 규빗의 십은 온전한 수입니다. 8규빗은 예수 그리스도의 이야기입니다.

전11;2 '일곱에게나 여덟에게 나누어 줄지어다 무슨 재앙이 땅에 임할는지 너희가 알지 못 함이니라'

대상15;21 '...수금을 타서 여덟째 음에 맞추어 인도하는 자요'

여덟째 음에 맞추어 수금을 타야 하는 것입니다. 만약 수금을 그렇게 타지 않으면 수금을 잘 못 탄 것입니다. 수금을 잘 못 타면 악신이 평생 떠나지 않게 됩니다. 평생 내 안에 악신이 떠나지 아니하면 더 큰 악신이 들어가 더 악한 사람이 되는 것입니다.

교회 안에서 직분자들이 사기꾼이 있을 수 있고 악한 사람이 있을 수 있습니다. 예수를 믿는 사람이, 직분을 가진 사람이 왜 악할까요? 다른 말로 하면 예수 믿는 악한 사람, 사기꾼들 때문에 예수를 안 믿는다고 합니다. 즉 예수 믿는 사기꾼 때문에 예수 믿지 않는 사람이 많다는 것입니다.

그 이유는 여덟째 음에 맞추어 수금을 타지 않았기 때문입니다. 악신이 그 사람을 떠나지 않은 것입니다. 역시 지도자이야기입니다.

전11;1-2에 '네 식물을 물 위에 던지라' 물고기를 물에 던지는 방생이 아닙니다. 식물은 하나님의 말씀입니다. 보이는 식물은 누구입니까?

(따라서) '내 자신이 식물이다' 즉 성도들을 물위에 던지라는 것입니다.

물은 요1서5;6에 예수그리스도라고 말씀합니다. 물은 사람이신 예수님입니다. 피는 그리스도이야기입니다. 즉 식물을 예수그리스도에게 던져야 합니다. 전11;1에 식물을 물위에 던지고 여러 날 후에 도로 찾으라고 말씀합니다. 성도 여러분 여러 날 후에 찾아야 합니다. 만나야 합니다. 그러나 못 찾으면 어떻게 됩니까? 이 세상에 없기 때문에 못 찾는 것입니다. 지옥 갔기에 찾을 수가 없는 것입니다.

물 되신 예수그리스도께 여기 있는 목사가 지금 던지고 있는 것을 믿으시기 바랍니다. 물 위에 던져 놓으면 예수그리스도를 바로 믿고 따르고 순종하여 그리스도에게 들어가셔야 합니다. 여러 날은 땅의 천 날이 하늘의 하루인 것입니다. 다시 말하면 여러 날 후에 수천 년 후에 부활하는 것입니다.

전도서는 허무주의자가 쓴 책이 아닙니다. 헛되고 헛되니 모든 것이 헛되다고 고백합니다. 허무주의자가 기록한 것이 아닙니다. 식물은 확실하게 물, 예수그리스도께로 던져야 합니다.

(따라서) '식물을 물 위에 제대로 안 던지고 물과 피로 거듭나지 않으면 헛되고 헛된 것이다.'

수 십년 수년을 예수 그리스도를 믿었는데도 거듭나지 못한 사람은 수 십년 동안 신앙생활이 헛된 것입니다.

이제는 가족, 형제, 부모, 자녀가 다 거듭나야 합니다. 구원받아야 합니다.

이 하나님의 말씀이 확실하다면 나가서 증거 해야 합니다. 사랑하는 가정, 형제, 친구들에게 확실하게 증거 하시기 바랍니다.

(따라서) '내가 진리의 성령을 알게 되면 가족에게 전해야 한다.'

아직도 깨닫지 못했다 할지라도 좀더 가시면 이 복을 최로의 은혜와 축복으로 여기고 증거 할 것입니다.

분명한 것은 우리는 가나안교회에 와 있는 것입니다.

가나안은 일곱 족속, 일곱 귀신이 있는 곳입니다. 여기에서 일곱 족속, 일곱 귀신을 쫓아내야 자유와 평화가 있습니다. 신앙생활을 헛되이 하지 맙시다.

헌신 봉사하고 망하면 안 됩니다. 성도들은 목사의 소유가 아닙니다. 식물은 물에, 예수그리스도께 던져져야 합니다.

식물을 집에 던지면 안 되고 물위에 던져야 주 예수그리스도께서 다시 찾으시는 것입니다. 식물은 내 자신이 식물입니다.

목사의 식물은 성도입니다. 지도자는 아무데나 식물을 던지면 안 됩니다.

그러므로 말씀 속에는 항상 뜻이 있고 그 말씀은 내 영혼과 관계가 있어야 합니다. 오늘날 많은 사람들이 교회 가는 것을 괴로워합니다. 재미가 없다고 합니다. 그러나 그 사람들이 자신의 영혼에 관계된 말씀이라면 좋아할 것입니다.

전11;2 '일곱에게나 여덟에게 나누어 줄지어다 무슨 재앙이 땅에 임할는지 너희가 알지 못 함이니라'

7수는 무한대의 수이나 축복의 수도 되는 것입니다. 또는 맹세의 수, 저주의 수도 됩니다. 그래서 성도들은 7수를 지나 8수에 들어가야 완전한 것입니다. 지금 교회에서 7수에만 있게 하면 맹세하는 것이요 저주하는 것이 됩니다. 7수 안에 있으면 저주하면서 맹세하게 되는 것입니다.

그러므로 7수에나 8수에 나눠 주라고 말씀합니다. 이 말의 뜻은

계시록2,3장에 일곱 교회가 나옵니다. 에베소, 서머나, 버가모, 두아디라, 사데, 빌라델비아, 라오디게아교회입니다.

창세기에 브엘세바가 나옵니다. '브엘'은 우물이란 뜻이고 '세바'는 일곱이라는 뜻입니다. 즉 일곱 우물입니다. 우물은 교회이야기입니다. 무슨 재앙이 땅에 임할는지 알지 못한다는 말씀입니다.

물위에 빨리 던지고 일곱과 여덟에게 나누어주어야 하는 것입니다.

수금을 여덟째 음에 잘 타는 그곳에 나누어주라는 것입니다. 혜본교회는 여덟째 음에 수금 타는 곳인 줄 믿으시기 바랍니다.

확실한 것은 말씀 속에 숨겨진 뜻을 증거 하기에 자신이 있는 것입니다. 수금된 자는 예수그리스도입니다. 하나님의 뜻에 맞춰 풀어서 나눠주라 하신 뜻 입니다. 성경을 가지고 돈 이야기하는 것은 악한 것입니다. 성경은 하나님, 예수그리스도이야기입니다. 또는 그리스도 여덟째음인 것입니다.

헌금은 세례 받은 성도들의 기본 의무입니다. 누가 하라고 해서 하는 것은 기본 신앙이 아닙니다. 즉 헌금하라고 해서 하는 것은 하나

님이 기뻐하시지 않습니다.

전11;2에 '나눠 주라 하고' 땅에 무슨 재앙이 임할 것인지 알지 못합니다. 땅 이야기는 겔40;31에 에스겔은 성전이야기가 많이 나옵니다. 보이는 성전은 귀중하지만 실상 성전은 우리가 성전인 것입니다.

보이는 성전에 8단계가 있습니다. 성경에 층계, 계단이야기는 그리스도이야기입니다.

창28장에 야곱이 꿈에 사닥다리를 보았습니다. 층계나 계단은 그리스도이야기입니다.

이 말씀의 뜻은 요1;51에 하나님의 사자들이 오르락내리락 하는 것을 보리라고 말씀합니다. 야곱이 본 사다리는 하나님의 사자들이 인자위에 오르락내리락 한 것입니다. 창세기 이때에는 예수가 이 땅에 오시기전입니다.

다시 우리가 하나님께 예배드리는 것을 누가 받아 올립니까? 천사가 받아 올리는 것입니다. 성도들의 기도도 금 대접에 받아 올리는 것입니다.

우리가 지금 예수그리스도의 이름으로 예배드립니다. 천사가 하나님께 올립니다. 실상 성도들은 사다리를 타고 하늘 나라가는 것입니다. 그리스도의 이야기입니다. 여덟 중에 우리가 어떻게 올라가는 것입니까?

미가스5;4-5에 미가서를 기록할 때는 예수님 오시기 전에 기록된 말씀입니다. 즉 복음이 퍼지지 않은 때입니다. 지금은 예수그리스도의 복음이 땅 끝까지 퍼져있습니다.

5절 '이 사람은 우리의 평강이 될 것이라' 그리스도는 평강이십니다.

일곱 목자와 여덟 군왕 즉 여덟 음에 맞추어 수금을 탈자입니다.

전11;2에 일곱이나 여덟에게 나누어주라 말씀합니다. 이 말씀의 해답은 벧전3;20에 하나님은 노아를 홍수로, 물로 심판하십니다. 구원 받은 사람이 겨우 8명입니다. 소돔과 고모라는 불로 심판하십니다. 물 심판은 예수님 초림 때의 심판입니다. 불 심판은 재림 때의 심판입니다. 그러나 끝날 심판은 물과 불로 심판하실 것입니다.

종말의 심판은 불로 태우고 물로 쓸어버리실 것입니다. 교회를 건축해야 합니다. 그러나 수 천 억을 들여 건축한 것이 불태워질 것입니다.

그러므로 지금은 건축보다 타작하고 추수하여 곡간에 들여야 할 때입니다. 보이는 것은 태우고 쓸어버리실 것입니다.

8수는 그리스도를 예표 하는 것입니다.

새롭게 탄생하는 탄생수인 것입니다.

구약에서 8일 만에 할례 받은 사람은 7수를 이기고 온 사람입니다.

결론)이 세상 모든 사람, 예수그리스도를 믿는 사람은 반드시 물 위에 던져야 합니다. 그리고 7수를 반드시 지나야 합니다.

즉 교회 안에는 저주하는 곳이 있고 축복하는 곳이 있습니다. 교회 안에서 사기 당하는 사람, 시험 받는 사람, 망하는 사람, 미치는 사람, 자신을 잃어버리고 허상에 사로잡혀 자신의 일을 하지 못하는 사람은 7수를 넘지 못한 사람입니다.

모든 것이 풀리고 확증되고 구원이 되는 것은 여덟째 음에 들어가야 합니다. 그래서 수금을 타되 여덟째 음에 맞추어 타고 나누어야 합니다.

성도는 늘 영적전쟁의 주인공입니다. 영적 싸움에 이겨야 고통, 질병, 죽음이 없는 영원에 천국에 이르는 것입니다. 식물을 물위에 던지는 교회, 8음에 맞추어 수금을 탈 것입니다. 내 안에 악신이 떠나야 하나님께서 준비하신 재앙이 없는 평안의 삶을 누릴 수 있는 것입니다.

64

큰물에 던지신다.

주께서 우리 열조가 애굽에서 고난 받는 것을 감찰하시며 홍해에서 부르짖음을 들으시고 이적과 기사를 베푸사 바로와 그 모든 신하와 그 나라 온 백성을 치셨사오니 이는 저희가 우리의 열조에게 교만히 행함을 아셨음이라 오늘날과 같이 명예를 얻으셨나이다 주께서 또 우리 열조 앞에서 바다를 갈라지게 하시사 저희로 바다 가운데를 육지 같이 통과하게 하시고 쫓아 오는 자를 돌을 큰 물에 던짐 같이 깊은 물에 던지시고 낮에는 구름 기둥으로 인도하시고 밤에는 불 기둥으로 그 행할 길을 비취셨사오며 또 시내 산에 강림하시고 하늘에서부터 저희와 말씀하사 정직한 규례와 진정한 율법과 선한 율례와 계명을 저희에게 주시고 거룩한 안식일을 저희에게 알리시며 주의 종 모세로 계명과 율례와 율법을 저희에게 명하시고 저희의 주림을 인하여 하늘에서 양식을 주시며 저희의 목마름을 인하여 반석에서 물을 내시고 또 주께서 옛적에 손을 들어 맹세하시고 주마 하신 땅을 들어가서 차지하라 명하셨사오나 저희와 우리 열조가 교만히 하고 목을 굳게 하여 주의 명령을 듣지 아니하고 거역하며 주께서 저희 가운데 행하신 기사를 생각지 아니하고 목을 굳게하며 패역하여 스스로 한 두목을 세우고 종 되었던 땅으로 돌아가고자 하였사오나 오직 주는 사유하시는 하나님이시라 은혜로우시며 긍휼히 여기시며 더디 노하시며 인자가 풍부하시므로 저희를 버리지 아니하셨나이다 (느헤미야 9:10-17)

11절에 하나님은 애굽 군대를 돌을 들 때 큰물에 던지심같이 던지신 것입니다. 즉 큰물은 애굽의 군대를 홍해바다에 던지신 것입니다.

큰불이나 큰물은 예수그리스도를 의미합니다.

홍해바다는 파란데 왜 홍해바다는 붉은 바다라고 할까요?

즉 파란 바다를 붉은 바다라고 한 것은 오늘 우리에게 전해 줄 하나님의 뜻이 숨겨져 있는 것입니다. 숨겨진 하나님의 뜻은 홍해 바다 붉은 바다는 예수님이 흘리신 피를 이야기하려고 숨겨놓은 것입니다.

예수 예수한다면 어디에서 죽느냐 하면 홍해-붉은 바다에서 죽는 것입니다.

주님은 베드로에게 깊은 물 속에 그물을 던지라고 말씀하십니다. 왜 깊은 물 속에 던지라 말씀하신 것입니까?

두 가지 의미가 있습니다.

1)큰물은 욥26;5 '음령들이 큰물과 수족 밑에서 떠나니'

음령은 죽은 자의 유령입니다. 악령 즉 유령은 곧 바다의 귀신입니다. 귀신들이 큰물 밑에 있다는 것을 말씀합니다.

욥38;34 '네 소리를 구름에 올려 큰물로 네게 덮이게 하겠느냐'

하나님의 말씀을 가지고 큰물에 올려가지고 네 소리를 올려가지고 구름에 올려가지고 큰물에 비교하겠느냐, 즉 진리의 말씀은 성도들에게 덮이는 말씀이 아니라는 것입니다.

진리의 말씀은 덮이는 역할을 하는 것이 아닌 것임을 드러내는 말씀입니다.

시69;2 '내가 설 곳이 없는 깊은 수렁에 빠지며 깊은 물에 들어가니 큰물이 내게 넘치나이다.' 한 마디로 수렁에 빠진 것이 홍해에 빠진 것을 두고 큰물바다라고 한 것입니다.

시74;15 '바위를 쪼개사 큰물을 내시며 길이 흐르던 강들을 말리우셨나이다.’ 큰물은 깊이 진리는 흐르는 강물을 말려버린다는 것입니다. 즉 예수그리스도를 전하지 못하도록 말려버린다는 것입니다.

시77;19 ‘주의 길이 바다에 있었고 주의 첩경이 큰물에 있었으나 주의 종적을 알 수 없었나이다.’ 즉 큰물에서는 주의종적을 모른다는 말씀입니다.

시93;3 ‘여호와여 큰물이 소리를 높였고 큰물이 그 소리를 높였고 큰물이 그 물결을 높이나이다.’ 즉 큰물이 다 주장하는 것입니다.

시98;9 ‘여호와 앞에서 큰물이 박수하며 산악이 함께 즐거이 노래할찌어다.’ 시편은 다윗의 고백입니다. 다윗은 예수님의 표상입니다.

그러므로 다윗의 고백은 예수님의 고백이 되는 것입니다. 큰물은 하수 물 그래서 애굽의 하수가에 개구리가 나오고 핏물이 나온 것을 두고 큰물이라고 한 것입니다.

시107;23-26-29에 선척을 바다에 띄우며 큰물에서 ‘큰물’ 은 누구입니까? ‘하늘에 올라가’ 이 말은 예수 믿고 천국 간다고 착각하고 있는 사람입니다.

사17;12에 소동하는 백성들이 큰물에 있는 사람들입니다.

소동하고 있는 사람은 짐승 같은 사람들입니다. 무당들, 점쟁이들이 떠드는 것입니다. 지금 세상에서는 말세다, 종말이다 많이 떠들고 있는 것입니다.

출15;5 ‘큰물이 그들을 덮으니 그들이 돌처럼 깊음에 내렸도다.’

실상 바로와 그의 군대를 들에 비유하여 큰물에 던짐을 비유하신 것입니다.

시102;14 ‘주의 종들이 시온의 돌들을 즐거워하며 그 티끌도 연홀히 여기나이다.’

‘연홀히’ 는 ‘긍휼히 여기다’ 는 뜻입니다.

겔26;12에 돌들도 사람에 비유합니다. 산돌은 예수님을 의미합니다.

이 돌들을 물 가운데 던진다는 말씀입니다. 돌은 반드시 물 가운데로 던져야 합니다.

합2;9-11 '담에서 돌이 부르짖고 집에서 들보가 응답하리라'

담에서 돌이 부르짖는 것이 이해되십니까?

잘못된 지도자를 비유한 것입니다. 사람이 지도자들이 담에서 부르짖는 것, 이들이 문자적인 방언만 가지고 기도하고 부르짖지만 하나님께서는 응답하지 않으십니다.

하나님은 응답하지 않고 들보가 응답합니다. 들보는 내 눈에 들보입니다. 남의 눈에 티를 빼라가 아닙니다. 내 눈에 들보를 빼라는 것입니다.

출14;10에 부르짖는 것은 모두가 하나님께 기도하는 것입니다.

삼상25;16에 담 역할은 다윗의 부하들이 하는 것입니다. 다윗은 예수님의 표상입니다. 담은 결국 예수인 것입니다.

지도자가 하나님의 집에서 하나님 노릇하므로 그래서 들보를 빼라는 것입니다. 누구까지 들보인가하면 예수님까지 문자적인 방언만 가지고 있으면 그 지도자도 들보만 갖고 있는 것입니다.

성도 여러분 우리는 지금 이런 시대에 살고 있음을 인정해야 합니다.

사람을 돌에 비유한 것입니다. 기초 돌도 지도자에 비유합니다.

민22;25-30 담에 말을 못하므로 비빈다. 부딪힌 것입니다.

우리는 하나님의 말씀에 부딪혀야 합니다. 깨달아야 합니다.

그래서 벧전4;17에 하나님의 집에서 심판이 있는 것입니다. 마지막 때 세상 끝에 징조는 돌 하나도 돌 위에 남지 않는다고 말씀합니다.

성도 여러분 담 위에서 부르짖고 들보가 응답하는 것에서 자신을 돌아보고 오직 하나님께서 응답해 주시고 진리의 성령으로 믿고 나가면 예수그리스도가 인도하는 것입니다.

예수그리스도께서 진리의 성령으로 성도들을 온전케 하실 것입
니다.

65
평화에 관한 일을 알자

가까이 오사 성을 보시고 우시며 가라사대 너도 오늘날 평화에 관한 일을 알았더면 좋을 뻔하였거니와 지금 네 눈에 숨기웠도다 날이 이를찌라 네 원수들이 토성을 쌓고 너를 둘러 사면으로 가두고 또 너와 및 그 가운데 있는 네 자식들을 땅에 메어치며 돌 하나도 돌 위에 남기지 아니하리니 이는 권고 받는 날을 네가 알지 못함을 인함이니라 하시니라 성전에 들어가사 장사하는 자들을 내어 쫓으시며 저희에게 이르시되 기록된바 내 집은 기도하는 집이 되리라 하였거늘 너희는 강도의 굴혈을 만들었도다 하시니라 (눅 19:41-46)

주님은 성을 보시면서 우시고 네가 평화에 관한 것을 알았다면 좋을 뻔하였는데 지금은 숨기었다고 말씀하십니다.

45절에 주님은 성전에 들어가시면서 내 집은 만민이 기도하는 집인데 너희가 강도의 굴혈을 만들었다고 말씀하십니다.

성도 여러분 가장 좋은 기도는 깨닫고 돌아서는 것입니다. 기도는 먼저 예배하는 것이 기도인 것입니다.

'내 집은 기도하는 집이라' 내 집은 예배하는 집인 것입니다.

성도 여러분 마지막 때는 꼭 경계할 일은 모이기를 폐하면 안 됩니다. 사단은 어떻게 하든지 모이기를 폐하게 하는 것입니다. 흩어버리는 것입니다.

성도와성도. 목사와 성도 간에 마음을 흩어버리는 것입니다.

그러나 하나님의 방법은 하나 되게 하십니다. 주님께서 승천하시면서 하신 말씀이 합심하여 기도하고 기다리라고 하셨습니다.

세상에 많은 것이 교회가 모이는 것을 원하지 않습니다. 폐하길 원합니다. 그러나 하나님의 진리의 말씀이 없이는 모이길 힘쓸 수가 없습니다.

진리의 말씀, 성령이 없이는 모일 수가 없습니다.

돌 하나도 돌 위에 남기지 않는 장소가 어디입니까?

눅19;45-46에 장사 하는 곳, 강도의 굴혈 만드는 장소가 강도의 집입니다.

성전에서 강도가 누구입니까? 영혼을 두고 장사하는 사람을 두고 강도라고 합니다. 성전에 있는 성도들을 그리스도안에 들여보내야 하는데 그리스도 안에 들이지 않고 성장시키지 않고 땅에 마음을 두게 하는 지도자들입니다.

땅의 축복을 전하고 땅을 소망하게 하는 지도자들이 강도인 것입니다. 성도 여러분 한 사람도 남지 않는다는 말씀을 기억하시기 바랍니다.

살아남는 자, 구원 받을 자가 없다는 말씀입니다. 교회가 강도의 굴혈이 되면 안 됩니다.

눅19;41에 주님은 성을 보시고 우신 것입니다.

42절에 제자들은 평화에 관한 것을 알지 못한 사람들입니다. 평화는 예수그리스도입니다. 즉 제자들은 예수그리스도를 몰랐다는 것입니다.

평화는 안식과 행복과 하나로 일치합니다. 하나로 되는 것이 평화입니다. 그런데 제자들은 하나 되는 평화를 모른 것입니다. 노아의 이름의 뜻은 안식입니다. 노아 당시에 노아 외에 많은 사람들이 살고 있었습니다. 많은 사람들이 방주를 만드는 노아를 보고서 미쳤다고 했지만 노아는 계속 배를 만든 것입니다.

우리 앞에 심판은 물도 불도 합친 심판이 있는데 지진까지 있는 것입니다.

즉 평화에 관한 일을 알지 못하면 무서운 심판을 면할 수가 없습니다. 성도 여러분 구원을 쉽게 생각하면 안 됩니다. 구원은 아무나 받는 것이 아닙니다. 구름만 보고 따라가면 안 됩니다. 소돔과 고모라의 불 심판 때 롯의 처와 사위 2명은 농담으로 받아들여 구원 받지 못했습니다. 하나님의 말씀을 농담으로 소홀히 받아들이면 구원 받을 수가 없는 것입니다.

노아 홍수 때 8명이 구원받고 다 죽었습니다. 8수에 들어가야 구원을 받게 되는 것입니다. 많은 짐승이 방주에 들어갔습니다. 그 짐승들도 물의 심판에서 구원 받은 것입니다. 짐승은 짐승이야기가 아닙니다.

마지막 때에 중요한 것은 지도자를 잘 만나야 합니다. 안내자, 인도자를 잘 만나야 합니다. 해가 서쪽에서 뜬다 해도 그리스도가 여기 있다 저기 있다 해도 아무것도 믿지 말고 오직 평화에 관한 말씀을 잘 전해 주면 믿고 따르면 구원함이 될 줄 믿어야 합니다.

평화에 관한 말씀은 오직 하나가 되는 것입니다. 하나를 갈라지게 하는 것은 사단인 것입니다. 하나가 되어도 어린아이는 장성해야 하는 것입니다.

어린아이가 안 되는 것은 그리스도에 대하여는 창세기부터 계시록까지 알아야 장성한 성도가 되는 것입니다. 숨겨진 비밀을 알아야 하는 것입니다.

성도 여러분 분명한 것은 택한 사람에게는 이제는 비밀이 아닙니다. 알려주어 깨닫게 되는 것입니다.

이 비밀은 매일 철야기도 한다고 아는 것이 아닙니다. 금식한다고 알지 못합니다. 숨겨진 비밀을 알지 못하면 사망에서 구원으로 가는 길에 탈락 당하게 됩니다.

눅22;35-38에 이 말씀은 마지막 때에 성도들이 갖출 것을 말씀하고 있습니다. 전대와 신발도 없이도 부족한 것이 없었으나 추수 때와 주님 재림 때에는 전대가 있는 자는 가질 것이요 주머니도 가질 것이라고 말씀합니다. 검이 없는 자는 겉옷을 팔아서 검을 사라는 것입니다.

주머니는 성도도 되고 돈도 되는 것입니다. 추수 때는 이것을 챙기라는 것입니다.

요셉의 형제들이 기근 때에 애굽에 갈 때 전대에 돈을 넣어가지고 양식을 사러 간 것입니다. 전대 안에 돈은 크게 말하면 진리를 말합니다.

겉옷을 판다는 것은 예수를 믿기만 하면 구원 받는다 이것은 겉옷입니다. 겉옷은 당시 거지들이 입고 다닌 것입니다. 겉옷을 주고 사라는 것입니다.

37절에 '내게 관한 일이 이루어감이니라'고 말씀합니다. 평화에 관한 일을 의미합니다.

단8;19에 진노하시는 때는 마지막 때 환란의 때입니다.

마지막 때의 환란을 실상 다니엘은 알지 못한 것입니다. 즉 때가 안 되었던 것입니다.

단8;24에 '그러나 자의로 행하여' 자의로 행하는 사람은 능력 있게 보이나 무서운 자들입니다. 강한 자들과 거룩한 백성을 멸하는 사람입니다.

실상 주님도 성령님도 자의로 행하지 않으셨습니다. 신령한 일은 신령한 일로 분별해야 합니다.

때를 모르는 사람, 양식을 모르는 사람, 사명을 모르는 사람은 자의로 행하는 사람, 무서운 사람들인 것입니다. 영원토록 멸망하는 불타는 곳으로 인도하는 주인들인 것입니다. 그래서 지도자들이 형통하면 양들을 생각하지 않습니다. 실상은 몰라서 생각하지 않습니다. 지도자들은 때를 따라 양식을 주면서 채찍하고 경계하여 불의한 길에서, 악하고 불신앙의 길에서 돌이키게 해야 하는 것입니다.

성도들의 비유나 맞추는 때가 아닌 것입니다. 10명, 50명, 100명의 비유를 맞추기보다 한 분 예수그리스도만 비유를 맞출 것입니다.

성도들을 사생자 되지 않게 하기 위해서는 지적하고 채찍질할 것입니다. 미워서가 아니라 바르게 가기 위해서 사랑의 매로 채찍질할 것입니다. 타작은 사랑 때문에 하는 것입니다. 그리스도안에 곡간 안에 넣어야 합니다.

지금은 성도들이 눈을 뜨지 못하고 귀를 막고 있어서 큰 교회와 많은 지도자들이 바로 볼 수도 알 수도 없는 것입니다.

그러나 내 속에 진리의 성령의 말씀이 확실하게 들어오면 알 수가 있습니다. 물과 성령으로 말씀이 채워지시기 바랍니다.

어떤 시험 사건이 있어도 타작하여도 꼭 이겨야 합니다. 믿음으로 따르셔야합니다. 진실로 구름 속에 무지개를 제대로 보여주고 평화에 관한 말씀을 풀어주시면 성도들의 믿음이 성장할 것입니다. 단단해질 것입니다.

자의로 행하거나 해석하지 않고 성도들을 멸망의 길로 가지 않게 할 것입니다.

단8;25-27에 꾀와 연결하면 일만 악과 연결되는 것입니다.

궤휼이란 사단의 궤휼을 나타내는 것입니다. 제 손으로 궤휼은 자신의 능력을 행함을 의미합니다. 성도들이나 지도자는 인간의 꾀, 능력이 없어도 괜찮습니다. 오직 진리의 성령의 말씀으로 능력이 되면 되는 것입니다.

성도들의 입에서 나오는 말씀이 능력이 되시기 바랍니다.

'스스로 큰 체하고' 세상에 많은 사람, 교회 밖에 있는 세상은 요란합니다.

큰 체하고 있으나 교회 안에서는 조용합니다. 평안하고 앞을 보지 못합니다.

사단은 평화할 때에 많은 사람을 멸망케 합니다. 그러나 사람의 손으로 말미암지 않고 깨어짐을 확신하시기 바랍니다.

주 예수그리스도의심판으로 완전히 부서지는 것입니다. 평화한 때가 마지막 때인 것입니다. 평화에 관한 일을 알아야 합니다.

평화한 때에 사단은 방언만 하는 지도자들로 많은 무리를 멸망케 하빈다. 스스로 서서 만왕의 왕을 대적하게 됩니다.

마지막 때에 23절에 마지막 때에 패역한 자들이 가득할 즈음에 궤휼에 능한 자가 일어날 것입니다. 적그리스도가 나타날 것입니다. 즉 마지막 때는 누가 말세의 종인지 적그리스도로 거짓선지자로 드러날 것입니다.

그러나 25절에 사람의 손이 아닌 만왕의 왕 예수그리스도가 심판하십니다.

멸할 것입니다. 그래서 평화한 때를 성도들은 지금 바로 알아야할 것입니다.

언제 평화한 것입니까? 초림 때 하늘에는 평화요, 평화를 안다고 지금까지 잠잠한 것입니다. 그러나 평화에 관한 일이 마지막 때, 정한 때를 알아야 합니다. (따라서) '그리스도에 관한 일은 다시 오실 그리스도에 대하여 반드시 알아야 한다.'

평화에 관한 일이 예수그리스도의 재림에 관한 일, 마지막 때의 일인 것입니다. 모르면 다 죽는 것입니다. 그래서 예배에 정신을 차리고 그리스도의 말씀 성령의 말씀을 잘 들어야 합니다.

눅19;43 '통성을 쌓고' 토성은 욥13;12 '너희의 격언은 재 같은 속담 이요 너희 방어하는 것은 토성이니라'

강단에서는 전하는 말씀이 하나님의 말씀 교훈이 되어야 합니다. 그런 데 그 말씀이 격언밖에 안된다는 것입니다.

청함을 받은 사람이 두 종류입니다.

1)혼인잔치에 어린양의 청함을 받은 사람

2)사람의 청함으로 온 사람

사람의 청함을 받은 사람들은 계명, 교훈으로 하나님의 말씀을 듣 습니다.

(따라서) '격언과 계명은 방언만 말하고 듣는 것이다.'

토성은 흙으로만 성을 쌓으므로 바람이 불면 넘어지는 것입니다.

43절에 네 원수들이 토성을 쌓는다고 말씀합니다. 멸망으로 인도 하는 문입니다. 원수들이 인도하는 토성은 격언과 계명입니다.

달콤한 말, 감동되는 말, 세상의 축복만 말하는 것입니다.

그러나 사랑하는 자식은 아비로 채찍과 꾸중을 듣고 책망을 듣습니 다. 원수는 무조건 달콤한 말로 홀리는 것입니다.

원수가 사면으로 가둡니다. 원수는 예수 예수하면서, 십자가 십자 가하면서 꾀는 것을 분별하여야 합니다.

눅19;44에 '땅에 자식들을 매어침' 원수가 자식들을 땅에 친다는 말씀인데 신앙생활은 하늘차원입니다. 그러나 원수는 땅에 마음을 갖게 됩니다. 이것이 사람을 땅에 매치는 것입니다. 그래서 돌 위에 하나도 남기지 않겠다고 말씀하십니다.

귀신의 머리는 사단입니다. 사단이 있는 곳에는 돌 하나도 남기지 않습니다. 즉 한 사람도 구원과 상관이 없다는 말씀입니다.

44절에 '권고 받는 날에' 감독하다, 감독자는 책임이 있어야 합니다.

책임이 있는 지도자는 권고하는 자입니다. 감독하는 사람은 양들의 상태를 알고 살피고 권고해야 합니다.

성도여러분 목사를 따르지 말고 그리스도의 말씀을 따라야 합니다.

성도 중에는 아직도 세상 욕망, 정욕, 땅의 것에만 소망을 두는 사람이 있습니다. 물과 성령으로 거듭나고 돌아서야 합니다.

그리스도의 말씀을 마음에 받아들여야 합니다. 사모하고 또 사모해야 합니다. 말씀이 믿어져야 합니다. 한마디로 건축을 잘못하고 있는 것입니다.

외형적으로 도색만 하려고 하면 그 건물에 치어 죽게 될 것입니다.

권고는 검사하다란 의미입니다. 성도 여러분 목사의 눈으로 검사한다면

(따라서) '죄악에서 돌아서야 한다, 깨끗이 씻어야 한다.'

진실로 자신의 신앙상태를 돌아보아야 합니다.

하나님이 아브라함을 검사합니다. 아들을 바치라고 합니다. 검사에 합격했습니다. 계11장에 성전마당을 측량하라고 하십니다. 평상시에 감독자가 검사해 두었다면 그 성전은 측량할 것이 없었을 것입니다. 주님 오시는 날 측량한 것이 없습니다. 성도들을 지금 검사하는 것입니다.

권고에는 순찰하는 뜻이 있습니다. 도둑이 들어오나 안 들어오나 순찰하는 것입니다. 강단에서 말씀을 전할 때 졸고 있는 사람, 눈을 감고 다른 생각하고 있는지 감찰하고 순찰하고 권고하는 것입니다.

말씀을 믿고 따라야 합니다. 원수가 토성 쌓는 곳에 가면 안 됩니다. 권고할 수 없습니다.

44절에 땅에 매어 치는 것은 파괴하다는 뜻입니다.

흙에 기록하는 것은 성도들을 생명록에 기록하는 것입니다. 그리스도가 생명인 것입니다. 즉 성도들의 영혼 속에 그리스도의 말씀이 기

록되면 생명책에 기록되는 것입니다. 그러므로 성령 충만 하면 그리스도의 말씀으로 성장하게 됩니다.

그래서 그리스도의 영, 그리스도의 말씀이 없는 사람은 그리스도의 사람이 아닙니다. 성경에 서기관이 있습니다. 목사는 서기관이요 기록자입니다.

잠12;15 '미련한 자는 자기 행위를 바른 줄로 여기나 지혜로운 자는 권고를 듣느니라.' 잠19;20-21

많은 계획을 자기 수단으로 하나님 앞에 수단 부리면 안 되는 것입니다.

잠27;9에 기름과 향은 예수그리스도를 두고 하신 말씀입니다. 예수 그리스도의 말씀을 듣게 되면 친구의 충성이 되는 것입니다.

벧전5;7 '너희 염려를 주께 맡겨버리라 이는 저가 너희를 권고하심이니라'

주님이 지금 직접 말씀하시는 것이 아니라 감독자가 대신 하는 것입니다.

8절에 성도들은 권고할 때 정신을 차리고 들어야 합니다. 악한 마귀는 악한 관원, 지도자를 의미합니다.

10절에 성도들이 무엇으로 온전케 될 수 있습니까? 진리의 성령으로 온전케 되는 것입니다.

주님 오실 때 성도가 온전케 되는 것이 아니라 지금 말씀을 들을 때 온전케 되는 것입니다.

권고할 때 권고를 받고 고치고 버릴 것은 버리고 씻어야 합니다. 지도자는 권고하고 감독하고 검사해야 합니다. 영혼을 순찰해야 합니다.

진실로 마지막 때 악한 지도자에게 삼킴 받지 말고 말씀으로 온전해지시기 바랍니다.

66
응답의 비밀

'예레미야가 아직 시위대 뜰에 갇혔을 때에 여호와의 말씀이 그에게 다시 임하니라 가라사대 일을 행하는 여호와, 그것을 지어 성취하시는 여호와, 그 이름을 여호와라 하는 자가 이같이 이르노라 너는 내게 부르짖으라. 내가 네게 응답하겠고 네가 알지 못하는 크고 비밀한 일을 네게 보이리라' (렘33;1-3)

예레미야의 이름의 뜻은 '그가 떨어질 것이다' 란 의미입니다.

마지막 때, 주 재림 때 예레미야 선지자를 통해서 예언한 것입니다.

1절에 '뜰' 은 망대인데 깊이 들어가면 오늘날 교회를 의미합니다.

여호와의 말씀이 예레미야에게 임하신 것입니다.

2절에 '일을 행하시는 여호와' 는 주님, 또는 지도자의 뜻이 있습니다.

3절에 '크고 비밀한 일' 크고는 이스라엘 백성들의 숨겨진 큰 죄를 의미합니다. 5절에 '큰 죄로 죽여서 이 성에 채우게' 는 그들의 모든 악을 인하여 이 성을 돌아보지 않았습니다. 3절에 '크고 비밀한 일' 은 여호와의 진노가 크게 임할 것을 의미합니다.

성도 여러분 내가 원하는 기도의 응답을 받기 원하십니까? 하나님께서는 기도도 성경에 있고 응답도 성경에 있다고 말씀합니다.

즉 하나님은 성도들이 기도의 응답을 이미 성경에서 응답하고 계십니다. 하나님의 말씀을 사람 중심으로 자기중심으로 해석하고 치우치므로 하나님의 뜻을 알지 못하고 기도하고 응답받았다고 하는 것입니다.

예레미야에게 응답은 이스라엘백성들의 큰 죄악을 하나님께서 응답해 주신 것입니다. 제7장 일곱 교회, 가나안 일곱 족속, 일곱 무리, 일곱 뿔, 연합국을 실상 잘 살펴야 하나님의 뜻, 하나님의 말씀, 응답을 발견할 것입니다.

멸망으로 인도하는 길은 크고 넓습니다. 멸망으로 인도하는 광야는 두려운 곳입니다. 불 뱀이 있고 전갈이 있는 그곳의 비밀을 보여준 것입니다.

실상 성도들은 세상 것, 육신의 것을 달라고 기도하는 것보다 하나님의 나라에 크고 비밀한 일을 보여 달라고 기도해야합니다.

성경에 큰 독수리는 주의 종을 의미합니다. 크게 권력 있는 왕은 지도자를 의미합니다. 크고 두려운 날은 주님이 재림하는 날인 것입니다.

또 멸망으로 인도하는 문은 크고 넓은 곳입니다.

주의 큰 계명은 이웃을 사랑하라는 것입니다. 크고 온전한 장막, 이런 말 때문에 교회를 크게 짓기를 원합니다.

하나님의 뜻, 예수님의 비밀, 복음의 비밀, 음녀의 비밀, 비밀을 드러내야 크고 비밀한 일을 네게 보이리라. 지도자에게 하나님의 비밀을 보여주신다면 성경책이 필요 없습니다.

그래서 최고 큰 응답은 성경의 말씀을 깨닫는 것입니다.

시64;1-2에 시편은 다윗의 기도입니다. 주님 초림 때의 기도입니다.

주님은 땀방울이 핏방울 되도록 기도하셨습니다. 그 기도를 예언한 것이 시편입니다. 그래서 다윗의 기도를 주님의 기도로 보는 것입니다.

시64;2에 행악 자는 악한 자, 괴롭히는 자입니다.

교회 모든 일은 성도들이 하나님의 은혜에 감사해서 스스로 자원하여 성전도 짓고 교회봉사도 하고 성물도 준비해야 하는 것입니다.

설교시간에 돈 내는 설교, 돈 걷는 설교 이것이 행악인 것입니다.

'행악자의 비밀한 꾀에서와 죄악 짓는 자의 요란에서 벗어나게 하소서' 요란의 원어는 군중, 인파 즉 비밀한 행악 자가 있는 곳에는 사람이 많이 있습니다. 행악한 자의 꾀는 시64;3 '저희가 칼같이 자기의 혀를 연미하며 화살같이 독한 말로 겨누고' '칼같이 자기의 혀' 혀는 곧 불이요 작은 불이 많은 나무를 태우는 것입니다. '독한 말' 은 듣기에 사탕 맛, 일만 악의 뿌리인 것입니다.

진리의 성령의 말씀을 받아들이는 사람은 진리의 영 그리스도가 있는 성도를 완전한 자, 그리스도를 믿음으로 하나님의 의가 있는 사람입니다.

시78은 아삽의 시입니다. 아삽의 이름은 모으는 자의 뜻입니다.

시78;2에 '비유를 베풀며' 옛 비밀한 말을 발표한다는 것입니다.

신약에서 모으는 자는 추수 꾼입니다. 다윗은 뿌리는 역할을 한 사람입니다. 주님은 너희가 나보다 더 큰 일을 하리라고 말씀하십니다.

주님은 뿌리셨고 오늘 우리는 모으는 추수 꾼입니다. 본문에는 비유를 베풀다 비밀한 말을 발표한다고 말합니다.

성경은 상징과 비유로 되어 있습니다. 상징은 하나님에 대하여는 상징으로 보고 비유는 예수님 말씀으로 보아야 합니다.

예수그리스도는 하나님의 신성이요 하나님의 아들, 즉 신성에 대해서는 상징으로 상징과 비유를 깨달아야 이단에 대해서 알 수가 있습니다.

상징의 원어는 기, 깃발, 표적입니다.

시78;2에 비유를 베풀고 비유를 발표한다는 풍성히 발휘하다는 뜻입니다. 그래서 비유를 풀고 비밀을 풀면 행악자의 비밀이 나오는 것입니다.

렘49;7-10에 포도를 거두는 자가 열매를 하나도 남기지 않았습니다. 포도를 거두는 자는

1)계시록에 포도주 틀에 넣고 갈아 버림; 이는 멸망으로 인도하는 문에 서 있는 지도자입니다.

2)욕심이 차기까지 멸한다고 함은 강도입니다.

10절에 에서는 사냥꾼입니다. 영혼사냥꾼입니다.

에서는 적신이 되게 합니다. 적신은 벌거벗은 것, 성도가 벌거벗으면 안 됩니다. 귀신은 자기도 속이고 타인도 속이는 자입니다. 진리를 가진 자만이 분별하여 벌거벗지 않게 되는 것입니다.

즉 멸망으로 인도하는 문을 들여다보면 에서 족속들이 드러나는 것입니다. 7절에 에돔은 에서의 별명입니다. 에서는 털이 많고 붉은 사람입니다. 붉다는 말은 물과 성령으로 거듭나지 않은 상태를 아담 후 흙이라고 하는 것입니다. 아담을 흙으로 만들고 갈비로 하와를 만들었습니다. 흙으로 만든 사람을 아담이라고 합니다. 제일 처음 태어난 사람입니다. 첫째 아담은 흙으로 만든 사람이고 둘째 아담은 물과 성령으로 거듭난 사람입니다. 셋째 아담은 살려주는 그리스도인 것입니다.

흙으로 만든 첫째 아담, 둘째아담 예수, 셋째 아담 그리스도까지 가야 살려주는 그리스도를 발견하게 되는 것입니다.

둘째 아담 예수까지 가면 천국은 갈 수 있으나 천년왕국은 갈 수 없습니다.

셋째 아담까지 가야 천년 왕국에 들어갑니다.

둘째 아담까지는 평신도는 괜찮습니다. 지도자는 안 됩니다.

오늘날 에서 같은 지도자를 따르면 그 족속, 그 자손은 다 멸망합니다.

고전2-6-7에 지혜는 온전한 자, 거룩한 자에게 주십니다. 온전한 자는 누구입니까? 모든 사람은 죄인이며 의인은 하나도 없습니다. 그러나 그리스도를 믿음으로 하나님의 자녀가 된 것은 진리의 성령 물과 성령으로 거듭난 사람, 그리스도가 심령에 있는 사람이 온전한 사람입니다.

성도 여러분 어린 아이 때를 알았으면 벗어버리고 성장해야 합니다. 어릴 때의 것을 고집하면 안 됩니다. 성장했으면 성장한 사람의 말과 생각을 해야 합니다. 바울처럼 내가 나 된 것은 전적으로 하나님의 은혜인 것을 발견하시기 바랍니다.

내가 금식하고 철야하고 일천번제를 드렸어도 어린아이 때를 벗어버리지 못하면 성장된 사람이 아닙니다.

진리가, 말씀이, 성령이 내 안에 들어와야 깨닫게 되는 것입니다. 빛이 내 속에 들어오면 내 속의 것들이 발견되는 것입니다.

드러나고 쫓겨나야 빛의 사람, 온전한 사람, 거룩한 사람이 되는 것입니다.

기도 응답은 내가 기도해서 응답이 아니라 진리의 성령으로 말씀을 받게 될 때 말씀이 응답되는 것입니다.

내가 봉사하고 노력한 것이 아닙니다. 내 속에 예수그리스도께서 하게 하신 것입니다. 아직도 내가 봉사했다, 노력했다, 내가 했다고 생각하면 물과 성령으로 거듭나지 못한 사람입니다. 어린 아이, 육의 사람인 것입니다.

(따라서) '하나님의 지혜와 말씀은 세상 지식과 경험으로 얻지 못한다'

성도 여러분 성도들이 세상 적으로 성공하고 큰 지위를 얻었다면 오늘 여기에 앉아 있지 않을 것입니다. 미안하고 죄송합니다. 무엇인가 안 되고 잘못되고 형통하지 못해서 이 자리에 계신 것은 아닙니까?

저도 목회 성공하고 잘 되고 잘 되었으면 지금 이 강단에 있지 않을 것입니다. 불통했기에 하나님께서 예정해 주셨기에 여기에 남아 있었기에

(따라서) '그리스도를 발견하고 물과 성령으로 거듭난 것이다.'

세상일에는 바보가 되어도 그리스도만은 확실하게 믿고 따라가시기 바랍니다. 사랑의 교회 옥 한흠 목사님은 '나는 하나님 사람을 만들지 않고 사람의 지혜만 가르쳤다'고 후회하고 회개하고 가셨다고 합니다.

즉 제자훈련해도 안 되었다는 것입니다. 열매가 사람의 수, 돈의 액수가 되면 안 되는 것입니다.

고전2;7에 하나님의 지혜는 숨겨 두신 것입니다.

그러나 이 비밀은 만세 전부터 미리 정해 놓으신 것입니다.

성도 여러분 저와 여러분은 이제 만난 것이 아닙니다. 만세전에 예정된 것입니다. 정해 놓으신 것입니다. 모래알 같이 많은 사람들 중에 만난 것은 정해 주신 것입니다.

(따라서) '혜본 교회는 크고 비밀한 것을 알려주는 교회이다.'

사람은 사람만 보고 예정되었다고 말하면 안 됩니다. 하나님이 우리를 예정하신 것입니다. 유대인 숫자가 144000 이라고 하지만 그 수는 완전한 수입니다. 계7;4에 이스라엘 숫자가 14만 4천이라고 말씀합니다.

계7;13-17에 흰 옷 입은 성도의 수에 저와 여러분이 들어있습니다.

그러나 멸망으로 인도하는 문에는 숫자가 없습니다. 그 이유는 욕심이 끝이 없다는 것입니다.

고전2;10 '오직 하나님의 성령으로 이것을 우리에게 보이셨으니' 기도하여 하나님의 뜻을 깨닫고 보여주는 것이 아닙니다.

진리를 가지고 분별해 주는 것이 성령으로 보여 주시는 방법인 것

입니다.

고전2;10 '성령은 모든 것 곧 하나님의 깊은 것이라도 통달하시느니라.'

시31;1-4에 하나님의 깊은 것이 그리스도이십니다. 다윗은 예수의 표상입니다. 예수님 속에는 그리스도가 계신 것입니다. 예수님께 그리스도가 없으면 부활할 수 없습니다.

시31;2에 '견고한 바위와 구원하는 보장' 그리스도 이야기입니다.

하나님의 큰일의 반대는 사단의 일인 것입니다. 4절에 '저희가 나를' 문자적으로는 다윗입니다. 영적으로 예수를 죽이기 위한 비밀입니다. 그물입니다. 비밀히 친 그물은 주님 재림 때까지 따라 오는 것입니다. 주님은 비밀히 친 그물에 죽어야 합니다. 성도들도 고난을 받아야 합니다.

징계가 없으면 사생자입니다. '나를 위해' 비밀히 친 그물은 나를 깨닫게 하기 위해서입니다. 나를 지금까지 있게 하려고 고난이 있는 것입니다.

이것이 비밀이며 하나님의 모략입니다.

시31편에 다윗은 실상 예수님을 이야기한 것입니다.

그러므로 성도에게는 고난이 내게 유익이라, 하나님의 뜻, 사랑을 알면 고난을 즐거워해야 하는 것입니다.

하나님께서 사랑하신다고 형통케만 해 주시는 것이 아닙니다. 쓴 약도 주시고 먹게 하십니다.

현재 성도들에게 쓴 약은 무엇입니까? 시험, 걱정이 무엇입니까? 그것들이 성도들에게 현재는 고난 받는 것이나 큰 환란에서 빠지는 것입니다.

환란에 던지지 아니하시려고 큰 환란을 받게 하시고 견디게 하시는 것입니다. 그러므로 안전하고 평안한 것이 진정한 성도의 복이 아님을 아시기 바랍니다.

계9장에 5개월 환란에는 죽기를 원해도 죽음이 피해가는 것입니다. 주님도 실상 그리스도를 의지하고 부탁하신 것입니다.

하나님의 말씀의 뜻은 숨겨진 것입니다. 이 일은 만세전에 예정하신 것입니다. 저와 성도들은 하나님의 마지막 때 추수 꾼으로 쓰시려고 예정한 자들임을 믿으시기 바랍니다.

67

이 일이 겨울에 일어나지 않도록 기도하라

멸망의 가증한 것이 서지 못할 곳에 선것을 보거든 (읽는 자는 깨달을 찐저) 그 때에 유대에 있는 자들은 산으로 도망할찌어다

지붕 위에 있는 자는 내려가지도 말고 집에 있는 무엇을 가지러 들어가지도 말며 밭에 있는 자는 겉옷을 가지러 뒤로 돌이키지 말찌어다

그날에는 아이 밴 자들과 젖먹이는 자들에게 화가 있으리로다 이 일이 겨울에 나지 않도록 기도하라 이는 그날들은 환난의 날이 되겠음이라 하나님의 창조하신 창초부터 지금까지 이런 환난이 없었고 후에도 없으리라 만일 주께서 그날들을 감하지 아니하셨더면 모든 육체가 구원을 얻지 못할 것이어늘 자기의 택하신 백성을 위하여 그날들을 감하셨느니라 그 때에 사람이 너희에게 말하되 보라 그리스도가 여기 있다 보라 저기 있다 하여도 믿지 말라

거짓 그리스도들과 거짓 선지자들이 일어나서 이적과 기사를 행하여 할 수만 있으면 택하신 백성을 미혹케 하려 하리라

너희는 삼가라 내가 모든 일을 너희에게 미리 말하였노라

(막13;14-23)

마가복음13장, 마태복음24장, 누가복음21장을 소 계시록이라고 합니다.

마지막 때에 대한 말씀입니다.

성도들은 마지막 때 추수 꾼으로서 마지막 때의 말씀을 잘 알고 깨

달으시기 바랍니다.

14절에 도망해야 하는데 그때에 그 시기를 그날이라고 하는 것입니다. 그 날은 반드시 예수그리스도의 재림 시 재림의 징조와 그 때를 알고 어떻게 해야 할 것을 말씀하여 주시고 있습니다.

성도 여러분 왜 도망해야 하는 것입니까? 얼마나 무섭기에 도망하는 것입니까? 오늘은 도망하는 일이 주제가 아니라 도망을 하되 겨울이 되지 않도록 하는데 주제를 두겠습니다.

18절에 우리가 알고 있는 겨울이 아닙니다. 4계절중의 하나인 겨울이 아닙니다. 본문에서 반드시 겨울에 대한 의미와 이유가 있기 때문에 주님의 재림 때가 겨울이 되지 않도록 기도하라고 말씀하신 것입니다.

성도 여러분 7년 환란의 때가 오면 저와 성도들은 도망을 할 때가 오는 것입니다. 주님 재림하시기 직전에 도망하는 것은 도피이지, 안으로 오는 것이 아닙니다. 그 시와 그 때는 아들과 천사도 모르고 아무도 알 수가 없습니다.

그래서 그 도망하는 시기를 말을 잘 못하면 큰일 나는 것입니다.

도망하는 시기는 오직 아버지 하나님만 아신다고 말씀합니다.

그러나 성경은 그 때의 증거와 징조가 있는데 징조가 보이면 도망하라고 말씀합니다.

그러면 왜 도망해야 하는지 성경을 찾아봅시다.

창19;17 '그 사람들이 그들을 밖으로 끌어낸 후에 이르되 도망하여 생명을 보존하라 돌아보거나 들에 머무르거나 하지 말고 산으로 도망하여 멸망함을 면하라'

이 말씀은 소돔과 고모라가 멸망할 때의 사건입니다.

소돔성은 성적으로 타락한 곳입니다. 그러면 오늘 교회 안에서 성적 타락과 무슨 관계가 있습니까?

기복적인 축복, 축복하는 사람, 미신적인 사람 기도에 응답받는다
고 하는 사람, 추상적으로 믿는 사람, 육체적이고 정욕적인 사람, 땅
에 소망을 둔 사람들이 간음한 사람입니다.

당시 소돔성은 보이는 것을 말하고 보이는 것을 추구하는 곳이었습
니다. 즉 기복주의 사람입니다.

하나님을 자기 마음대로 믿는 사람들이 간음한 사람들인 것입니다.

(따라서) '하나님보다 다른 것을 더 사랑하고 믿고 따르는 자들이
간음한 자들이다.'

그래서 성경을 가지고 지도자들이 보이는 축복만 말하면 기복주의
인 것입니다. 그러므로 기복적인 신앙인과 미신적인 신앙인은 곧 음
란하고 간음하고 있는 사람들입니다.

소돔성의 뜻은 불에 타다, 고모라는 물이 많은 곳입니다. 물은 성
경, 말씀입니다. 예수입니다. 오늘날 성경이 많이 있습니다. 말씀도
많이 있습니다. 예수 예수 많이 말합니다. 이 시대에는 물이 아주 많
습니다. 내가 부지런하지 못해서 듣지 못하는 것입니다. 그런데 물이
많은 것은 먹을 물이 적다는 것입니다. 말씀 말씀하지만 진짜 먹을
양식, 물이 적다는 것입니다. 그래서 많은 사람들은 먹고 마시고 취
하고 시집가고 장가가는 연회석을 여는 것입니다. 이런 장소가 소돔
과 고모라인데 거기에 하나님의 진노로 유황불로 심판하시는 것입니
다. 그러나 그곳에도 택한 사람, 롯과 그 가족이 있는 것입니다. 성도
여러분 그 날에 거기에 있으면 큰 화를 당하는 것입니다.

창19;15-17에 '동틀 때에 천사가 롯을 재촉하여 가로되' 천사는
천사의 이야기가 아닙니다. 사람이야기입니다. 말씀 속에는 말씀의
뜻이 있는 것입니다. 뜻이 안 보이는 것이 아닙니다. 앞, 뒤 절에 뜻
이 있고 해답이 있는 것입니다.

성도 여러분 주님 재림하실 때 천사의 역할을 하는 주의 종들과 성

도들이 있습니다. 재림에 대하여 아는 주의 종들과 성도들이 택한 사람들을 끌어내는 것입니다. 하나님의 뜻을 알고 빨리 끄집어내어야 할 때입니다.

도망하여 생명을 보존하라. 재림 때는 재림에 대하여 아는 종들과 성도들이 휴거, 천년 왕국에 대하여 말을 하게 됩니다.

휴거를 왜 해야 하는 것입니까? 이 세상이 초토화되기에 휴거를 해야 합니다. 현재 우리가 보고 느끼는 곳은 모두 초토화가 되는 것입니다.

이단들이 지금 여기다 저기다 하고 외치고 있는 것입니다. 따라가면 안 됩니다. 그래서 휴거는 불 심판이 있기에 휴거해야 하는 것입니다.

실상 지구촌에 많은 나라들이 불 심판을 준비하고 있는 것입니다.

많은 나라들이 불을 만들어 땅에 저장하고 그것들이 하나님의 진노로 터질 날들이 다가오고 있는 것입니다. 지하에, 가스관, 핵무기 보관...

이런 것들이 결국 사람을 불로 죽이는 것입니다.

실상 우리는 무서운 시대에 살고 있습니다. 무서운 것들을 밟고 서 있으면서 알지 못하고 있는 것입니다.

하나님의 진노와 심판 재림은 정해 놓으신 것입니다.

성도 여러분 왜 휴거를 해야 하는 것입니까? 휴거하는 이유는

1)욥28;5 '지면은 식물을 내나 지하는 불로 뒤집는 것 같고'

왜 도망가야 합니까? 지하는 불로 뒤집고 지상은 적그리스도가 많이 나타납니다. 예수를 믿는 하나님의 사람들을 제일 먼저 죽이러 다니기 때문입니다.

7년 대 환란 기간 중에 전 3년 반은 평화를 외칠 것입니다. 그래서

많은 사람들이 평화인줄 알고 살다가 갑자기 중반부가 되면 돌변하게 되는 것입니다. 교회 안에 하나님을 믿는 사람들을 죽이게 됩니다.

그러기 때문에 성도는 도망가야 합니다. 휴거되어야 하는 것입니다.

생명을 보존하기 위해서 멸망을 피하기 위해서 도망가야 합니다. 휴거되어야합니다.

막13;18 '도망하는 일이 겨울이 되지 않게 기도하라' 이 말씀은 겨울이 되면 큰일이 난다는 것입니다. 여기 겨울은 추운 겨울이 아닙니다. 한국에는 겨울이 있으니 겨울 없는 열대 지방으로 가자 할 것입니다.

그러나 따라가면 안 됩니다. 진정 겨울이 무엇인지 영적 상태를 알아야 합니다. 예수님 초림 때는 보이는 사람으로 오셨기 때문에 영접을 한 것입니다. 그러나 다시 오실 예수 그리스도는 그리스도로 오십니다.

가신 그대로, 본 그대로 오시는데 온 우주의 왕으로서 왕권을 가지시고 심판하러 오시는 것입니다.

오시는 왕 그리스도 앞에 나의 영적 상태가 어떻게 되면 겨울이 되는지를 알아야 하는 것입니다.

겨울은 원문에 1)비가 많은 계절이라고 말씀하고 있습니다. 일반적으로는 겨울에는 눈은 많아도 비는 없는 것이 겨울입니다. 그런데 겨울에 비가 많이 온다는 것은 보이는 비가 아닌 것임을 알아야 합니다.

신32;2 '나의 교훈은 내리는 비요 나의 말은 맺히는 이슬이요 연한 풀 위에 가는 비요 채소 위에 단비로다'

지금 비가 많지만 실제는 먹을 물이 없는 것입니다.

성도여러분 지금은 마음만 먹으면, 조금만 노력하면 설교를 24시간 다 들을 수 있는 시대입니다 그런데 중요한 것은 진리에 대하야 하나님의 말씀, 숨겨진 뜻, 비밀을 전하는 곳이 없다는 것입니다.

실제로 보이는 겨울에는 비가 없다는 뜻입니다.

2)겨울은 폭풍이 부는 것이 겨울인 것입니다.

잠1;27 '너희의 두려움이 광풍같이 임하겠고 너희의 재앙이 폭풍같이 이르겠고 너희에게 근심과 슬픔이 임하리니'

겔13;11-13에 겨울은 하나님의 진노 속에 있는 계절입니다.

회칠한 자는 바리새인과 서기관입니다. 이들은 자기가 회칠한 자인 줄 모르는 사람입니다. 즉 너무 잘 되고 잘 살고 있기에 자신을 모른 것입니다. 즉 바리새인과 서기관을 진노하실 때가 겨울인 것입니다.

학2;17 '나 만군의 여호와가 말하노라 내가 너희 손으로 지은 모든 일에 폭풍과 곰팡과 우박으로 쳤으나 너희가 내게로 돌아오지 아니하였느니라'

히12;18-20 '너희의 이른 곳은 만질만한 불붙는 산과 흑운과 흑암과 폭풍과 나팔소리와 말하는 소리가 아니라 그 소리를 듣는 자들은 더 말씀하지 아니하시기를 구하였으니 이는 짐승이라도 산에 이르거든 돌로 침을 당하리라 하신 명을 저희가 견디지 못하리라'

성도 여러분 하나님의 무서운 진노 심판이 폭풍이요 겨울인 것입니다.

3)원어에는 가을을 겨울로 보기도 합니다.

곡식은 성도요 수확된 곡식은 교회요 수확된 곡식은 겨울인 것입니다.

욥24;6-12에서 '밭에서 남의 곡식을 베며 악인이 남겨 둔 포도를 따며 의복이 없어 벗은 몸으로 밤을 지내며 추위에 덮을 것이 없으며 산중 소나기에 젖으며 가리 울 것이 없어 바위를 안고 있느니라. 어떤 사람은 어미 품에서 빼앗으며 가난한자의 옷을 볼모잡으므로 그들이 옷이 없어 벌거벗고 다니며 주리면서 곡식 단을 메며'

옷을 벗고 있는 상태가 겨울입니다. 성도는 많은 옷을 입고 있어야 합니다.

갈3;27 '누구든지 그리스도와 합하여 세례를 받은 자는 그리스도로 옷 입었느니라'

교만이 극에 달했을 때 겨울입니다.

욥24;24 '그들이 높아져도 잠시간에 없어지나니 낮아져서 범인처럼 제함을 당하고 곡식이삭같이 베임을 입느니라.'

계14;15-16에 낫으로 거두는 곡식이 겨울에 속한 곡식입니다.

눅12;16-20에 부자가 겨울입니다. 교회 안에 물질이 풍부하지만 성도들은 물과 성령으로 거듭나지 않은 성도들을 가득 데리고 있는 교회지도자들을 의미합니다. 그가 부자입니다. 교회 소출이 풍성한 때가 겨울인 것입니다.

겨울은 1)비가 많은 계절이 겨울입니다.

2)폭풍이 부는 때가 겨울입니다.

3)가을도 겨울입니다,

4)성도는 옷을 입어야 합니다. 교만하면 베임을 당합니다.

5)부자나 어리석은 사람이 겨울인 것입니다.

68
추울 때가 겨울이다

마음이 상한 자에게 노래하는 것은 추운 날에 옷을 벗음 같고 쏘다 위
에 초를 부음 같으니라 (잠25;20)

잠언은 상징과 비유로 보아야 합니다.

마음이 상한 자에게 노래하는 자는 하나님의 마음과 상관없이 설교
하는 사람입니다. 그런데 이런 곳에는 불황이 없습니다.

분명한 것은 예수그리스도로 옷 입은 성도들의 옷을 벗기는 곳이
겨울인 것입니다.

요18;17-18 '...그 때가 추운고로 종과 하속들이 숯불을 피우고 서
서 쬐니 베드로도 함께 서서 쬐더라.'

베드로가 예수를 부인할 때가 언제입니까? 겨울, 추운 때입니다.

겨울은 원어에 젊을 때를 의미합니다.

성경에 젊음은 좋은 의미보다 좋지 않은 의미가 더 많습니다.

욥30;1 '그러나 이제는 나보다 젊은 자들이 나를 기롱하는구나 그
들의 아비들은 나의 보기에 나의 양떼 지키는 개중에도 둘만하지 못
한 자니라.'

즉 나를 기롱하는 자가 젊은 자인 것입니다. 욥은 핍박 받는 초림
예수의 그림자입니다. 항상 성경의 인물은 예수의 비유입니다. 젊은

자들은 겨울입니다. 이들은 욥을 희롱합니다. 그 젊은 자들의 아비 즉 지도자를 개에 비유한 것입니다.

잠1;4 '어리석은 자로 슬기롭게 하며 젊은 자에게 지식과 근심함을 주기 위한 것이니' 젊은 자는 지식과 근심함이 없습니다.

그래서 지식과 근심함을 주기 위해 잠언서를 주신 것입니다.

사20;4 '이와 같이 애굽의 포로와 구스의 사로잡힌 자가 앗수르 왕에게 끌려 갈 때에 젊은 자와 늙은 자가 다 벗은 몸으로 발로 볼기까지 드러내어 애굽의 수치를 보이리니'

즉 애굽에 속한 자가 곧 젊은 자요 겨울인 것입니다.

다른 말로 표현한다면 예수를 믿는다고 하나 그리스도로 옷 입지 못한 사람이 겨울입니다.

문자적으로 애굽, 지금 이집트 이야기만 하면 오늘 우리에게는 아무런 유익이 없습니다. 내 영혼과 관계가 없는 이야기입니다.

애굽은 계11;8 '저희 시체가 큰 성 길에 있으리니 그 성은 영적으로 하면 소돔이라고도 하고 애굽이라고 하니 곧 저희 주께서 십자가에 못 박히신 곳이라' 하나님을 배반한 장소가 애굽입니다.

애굽에서 끄집어 낸 늙은이와 젊은 자들은 다 벗은 몸, 벗은 발 즉 그리스도가 없는 사람들입니다.

겔9;4-6 '이르시되 너는 예루살렘 성 중에 순행하여 그 가운데서 행사는 모든 가증한 일로 인하여 탄식하며 우는 자의 이마에 표하라 하시고 나의 듣는데 또 남은 자에게 이르시되 너희는 그 뒤를 쫓아 성읍 중에 순행하며 아껴보지도 말며 긍휼을 베풀지도 말고 쳐서 늙은 자와 젊은 자와 처녀와 어린 아이와 부녀를 다 죽이되 이마에 표 있는 자에게는 가까이 하지 말라 내 성소에서 시작 할지니라' 하시매

이마는 곧 그리스도 예수의 즉 성령의 인 치심을 받은 자들을 말합니다. 즉 성령의 인 치심을 받은 사람들은 죽이는 말라는 것입니다.

그러나 그들이 죽인 자들은 늙은 자나 젊은 자 할 것 없이 다 죽인 것입니다.

그러면 하나님의 인 치심의 장소는 어디입니까?

우리 교회가 인치는 장소라고 하면 잘 못 된 말인 것입니다.

오직 예수그리스도로만 성령의 인을 치는 것입니다.

암2;6-7 '여호와께서 가라사대 이스라엘의 서너 가지 죄로 인하여 내가 그 벌을 돌이키지 아니하리니 이는 저희가 은을 받고 의인을 팔며 신 한 켤레를 받고 궁핍한 자를 팔며 가난한 자의 머리에 있는 티끌을 탐내며 겸손한 자의 길을 굽게 하며 부자가 한 젊은 여자에게 다녀서 나의 거룩한 이름을 더럽히며'

은을 받고 의인을 팔며 돈을 받고 그리스도를 팔고 이는 심각한 사람입니다. 부자가 젊은 여인에게 다녀서 하나님의 이름을 더럽히는 것이 겨울입니다.

행5;10 '곧 베드로의 발 앞에 엎드러져 혼이 떠나는지라 젊은 사람들이 들어와 죽은 것을 보고 메어다가 그 남편 곁에 장사하니'

겨울에 속한 사람은 젊은 자 영적으로 죽은 자들을 장사하는 자들입니다.

스데반 집사가 돌에 맞아 죽을 때 거기 서 있던 젊은 사울이 있었습니다. 겨울은 급히 벗어서 옷을 안 입을 때가 겨울입니다.

정혼한 상태는 예수를 믿고 구원 얻은 상태입니다. 재림 예수님이 오시면 결혼하지만 지금은 약혼한 상태입니다. 즉 약혼한 상태가 겨울일 때가 많은 것입니다. 즉 언약만 갖고 있는 상태입니다.

다른 말로 하면 약혼했다고 다 결혼하는 것은 아닙니다. 트집 잡고 모욕하는 상태가 겨울입니다. 또 책망하고 꼬집고 무시하는 상태가 겨울인 것입니다.

그러므로 겨울이 되지 않도록 기도해야 합니다. 겨울일 때는 성도들에게 믿음이 확실히 없을 때인 것입니다.

즉 믿음은 없으면서 곡식은 많은 것입니다. 그래서 곡간을 뜯고 다시 큰 창고를 짓고자 하는 것입니다. 이런 곳이 겨울입니다.

성도여러분 그러므로 성도에게 이 겨울이 되지 않도록 그리스도의 장성한 분량에 확실하게 이르러야 하는 것입니다.

성도 여러분 우리 시대에 주님이 오시면 도망해야 할 시기가 우리 앞에 다가오고 있는 것을 확신해야 합니다.

그러므로 성도들이 도망갈 시기가 겨울 상태, 추운 상태가 되지 않도록 기도하시기 바랍니다.

젊은이는 결정적인 사건은 바울이 사울일 때 스데반 집사가 돌에 맞아 죽을 때 그 옆에서 동조한 사람이 젊은 사울이었습니다.

욥이 고통당하고 있을 때 젊은 자들이 와서 조롱한 상태인 것입니다.

시편에 저들이 나를 무시하고 하루 종일 조롱한다는 말씀이 있습니다.

성경에 종일토록은 하루 종일이 아니라 개인적인 종말이 올 때까지 죽으면서도 알지 못하고 조롱받고 무시 받는 것을 의미합니다.

성도 여러분 저와 여러분들은 반드시 우리 시대에 오실 예수그리스도의 재림을 기다리고 있는 성도들임을 확신하시기 바랍니다.

온 세계가 과학적으로도 증명하고 입증하고 있는 시대에 살고 있습니다. 일본의 지진 물로 인한 재난을 절대 우연이라고 생각하면 안 됩니다.

하나님의 모략이요 계획으로 볼 수 있으시기를 바랍니다.

(따라서) '이럴 때에 양식을 먹어야 하는 이유는 도망하는 일이 겨울이 되지 않기 위해서이다'

사랑하는 성도 여러분 저는 혜본 교회의 선장입니다. 믿음의 옷, 그리스도의 옷을 입어야 합니다. 겨울이 되지 않는 믿음이 되셔야 합니다.

우리의 도망은 주님이 반드시 예비한 곳으로 인도함을 받는 단계에까지 가는 것입니다. 성도들이 지금 할 일은 진리의 성령으로 말씀을 채우는 것입니다. 물과 성령으로 거듭나는 것입니다.

말씀으로 장성한 분량에 이르러 주 예수그리스도를 맞이하는 성도들이 되시기 바랍니다. 추울 때 겨울에 환란을 당하지 않도록 기도하시기 바랍니다.

한 사람도 낙오자가 없도록 예수그리스도의 옷을 입고 진리의 성령으로 거듭나서 다시 오실 주님을 맞이하시기 바랍니다.

장추 목사 설교집

너희는 숨겨진 비밀을 찾아라

2011년 6월 29일 초판 인쇄
2011년 7월 2일 1쇄 발행

   지은이 장 추
   발행처 도서출판 세줄(등록번호 2-4000)
   총 판 선교횃불 TEL. 02)2203-2739
                       FAX. 02)2203-2738

저자연락처 017-233-0489

ISBN 978-89-92211-45-1   03230

값 15,000 원

* 이 책의 판권은 저자에게 있습니다. 저자와의 협약에 의하여 인지는 생략합니다.